教育部　财政部职业院校教师素质提高计划职教师资培养资源开发项目
财务管理专业职教师资培养资源开发（VTNE074）成果系列丛书

预算与绩效管理

王竹泉　祝　兵　孙　莹　等编著

中国财经出版传媒集团
中国财政经济出版社

图书在版编目（CIP）数据

预算与绩效管理／王竹泉等编著．—北京：中国财政经济出版社，2016.12
（财务管理专业职教师资培养资源开发（VTNE074）成果系列丛书）
教育部、财政部职业院校教师素质提高计划职教师资培养资源开发项目
ISBN 978－7－5095－7023－4

Ⅰ.①预…　Ⅱ.①王…　Ⅲ.①财政预算－经济绩效－财政管理　Ⅳ.①F810.3

中国版本图书馆 CIP 数据核字（2016）第 246837 号

责任编辑：王晓蕊　　　　　　　　　　责任校对：李　丽
封面设计：智点创意

中国财政经济出版社 出版

URL：http：//ckfz.cfeph.cn
E－mail：ckfz@cfeph.cn

社址：北京市海淀区阜成路甲 28 号　邮政编码：100142
营销中心电话：010－88191537
天猫网店：中国财政经济出版社旗舰店
网址：https：//zgczjjcbs.tmall.com
北京财经印刷厂印刷　各地新华书店经销
710×1000 毫米　16 开　20 印张　411 000 字
2016 年 12 月第 1 版　2021 年 2 月北京第 6 次印刷
定价：48.00 元
ISBN 978－7－5095－7023－4/F·5622
（图书出现印装问题，本社负责调换）
本社质量投诉电话：010－88190744
打击盗版举报热线：010－88191661、QQ：2242791300

项目牵头单位： 中国海洋大学

项目负责人： 王竹泉

项目专家指导委员会：

主　任： 刘来泉

副主任： 王宪成　郭春鸣

成　员： （按姓氏笔画排列）

刁哲军　王继平　王乐夫　邓泽民　石伟平　卢双盈

汤生玲　米　靖　刘正安　刘君义　孟庆国　沈　希

李仲阳　李栋学　李梦卿　吴全全　张元利　张建荣

周泽扬　姜大源　郭杰忠　夏金星　徐　流　徐　朔

曹　晔　崔世钢　韩亚兰

出版说明

《国家中长期教育改革和发展规划纲要（2010～2020年）》颁布实施以来，我国职业教育进入到加快构建现代职业教育体系、全面提高技能型人才培养质量的新阶段。加快发展现代职业教育，实现职业教育改革发展新跨越，对职业学校“双师型”教师队伍建设提出了更高的要求。为此，教育部明确提出，要以推动教师专业化为引领，以加强“双师型”教师队伍建设为重点，以创新制度和机制为动力，以完善培养培训体系为保障，以实施素质提高计划为抓手，统筹规划，突出重点，改革创新，狠抓落实，切实提升职业院校教师队伍整体素质和建设水平，加快建成一支师德高尚、素质优良、技艺精湛、结构合理、专兼结合的高素质、专业化的“双师型”教师队伍，为建设具有中国特色、世界水平的现代职业教育体系提供强有力的师资保障。

目前，我国共有60余所高校正在开展职教师资培养，但由于教师培养标准的缺失和培养课程资源的匮乏，制约了“双师型”教师培养质量的提高。为完善教师培养标准和课程体系，教育部、财政部在“职业院校教师素质提高计划”框架内专门设置了职教师资培养资源开发项目，中央财政划拨1.5亿元，系统开发用于本科专业职教师资培养标准、培养方案、核心课程和特色教材等系列资源。其中，包括88个专业项目，12个资格考试制度开发等公共项目。该项目由42家开设职业技术师范专业的高等学校牵头，组织近千家科研院所、职业学校、行业企业共同研发，一大批专家学者、优秀校长、一线教师、企业工程技术人员参与其中。

经过三年的努力，培养资源开发项目取得了丰硕成果。一是开发了中等职业学校88个专业（类）职教师资本科培养资源项目，内容包括专业教师标准、专业教师培养标准、评价方案，以及一系列专业课程大纲、主干课程教材及数字化资源；二是取得了6项公共基础研究成果，内容包括职教师资培养模式、国际职教师资培养、教育理论课程、质量保障体系、教学资源中心建设和学习平台开发等；三是完成了18个专业大类职教师资资格标准及认证考试标准开发。上述成果，共计800多本正式出版物。总体来说，培养资源开发项目实现了高效益：形成了一大批资源，填补了相关标准和资源的空白；凝聚了一支研发队伍，强化了教师培养的“校—

企—校”协同；引领了一批高校的教学改革，带动了“双师型”教师的专业化培养。职教师资培养资源开发项目是支撑专业化培养的一项系统化、基础性工程，是加强职教教师培养培训一体化建设的关键环节，也是对职教师资培养培训基地教师专业化培养实践、教师教育研究能力的系统检阅。

自2013年项目立项开题以来，各项目承担单位、项目负责人及全体开发人员做了大量深入细致的工作，结合职教教师培养实践，研发出很多填补空白、体现科学性和前瞻性的成果，有力推进了“双师型”教师专门化培养向更深层次发展。同时，专家指导委员会的各位专家以及项目管理办公室的各位同志，克服了许多困难，按照两部对项目开发工作的总体要求，为实施项目管理、研发、检查等投入了大量时间和心血，也为各个项目提供了专业的咨询和指导，有力地保障了项目实施和成果质量。在此，我们一并表示衷心的感谢。

编写委员会

2016年3月

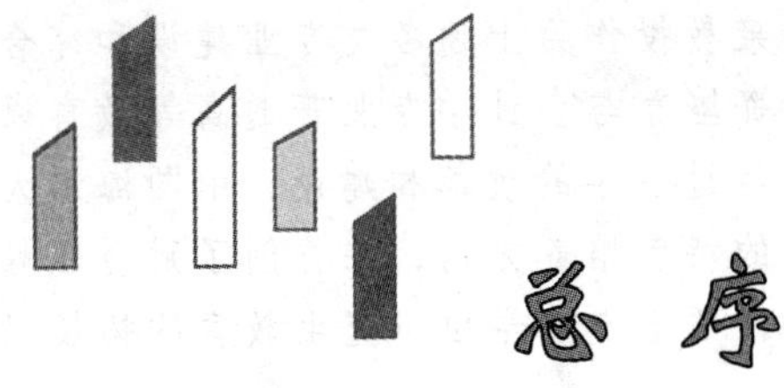

总序

2012年，中央财政设立专项资金1.5亿元，组织具备条件的全国重点建设职业教育师资培养培训基地，用三年时间（2013~2015年）开发100个职教师资本科专业的培养标准、培养方案、核心课程和特色教材，具体包括：88个专业项目（项目编号为VTNE001至VTNE088）和12个公共项目（项目编号为VTNE089至VTNE100）的成果，每个项目资助150万元。项目以加强“双师型”职教师资培养为目标，遵循职教师资培养的规律和特点，突出职业学校对专业师资的能力要求，开发覆盖职教师资培养过程的系列成果，促进职教师资培养工作的科学化、规范化，提升职教师资培养的整体水平。在88个专业项目中，中国海洋大学王竹泉教授申报的“财务管理专业职教师资培养资源开发（VTNE074）”获得立项。2013年以来，项目负责人王竹泉教授组织中国海洋大学、中国石油大学（华东）、青岛大学、青岛科技大学、青岛农业大学、淄博职业学院、山东外贸职业学院、青岛职业技术学院、青岛酒店管理学院、青岛华夏职业教育中心等院校的专家学者40多人历时三年开发完成了包括本系列丛书在内的全套研发成果，在2015年12月教育部、财政部组织的课题验收中，该项目的开发成果得到了专家组的高度肯定：研究开发逻辑性强，结构完整。培养质量评价方案体系、课程大纲设计合理；核心教材体系三性融合，有整体设计；数字化资源开发体现了现代数字化资源的特征和要求；全部完成项目成果，研究扎实，有创新，质量达标。现将开发成果中的教师标准、培养标准、培养质量评价标准、专业课程大纲和特色系列教材正式出版并接受使用单位和读者的检验。

该开发项目承担单位中国海洋大学是全国重点建设职教师资培养培训基地，2012年以来连续承担了多期教育部、财政部“十二五”职教师资素质提高计划“中等职业学院会计学专业骨干教师或专业带头人培训”项目，积累了较为丰富的财会职教师资培养的经验。中国海洋大学2006年获得会计学专业博士学位授予权，是山东省首个会计学专业博士学位授权点，2007年获得会计硕士（MPAcc）专业学位授予权，是全国第二批获得授权的四所高校之一。中国海洋大学会计学专业2008年被批准为国家特色专业，2012年起作为教育部专业综合改革试点专业，2015年被批准为新一轮专业综合试点专业，2016年会计硕士专业学位研究生教育项目也被学校列为专业学位研究生教育综合改革试点。王竹泉教授作为上述各类专业建设和综合改革项目的负责人，主导并推动了财会职教师资培养与会计学专业普通高等教育以及会计硕士专业学位研究生教育的有机融合。经过多年的改革和建设，中国海洋大学会计学专业本科层次已形成了财会职教师资的特色培养方向，并首创了财会职教师资本硕连读的特色人才培养模式，为我国会计硕士专业学位研究生教育的拓展以及财会职教师资培养的改革提供了示范和借鉴。

"十三五"期间，财会职业教育将继续围绕加强基础能力建设、提升师资队伍素质等加强建设。作为该领域的国家级标准和示范成果，期望该套成果资源能够为我国财会专业职教师资的培养质量和培养水平的提高发挥重要的支撑作用。

本项成果是集体智慧的结晶。教育部、财政部职业院校教师素质提高计划项目专家指导委员会以及项目管理办公室对项目开发工作给予了指导和帮助，本项目全体开发人员的密切合作和辛勤付出使本项成果得以顺利完成，中国财经出版传媒集团中国财政经济出版社对本项成果出版给予了重要的支持，在此一并表示衷心的感谢！由于时间和能力所限，本项成果中难免存在不妥和纰漏，恳请读者批评指正。

王竹泉

2016年6月27日

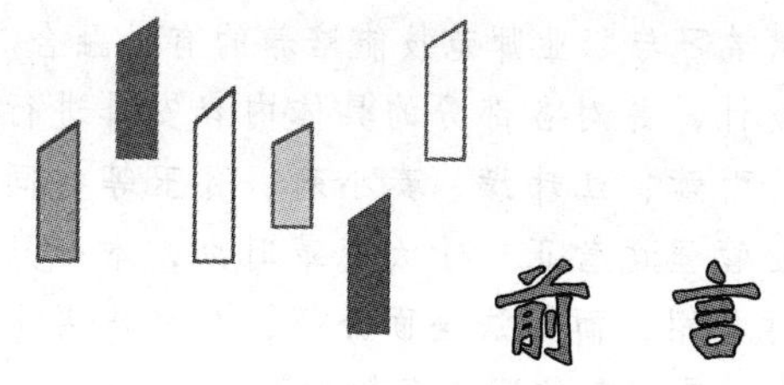

前言

《预算与绩效管理》是教育部、财政部职业院校教师素质提高计划委托开发的财务管理专业职教师资培养资源开发（VTNE074）成果系列丛书之一，内容涵盖了预算与绩效管理的基本理论、应用工具、流程和方法等。项目小组立足于当前国内外预算与绩效管理的实务发展，围绕企业预算与绩效管理的过程，相对全面、系统地介绍了适用于本科专业的预算与绩效管理理论与实务。本书的内容尽可能与国内外企业预算与绩效管理的实践趋同，符合财务管理职教人才职业性、师范性和技术性的培养要求，既适用于职业院校和应用型本科院校的财务管理、会计学专业等的预算与绩效管理课程教学使用，也适用于财会实务工作者学习预算与绩效管理时参考。

本书力图体现以下特点：

1. 过程导向、任务驱动。课程分为理论单元与实操单元，其中，理论单元包含“认识企业预算与绩效管理”与“掌握预算与绩效管理的基本应用工具”两个项目、七个任务；实操单元按照预算与绩效管理的具体流程分解为“设计预算与绩效管理目标系统”、“目标协同与编制预算”、“预算与绩效监控”、“报告预算与绩效结果”与“预算与绩效结果评价与应用”五个项目、十三个任务。每个项目设置“专业能力目标”、“职教能力目标”、“项目简介”、“项目分解”、“任务目标”、“案例导入”、“任务解构”、“案例解析”、“项目回顾”、“专业技能训练”、“教学设计与实践”等具体环节。

2. 传统与创新相结合。本书在内容上吸收了当下基于职能分权组织架构的传统预算与绩效管理模式，同时根据国内外知名企业价值链管理的成功实践经验，引入基于业务流程的预算与绩效管理模式，并在重要节点诸如目标设定、预算编制、报告结果等环节上进行对比说明，做到传统模式与创新模式的兼容并蓄而又不矛盾，较好地体现了专业知识的前瞻性与可持续性，更有利于学生与企业实践发展的对接。

3. 融合职业性、师范性与技术性要求。本书除发展性、过程式地处理知识内容外，结合具体任务的要求、难易程度、重要水平等因素，合理、灵活地使用各种教学方式与方法，诸如讲授法、案例讨论法、头脑风暴法、角色互换、结构化研讨、参观调研、无领导小组讨论等，实现专业知识学习与职业师范技能培养的有机融合。

本书由王竹泉教授对整体内容框架进行设计，并对各部分的具体内容安排进行了指导。各部分的具体写作由祝兵、孙莹、段丙蕾、江玮滢、秦小莉、孙玉等共同完成，最后由王竹泉教授总纂定稿。由于企业管理运营正处于大变革时期，本书只能就目前相对成熟的预算与绩效管理模式进行介绍，而无法全面介绍，加之作者水平有限，本书仍然存在许多不足甚至错误之处，恳请各位读者多加指正。

王竹泉

2016 年 3 月

目 录

项目一

认识企业预算与绩效管理

【专业能力目标】

1. 了解企业预算管理的发展历史。
2. 理解企业预算管理的内涵、功能、类型。
3. 理解绩效与绩效管理。
4. 掌握绩效管理系统模型的主要环节和关键决策点。
5. 理解预算管理与绩效管理之间的关系。
6. 掌握预算与绩效管理的基本流程与组织体系。

【职教能力目标】

1. 根据本项目的内容组成，合理进行教学设计与组织教学过程。
2. 掌握教案编写、多媒体课件制作、教学素材搜索与整理的方法。
3. 灵活掌握案例讨论、演示教授等教学方法，合理运用提问、讨论等教学手段，并在本项目教学中实施。

【项目简介】

企业的根本目标是在满足消费者、雇员以及其他相关利益者诉求的前提下股东价值的最大化，预算管理与绩效管理都服务于这一目标，并且是企业价值管理中的重要环节与内容。在企业实践中，两者相互交叉、密不可分，本项目在对预算管理、绩效管理分别介绍的基础上，通过对两者之间关系的理解，构建集成化的预算与绩效管理系统及组织功能体系。

【项目分解】

根据项目内容，本项目可分解为如下任务：

任务一：认识预算管理。

任务二：认识绩效管理。

任务三：理解预算管理与绩效管理之间的关系。

任务四：熟悉预算与绩效管理的流程与组织体系。

任务一 认识预算管理

任务目标

1. 了解企业预算管理的发展历史。
2. 掌握企业预算管理的概念。
3. 理解企业预算管理的职能。
4. 掌握企业预算的类型。

案例导入

大亚湾核电站作为国家第一座大型商用核电站，从开工建设以来就一直非常重视预算管理的运用。基建期设立投资预算管理机构进行专门预算管理，1994年进入商业运营期以后在电站推行预算管理，从1997年开始在全公司推行全面预算管理，至今已建立起一整套行之有效的以成本为中心的全面预算管理体制。推行预算管理在电站的管理工作中取得了巨大的经济效益，年均节省资金近亿元。

针对核电站运行管理的特点，大亚湾核电站采用了“零基预算”的管理方法。成本中心每年在预算申报时都需对以往的工作进行进一步检查、讨论，所有项目均需重新审视其开支的合理性，有效消除、减少了“今年存在或开支的费用支出在下一年度就一定存在”的成本费用开支习惯性心理。但由于这种预算方法工作量极大，而且效率低、时效性差，为了避免上述问题，核电站采取了“折中”模式，即对新的项目、重要的项目（5万美元以上）全部采用“零基预算”管理，对其他项目采用滚动预算管理，同时采取年度预算编制、年中预算调整、预算变更等具体的工作方式来使预算与实际工作相匹配，真正达到通过工作计划来编制预算，又通过预算来衡量指导工作计划的目的。

（资料来源：王楚亮，大亚湾核电站预算管理案例分析，中华会计网校）

案例思考：通过大亚湾核电站预算管理实例，思考企业是如何发挥预算管理功能的？

任务解构

一、企业预算管理的发展演变

预算管理始于近代英国，并首先应用于政府管理之中，预算（Budget）一词最早出现在英国财政大臣公文包中的文件上便是印证，而企业预算管理则始于第二次工业革命之后，经过产生期、发展期、成熟期三个阶段，最终发展成为当前成熟的应用体系。

（一）预算管理的产生期（19 世纪 70 年代～20 世纪 20 年代）

1870 年以后，各种新技术、新发明层出不穷，并被迅速应用于工业生产，机械化程度大幅度提高，企业生产效率迅速提升，企业规模也日益扩大，产销规划与管理控制成为企业发展的瓶颈。在这一时期，泰勒创建了“科学管理”学说，促进了美国企业管理水平的提高，这也大大促进了预算管理的发展，如标准成本、差异分析等方法都成为企业预算管理中常用的方法。1921 年美国政府公布了《预算与企业法案》，预算制度逐渐成为国际大型企业的普遍制度。

在这一阶段，预算管理主要作为协调、控制企业各部门经济活动的管理方法受到人们的重视，企业对预算制度的关心度也开始提高。

（二）预算管理的发展期（20 世纪 30 年代～20 世纪 70 年代）

第二次世界大战以后，企业为应对日益激烈的市场竞争，提出了众多量化财务管理模型，诸如盈亏平衡点分析、弹性预算方法、变动成本计算法以及用于决策的差额分析法、现金流量分析法等，这极大地推动了预算管理的发展。同时，预算管理也由结果式管理向过程式管理转变，参与型预算管理、零基预算等新型预算管理模式得到广泛推广，使企业在竞争中取得优势并得到迅速发展。

在该阶段，企业预算管理先后受到会计理论及其他管理思想的影响，在理论与方法上都得到了长足发展，其职能也由单纯的结果控制向多元化的战略规划、资源整合、协调控制与业绩考核等过程性管理模式转变。

（三）预算管理的成熟期（20 世纪 80 年代至今）

20 世纪 80 年代后，计算机信息技术、网络技术的发展在不断降低成本的同时也极大地提高了预算管理的科学性和准确性，企业预算管理趋于成熟，成为西方现代企业的一种重要管理方法。ERP 集成管理系统在企业中得到广泛应用，将会计核算、预算管理、物料管理、生产制造、销售业务、质量控制、资产管理和工作流程等环节全部纳入资源预算系统进行管理，使业务流、现金流和信息流融为一体，形成了一种面向企业供应链的集成式预算管理新模式。同时，大批专注进行预算管理信息系统开发的公司大量涌现，如 Hyperion 公司、Cognos 公司、Sas 公司等，都推出自己富有特色的预算系统产品，使各种规模的企业能够非常方便地使用其产品进行预算编制和分析。

经过一个多世纪的发展，预算管理已经成为企业不可或缺的经营管理手段，在企业中发挥着战略规划、沟通协调、监督控制、资源整合、业绩考核等多种功能，已经发展成为成熟的集成式预算管理系统。

二、企业预算管理的内涵与职能

预算管理经过几个世纪的发展，已经发展成为一个完备的管理系统，它是在战略目标的指导下，对未来的经营活动和相应财务结果进行充分、全面的预测和筹划，并通过对执行过程的监控，将实际完成情况与预算目标不断对照和分析，从而及时指导经营活动的改善和调整，以帮助管理者更加有效地管理企业和最大程度地实现战略目标的全员、全过程、全方位的管理系统。

其中，全员预算管理是指企业的业务人员、非业务人员，包括企业负责人、生产车间以及部门负责人、各岗位员工、财务人员等所有人员，都必须参与到预算管理中去，它强调的是所有人员全体参与，而非仅仅是财务人员、经理人员的责任；全过程预算管理是指企业的各项经营管理活动，无论是事前、事中还是事后都要纳入预算管理中来，强调的是过程控制与结果控制的均衡性；全方位预算管理是指企业一切生产经营活动必须全部纳入预算管理，包括销售、研发、采购、生产、质量控制、物流、财务、行政、人力资源等，强调的是预算管理的整体性概念。因此，预算管理将体现为五种基本职能，即规划未来职能、沟通协调职能、强化控制职能、资源配置职能与业绩考核职能（见图1-1）。

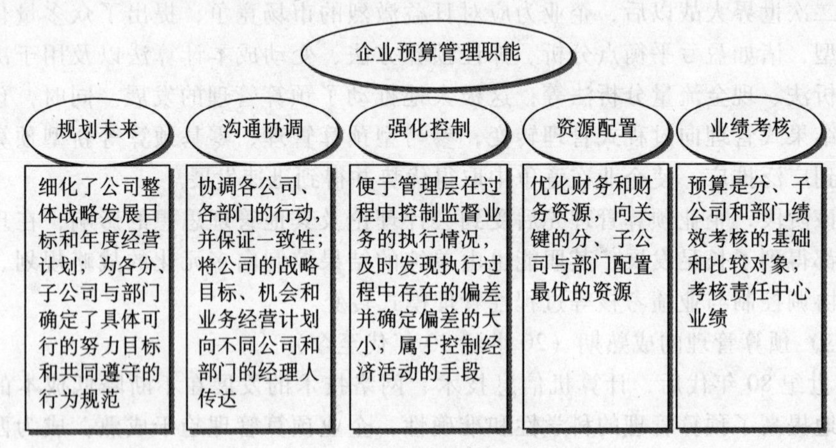

图1-1 企业预算管理职能

（一）规划未来职能

预算本质上是对中长期战略目标和计划的分解、细化和量化过程（见图1-2），企业将战略以战略地图的形式分解成关键的绩效指标，形成中长期发展目标，进而确定所需资源以及短期的财务和人力计划，而预算便是短期财务和人力计划的货币化结果。与之相适应，规划职能主要体现在两个方面：第一，将企业中长期战略在企业预算系统中进行非常系统而具体的反映；第二，将在企业运营环境中有可能发生并与企业关系密切的事项以货币形式反映出来，帮助决策层预测各种因素的变动对经营目标的影响及可能后果，进而选择最有利的预算方案。

（二）沟通协调职能

预算管理的沟通协调职能主要体现在两个方面：一方面，预算作为一项激励或推动部属努力达成企业目标的工具，高层经理人可以通过它来表达未来的发展战略和经营计划，减少各个部门之间的隔阂，成为公司内部沟通的工具；另一方面，企业预算反映了管理当局对于成功绩效的具体期望以及对于部属的期望报酬，部属对

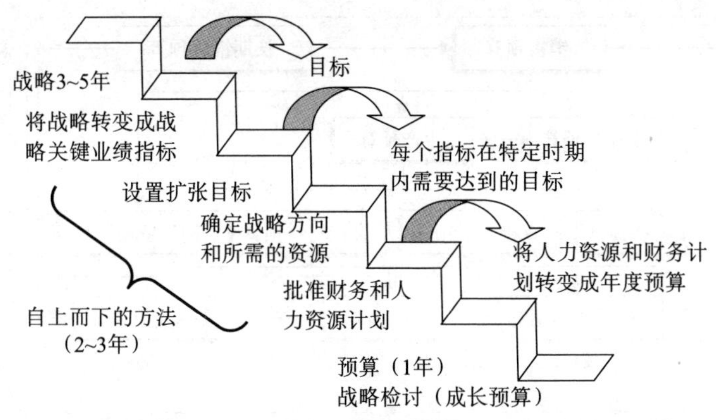

图 1－2　年度预算与企业战略目标

于这些因素的了解，有助于激发了他们内在的工作意愿，努力达成工作业绩要求。

（三）强化控制职能

控制职能是指预算通过对预定计划及目标实际绩效的衡量，编制企业各层面及所有责任单元的绩效执行报告，及时发现预算执行中存在的偏差，尤其针对那些差异较大的例外项目，迅速研究其形成原因，采取适当的改正行动，落实责任人，分解任务，规划时间来加以解决。

（四）资源配置职能

预算能够清晰地表达出每个经理需要负责的流程或作业范围、每个部门需要完成的工作量、能够调动的人力和财务资源等资源配置信息。因此，通过合适的预算管理，企业可以优化人力资源和财务资源配置，协调和分配企业各部门的作业活动所需要的资源。

（五）业绩考核职能

预算代表预算编制者（经理）对其上级作出的一项承诺，它构成了评估实际业绩的基础，也是分公司或子公司和部门绩效考核的基础和比较对象。预算也代表了在预算期间内企业对员工和部门行为结果的期望与要求，可以用来评价实际经营业绩，依据预算进行考核、奖励来激励员工。

三、企业预算的类别

预算的类别因预算的编制方法不同而不同，从传统编制内容上来讲，预算可以具体划分为营业预算（或者业务预算）、资本预算、财务预算，它们之间的关系如图 1－3 所示。

（一）营业预算

营业预算是反映预算期内企业可能形成现金收付的生产经营活动的预算，它表明了预算年度每个责任中心和企业整体的收入与费用的详细情况。营业预算一般包括销售收入或营业收入预算、生产预算、采购支出预算、产品成本（包括直接人

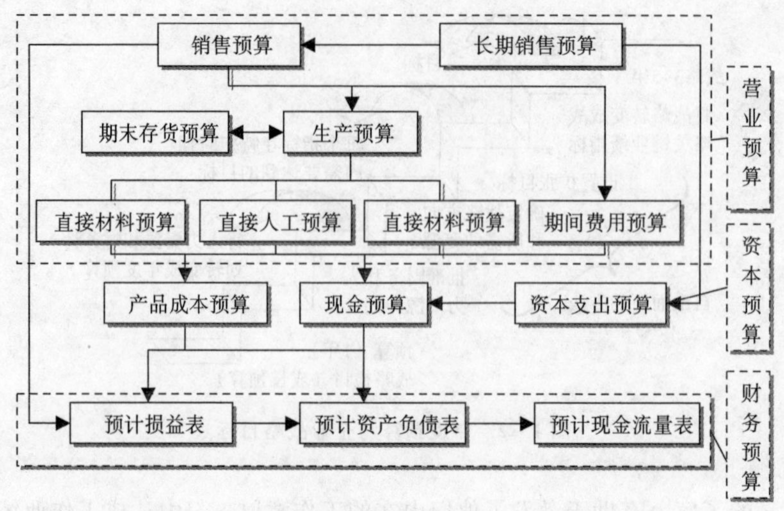

图1－3　营业预算、资本预算和财务预算之间的关系

工、直接材料、制造费用）预算或者营业成本预算、期间费用（营业费用、管理费用、财务费用）预算等。营业预算通常以一年为期，然后可再划分为较短的季、月或周。

1. 销售收入或营业收入预算

销售收入预算是预算期内预算执行单位销售各种产品或者提供各种劳务可能实现的销售量或者业务量及其收入的预算，主要依据年度目标利润、预测的市场销量或劳务需求及提供的产品结构以及市场价格编制。

2. 生产预算

生产预算是指从事工业生产的预算执行单位，对预算期内所要达到的生产规模及其产品结构的预算，主要是在销售预算的基础上，依据各种产品的生产能力、各项材料及人工的消耗定额及其物价水平和期末存货状况编制的。

3. 产品成本预算

产品成本预算是从事工业生产的预算执行单位对预算期内生产产品所需的生产成本、单位成本和销售成本的预算。产品成本预算主要依据生产预算、直接材料预算、直接人工预算、制造费用预算等汇总编制而成。

其中，直接材料预算是根据生产预算进行编制的，同时要考虑原材料的存货水平，预算内容包括单位产品用量、生产需求用量、期初和期末存量等。直接人工预算是以生产预算为基础编制的，主要是根据生产预算中的预计产量与标准单位产品工时和每小时人工成本计算人工总工时和人工总成本。制造费用预算也以生产预算为基础，按照费用项目及其上年预算执行情况，根据预算期降低成本、费用的要求编制。

4. 采购支出预算

采购支出预算是预算执行单位对预算期内为保证生产或者经营的需要而从外部购买各类商品、各项材料、低值易耗品等存货的预算，主要根据销售或营业预算、生产预算、期初存货情况和期末存货经济存量编制。

5. 期间费用预算

期间费用预算是指预算执行单位对预算内组织的经营活动所必要的管理费用、财务费用、销售（营业）费用等的预算。应当区分变动费用与固定费用、可控费用与不可控费用的不同性质，根据历史水平和预算期内的变化因素，结合费用开支标准和企业降低成本、费用的要求，分项目、分责任中心进行编制。

6. 其他业务收入和其他业务支出预算

企业销售材料等及离退休人员费用支出、解除劳动关系补偿支出、缴纳税费、政策性补贴、对外捐赠支出及其他营业外支出等，应当根据实际情况和国家有关政策规定，编制营业外支出等相关业务预算。

（二）资本预算

资本预算是企业对预算期内进行资本性投资活动的预算，包括已经获批准的投资方案以及不需要获得高层批准的小规模投资方案的总量。资本预算涵盖期间较长，最长甚至可以达到10年以上，实践中一般以1～3年为限，基本上随企业性质的不同而有所差异。按其内容分类主要包括权益性资本投资预算、固定资产投资预算和债券投资预算等。

其中，权益性资本投资预算是企业对预算期内，为了获得其他企业单位的股权及收益分配权而进行资本投资的预算。固定资产投资预算是企业对预算期内购建、改建、扩建、更新固定资产进行资本投资的预算，主要包括基建、设备、无形资产等的投资。债券投资预算是企业对预算期内为购买国债、企业债券、金融债券等所做的预算。

（三）财务预算

财务预算主要以现金流量预算、预计资产负债表和预计损益表等形式来反映，在年度预算中，以现金流量预算、预计损益表最为重要。而且，企业通常也会设计相应的预计经营财务指标来加强预算管理。

1. 预算现金流量

现金流量预算是按照现金流量表主要项目内容编制的反映企业预算期内一切现金收支及其结果的预算，它以业务预算、资本预算为基础，是其他预算中有关现金收支的汇总，主要作为企业资金头寸调控管理的依据。

2. 预算损益表

预算损益表是按照损益表的内容和格式编制的反映预算执业单位在预算期内利润目标的预算报表，一般根据销售或营业预算、生产预算、产品成本预算或者营业成本预算、期间费用预算、其他专项预算等有关资产分析编制。

3. 预算资产负债表

预算资产负债表是按照资产负债表的内容和格式编制的综合反映预算执行单位期末财务状况的预算报表，一般根据预算期初实际的资产负债表和销售或营业预算、生产预算、采购预算、资本预算、筹资预算等有关资料分析编制。

4. 主要经营财务指标预算

主要经营指标包括财务指标和非财务指标。有些是简单的指标，如净利润、管理费用率等，这些指标从会计报表中可以直接得到；有些是复合指标，如投资资本回报率（RO－IC）、资本金回报率（ROC）、自由现金流（FCF）、息税前营业利润（EBIT）、有息负债率（DR）等，这些指标不能直接从会计报表中获取，需要经过几个财务指标的对比计算才能体现出财务信息。

应当注意的是，在预算之中，预算目标的表达一般通过财务数据或指标体现，但是在预算之中还有许多特定的、具体的目标也隐含其中，如开辟多少销售通路，新设立多少个营销中心或者店铺、引进多少生产线、招募多少人员、开发多少个信息系统等，这些目标同样需要数字化量化表示，以作为激励责任中心或部门经理、员工的指标。

四、预算管理的流程与内容

预算管理流程包括预算编制、预算执行与预算考评三大基本环节。其中，预算编制环节包括拟定预算目标、预算编制、预算审批等内容；预算执行环节包括预算分解与落实、预算执行、预算控制、预算核算、预算调整、预算报告、预算审计等内容；预算考评环节包括预算分析、预算考评、预算奖惩等内容。三大基本环节及各项内容之间相互关联、相互作用、相互衔接，并周而复始地循环，从而实现对企业所有经济活动的科学管理与有效控制。企业预算管理流程如图 1－4 所示。

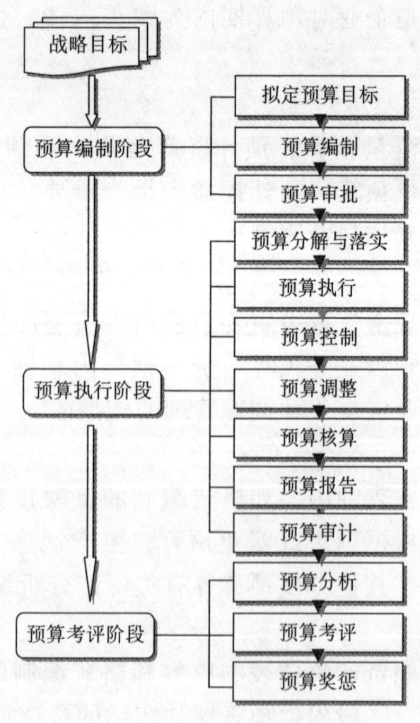

图 1－4 预算管理基本流程

（一）拟定预算目标

预算目标是预算期内企业各项经济活动所要达到的结果，是落实到各预算部门的、具体的责任目标值。在安排各预算部门编制预算草案之前，首先需要企业管理当局根据战略规划和年度经营目标拟定企业及各预算部门的预算目标，作为编制预算的主线和方向。

（二）预算编制

企业各预算部门根据预算决策机构下达的预算目标和预算编制大纲，综合考虑预算期内市场环境、资源状况、自身条件等因素，按照“自上而下、自下而上、上下结合”的程序编制预算草案。

（三）预算审批

第一，企业预算管理部门对各预算部门上报的预算草案进行审查、汇总，提出综合平衡的建议，对在审查、平衡过程中发现的问题要提出调整意见，并反馈给有关部门予以修正。

第二，在企业有关部门进一步修订、调整、平衡的基础上，汇总编制企业预算草案，经公司总经理签批后提交董事会或股东大会审议批准。

（四）预算分解与落实

预算审批下达后，企业管理当局要通过签订预算责任书的方式将预算指标层层分解、细化，从横向和纵向两个方面将预算指标落实到企业内部各预算执行部门，形成全方位的预算执行责任体系。

（五）预算执行

在整个预算期内，企业的各项经济活动都要以预算为基本依据，确保预算的贯彻执行，形成以预算为轴心的企业经济活动运行机制。

（六）预算控制

预算控制是按照一定的程序和方法，确保企业及各预算部门落实预算、实现预算目标的过程，它是企业预算管理顺利实施的有力保证。企业通过预算编制为预算期内各项经济活动制定目标和依据，通过预算执行将编制的预算付诸实施，通过预算控制确保预算执行不偏离预算的方向和目标。

（七）预算调整

预算调整是在预算执行过程中，对现行预算进行修改和完善的过程。因为预算是指导和规划未来的经济活动，编制预算的基础很多都是假设，如果在预算执行过程中发生预算指标或预算内容与实际情况大相径庭，就必须按照规定的程序对现行预算进行实事求是的调整。

（八）预算核算

为了对预算的执行情况和执行结果进行计量、考核和反映，企业必须完善预算核算体系，建立与各部门责任预算口径相一致的责任会计制度，包括原始凭证的填制、账簿的记录、费用的归集和分配、内部产品及劳务的转移结算，收入的确认，以及最终经营业绩的确定和决算报表编制等核算内容。

（九）预算报告

预算报告是指采用报表、报告等书面或电子文档形式对预算执行过程和结果等信息进行统计、总结和反馈，它既包括日常预算执行情况的报告，也包括预算年度结束后，对全年预算执行结果进行的决算报告。

（十）预算审计

预算审计是企业内部审计部门对预算管理活动的真实性、合法性和效益性进行的审计监督。通过审查评价预算管理体系的效率和效果，维护预算管理的严肃性、合法性和真实性，促进企业各预算执行部门改善预算管理、提高经济效益。

（十一）预算分析

预算分析是指采用专门方法对预算管理活动全过程所进行的事前、事中、事后分析。其中，对预算执行结果的分析是重点，目的是确定预算执行结果与预算标准之间的差异，找出发生差异的原因，并确定其责任归属，为预算考评提供依据。

（十二）预算考评

预算考评是对企业预算管理实施过程和实施效果进行的考核和评价，既包括对企业预算管理活动实施效果的全面考评，也包括对预算执行部门和预算责任人的考核和业绩评价。

（十三）预算奖惩

预算奖惩是按照预算责任书中确定的奖惩方案，根据预算执行部门的预算执行结果对各预算部门进行奖惩兑现。预算奖惩是预算管理的生命线，是预算激励机制和约束机制的具体体现。通过建立科学的奖惩制度，一方面能使预算考评落到实处，真正体现责权利的结合；另一方面能有效引导人的行为，使预算目标和行为协调一致。

案例解析

预算是企业管控系统中的重要组成部分，通过预算管理系统，企业可以有效地将企业资金调度与战略对接，实现资源的优化配置，并为企业各层级部门和员工的绩效考核奠定基础。

目前存在多种多样的预算管理模式，企业需要根据自身的实际情况合理选择预算管理模式，大亚湾核电站便针对各种预算模式的优缺点，并结合自身管理需要，灵活采取了不同的预算管理模式，对新的项目、重要的项目（5万美元以上）全部采用“零基预算”管理，对其他项目采用滚动预算进行管理，同时采取年度预算编制、年中预算调整、预算变更等具体的工作方式来使预算与实际工作相匹配，真正发挥了通过工作计划来编制预算，又通过预算来衡量指导工作计划的作用。

任务二　认识绩效管理

任务目标

1. 了解绩效管理的发展历史。
2. 理解绩效的内涵、特点与影响因素。
3. 掌握绩效管理的内涵与特点。
4. 理解绩效管理系统模型。

案例导入

绩效管理在摩托罗拉公司的地位非常重要，公司认为"企业=产品+服务"，"企业管理=人力资源管理"，"人力资源管理=绩效管理"。摩托罗拉给绩效管理下的定义是：

绩效管理是一个不断进行的沟通过程，在这个过程中员工和主管以合作伙伴的形式就下列问题达成一致：

1. 员工应该完成的工作；
2. 员工所做的工作如何为组织的目标实现做贡献；
3. 用具体的内容描述怎样才算把工作做好；
4. 员工和主管怎样才能共同努力帮助员工改进绩效；
5. 如何衡量绩效；
6. 确定影响绩效的障碍并将其克服。

根据这一定义，可以看出，公司认为绩效管理关注的是员工绩效的提高，员工与主管之间是合作伙伴的关系，并强调绩效管理的可操作性与沟通的重要性。

（资料来源：绩效管理案例：摩托罗拉的成功，中华会计网校）

案例思考：根据摩托罗拉的绩效管理定义，应当如何有效地实施绩效管理？

任务解构

一、绩效管理的历史发展

绩效管理并不是一开始便是系统完善的，而是先后经历了产生、发展和完善的过程。

（一）绩效管理的产生（19 世纪初 ~20 世纪 20 年代）

19 世纪初期，被誉为"人事管理之父"的罗伯特·欧文（Robert Owen）在苏格兰的新拉纳克进行了最早的绩效管理实验，他将工人的工作绩效分为恶劣、怠惰、良好和优质四个等级，并用不同的颜色木牌将考核结果放在工厂的显眼位置，这样在众人目光的注视中和自尊心理的驱使下，工人表现恶劣的频次和人数逐渐减少，绩效水平最终获得大幅提升。20 世纪初期，以泰勒为代表的科学管理学派秉承亚当·斯密的“经济人”观点和大卫·李嘉图（David Ricardo）的“群氓假设”，将人看作一群无组织的利己主义个体，开发了一系列标准化工作程序，通过培养“第一流的工人”的方式来提升工人绩效，这代表着绩效管理的真正诞生，并主导了后来较长一段时间的绩效管理实践。

（二）绩效管理的发展（20 世纪 20 年代 ~20 世纪 80 年代）

20 世纪 20 年代以后，随着人际关系学派和行为科学学派的产生，众多学者开始研究个体的心理因素、社会性需求、非正式组织的影响以及管理者的领导能力等方面对绩效的影响。20 世纪 50 年代，彼得·德鲁克在综合科学管理学派和行为科学学派的研究成果之上，把“重视物”和“重视人”的观点结合起来，提出了目标管理的思想，强调员工参与目标制定和充分尊重员工意愿以激发其内在动力。目标管理以制定目标为起点，以目标完成情况的评价为最重要的节点，以绩效反馈为终结；工作成果是评定目标完成程度的标准，也是评价管理工作绩效的最重要的标准。

20 世纪 50 年代以后，伴随激励理论、领导理论、权变理论、战略管理理论等研究成果的涌现，绩效管理呈现出多层次、多维度和动态性的特征，并逐渐与组织的战略联系起来。20 世纪 80 年代出现的关键绩效指标（Key Performance Indicators，KPI）试图通过不同层级的绩效评价指标之间的承接和分解关系来建立组织战略与个人绩效的联系。虽然关键绩效指标描述了绩效评价指标的设计思路及其关键环节，但是未能在个体绩效的衡量内容上形成一个比较明确和统一的系统框架。

随着管理实践的不断发展，绩效管理形成了以投资报酬率和预算为核心，包括销售收入、利润、现金流量和各种财务比率的组织绩效评价指标体系。

（三）绩效管理的完善（20 世纪 90 年代 ~ 现在）

20 世纪 90 年代以来，由于时代特征和竞争环境的变化，以及传统预算存在淡化战略意识、难以促进企业绩效持续提高和编制成本高等缺陷，企业开始重视对客户质量、技术、品牌、文化、领导力等非财务要素进行评价，出现了把财务指标评价和非财务指标评价、过程评价和结果评价紧密结合的趋势。

这一时期的集大成者便是卡普兰和诺顿的平衡计分卡理论。平衡计分卡理论从财务、客户、内部运营、学习与成长四个角度，将组织的战略落实为可操作的衡量指标和目标值的一种新型绩效管理体系，建立起了全面、科学和系统的化战略为行动的战略性绩效管理体系。

二、认识绩效

（一）绩效的内涵

绩效是指组织及个人的履职表现和工作任务完成情况，是组织期望的为实现其目标而展现在组织不同层面上的工作行为及其结果。绩效本身是一个多层次的有机整体，并且影响因素较多、性质构成复杂，要全面理解绩效的概念，需要注意如下三个方面：

第一，绩效必须与组织战略的要求保持一致。绩效是组织的使命、核心价值观、愿景和战略的重要表现形式，每个组织的战略选择和战略目标都存在差异，造成了每个组织对绩效的具体界定不同，其重点绩效领域也就产生了很大的差异。

第二，绩效是一个多层次的有机整体。绩效包含组织绩效、群体（主要包含部门和团队两类）绩效和个人绩效三个层次，其中组织绩效是绩效体系的最高层次和总体目标。组织绩效就是组织的整体绩效，指的是组织任务在数量、质量及效率等方面完成的情况；群体绩效是组织中以团队或部门为单位的绩效，是群体任务在数量、质量及效率等方面完成的情况；个人绩效是个体所表现出的、能够被评价的、与组织及群体目标相关的工作行为及其结果。组织绩效、群体绩效和个人绩效这三个层次是自上而下、层层分解的关系：组织绩效具有最高的战略价值，是绩效管理系统的最高目标；组织绩效和群体绩效是通过个人绩效实现的，离开个人绩效，也无所谓组织绩效和群体绩效；个人绩效则是绩效管理的落脚点，是组织绩效的基础和保障；脱离了组织绩效和群体绩效的个人绩效是毫无意义的，个人绩效的价值只有通过群体绩效和组织绩效才能体现。

第三，绩效的最终表现形式是工作行为与结果。绩效是指组织及个人的履职表现和工作任务完成情况，最终表现为组织内各层级人员的工作行为与结果，并且指那些需要评价的工作行为与结果。组织内不同层级人员的工作行为与结果都需要以组织目标为导向，集中表现为绩效系统的系统性和一致性。

（二）绩效的特点

为了更深入地理解绩效的概念，需要理解和掌握绩效的特点。根据绩效的定义，绩效具有以下三个特点：

1. 多因性

绩效的多因性是指绩效的优劣并不是由单一因素决定的，而是受组织内、外部因素共同作用的影响，其中内部因素主要包括组织战略、组织文化、组织架构、技术水平以及管理者领导风格等，外部因素主要包括社会环境、经济环境、国家法规政策以及同行业其他组织的发展情况等。在不同情境下，各种因素对绩效的影响作用各不相同，在分析绩效差距时，只有充分研究各种可能的影响因素，才能够抓住影响绩效的关键因素，从而更有效地进行绩效管理。

2. 多维性

绩效的多维性指的是评价主体需要多维度、多角度地去分析和评价绩效。组织绩效应当包括有效性、效率和变革性三个方面。有效性是指达成预期目的的程度；效率指组织使用资源的投入产出状况；变革性指组织应对将来变革的准备程度。这三个方面相互结合，最终决定一个组织的竞争力。在进行个人绩效评价时，通常需要综合考虑员工的工作结果和工作态度两个方面。对于工作结果，可以通过对工作完成的数量、质量、效率以及成本等指标进行评价；对于工作态度，可以通过全局意识、纪律意识、服从意识以及协作精神等评价指标来衡量。根据评价结果的不同用途，可以选择不同评价维度和评价指标，并根据期望目标与实际值之间的绩效差距设定具体目标值和相应的权重。

3. 动态性

环境的动态性和复杂性造成了员工的绩效会随着实践的推移而发生变化，在确定绩效评价和绩效管理的周期时，应充分考虑绩效的动态性特征，根据不同的绩效类型确定恰当的绩效周期，从而保证组织能够根据评价的目的及时、充分地掌握组织不同层面的绩效情况，减少不必要的管理成本，并获得较高绩效。无论是组织还是个人，都必须以系统和发展的眼光来认识和理解绩效。

（三）影响绩效的因素

绩效具有多因性，影响绩效的因素也是多方面的。绩效的影响因素主要包括技能、激励、环境以及机会四类，可以说，绩效是技能、激励、环境以及机会的函数。

1. 技能

技能指的是员工的工作技巧和能力水平。一般来说，影响员工技能的主要因素有：天赋、智力、经历、教育、培训等。因此，员工的技能不是一成不变的，组织可以通过各种方式来提高员工的整体技能水平。同时，员工技能的提高可以加速组织技术提升，从而对绩效产生积极的影响。

2. 激励

激励作为影响绩效的因素，是通过提高员工的工作积极性来发挥作用的。为了使激励手段能够真正发挥作用，组织应根据员工个人的个性、需求结构等因素，选择适当的激励手段和方式。

3. 环境

影响工作绩效的环境因素可以分为组织内部的环境因素和组织外部的环境因素两类。组织内部的环境因素一般包括劳动场所的布局和物理条件、公司的组织结构和政策、工资福利水平、培训机会、企业文化和组织气氛等；组织外部的环境因素包括社会政治、经济状况和市场的竞争程度等。不论是组织的内部环境还是外部环境，都会通过影响员工的工作行为和工作态度来影响员工的工作绩效。

4. 机会

与前面三种因素相比，机会是一种偶然性因素。机会能够促进组织的创新和变革，给予员工学习、成长和发展的有利环境。在机会的促使下，组织可以拓展新的发展领域，加速组织绩效的提升。因此，无论是对于组织还是个人，机会对绩效的影响都是很重要的。

三、认识绩效管理

绩效管理是对个人、部门以及组织的行为与结果进行管理的一个系统，是一系列充分发挥每个员工的潜力，提高其绩效，并通过将员工的个人目标与企业战略相结合来提高组织绩效的一个过程。

（一）绩效管理的特点

深入理解绩效管理的特点，对构建科学的绩效管理系统有极大的帮助。绩效管理具有如下五个特点：

1. 系统性

绩效管理强调对绩效的系统管理，涵盖组织和人员两个层面，将人员绩效与组织绩效融为一体，因而它不是单纯的一个步骤或一个方面。同时，绩效管理是一种管理手段或方法，它体现管理的主要职能，即计划、组织、指导、协调、控制。

2. 目标性

绩效管理是一种目标导向的管理方法，要求每一个成员的行动都要与企业的战略相挂钩，通过体系化的管理机制，把企业的战略目标、核心价值观层层传递给员工，使之变成员工的自觉行为，从而使每一位员工进行有效的管理并提供支持和帮助。

3. 强调沟通和指导

沟通在绩效管理中起着决定性的作用。制定绩效要沟通，帮助员工实现目标要沟通，评估考核要沟通，分析原因改进绩效要沟通等，绩效管理的过程就是员工和组织持续不断沟通的过程。离开了沟通，绩效管理就将流于形式。所以，做好绩效管理，必须全面提高各级管理者和员工的沟通意识，提高管理沟通技巧，进而改善企业管理素质和绩效管理水平。

4. 差异性

差异性是指不同组织、部门以及个人的绩效管理系统应该具有独特性，特别是绩效评价系统应该有差异，即不同组织绩效评价系统不一样，也不能用一个评价表去评价组织系统内的所有部门（业务部门和支持部门），更不能用一个量表去评估所有人。

5. 公平性

公平性是指战略性绩效管理系统在设计和执行过程中，需要尽量坚持绩效评价的程序、结果以及人际的公平原则。公平性包含三个方面：第一，程序公平，这是指员工对绩效评价程序以及将绩效评价结果与薪酬相联系的程序是否公平的感知；第二，结果公平，这是指员工对绩效评级结果以及绩效评价结果运用情况的公平感受；第三，人际公平，这是指在绩效管理过程中员工从管理者那里感受到的人际待遇的公平程度。公平性是管理者应当格外重视的问题，管理者可以通过加强评价者培训、在和谐友好的氛围中向员工提供及时、准确的绩效评价结果，允许员工对绩效评价结果提出质疑等做法提高人际公平性。

（二）绩效管理系统

企业的使命、核心价值观、愿景和战略对绩效管理具有示范和导向作用，是构建高效的绩效管理系统的基础。战略性是绩效管理系统的首要属性，集中体现在使命、核心价值观、愿景和战略通过企业绩效管理系统落实。

1. 绩效管理的环节

管理者在进行绩效管理时，需要在战略指导下，严格遵循绩效计划、绩效监控、绩效评价和绩效反馈这四个环节开展工作，四个环节缺一不可。为了确保绩效管理的有效性，管理者除了保障四个管理环节的完整性外，还需要根据自身的具体情况和需求，在运用绩效管理系统的四个环节时有不同的侧重点。

（1）绩效计划。

“凡事预则立、不预则废。”没有具体的行动计划，目标只是一个美好的愿望。绩效计划作为战略绩效管理系统闭循环的第一个环节，是指当新的绩效周期开始时，管理者和下属依据企业的战略规划和年度工作计划，通过绩效计划面谈，共同确定企业、部门及各个人员的工作任务，并签订绩效目标协议的过程。绩效计划是管理者和下属通过追问如下问题进行的双向沟通过程：

①本绩效周期的主要工作内容和职责是什么？按照什么样的程序完成工作？何时完成工作？应达到何种工作效果？可供使用的资源有哪些？

②本绩效周期应如何分阶段地实现各种目标，从而实现整个绩效周期的工作目标？

③本绩效周期的工作内容的目的和意义何在？哪些工作是最重要的，哪些是次要的？

④管理者和下属如何对工作的进展情况进行沟通？如何防止出现偏差？

⑤下属在完成工作任务时拥有哪些权利？决策权限如何？

⑥为了完成工作任务，下属是否有接受培训或自我开发工作技能的必要？

从以上问题可以看出，绩效计划不仅仅是完成一份工作计划那么简单，作为整个绩效管理过程的起点，绩效计划非常注重管理者和下属的互动式沟通和全员参与，使管理者与下属在如何实现预期绩效的问题上达成共识。因此，绩效计划的内容除了包括不同层面的绩效目标，还包括为了达到计划中的绩效结果，双方应作出什么样的努力，应采用什么样的方式，应该进行什么样的技能开发等内容，但这并不是说绩效计划一经制定就不可改变，环境总是在不断地发生变化，在计划实施过程中往往需要根据实际情况及时修正或调整绩效计划。

（2）绩效监控。

绩效监控是绩效管理的第二个重要环节，也是整个绩效周期中历时最长的环节，是指在绩效计划实施过程中，管理者与下属通过持续的绩效沟通，采取有效的监控方式对员工的行为及绩效目标的实施情况进行监控，并提供必要的工作指导与工作支持的过程。绩效计划是绩效管理成功的第一步，绩效监控作为连接绩效计划和绩效评价的中间环节，对绩效计划的顺利实施和绩效结果的公平评价有着极其重要的作用。

绩效监控要求管理者在整个绩效计划实施过程持续与下属进行绩效沟通，了解下属的工作状况，预防并解决绩效管理过程中可能发生的各种问题，帮助下属更好地完成绩效计划。在该阶段，管理者主要承担两项任务：一是采取有效的管理方式监控下属的行为方向，通过持续不断的双向沟通，了解下属的工作需求并向员工提供必要的工作指导；二是记录工作过程中的关键事件或绩效数据，为绩效评价提供信息。

（3）绩效评价。

绩效评价是根据绩效目标协议所约定的评价周期和评价标准，由绩效管理主管部门选定评价主体，采用有效的评价方法，对企业、部门和个人的绩效目标完成情况进行评价的过程。

在这个过程中，需要注意的是应当把绩效评价放到绩效管理过程中考察，将其看作绩效管理过程中的一个环节。首先，绩效评价的基本依据是绩效目标协议，并且不能根据管理者的喜好随意修改。其次，绩效评价不能与绩效监控过程中的绩效沟通相分离，管理者与下属之间进行绩效沟通的过程实际上也是评价者观察评价对象绩效情况的过程。最后，绩效管理不是简单的评价，更重要的是通过客观、公正的绩效评价得到详尽、有效的绩效信息，从而使管理者能够通过绩效评价的结果，向下属反馈其绩效优秀或绩效不佳的原因，为绩效改进提供决策依据。因此，绩效评价与绩效反馈的过程也是密切相关的。当然，同样应该看到，绩效评价是绩效管理过程中的核心环节，也是技术性最强的一个环节，因此，需要对评价环节给予特别关注。

（4）绩效反馈。

绩效反馈是指在绩效评价结束后，管理者与下属通过绩效反馈面谈，将评价结果反馈给下属，共同分析绩效不佳的方面及其原因，制定绩效改进计划的过程。绩效反馈在绩效管理过程中具有重要的作用，是绩效管理过程中的一个重要环节，也是一个正式的绩效沟通过程。之所以要将绩效反馈作为绩效管理循环的环节之一，是因为绩效反馈在绩效管理过程中具有重要的作用。绩效反馈是使员工产生优秀表现的重要条件之一。通过绩效反馈，员工可以知道管理者对他的评价和期望，从而不断地修正自己的行为；管理者也可以通过绩效反馈指出员工的绩效水平和存在的问题，从而有的放矢地进行激励和指导。

绩效管理系统模型如图 1－5 所示。从图 1－5 所示的系统模型中可以看出，绩效管理系统是由绩效计划、绩效监控、绩效评价和绩效反馈构成的，表现为一个循环往复的闭循环。但事实上，这些环节在发生的时间和方式上既有一定的连续性，也存在许多交叉的地方，其目的在于确保企业的弹性，实现即时管理。

2. 绩效管理的关键决策

（1）评价内容。

所谓评价内容，即“评价什么”，就是指如何确定绩效评价所需的评价指标、指标权重及其目标值。为了确保企业战略目标的实现，需要在绩效管理过程中，将企业的战略目标转化为周期内的绩效目标，再将绩效目标转化为可以衡量的绩效评价指标，从而将企业战略目标的实现具体落实到各个部门和每个员工。

一般对企业、部门和个人绩效的评价从工作过程和工作结果两个角度进行考虑。通过明晰企业的使命、核心价值观、愿景、战略以及明确企业的阶段性工作任务来设计企业绩效的评价指标；根据部门的职责以及承接或分解企业的战略目标来制定

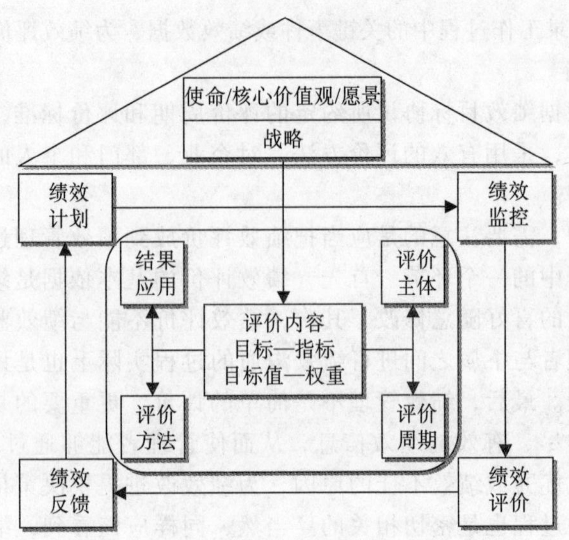

图 1-5　绩效管理系统模型

部门绩效的评价指标；员工个人绩效的评价指标则可以根据员工的职位职责以及承接或分解部门的绩效目标来确定，最终形成的绩效评价指标体系主要由工作业绩类指标以及少量的态度类指标构成。因此，绩效评价指标体系的战略导向和行为引导作用在很大程度上体现在绩效评价指标的选择和设计上。绩效评价指标的设计是绩效管理中技术性较强的工作之一，本书将在项目二对目标管理、标杆管理、关键绩效指标和平衡计分卡等在管理实践中广为采用的战略工具进行介绍，并在项目三中详细介绍各方面、各层次绩效指标设计的有关内容。

（2）评价主体。

所谓“评价主体”，即“谁来评价”，就是指对评价对象作出评价的人。通常，评价主体可分为企业内部的评价者和外部的评价者。内部评价者包括上级、同级、下级；外部评价者包括客户、供应商、分销商等利益相关者。在设计绩效评价体系时，选择正确的评价主体，确保评价主体与评价内容相匹配是一个非常重要的原则，即根据所要衡量的绩效目标以及具体的评价指标来选择评价主体。根据这一原则，评价主体应当及时、准确地掌握信息，对评价对象的工作职责、绩效目标、工作行为以及实际产出有比较充分的了解，才能确保评价结果的合理性和有效性。例如，对于工作业绩类指标，显然员工的直接上级最清楚，适合由上级进行评价，而态度类指标的评价主体则可以扩展到同级和下级，甚至外部的利益相关者，由他们来共同评价。

（3）评价周期。

评价周期所要回答的问题是“多长时间评价一次”。评价周期的设置应尽量合理，既不宜过长，也不能过短。如果评价周期太长，评价结果就会出现严重的“近因效应”，即人们对最近发生的事情记忆深刻，而对以往发生的事情印象淡薄，评价主体会根据评价对象近期的表现来评判整个绩效周期的表现，这样会导致绩效评价信息的失真，不利于员工个人绩效的改善。如果评价周期太短，一方面许多工作的绩效情况可能还没有体现出来，另一方面过度频繁的绩效评价也会使得评价主体的工作量巨大。

通常情况下，若根据职位的类别来确定评价周期，则研发类、职能管理类的评价周期相对较长，而生产类、销售类和服务类职位的评价周期稍短；若根据职位的等级来确定评价周期，则高级管理职位的评价周期较长，而低级职位的评价周期短。同时，相较于工作业绩类指标，态度类指标的评价周期相对较短。但是，评价周期与评价指标、企业所在行业特征、职位等级和类别以及绩效实施的时间等诸多因素有关，采用年度、季度、月度甚至工作日作为评价周期的情况都有。因此，选择绩效评价周期时不宜一概而论，而应该根据管理的实际情况和工作需要，综合考虑各种相关影响因素，合理选择适当的绩效评价周期。

（4）评价方法。

所谓“评价方法”，就是判断工作绩效时所使用的具体方法，正确地选择绩效评价方法对于得到公正、客观的绩效评价结果有重要的意义。各种不同的评价方法都是管理实践积累的宝贵财富。通常，评价方法可以划分为三类：比较法、量表法和描述法。

每种方法都各具特点，并无绝对优劣之分，企业应根据具体情况进行选择，总的原则是根据所要评价的指标及其特点选择合适的评价方法。例如，评价员工的“工作主动性”指标，就可以采用行为锚定量表法。当然，具体采用何种评价方法，还需要考虑设计和实施成本问题。有的评价方法设计成本虽高，但在避免评价误差方面非常有效；有的评价方法设计成本虽低，但在实际操作中容易出现评价误差。因此，应权衡各种评价方法的优缺点，并加以综合运用，以适应不同的发展时期对绩效评价的不同需要。

（5）结果应用。

绩效评价结果能否被有效利用，关系到整个绩效管理系统的成败。绩效评价结果主要用于两个方面：一是通过分析绩效评价结果，判断员工存在的绩效差距，找出产生绩效差距的原因，制订相应的绩效改进计划，以提高员工的工作绩效。二是将绩效评价结果作为各种人力资源管理决策的依据，如培训开发、职位晋升和薪酬福利等。绩效评价结果具体应用到哪些方面是与评价指标的性质相联系的，比如，态度类指标的评价结果就可以应用于职位晋升、培训开发和薪酬福利等决策中。如果绩效评价结果没有得到应用，就会产生绩效管理的“空转”现象，造成“评与不评一个样，评好评差一个样”，绩效管理也就失去了应有的作用。

案例解析

企业为有效推进绩效管理的实施，应当至少做到以下几点：

1. 将绩效管理与企业战略目标挂钩；

2. 将绩效管理层层分解，落实到各部门和人员，并明确各个部门和人员的工作岗位职责；

3. 通过持续不断地绩效沟通和辅导，确保绩效管理不偏离既定战略目标；

4. 将员工奖惩与所创造的绩效挂钩；
5. 定期进行绩效回顾，分析绩效实施的障碍及解决措施。

任务三 理解预算管理与绩效管理的关系

任务目标

1. 理解预算管理与绩效管理的共同目标。
2. 理解企业价值管理过程与预算管理、绩效管理。

案例导入

亚新科北京天纬公司是原北京油泵油嘴厂与亚新科组建的合资公司，但公司自成立伊始便出现效益持续下滑的趋势。为扭转这种趋势，亚新科曾两次调换总经理，但并无起色，到2000年，其市场占有率已降为第三位，并且与领先者差距悬殊。新一任总经理汪滨上任不久便认识到公司存在的问题的关键是市场营销薄弱、内部管理控制乏力，并邀请清华大学组织课题组进行合作研究。清华大学课题组经过调研，发现公司问题主要表现在如下方面：

1. 奖惩制度不统一。BYC当时采用职工报酬“多次分配”方法，即报酬总额划拨到各个分厂及其职能处室，分厂厂长对被拨到的职工报酬在所属各工段进行二次分配。分厂厂长通常先做部分“截留”，用于日后补歉、节假日及加班工资等，其余部分则下拨给各个工段长，各工段长全额在所辖的班组长之间进行分割，再由班组长在工人之间进行分配。领导干部领取固定工资，由公司根据岗位和职务确定，奖金主要根据主观评价结果发放。

2. 业绩指标不成体系。公司业绩指标是由职能部门从实现自身职能的需要出发设计的。这种绩效考核，无法形成一个多层次、上下贯通的全面绩效考核指标体系。而且，绩效指标与战略相互隔离，总经理无法将所受到的来自亚新科总部和市场的压力传递给各层级、各单位和各成员。另外，在绩效考核指标中财务指标与非财务指标相互隔离，不能反映同一层级、同一单位的非财务指标往往是财务指标的动因这样一个事实。

3. 预算或预算指标流于形式。预算一编了之，缺少一个由编制、执行、调整、反馈和奖惩等要素组成的一体化的预算管理系统，缺乏一套“提起来是一串，放下去是一片”的预算表格系统。而且，年度预算不能严格执行，月度预算与年度预算脱节，月度预算根据销售预测确定，但月度预算与年度预算不一致时，也不经过总经理审批，预算指标往往不能及时更新。

（资料来源：http：//www. eplanningsoft. com）

案例思考：亚新科北京天纬公司如何改革创新以纠正上述问题？

任务解构

当前，当我们谈论到预算管理时，会想到预算编制、执行与控制、报告与分析等环节，并没有考虑它与绩效管理之间的联系；而当我们谈论到绩效管理时，则将重点局限在人力资源角度的绩效考核上，也忽略了它与预算管理之间的联系。实际上，在企业管理过程中，预算管理与绩效管理是紧密结合、无法细分的，都服务于企业为股东创造价值的根本目标，不论是预算管理，还是绩效管理都是这一目标驱动下的管理环节。

一、价值创造与预算管理、绩效管理

在企业运营过程中，管理者经常会收到相互冲突的信号，其中包括战略计划、支出预算、报告和薪酬等。这些信号以计划目标、预算目标、月和季度财务报告以及激励目标等形式表现出来。这些信号相互冲突的原因是管理过程的出发点不同，战略计划注重强调的是计划或目的，而预算过程则强调的是其他方面，激励体系希望达到的则是另外一个目的。也就是说，战略、预算、绩效等本是融为一体的过程被人为地割裂了，企业价值创造的共同目标被淹没在这些相互冲突的管理过程中。

企业运营管理的目的是为股东创造价值，当然这并不意味着要损害或排斥消费者、雇员或其他重要企业相关人员的利益，而是在满足这些利益相关者基本利益诉求的基础之上实现股东价值的最大化。不论是预算管理、还是绩效管理都将服务于这个目标，各个环节之间的关系如图 1－6 所示。

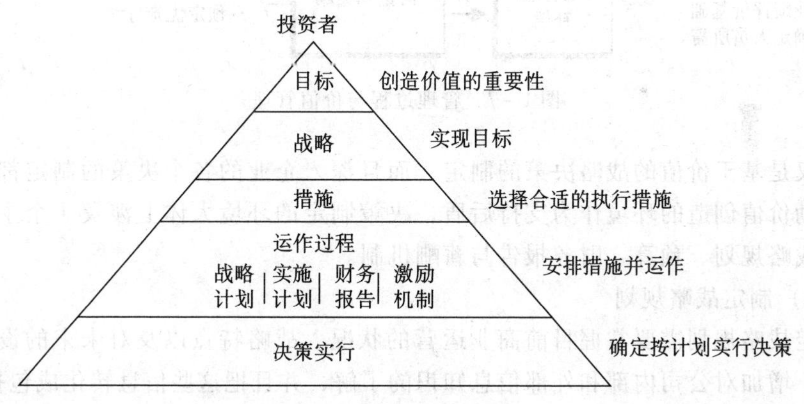

图 1－6　各环节之间的关系

如图 1－6 所示，企业决策与运营过程最终都是为了满足投资者的价值创造目标，企业在制定战略时要努力回答这样一个问题："企业怎样完成这个目标？"一项战略通过回答这样一个问题，即"企业如何使自己与众不同"来确定企业瞄准的市场和消费者。确定了企业战略之后，企业所要面对的是实施战略和衡量战略进程中的挑战，而预算管理与绩效管理则是这一过程中的重要措施。

二、价值管理与预算管理、绩效管理

企业的根本目的是为股东创造价值，但股东价值增值目标的实现不仅仅通过基于价值的战略决策制定来实现，而应当贯彻于企业的各个管理过程中，包括规划、预算、薪酬措施和管理报告等各个环节。通过在这些具体的管理环节中贯彻价值创造的理念，将有助于股东价值增值目标的实现。图 1－7 说明了这几个主要的管理过程是怎样对基于价值的管理理念的几个阶段进行加强的。

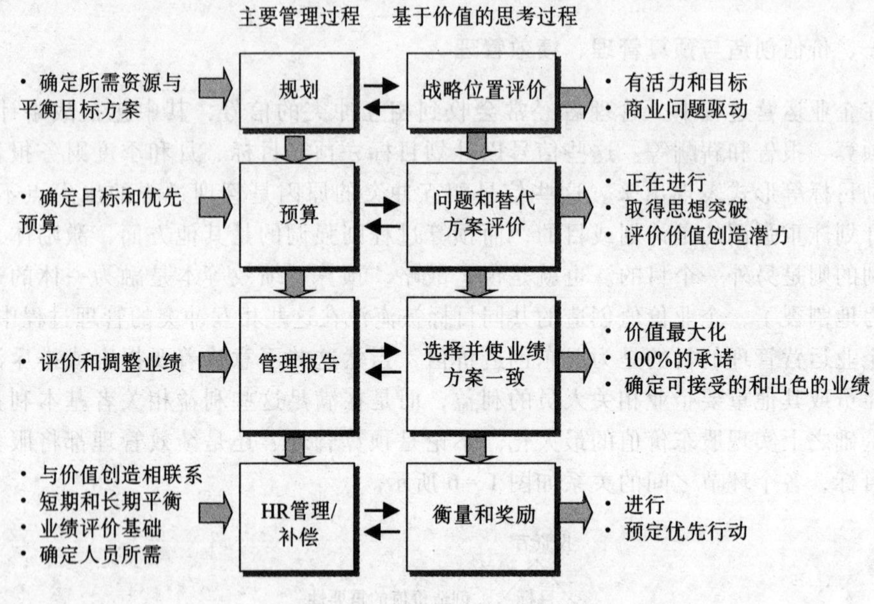

图 1－7　管理过程与价值管理

不仅是基于价值的战略决策的制定，而且深入企业的各个决策的制定都必须有能够鼓励价值创造的环境作为支持后盾，决策制定的环境大体上涉及 4 个主要管理过程：战略规划、预算、财务报告与薪酬机制。

（一）制定战略规划

制定战略规划需要掌握目前商业运营的状况、战略特点以及对未来的设想等有关信息，增加对公司内部和外部信息知识的了解，并且把这些信息转化成包括经济、市场及财务策划等在内的规划。规划制定是集中于战略的制定，确保企业的资源能够恰当地用于有竞争优势的领域中的一个过程。

战略规划应当以股东价值增值目标为导向，不应仅局限于销售量或销售额增长百分之几，而是能够更好地在提高运作效率和销售增长之间进行权衡，通过对宏观、行业、企业等内外部因素的变化及其对价值创造的影响的把握，形成为股东创造更大价值的各项战略与经营计划，为其他后续管理环节提供稳定的价值创造信号，最终引导其他环节围绕价值创造目的展开，保证企业全部业务流程不脱离股东价值增值的目标。

图 1 - 8 说明了战略规划和其他管理过程之间的关系。

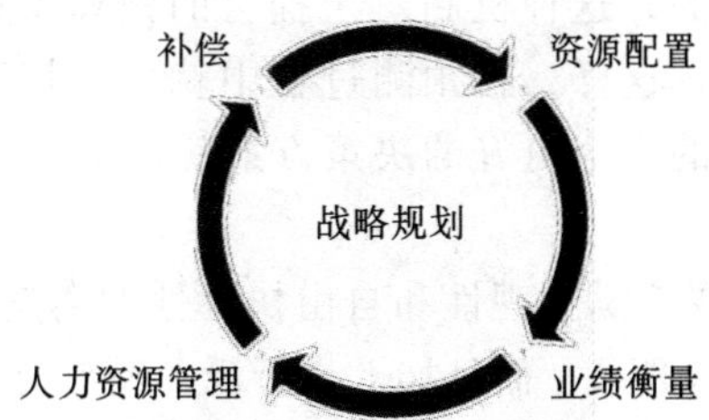

图 1 - 8　主要管理过程

（二）预算

典型的预算期间是以一年为期限的，并且可能（但并非一定）会与长期规划直接联系在一起。预算过程涉及对资本投资实现的保证和对近期经营效果的关注。我们对下一年经营费用的估算和资源的分配也是在预算过程中作出的。

预算过程与资源（通常是指资本）在不同产品类别和不同经营部门之间的分配是联系在一起的。价值管理通过把不同的机会放在同一衡量水平上进行相互比较而扮演着重要的角色。

资源的分配往往不是最理想的，因为投资决策是逐步作出的，并且主要集中在追加的投资方面，而对现有的投资考虑得很少。不同部门的多个经营单位都把自己的事情摆在前边要求追加投资，企业在管理中必须要在这些相互竞争的建议中进行选择。

这时候该如何决策呢？企业需要以战略为指导，认真权衡这些投资所产生的价值大小，并回答这些问题：在这些不同的部门中每投资一美元，是否会产生等量的价值？如果不是这样的话，那么不同部门之间有什么差异？图 1 - 9 呈现了在不同业务部门进行投资，股东获得的边际价值与其他部门相比所产生的差异。

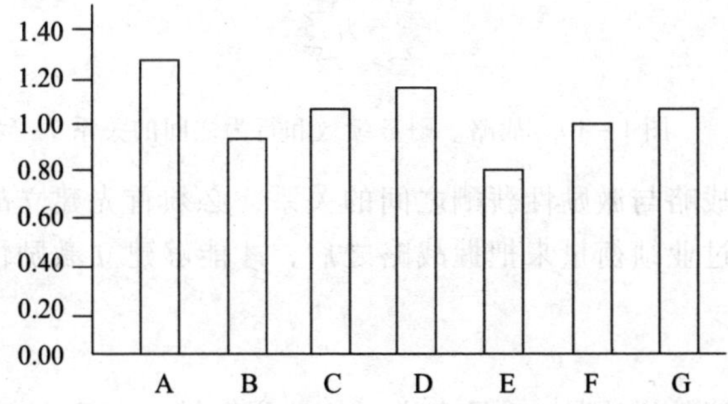

图 1 - 9　每个业务单元每一美元投资所产生的边际价值

这就暗示我们，如果资本是有限的，管理人员应根据该项投资能给股东带来的价值增量的大小选择投资的优先顺序。价值衡量帮助管理部门探索、权衡、平衡各个部门的资本投入、收入和费用，并作出抉择。预算中遇到麻烦的领域之一就是当预算成为一个可以辩护或是可以协商的过程的时候。很多情况下，薪酬机制是与预算目标的实现联系在一起的，这种机制对于拙劣的预算来说是一个诀窍，因为预算结果本身就是可以协商的，这样，在预测过程中就可以把预算结果设计得尽可能地容易实现。避免此类情况的一个更好的决策方案就是将薪酬机制与预算分离。

（三）薪酬机制

传统上的薪酬机制是受充满主观性和自由抉择性的衡量标准来支配的，并且这些衡量标准未必与其他过程有联系，而且如上文所说，经常会导致制定的预算目标偏低。

改变这一状况的有效方法便是将价值创造业绩作为它们薪酬战略的一个重要组成部分。相对于主观性的做法，这种战略更强调客观性，其对“席不暇暖式”的管理方式的明智判断正在产生重要的结果。当自由抉择和非财务的标准恰当地用于提高客观标准时，在采用价值管理的企业中可能会非常有效。而且，将价值管理引入薪酬机制也会对战略规划与预算起到反向推动作用。

激励措施的设置应当支持经营战略，有效的薪酬激励制度是从经营战略中自然导出的，并侧重于驱动能够帮助经营战略目标实现的行为，战略、财务绩效和行为之间的关系如图 1－10 所示。薪酬激励措施如果不与战略联系起来就毫无意义，当与战略相联系时，激励措施就成为战略实施的一部分。有针对性的激励是一个强有力的工具，可以帮助管理者实现企业的战略目标。

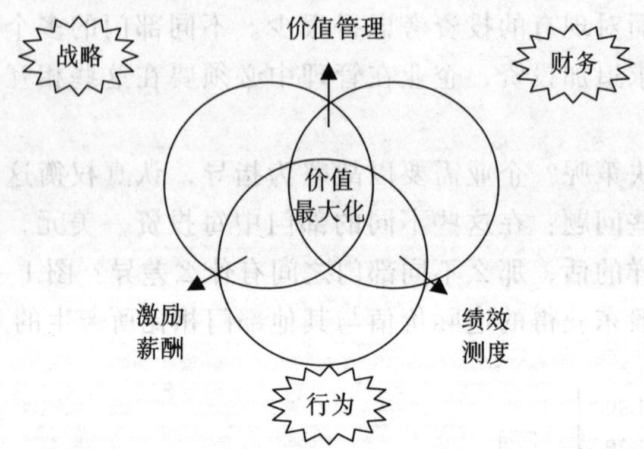

图 1－10　战略、财务绩效和行为之间的关系

为了构建经营战略与激励性薪酬之间的关系，必须首先建立战略和业绩衡量之间的关系，只有通过业绩衡量来把握战略之后，才能够建立激励性薪酬和战略之间的关系。

（四）报告

有一句老生常谈的说法是：“只有进行估计和衡量，事情才会成功。”管理报告是对已经作出的事情的衡量，在报告中通过价值衡量可以增进对有关价值管理方面的信息的掌握。报告能够显示相关管理部门对资本的利用效率，以及盈利多少等方面的信息。只有通过价值衡量报告，管理部门才能关注价值管理，提供在资本、收入和费用之间进行权衡协调的有关信息。

管理报告通常是与某个期间联系在一起的，但也不一定只限于一个期间。初始投资很少能在投资本期全部收回，所以在规划时应该树立长远观点，把这种想法纳入预算之中是非常有价值的，以长远观点进行规划也为作出有关初始投资进展情况的报告提供了良机。

对现行管理部门的批判之一就是指出他们太缺乏远见。如果仅对一个时期的运行结果进行衡量的话，那么，这是否是真正令人吃惊的短视眼光？

许多管理人员的短期思想导致了他们以牺牲长期的商业价值为代价而作出短期的决策，当把价值管理载入报告之中并加以执行时，通过对导致短期行为的各个因素进行权衡，用能够维持其竞争地位的长期因素加以补充，价值管理就能够为其提供一个长期的决策目标。

（五）沟通

意见的沟通把决策的全过程联系起来，为管理部门从内外两个方面讨论企业的目标提供了良机。管理部门必须说明它们将怎样对企业实现目标的进展情况进行衡量，经营战略怎样体现出实现的价值，雇员在价值创造中扮演什么样的角色。以价值为中心的管理必须贯穿于管理的四个主要过程之中，否则不同的管理过程将会给管理部门提供相互冲突的信号，主要管理过程如图 1－11 所示。

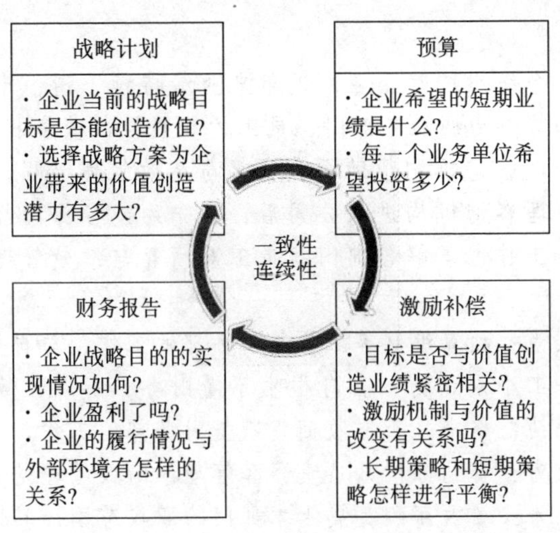

图 1－11　主要管理过程

案例解析

亚新科北京天纬公司需要作出以下改进：

1. 建立与战略目标对接的业绩指标体系。企业可以借助关键绩效指标、平衡计分卡等工具建立一整套的与战略对接的业绩指标体系。

2. 建立赏罚分明、与价值创造结果挂钩的奖惩制度。企业需要摒弃目前职工报酬“多次分配”的方法，将奖惩主导权集中于统一的绩效管理部门。明确各级部门、员工的薪酬奖惩机制，将财务绩效指标与非财务绩效指标统一量化为价值创造贡献率，将薪酬与价值创造直接挂钩，改变原先的主观分配方法。

3. 加强预算与绩效管理中的监控，改变原先的形式化的管理方式。建立一个由编制、执行、调整、反馈和奖惩等要素组成的一体化的预算管理系统，设计一套“提起来是一串，放下去是一片”的预算表格系统，并严格执行既定预算目标，对月度预算与年度预算脱节问题深入剖析、找出原因并加以改进。另外，根据市场环境的变化，企业需要建立一套可以灵活调整的管控机制，随时调整预算与绩效指标，以便更好地指导下属部门和员工的业务活动。

任务四　熟悉预算与绩效管理的流程与组织体系

任务目标

1. 掌握预算与绩效管理的基本流程。
2. 了解预算与绩效管理组织体系的构成及相关责任。

案例导入

华威公司是一个纺织民营企业，近年来业绩持续下滑，市场占有率不断降低，为遏制下降趋势，为调动各部门、员工的积极性，董事长与总经理商议后，决定聘请专门的管理咨询机构帮助设计预算与绩效管理流程，构建公司全面的绩效责任体系。管理咨询机构进入公司后，首先约谈各部门经理和员工，进行全面的走访和调研工作，了解各部门和员工对预算与绩效管理的看法。部分员工的观点如下：

营销部部长认为：预算编制等工作是财务部的工作，与自身部门无关。

营销部骨干员工小刘认为：自身根本不懂财务，所以预算与自己无关，自己主要关注销售业绩，将来是否能收回货款是财务部的工作，与自己无关。

财务部部长认为：自己部门只负责预算管理，绩效管理是人力部门的工作。

人力部部长认为：绩效薪酬等属于本部门的职权范围，其他部门无权干涉。

总经理认为：自己作为总经理，有权参与公司预算与绩效管理的全部工作，自己可以对管理中的问题单独作出决定。

生产部部长认为：自己只负责生产，其他事情与自己无关。

采购部部长认为：自己只需要根据生产情况采购原材料，无须考虑其他事情。

案例思考： 公司以上人员对预算与绩效管理的理解是否正确？

任务解构

一、预算与绩效管理流程

预算管理与绩效管理都是企业股东价值创造的重要管理环节，两者紧密联系、密不可分，在企业实践过程中也是一个相互交叉与衔接的集合系统。

这一集合系统围绕价值创造的核心目标，由目标设计系统、目标协同与预算系统、执行与监控系统、结果报告系统以及评价与应用系统五个子系统构成一个闭环系统（见图1－12），并且这些子系统之间并非单向循环，而是复向循环，各个子系统之间相互作用、相互影响。

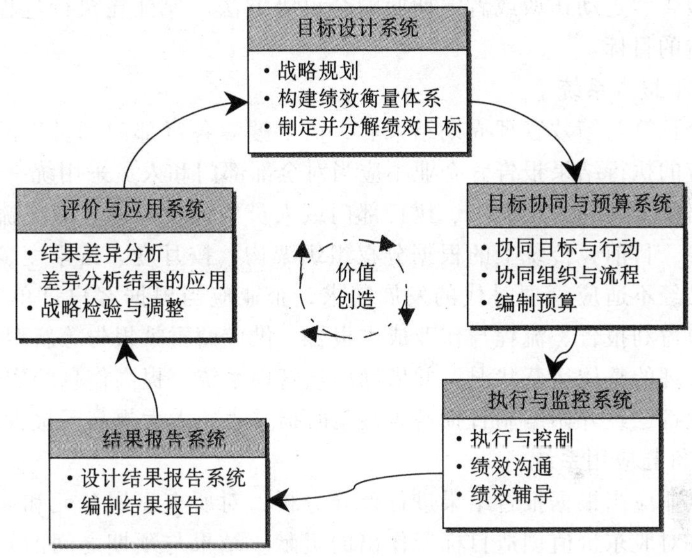

图1－12　预算与绩效管理集合系统

（一）目标设计系统

预算与绩效管理的目标设计系统主要包括三个流程，即战略规划、构建绩效衡量体系与制定并分解绩效目标。在目标设计系统中，企业首先要进行战略规划，确保企业有限的资源能够恰当地用于有竞争优势的地方，并形成一定时期内各级部门、各级员工、各项业务流程的价值创造框架和路径。其次，企业需要在这一价值创造框架和路径内设置相应的绩效衡量指标，借助指标体系，编制成更加具体、与各级部门与人员利益休戚相关的价值创造路径，这一过程包括财务绩效指标的设计以及业务流程绩效指标的设计两个层面。最后，企业需要对这些绩效指标确定为一定期间内的绩效目标，将企业的股东价值创造目标按照业务流程、组织架构等分解结构，落实到各个部门、各个业务流程直至各个责任者之上。

（二）目标协同与预算系统

企业确定自身战略目标之后，并不代表着企业的日常运营必然朝着这一目标前进，必须对企业所进行的行动方案以及执行单元及人员进行必要的协同整合。在这一协同整合过程中，流程的改进在很多时候是必须的。企业实现目标与行动、各层组织、流程的协同整合后，应当进行相应的资源配置，将各层面的资金需求以预算的形式体现出来。

（三）执行与监控系统

企业编制完预算之后，便进入执行阶段。在这一阶段，如何实施监控、在哪里监控以保证企业运营过程不偏离原先设定的目标便成为关键。监控并不仅仅是控制，它还包括沟通、辅导等职能，其主要目的在于帮助计划执行者真正地理解战略并有效执行，保证预算与绩效计划的运行不偏离原先的战略目标。在监控的过程中，可以采取书面报告、走动访谈或者定期回顾会议等方法，保证在执行过程中不偏离预期的价值创造的目标。

（四）结果报告系统

在每一个预算与绩效管理周期结束后，需要搜集各级部门和员工的运行状况信息，编制相应的执行结果报告。企业不应当对全部部门和人员采用统一的报告模板，应该根据战略重要性、管理需求、执行部门或人员的岗位要求、业务流程等因素编制不同的报告。目前，传统上的根据分权组织架构，按月度、按季度、按年度编制报告的方式已经不适应管理时代的发展需求，企业应当根据客户订单的全部流程，编制客户订单盈利报告、流程与作业成本报告、供应商贡献报告等新型的结果报告，反映价值链管理的整体运营状况，并借助信息管理系统，提高信息的实时性。例如，目前很多企业都已经开始编制日损益表甚至时损益表，大大提高了报告编制的频率。

（五）评价与应用系统

期末，企业应当根据报告结果进行差异分析，对所有下属单元和人员进行绩效评价，评价其对股东价值创造目标所作出的贡献。结果与预期之间的差异将为职位和岗位调动、薪资发放、员工招聘系统有效性的检验、员工培训与开发以及绩效改进等提供依据，更重要的是，通过差异分析，企业可以检验原先战略的有效性，并推动企业作出合理的战略调整。

二、预算与绩效管理组织体系

（一）预算与绩效管理组织层次结构

预算与绩效管理组织体系是指企业预算与绩效计划编制、审查、监督、协调、控制与信息反馈、业绩考核的组织机构，是预算与绩效机制运行的基础环境。根据预算与绩效管理的五大步骤可以将预算与绩效管理的过程分为三个层次：战略层、运营层和作业层（见图 1－13）。

企业的战略层主要考虑企业的战略目标是什么，企业如何建立战略目标，企业的长远目标方向是什么，以及企业用什么样的模式去经营、去进行情景分析并选择相应的战略模式。

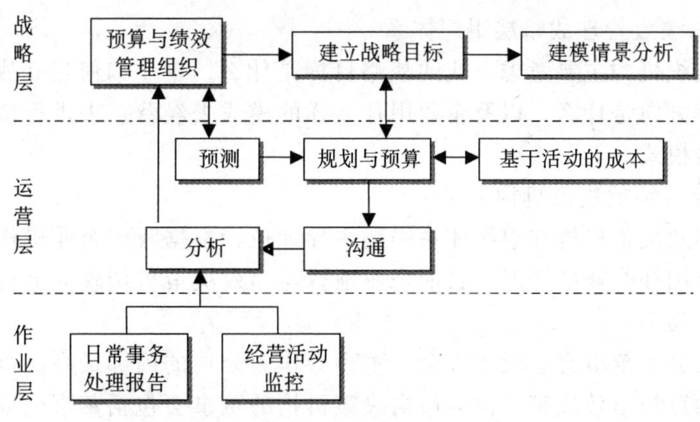

图 1－13　预算与绩效管理组织层次

企业的运营层在战略层制定了相应的策略以后，进行具体工作的预测：企业的目标能否实现，需要哪些资源，怎么去实现等。根据上市资料进行预算和规划，并在不同部门之间进行沟通。运营层主要解决具体如何做的问题，即预算、沟通、任务的分配，通过沟通再进行具体分析和调整。

企业的作业层处于运营层的下面，具体处理日常业务活动的操作，具体负责日常工作并进行日常的工作监控。作业层的管理包括日常事务的处理和活动监控。

（二）预算与绩效管理组织体系

与预算与绩效管理组织层次结构相对应，预算与绩效管理组织体系由战略层组织体系、运营层组织体系和作业层组织体系共同构建而成（见图 1－14）。

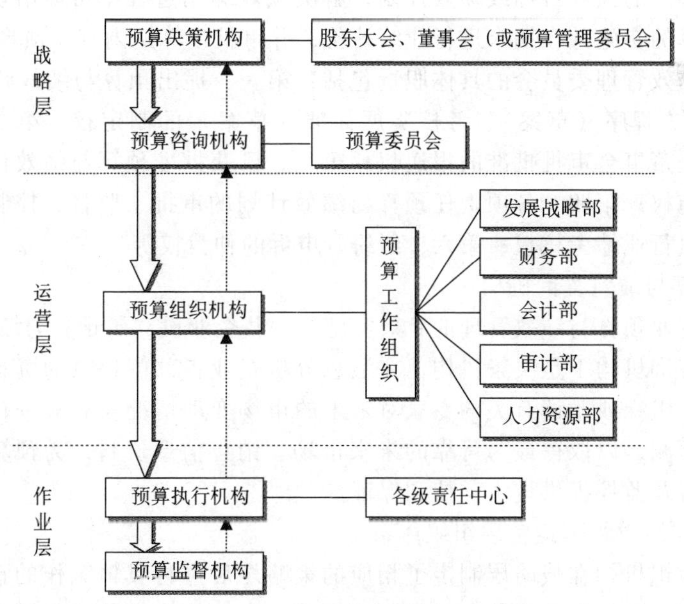

图 1－14　预算与绩效管理组织体系框架

资料来源：张友棠：《财务预算与绩效管理制度设计》，中国财经经济出版社 2008 年版。

1. 预算与绩效管理战略层组织体系

战略层组织机构主要考虑企业的战略目标是什么，企业如何建立战略目标，企业长远的目标方向是什么，以及企业用什么样的模式去经营、去进行情景分析并选择相应的战略模式。

（1）预算与绩效决策机构。

预算与绩效决策机构在组织体系中起主导地位，根据我国企业机构设置的实际情况以及借鉴国外企业的情况，目前企业预算与绩效决策机构较为流行的形式主要包括以下两种类型：

①股东大会、董事会。股东大会、董事会作为公司的内部最高决策机构，直接参与企业的预算与绩效决策。作为最高决策机构的董事会包括董事会成员、独立董事、董事会秘书等。董事会作为公司内部的最高决策机构，至少拥有对公司预算与绩效的以下决策权：制定战略计划；协调冲突；对年度预算与绩效计划的最终决策权；对资本预算的最终决策权；对预算与绩效考评与奖惩方案的最终决策权等。

决策程序上，通常董事会下属专业委员会或公司经理负责组织拟定公司战略规划和重大投资计划，经理负责实施战略并细化制订年度经营计划、绩效目标、财务预算、资源需求，提交董事会审议通过后方可在授权内执行。重大人事任免（如CFO）、重大组织结构调整也须经董事会审批后才能通过。资产重组、兼并收购等重大事项还需要由股东大会审议通过后才能操作。

②预算与绩效管理委员会。企业董事会下设预算与绩效管理委员会作为决策机构，对股东大会或董事会负责。预算管理委员会的主要职能是设定和批准整个企业及主要经营部门的预算目标或绩效计划，解决预算编制过程中可能出现的冲突和分歧，监控预算的实施并在期末进行业绩评价，并审批预算期内有关预算的重大调整。

预算与绩效管理委员会的具体职责包括：第一，提出预算与绩效政策（草案）、目标（草案）、程序（草案）、考核奖惩标准（草案）的制定权；第二，将预算与绩效计划提交董事会审批批准的报送权；第三，已获批准预算与绩效计划下达执行与组织的实施权；第四，各项责任预算与绩效计划的审批、监督、控制与调整修订权；第五，执行业绩考核权；第六，纠纷、申诉的仲裁权等。

（2）预算与绩效咨询机构。

为保证企业预算与绩效管理的有效实施，一些企业设立了预算与绩效咨询机构。预算与绩效咨询机构不是决策机构，在汇总分析企业各部门提供的资料信息的基础之上，进一步组织或邀请有关的专家对未来的市场变动情况及趋势进行有针对性的专题分析、预测，以取得最为可靠的未来市场、销售信息资料，为预算与绩效计划的编制、执行及监控提供技术支持和保证。

2. 预算与绩效管理运营层组织体系

运营层组织机构在战略层制定了相应的策略之后进行具体工作的预测：企业的目标能否实现，需要哪些资源，怎么去实现等，主要解决具体如何做的问题，包括预算、沟通、任务的分配，通过沟通再进行具体分析和调整。

由于预算与绩效管理委员会的成员大部分是各部门或各责任中心的负责人，而预算与绩效计划草案由各部门分别提供，在提交公司的最高管理当局批准前，需要进行必要的审查、协调、综合平衡，因此需要有预算与绩效的组织机构来具体负责预算与绩效计划的汇总编制，并处理日常的管理业务。通常，公司通过成立预算与绩效工作组作为预算与绩效管理委员会的常设执行机构来负责实施本单位的具体预算与绩效管理，如不具备设立专门机构条件的，也可指定财会部门、人力部门等负责预算与绩效管理工作。

预算与绩效工作组的具体职责包括：主要负责拟订预算与绩效目标及政策；制定预算与绩效管理的具体措施和办法；组织编制、审议、平衡预算与绩效草案并报企业最高权力机构审批；组织下达预算与绩效计划；协调、解决预算与绩效计划编制和执行中的问题；提出预算与绩效计划执行的机构；考核预算与绩效计划的执行情况，督促完成预算与绩效目标；提供预算与绩效执行的报酬或奖惩办法；为预算与绩效计划和执行报告的编制提供一切已经发生的资料及一切编码技术等。

3. 预算与绩效管理作业层组织体系

作业层组织机构具体处理日常的业务活动的操作，具体负责日常工作并进行日常的工作监控，包括执行机构与监督机构。

（1）预算与绩效计划的执行机构。

执行机构即预算目标的责任主体或责任中心。一般而言，执行组织分为两类：一类是管理性质的执行机构，即公司内部筹资、物资管理、人力资源、信息质检等职能部门；另一类是业务性质的执行机构，即生产部门、采购部门、销售部门、运输部门及公司各级、各类责任中心。

执行机构的主要具体职责包括：组织具体预算与绩效计划的实施；编制分解的预算与绩效计划方案；编制某一分部的预算与绩效结果报告；提出达到或未达到目标和计划的奖惩方案；执行过程中的调整建议等。

（2）预算与绩效计划执行的监督机构。

监督机构是通过建立一套行之有效的激励与约束制度，实现由上到下的逐层监督、约束与激励，对企业各部门、各层次乃至每个员工的预算与绩效计划的执行活动进行系统、全面的监督和控制的机构，主要包括内部审计委员会、审计部门、财务部门以及监事会等。

案例解析

这些员工对预算与绩效管理的看法都存在错误：

营销部部长与骨干成员小刘认为预算编制与自身及部门无关，实际上，各个部门都具有预算编制的责任，财务部门负责汇总审核。

财务部部长的看法有误，绩效管理的核心是为企业创造价值，而财务部门直接监控价值创造的结果和过程，显然财务部门与绩效管理密切相关。

人力部部长存在明显的部门主义，其他部门都有权对绩效管理提出合理的建议，并有权参与到绩效管理过程中。

总经理的观点存在错误，其作为总经理，有权参与公司预算与绩效管理的全部工作，但不能对重大问题单方面作出裁决。

生产部部长的观点较为幼稚，生产是企业价值创造中的重要一环，但它必须服务于企业价值创造目标，预算、绩效都是管控生产的重要工具，作为部长必须在工作中熟练使用这些工具和方法。

采购部部长的观点与生产部部长的观点一样幼稚。

项目回顾

1. 预算管理经过一个多世纪的发展，已经发展成为企业为实现战略目标的全员、全过程、全方位的系统管理系统。它在战略的指导下，通过对未来的经营活动和相应财务结果进行充分、全面的预测和筹划制定某一期间的预算目标，并通过对执行过程的监控，将实际完成情况与预算目标不断对照和分析，从而及时指导经营活动的改善和调整，以帮助管理者更加有效地管理企业。显而易见，预算管理具有规划未来职能、沟通协调职能、强化控制职能、资源配置职能与业绩考核职能。通常而言，企业日常预算的编制需要按照一定的先后顺序进行，从大类上包括营业预算（或者业务预算）、资本预算、财务预算。预算编制过程中遵循预算编制、预算执行和预算考评三个基本环节。

2. 绩效是指组织及个人的履职表现和工作任务完成情况，是组织期望的为实现其目标而展现在组织不同层面上的工作行为及其结果。绩效本身是一个多层次的有机整体，并且影响因素较多，性质构成复杂，具有多因性、多维性与动态性等特征。绩效管理便是对个人、部门以及企业的行为与结果进行管理的一个系统，是一系列充分发挥每个员工的潜力、提高其绩效，并通过将员工的个人目标与企业战略相结合提高组织绩效的一个过程系统。它在战略指导下，包括绩效计划、绩效监控、绩效评价与反馈四个环节，并主要着眼于评价内容、评价主体、评价周期、评价方法等关键决策内容。

3. 理解预算管理与绩效管理之间的联系将有助于对集成化的预算与绩效管理系统进行理解。企业的根本目标是实现股东的价值增值，预算管理与绩效管理两者都服务于这一目标，而且都是这一管理过程中的重要环节。两者在很多地方存在重叠，比如预算指标与绩效指标、预算目标与绩效计划、预算执行和控制与绩效监控、预算报告与绩效报告、预算差异分析与绩效评价等各环节之间都非常相近。企业在进行预算管理或绩效管理时，集成化是一个较好的方法，这样不仅能够减少管理资源的浪费，而且能够将各个管理环节统一于价值创造的目标上。

4. 预算与绩效管理系统由目标设计系统、目标协同与预算系统、执行与监控系统、结果报告系统以及评价与应用系统五个子系统集合而成，这些子系统之间并非单向循环，而是相互作用、相互影响，形成一个闭环系统。其中，目标设计系统主要包括战略规划、绩效衡量指标体系设计、目标值制定与分解三个步骤；目标协同与预算系统包括行动方案制定、协同组织与流程、编制预算等步骤；执行与监控系统包括执行与控制、绩效沟通与辅导等步骤；结果报告系统包括信息搜集、报告编制等步骤；评价与应用系统包括结果差异分析、分析结果应用与战略检验与调整等步骤。

5. 与预算与绩效管理集成系统密切相关，预算与绩效管理组织体系包括战略层、运营层与作业层三个层面。战略层主要决定战略方向和模式，主要机构为股东、董事会或预算与绩效管理委员会等决策机构以及咨询机构等；运营层则是在战略层制定了相应的策略之后，进行具体工作的预测，主要机构为各部门或各责任中心的负责人组成的工作组，在实际工作中，这一职能由财务部门或人力部门负责；作业层具体处理日常的业务活动，具体负责日常工作并进行日常的工作监控，相应的机构则包括执行机构与监控机构。

专业技能训练

1. 在企业管理实践中，将绩效管理等同于绩效考核是一个普遍存在的现象，但实际上，绩效管理的内涵与外延要大得多，请思考绩效管理与绩效考评之间的联系与区别。

2. 王明从事财务工作近十年，积累了丰富的工作经验。近日，他跳槽进一家国有大型企业下属生产型子公司担任财务总监一职，他发现原先公司的预算管理流程存在诸多问题，很多部门并不了解自身的预算管理责任，他决定重新制定预算管理流程，并以更加明确的方式告知各部门。如果你是王明，请设计该公司的预算编制流程，并编制相关流程图。

3. 山东辉易公司管理架构如图 1－15 所示，请设计该公司各层次预算与绩效管理机构的组成人员与职责。

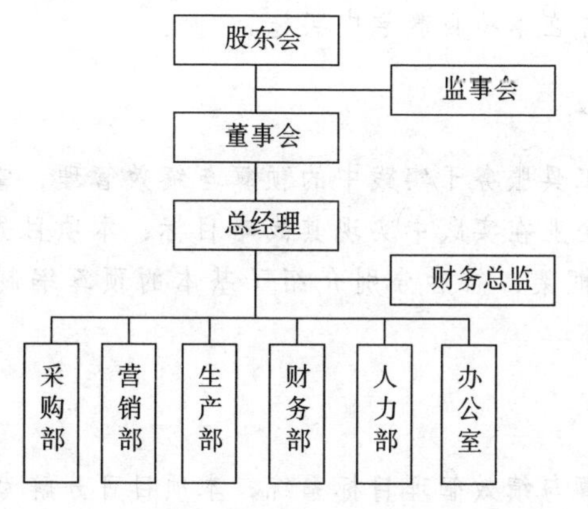

图 1－15　山东辉易公司组织机构图

教学设计与实践

1. 根据教学计划，针对任务三与任务四的内容，进行教学设计，编写教案，制作多媒体课件等演示资源，合理组织教学过程，开展实践教学。

2. 根据项目各任务导入案例的思考要求，合理运用案例讨论方法与工具，开展讨论式教学实践。

项目二

掌握预算与绩效管理的基本应用工具

【专业能力目标】

1. 理解预算与绩效管理的基本应用理念。
2. 理解预算与绩效管理的原则框架。
3. 掌握基本的预算编制工具使用方法以及不同工具的适用条件。
4. 掌握绩效管理基本应用工具的使用步骤及其特点。

【职教能力目标】

1. 根据本项目的内容与设计流程，合理进行教学设计与组织教学过程。
2. 掌握教案编写、多媒体课件制作、教学素材搜索与整理的方法。
3. 灵活掌握演示讲授、案例探讨、头脑风暴等教学方法，合理运用提问、讨论等教学手段与工具，并在本项目教学中实施。

【项目简介】

预算与绩效管理工具服务于实践中的预算与绩效管理，掌握并恰当地运用本项目介绍的工具有助于企业在实践中实现其战略目标，本项目先是介绍了预算与绩效管理基本应用理念与框架，然后分别介绍了基本的预算编制工具和基本绩效管理工具。

【项目分解】

为更好地设计预算与绩效管理目标系统，本项目可分解为如下任务：

任务一：理解预算与绩效管理的基本应用理念与原则。

任务二：掌握基本的预算编制工具。

任务三：掌握绩效管理的基本应用工具。

任务一　理解预算与绩效管理的基本应用理念与原则

任务目标

1. 理解预算与绩效管理的基本应用理念。
2. 理解预算与绩效管理的应用原则框架与基本原则。

案例导入

GH 汽车零部件制造有限公司于 2001 年在广东佛山市成立，为中外合资企业。总投资额为 15 亿元人民币，主营生产销售汽车变速箱及其零部件、汽车发动机关键零部件等。然而在 2009 年公司实行绩效管理之初，公司效益出现了持续下滑趋势，市场占有率由第 3 位下滑至第 8 位。为改变公司现状，董事会决定更换总经理，总经理 A 上任后，对公司进行全面考察发现，公司业绩下降在很大程度上都是因预算与绩效管理的缺陷所致，主要体现在以下三个方面：

一是奖惩制度不统一。GH 公司当时采用职工报酬多次分配法，即公司规定的职工报酬总额划拨到各个分厂及其职能处室，分厂厂长对拨到的职工报酬在所属各工段进行二次分配。分厂厂长对划拨到的职工报酬通常先做部分“截留”，用于日后补歉、节假日及加班工资、职工探亲费用报销等，其余部分则下拨给各个工段长，由各工段长进行管辖区域内的分配。原则上工段长不再截留，全额在所辖的班组长之间进行分割，再由班组长对分割到的工人报酬在工人之间进行分配。职工报酬 = 核定的工序工时工资率 × 完成的工时 + （－）绩效指标考核奖惩，也就是说职工报酬等于计时工资加上考核奖金或者减去考核罚金。领导干部基本是固定工资，由公司根据岗位和职务确定，尽管公司也参考某些考核指标，但主要是根据主观评价结果对领导干部发放奖金。这种零散、任意的奖惩制度势必将导致管理混乱和职工消极怠工，导致各种利益主体不能整合为总体目标运作。

二是业绩指标不成体系。GH 的业绩指标是由职能部门从实现自身职能的需要出发设计的，这种以职能为中心的、仅仅停留在部门层面的绩效考核，无法形成一个多层级的、上下贯通的、全面的绩效考核指标体系。而且，绩效指标与战略相互隔离，GH 无法将总经理所受到的来自总部和市场的压力传送给各层级、各单位和各成员，无法将战略转化为每位员工的日常工作。另外，在绩效考核指标中，财务指标与非财务指标相互隔离，忽视了非财务指标往往是财务指标的动因的这样一个事实。

三是预算编制与绩效指标流于形式。其一是预算执行结果与奖惩不挂钩；其二是预算管理缺乏一个由编制、执行、调整、反馈和奖惩等要素组成的一体化的预算管理系统，缺乏一套“提起来是一串，放下去成一片”的预算表格系统；其三是年度预算不能严格执行，月度预算与年度预算脱节，月度预算根据销售预测确定，但月度预算与年度预算不一致时，也不经过GH总经理审批。另外，经营活动发生变化，预算目标也不能及时更新。

案例思考： GH公司预算与绩效管理混乱，导致企业绩效呈现持续下滑趋势，最根本的原因是公司缺乏科学、统一的预算与绩效管理理念与原则，GH公司如何改正这一问题？

任务解构

一、预算与绩效管理的基本应用理念

（一）树立“以企业战略为导向”的理念，使预算与绩效管理成为实现长期发展战略的基石

在没有企业战略的环境下进行预算与绩效管理，会重视短期活动，忽视长期目标，导致其与发展战略不相适应，无法达到企业战略目标。预算管理是对计划的数字化反映，是落实企业发展战略的一种有效手段，绩效管理则是实现预算目标的重要保证。因此，企业应该认真进行市场调研和企业资源分析，明确自己的长期发展目标，以此为基础进行预算与绩效管理。

（二）树立“面向市场”的理念，使预算与绩效指标经得起市场检验

企业如果忽视对市场的调研与预测，很多预算与绩效指标就会与企业外部环境不相容，从而使得整个指标体系难以被市场接受，而且由于指标缺乏弹性，缺乏对市场的应变能力，会导致企业的预算与绩效工作难以推行下去。因此，企业总预算的基础是销售预算，而且企业制定的预算与绩效指标应该具有一定的弹性，为预算与绩效管理工作的顺利开展留有余地。

（三）树立“恰当的假定是预算的基点”的理念，使预算指标建立在一些未知而又合理的假定因素的基础上

预算管理中最令人头痛的问题是，预算管理者不得不面对一些不确定的因素，也不得不预定一些预算指标之间的关系。比如，在确定采购预算的现金支出时，必须先预定各种原材料价格的未来走向；在确定销售费用时，一般是通过其占销售收入的比重来决定；在确定利息费用时，又得假定未来的借款金额和利率水平。可见，没有一些合理的假定，预算是无法制定的，预算工作也无法展开。

（四）树立“基于价值链分析与作业分解做预算”的理念，使预算与绩效管理成为协调企业内部各部门之间经济活动和利益冲突的有效手段

价值链是能够创造和交付给客户有价值的产品或劳务的一整套不可缺少的作业和资源。企业通过商品和劳务向客户传递价值的过程中需要各部门、各作业的密切配合与通力合作，努力为客户提供更多的价值，当部门之间发生利益冲突时应以客

户利益为最高准绳来协调矛盾和安排活动，这样才能确保企业在市场中的竞争力。

（五）树立“考核与奖惩是生命线”的理念，确保预算与绩效管理落实到位

严格绩效考核不仅是为了将预算的实际执行结果与计划值进行比较，肯定成绩、找出问题、分析原因、改进以后的工作，也是为了对员工实施公正的奖惩，以便奖勤罚懒，调动员工的积极性，激励员工共同努力，确保企业战略目标的最终实现。

（六）树立“以人为本、关注道德”的理念，全面提高预算与绩效管理工作的效率和效果

人是预算与绩效的制定者、预算信息的利用者、预算的执行者、预算与绩效制度的被考核者，也是预算与绩效工作的主体，是预算与绩效工作效果好坏的决定性因素。因此，预算与绩效管理应该以人为本，离开了对人的关注，企业的预算与绩效工作便无法搞好。由于预算与绩效影响到很多人的切实利益，因此不可避免地涉及道德问题，例如部门的本位主义。缺乏道德意识的预算管理必然影响预算工作的质量。另外，在执行预算工作过程中还应注意发挥员工的主观能动性，鼓励各级员工参与预算工作，培养他们主人翁的意识，不给员工造成压力。

二、预算与绩效管理的应用原则框架

企业在预算与绩效管理的各个阶段应当遵循一定的原则（见图 2－1）。

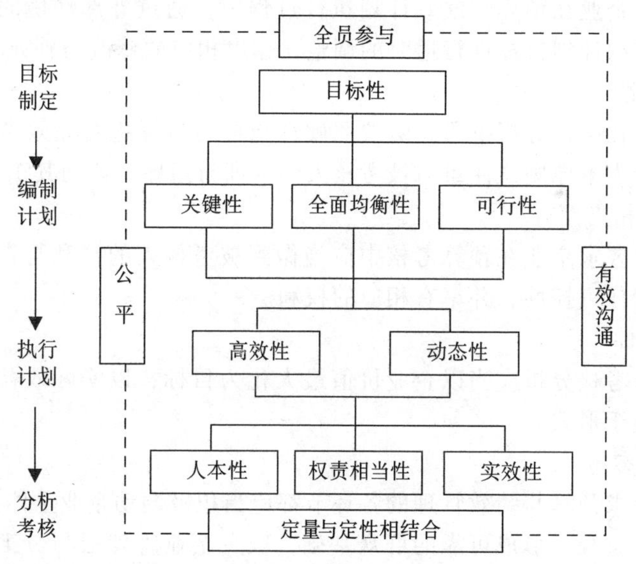

图 2－1　预算与绩效管理的应用原则框架

（一）目标性

目标性是指企业预算与绩效管理要以完成战略规划所设定的经营目标为目标，通过分析完成经营目标的有利因素和不利因素，综合考虑市场状况和内部条件，落实企业经营目标的实现策略与措施，形成具体化的预算与绩效总指标，并分解为各

层次经营单元与人员的各项预算与绩效指标。

（二）全面均衡性

全面均衡性是指预算编制的内容应当全面，在各方面形成落实经营目标，相应的指标体系也应当从财务、业务各层面加以考虑，反映企业战略规划与实施的全部要求，具体而言便是做到财务指标与非财务指标相结合、内部指标与外部指标相结合。

（三）关键性

企业的绩效指标是在对企业战略目标进行分解的基础上产生的，但由于战略分解产生的是全面的体系，因此可能会分解出很多绩效指标，导致涵盖过广，更容易使企业在战略实施中发生偏差。这要求企业必须对企业战略、流程和价值链进行分析，确定关键性的绩效指标。

（四）可行性

可行性原则要求预算的编制与绩效指标的设计应当具有可操作性，能够量化。

（五）高效性

高效性是指预算与绩效计划应当保证高效执行，实际执行进度与计划进度应当保持一致。

（六）动态性

动态性是指企业在预算与绩效计划执行过程中，通过外部环境的预测、内部数据分析，对原先的计划目标进行适时的调整，作出相应的修改与补充。

（七）人本性

人本性要求在考核分析阶段，除按照硬性指标与目标进行绩效考核与差异分析外，还应当本着人本原则，注重对被考核人的培训与指导，调动其工作积极性。

（八）权责相当性

权责相当性要求企业在预算考核中应当做到被考核人的权利与责任的对等，强调被考核人的责任可控性，并享有相应的权利。

（九）实效性

实效性要求考核分析应当以企业价值最大化为目标，以实际效益目标是否达成为标准，不能流于形式。

（十）全员参与

全员参与要求预算与绩效管理的各环节都应当积极调动企业全体员工的积极性，使其得到应有的重视，形成可靠的群众基础，减少企业管理层与员工之间的信息不对称，为顺利实现企业预算与绩效管理目标提供保障。

（十一）公平

公平是确立和推行预算与绩效管理的前提，包括组织环境的公平、预算指标与目标设定的公平、预算执行程度的公平、预算考评与奖惩的公平等各方面。

（十二）有效沟通

有效沟通要求企业在内部建立信息沟通渠道，尽量降低上下级之间的信息不对称问题。

（十三）定量与定性相结合

企业以价值创造为目的，预算与绩效管理应当主要采用价值表现形式，应该反映企业各层级经营单元与员工在某一特定时期的有关生产经营活动、现金收支、资金需求、成本控制以及财务状况等各方面的价值创造过程。但是，在执行过程中也应当设置部分定性的主观评价指标，从而对员工的行为作出一定的约束，使其行为表现符合企业价值观的要求。

案例解析

GH 汽车零部件制造有限公司需要作出以下改进：

1. 建立与战略目标对接的业绩指标体系。企业可以借助关键绩效指标、平衡计分卡等工具建立一整套与战略对接的业绩指标体系。

2. 建立赏罚分明、与价值创造结果挂钩的奖惩制度。企业需要将奖惩主导权集中于统一的绩效管理部门。明确各级部门、员工的薪酬奖惩机制，将财务绩效指标与非财务绩效指标统一量化为价值创造贡献率，将薪酬与价值创造直接挂钩，改变原先的主观分配方法。

3. 加强预算与绩效管理中的监控。建立一个由编制、执行、调整、反馈和奖惩等要素组成的一体化的预算管理系统，设计集成化的预算管理表格系统。加强监督与控制，对月度预算与年度预算脱节问题深入剖析、找出原因并加以改进。

任务二　掌握基本的预算编制工具

任务目标

1. 理解固定预算与弹性预算编制工具的差异。
2. 理解增量预算与零基预算编制工具的差异。
3. 理解定期预算与滚动预算编制工具的差异。
4. 理解确定性预算与概率预算编制工具的差异。

案例导入

王城是一家大型外贸公司的预算管理部部长，该公司共设有 5 个直属职能部门，有 7 个销售子公司，由于全球外贸经济繁荣，公司利润每年均保持 30% 以上的增长率。

公司每年 12 月初编制下年度预算，每年各项费用预算都是在去年的基础上按照一定的增长率递增，王城根据自身丰富的专业知识与经验，多次向总经理提出修改预算编制方法，改变以往年数据为基数递增的预算编制方式，希望各部门每年都重新确定费用项目与金额，受到下属各销售子公司经理的反对，总经理曾经长期从事销售工作，对改革也持否定态度。

2008 年次贷危机爆发，王城所在公司销售业绩大幅下降 45%，而各项费用支出仍然按照原先的预算进行，导致 2008 年公司亏损 1.2 亿元，董事会震怒。

案例思考：公司目前的预算编制方法存在什么缺陷？对公司产生了怎样的恶劣影响？王城的做法对公司有什么好处？

任务解构

一、固定预算与弹性预算

按业务量基础的数量特征不同，预算编制可以分为固定预算方法和弹性预算方法两大类。

（一）固定预算

固定预算，又称静态预算，是传统预算的最普遍的方法，它是以预算期内正常的、可实现的某一业务量（如生产量、销售量）水平作为唯一基础来编制预算的方法。

该方法以事先假定的某个业务量为唯一编制基础，必然存在弹性不足的问题，当实际的业务量与编制预算所根据的业务量发生较大差异时，有关预算指标的实际数与预算数就会因业务量基础不同而失去可比性，此时必须进行相应的调整，才能正确地控制、考核和评价企业预算的执行情况。因此，该方法主要适用于业务稳定的企业，或者不随业务量变化的固定成本与费用项目。

【例 2-1】阳光公司采用固定预算法编制的成本预算如表 2-1 所示。

表 2-1　　阳光公司产品成本预算（预计产量 800 件）

成本项目	单位成本（元）	总成本（元）
直接材料	5	4 000
直接人工	2	1 600
制造费用	4	3 200
合　计	11	8 800

该公司报告期实际产量为 1 200 件。实际成本如下：直接材料 7 500 元，实际人工为 1 200 元，制造费用为 4 000 元，总成本 12 700 元。从实际成本与预算成本的比较中我们发现成本超支 3 900 元，但由于实际产量与预计产量相差甚远，两者之间缺乏可比性，必须调整后才能增强可比性，有关数据如表 2-2 所示。

（二）弹性预算

1. 弹性预算的内涵

弹性预算，又称变动预算或滑动预算，该方法在成本习性分析的基础上，以业

表 2－2　　阳光公司调整后的预算差异分析　　单位：元

成本项目	实际数	原预算数	差异数	按产量调整后的预算数	差异数
直接材料	7 500	4 000	3 500	6 000	1 500
直接人工	1 200	1 600	－400	2 400	－1 200
制造费用	4 000	3 200	800	4 800	－800
合　计	12 700	8 800	3 900	13 200	－500

务量、成本和利润之间的依存关系为依据，区分变动成本与固定成本，进而建立起业务量与成本和利润之间的数量关系，按照预算期可预见的各种业务量水平编制出不同业务量水平下的相应预算的方法。

与固定预算相比，弹性预算能够反映预算期内与一定相关范围内的可预见的多种业务量水平相对应的不同预算额，从而扩大了预算的适用范围，便于预算指标的调整。在预算期实际业务量与计划业务量不一致的情况下，可以将实际指标与实际业务量相应的预算额进行对比，从而能够使预算执行情况的评价与考核建立在更加客观和可比的基础上，便于更好地发挥预算的控制作用。理论上，该方法适用于编制全面预算中所有与业务量有关的各种预算及利润预算，在实际中，制造费用、推销及行政管理费等间接费用应用弹性预算的频率较高。

2. 弹性成本预算的编制

弹性成本预算需要在选择适当的业务量计量单位并确定其有效变动范围的基础上，按该业务量与有关成本费用项目之间的内在关系来进行分析与编制。

（1）业务量的选择。

选择业务量包括选择业务量计算单位和业务量范围两部分内容。一般来说，生产单一产品的部门，可以选用产品实物量；生产多品种产品的部门，可以选用人工工时、机器工时等；修理部门可以选用修理工时等；机械化程度较高的企业选用机器工时等。

业务预算范围是弹性预算所适用的业务量区间。一般来说，可定为正常生产能力的 70% ~110%，或以历史上最高业务量或最低业务量为其上下限。

（2）弹性预算的编制方法。

①列表法，是指通过列表的方式，在相关范围内每隔一定业务量间隔计算相关数值，来编制弹性成本预算的方法。

【例 2－2】以阳光公司的制造费用预算的编制为例，演示弹性预算的编制方法（见表 2－3）。

②公式法，是指通过确定 $y = a + bx$、公式中的 a 和 b，来编制弹性成本预算的方法。在公式法下，如果事先确定了有关业务量 x 的变动范围，只要根据有关成本项目的 a 和 b 参数，就可以很方便地推算出业务量在允许范围内任何水平上的各项预算成本。以表 2－3 中的数据资料按公式法编制阳光公司的弹性预算（见表 2－4）。

表 2－3　阳光公司制造费用弹性预算的编制

业务量（直接人工工时）（小时）占正常生产能力百分比	840 70%	960 80%	1 080 90%	1 200 100%	1 320 110%
变动成本（元）：					
运输（b＝0.2）	168	192	216	240	264
电力（b＝1.0）	840	960	1 080	1 200	1 320
消耗材料（b＝0.1）	84	96	108	120	132
合计	1 092	1 248	1 404	1 560	1 716
混合成本（元）：					
修理费	880	980	1 088	1 200	1 492
油料	360	440	440	440	480
合计	1 240	1 420	1 528	1 640	1 972
固定成本（元）：					
折旧费	600	600	600	600	600
管理人员工资	200	200	200	200	200
合计	800	800	800	800	800
总计（元）	3 132	3 468	3 732	4 000	4 488

表 2－4　阳光公司制造费用弹性预算的编制

业务量范围（人工工时）（小时）	840～1 320	
项　目	固定成本（元）	变动成本（元）
运输费用	–	0.2
电力	–	1.0
消耗材料	–	0.1
修理费（备注）	170	0.85
油料	108	0.2
折旧费	600	–
管理人员工资	200	–
合　计	1 078	2.35
备　注	当业务量超过 1 200 工时时，维修费的固定成本上升为 370 元	

通过上表的计算可以看出在一定的业务量范围内，制造费用的弹性预算公式可以写作：$y=1\ 078+2.35x$。

③图示法，是指在平面直角坐标系上把各种业务量的预算成本用描绘图像的形式表示出来，以反映弹性预算水平的方法。此法不仅反映变动成本、固定成本项目，而且能在一定程度上反映混合成本，能够在坐标图直观地反映不同业务量水平下的预算成本，但精确度相对差一些。

3. 弹性利润预算的编制方法

(1) 因素法。

因素法是指根据受业务量变动影响的有关销量、单位变动成本、固定成本等因素与利润的关系，列表反映在销量为弹性范围时有关因素变化时相应的预算利润水平。该方法适用于单一品种经营或多品种产品经营但采用分算法处理固定成本的情况。

【例2-3】 以阳光公司利润预算的编制为例，演示利润弹性预算的编制方法(见表2-5)。

表2-5　阳光公司弹性利润表（因素法）　单位：元

销　量	7 000	8 000	9 000	10 000	11 000
单　价	10	10	10	10	10
单位变动成本	6	6	6	6	6
固定成本	20 000	20 000	20 000	20 000	20 000
销售收入	70 000	80 000	90 000	100 000	110 000
变动成本	42 000	48 000	54 000	60 000	66 000
边际贡献	28 000	32 000	36 000	40 000	44 000
利　润	8 000	12 000	16 000	20 000	24 000

(2) 百分比法。

百分比法又称销售额百分比法，即按不同销售额的百分比编制弹性预算的方法。由于许多企业经营多种产品，不可能按照每一品种逐一编制弹性预算，这就要求按照正常销售额的一定百分比编制弹性利润预算，该方法适用于多品种经营，但固定成本又难以分解的情况。

【例2-4】 假设阳光公司多品种经营情况下正常的销售收入为100 000元，变动成本率为60%，固定成本为2 000元，弹性预算表如表2-6所示。

表2-6　阳光公司弹性利润预算表（百分比法）　单位：元

销售收入百分比	70%	80%	90%	100%	110%
销售收入	70 000	80 000	90 000	100 000	110 000
变动成本	42 000	48 000	54 000	60 000	66 000
边际贡献	28 000	32 000	36 000	40 000	44 000
固定成本	20 000	20 000	20 000	20 000	20 000
利　润	8 000	12 000	16 000	20 000	24 000

二、增量预算与零基预算

按编制出发点特征的不同，可将编制方法分为增量预算和零基预算两大类。

（一）增量预算

增量预算是指以基期成本费用水平为基础，结合预算期业务量水平及有关降低成本的措施，通过调整有关原有费用项目而编制预算的方法。

增量预算的方法源于三项假定：第一，现有的业务活动是企业必需的，只有保留企业现有的每项业务活动，才能使企业的经营过程得到正常发展；第二，原有的各项开支都是合理的；第三，增加费用预算是值得的。

增量预算以过去的经验为基础，实际上是承认过去所发生的一切都是合理的，以前的预算项目没有面向未来，导致企业在预算编制时受到原有费用项目的限制，在按照这种方法编制预算时，往往不加分析地保留或接受原有的成本项目，可能使原来不合理的费用开支继续存在，造成预算上的浪费，也不利于调动各部门降低费用的积极性。

（二）零基预算

零基预算的全称为“以零为基础编制计划和预算的方法”，是为克服增量预算的缺点而设计的方法。零基预算是指在编制成本费用预算时，不考虑以往会计期间所发生的费用项目或费用数额，而是以所有的预算支出均为零为出发点，一切从实际需要与可能出发，逐项审议预算期内各项费用的内容及开支标准是否合理，在综合平衡的基础上编制费用预算的一种方法，该方法特别适用于产生较难辨认的服务性部门费用预算的编制，其编制程序如图 2－2 所示。

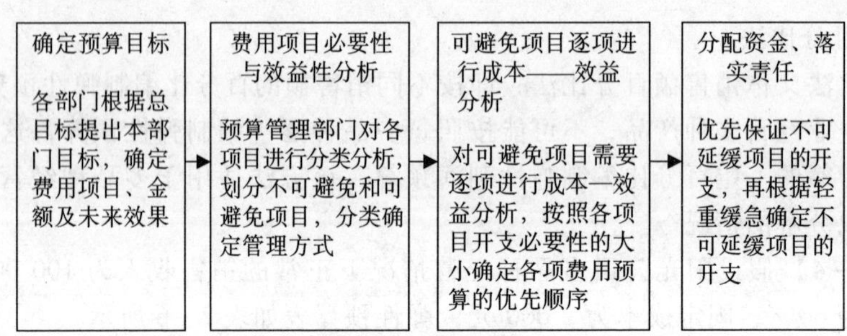

图 2－2　零基预算的编制程序

与增量预算相比，零基预算面向未来，以零为出发点，不受现有费用项目的限制，可以促使企业合理有效地进行资源分配，将有限的资金用在刀刃上，可以充分发挥各级管理人员的积极性、主动性和创造性，促进各预算部门精打细算、量力而行，合理使用资金，提高资金的利用效果。当然，零基预算需要完成大量的基础工作，会大幅度增加编制的工作量与时间，容易导致顾此失彼，难以突出重点。

【例 2－5】 阳光公司打算用零基预算编制 2010 年的管理费用预算。相关部门根据公司 2010 年的经营目标和管理任务，在仔细讨论分析的基础上，提出了在预算期内要发生的部分费用项目及其预计支出的金额如下：员工培训费用 100 000 元，日常办公费用 70 000 元，外部用房租赁费用 50 000 元，差旅费用 10 000 元，律师、会计师等外部专家的聘请费用 40 000 元，办公用房装修费用 5 000 元，合计共 275 000 元。但是，该公司 2010 年可用于上述项目的资金仅有 200 000 元。

根据上述的资料，按照零基预算的方法编制预算的程序如下：

第一，对各项费用项目的必要性进行分析。在行政部门提出的这些开支里，日常办公费用和差旅费是必不可少的开支；外部房屋租赁费应当可以通过公司内部资源的重新整合来解决；办公房屋装修费是可以节省的开支；员工培训费用和律师等外部专家的聘请费用是可以斟酌的费用开支。根据行业的经验数据和公司的历史数据显示员工培训的成本和收益比为 1∶10，聘用律师等外部专家的成本收益比为 1∶8。

第二，确定各项目的优先顺序。根据上述必要性分析，可以将管理费用中各项目按优先次序排列如下：

①日常办公费用、差旅费用（80 000 元）；

②员工培训费用（100 000 元）；

③律师等外部专家的聘请费用（40 000 元）；

④房屋租赁费用（50 000 元）；

⑤办公用房装修费用（5 000 元）。

第三，分配资金。上述①②③项费用支出的总和是 220 000 元，已经大于可以动用的资金 200 000 元，因此对于④⑤两项属于可以节省的项目就不宜在 2010 年再安排开支。如果第一类的支出是真实可靠的，那么就应该按照预计的金额给予保证。这样，剩余的资金只有 200 000 - 80 000 = 12 000 元，而斟酌性支出②与③项的开支总额有 140 000 元，只能用成本效益比例将 120 000 元在②与③两项费用之间进行分配：

员工培训费用 = 120 000 × 10 ÷ （8 + 10） = 66 667（元）

律师等外部专家的聘请费用 = 120 000 × 8 ÷ （8 + 10） = 53 333（元）

由于最初的律师等外部专家聘请费用只有 40 000 元，所以可以全额列支 40 000 元，员工培训费将列支 80 000 元。

综合上述结果，采用零基预算编制的管理费用预算为：日常办公费用、差旅费用 8 000 元；员工培训费用 80 000 元；律师等外部专家的聘请费用 40 000 元；房屋租赁费用 0 元；办公用房装修费用 0 元。

三、定期预算与滚动预算

按照预算期的时间特征不同，编制预算的方法可分为定期预算的方法和滚动预算的方法两大类。

（一）定期预算的方法

定期预算是指在编制预算时以不变的会计期间（如日历年度）作为预算期的一种编制预算的方法。

定期预算能够将预算期间与会计年度相配合，便于考核和评价预算的执行结果，但是该方法也存在如下明显的缺点：

第一，盲目性。由于定期预算往往是年初甚至提前两三个月编制的，对于整个预算年度尤其是预算后期的生产经营活动很难作出准确的预算，数据笼统含糊，缺乏远期指导性。

第二，滞后性。由于定期预算不能随情况的变化及时调整，当预算中所规划的各种经营活动在预算期内发生重大变化时（如预算期临时中途转产），就会造成预算滞后，使之成为虚假预算。

第三，间断性。由于受预算期间的限制，致使经营管理者的决策视野局限于本期规划的经营活动，通常不考虑下期的经营活动。例如，一些企业提前完成本期预算后，以为可以松一口气，其他事等来年再说，形成人为的预算间断。

为了克服定期预算的缺点，在实践中可采用滚动预算的方法编制预算。

（二）滚动预算

1. 滚动预算的概念与理论依据

滚动预算又称连续预算或永续预算，是指在编制预算时，将预算期与会计年度脱离，随着预算的执行不断延伸、补充预算，逐期向后滚动，使预算期永远保持为12个月的一种方法。具体做法是：每过一个季度（或月份），立即根据前一个季度（或月份）的预算执行情况，对以后季度（或月份）进行修订并增加一个季度（或月份）的预算，以逐期向后滚动、连续不断的预算形式规划企业未来的经营活动。

滚动预算的理论根据是：人们对未来的了解程度具有对近期的预计把握较大、对远期的预计把握较小的特征。为了做到长计划短安排、远略近详，在预算编制的过程中，可以对近期预算提出较高的精度要求，使预算的内容相对详细；对远期预算提出较低的精度要求，使预算的内容相对简单。这样可以减少预算工作量。

与传统的定期预算相比，滚动预算在时间上不再受日历年度的限制，能够连续不断地规划未来的经营活动，不会造成预算的人为间断，能够根据前期预算的执行情况，结合各种因素的变动影响及时调整和修订近期预算，从而使预算更加切合实际，能够充分发挥预算的指导和控制作用，可以使管理人员始终能够从动态的角度把握企业近期的规划目标和远期的战略布局，使预算具有较高的透明度。

2. 滚动预算的编制方法

滚动预算按其预算编制和滚动的时间单位不同可分为逐月滚动、逐季滚动和混合滚动三种方式。

①逐月滚动方式。这是指在预算编制过程中，以月份为预算的编制和滚动单位，每个月调整一次预算的方法。

②逐季滚动方式。这是指在预算编制过程中，以季度为预算的编制和滚动单位，每个季度调整一次预算的方法。逐季滚动编制的预算比逐月滚动的工作量小，但预算精度较差。

以季度为滚动单位的滚动预算示意如表2－7所示。

表 2-7　逐季滚动编制预算方法（1）

2009 年预算					
第一季度详细预算			第二季度	第三季度	第四季度
1 月	2 月	3 月	粗略预算	粗略预算	规划预算

逐季滚动编制预算方法（2）

2009 年预算					2010 年
第二季度详细预算			第三季度	第四季度	第一季度
4 月	5 月	6 月	粗略预算	粗略预算	规划预算

③混合滚动方式。这是指在预算编制过程中，同时以月份和季度作为预算的编制和滚动单位的方法，它是滚动预算的一种变通方式。

【例 2-6】阳光公司甲车间采用滚动预算方法编制制造费用预算。2009 年分季度的制造费用预算（其中间接材料费用忽略不计）如表 2-8 所示。

表 2-8　阳光公司甲车间制造费用滚动预算

项目	2009 年度				合　计
	第一季度	第二季度	第三季度	第四季度	
直接人工预算总工时（小时）	11 400	12 060	12 360	12 600	48 420
变动制造费用（元）：					
间接人工费用	50 160	53 064	54 384	55 440	213 048
水电与维修费用	41 040	43 416	44 496	45 440	174 312
小计	91 200	96 480	98 880	100 800	387 360
固定制造费用（元）：					
设备租金	38 600	38 600	38 600	38 600	154 400
管理人员工资	17 400	17 400	17 400	17 400	69 600
小计	56 000	56 000	56 000	56 000	224 000
制造费用合计（元）	147 200	152 480	154 880	156 800	611 360

2009 年 3 月 31 日公司在编制 2009 年第二季度至 2010 年第一季度滚动预算时，发现未来的四个季度中将出现以下情况：

①间接人工费用预算工时分配率将上涨 50%；

②原设备租赁合同到期，公司新签订的租赁合同中设备年租金将降低 20%；

③预计直接人工总工时见“2009 年第二季度至 2010 年第一季度制造费用预算”，如表 2-9 所示：

表 2-9 2009 年第二季度至 2010 年第一季度制造费用预算

项 目	2009 年度			2010 年度	合 计
	第二季度	第三季度	第四季度	第一季度	
直接人工预算总工时（小时）	12 100	12 360	12 260	11 720	48 780
变动制造费用（元）:					
间接人工费用	79 860	81 576	83 160	77 352	321 948
水电与维修费用	43 560	44 496	45 360	42 192	175 608
小 计	123 420	126 072	128 520	119 544	497 556
固定制造费用（元）:					
设备租金	30 880	30 880	30 880	30 880	123 520
管理人员工资	17 400	17 400	17 400	17 400	69 600
小 计	48 280	48 280	48 280	48 280	193 120
制造费用合计（元）	171 700	174 352	176 800	167 824	690 676

假定水电与维修费用预算工时分配率等其他条件不变，则调整后的滚动预算编制如下：

（1）以直接人工工时为分配标准，计算下一滚动期间的如下指标：

①间接人工费用预算工时分配率 = （213 048 ÷ 48 420） × （1 + 50%）

= 6.6（元/小时）

②水电与维修费用预算工时分配率 = 174 312 ÷ 48 420 = 3.6（元/小时）

（2）根据有关资料计算下一滚动期间的如下指标：

①间接人工费用总预算额 = 48 780 × 6.6 = 321 948（元）

②每季度设备租金预算额 = 38 600 × （1 - 20%） = 30 880（元）

四、确定性预算与概率预算

确定性预算是指在编制预算时，有关变量以稳定不变的数值表达，并据以编制预算的方法，而概率预算法是指在编制预算时，如果有关变量难以确定，就要通过估计分析其变动范围以及可能出现的概率，用一种期望值来表达，以此为依据确定预算目标，进行预算编制的方法。概率预算主要用于编制成本预算和利润预算。

【例 2-7】 阳光企业对预算年度影响利润的因素进行分析，预计出各因素的可能情况及其概率，如表 2-10 所示。

根据上述资料，计算该企业预算年度的利润期望值，如表 2-11 所示。表 2-11 的利润按照本量利公式计算，联合概率为相关变量各自概率的乘积，利润期望值等于利润与联合概率的乘积，即为该企业对预算年度可实现利润的合理预期。

表 2－10　　阳光企业对预算年度影响利润的因素分析

销售数量		销售单价		单位变动成本（元）	固定成本（元）
数量（千件）	概率	金额（元）	概率		
80	0.2	20	0.8	10	400
		18	0.2		
100	0.6	20	0.6	10.2	500
		18	0.4		
125	0.2	20	0.3	10.4	600
		18	0.7		

表 2－11　　阳光企业预算年度的利润期望值

销售数量		销售单价		单位变动成本（元）	固定成本（元）	利润（元）	联合概率	利润期望值（元）
数量（千件）	概率	金额（元）	概率					
80	0.2	20	0.8	10	400	400	0.16	64
		18	0.2			240	0.04	9.6
100	0.6	20	0.6	10.2	500	480	0.36	172.8
		18	0.4			280	0.24	67.2
125	0.2	20	0.3	10.4	600	600	0.06	36
		18	0.7			350	0.14	49
合　计							1	398.6

案例解析

公司目前采取的预算模式是增量预算模式，它基于三项假定：第一，现有的业务活动是企业必需的，只有保留企业现有的每项业务活动，才能使企业的经营过程得到正常发展；第二，原有的各项开支都是合理的；第三，增加费用预算是值得的。增量预算以过去的经验为基础，实际上是承认过去所发生的一切都是合理的，因为以前的预算项目没有面向未来，导致企业在预算编制时受到原有费用项目的限制，在按照这种方法编制预算时，往往不加分析地保留或接受原有的成本项目，可能使原来不合理的费用开支继续存在，造成预算上的浪费。公司在经济危机爆发后，销售受到重大打击，但费用预算仍然是在原先的基础上编制的，没有进行及时调整，各部门仍然执行原先的预算，导致公司巨亏。

任务三　掌握绩效管理的基本应用工具

任务目标

1. 掌握本量利分析、成本度量与差异度量、获利能力分析、责任中心、作业成本法、目标管理、标杆管理、关键业绩指标、平衡计分卡等绩效管理工具的使用流程和方法。

2. 理解各绩效管理工具的优缺点及使用中应注意的问题。

案例导入

广东某企业把平衡计分卡作为公司的一项考核制度，希望这种新的业绩考核方式能解决员工的考核和奖金分配问题。2010 年开始在这家规模 2000 人、年产值数亿元的企业内实施，张小姐作为人力资源部的绩效经理直接负责平衡计分卡的推广事宜。

然而，将近一年的时间过去了，平衡计分卡的推行并没有顺利实施，反而在公司内部上上下下有不少抱怨和怀疑，甚至有人说："原来的考核办法就像是一根绳子，现在想用四根绳子，还不就是拴得再紧点，为少发奖金找借口?"。与此同时，企业中出现了"考什么才做什么"的情况，因平衡计分卡只强调关键绩效指标，不可能穷尽所有的工作，所以有些事无人问津的现象在企业中经常发生；更有的经理以人际关系为导向，在制定指标值时，实行平衡主义，故意压低指标，引发了员工对新系统的不信任。"其实，很多公司都遇到了这样的情况，因此，不知道这到底是什么问题，是不是因为平衡计分卡真的不适合中国企业"。张小姐说起这些时颇有些无奈。

案例思考：该企业在推行平衡计分卡的过程中存在什么问题？企业在实际管理工作中要如何恰当选择并运用绩效管理工具以实现其战略目标？

任务解构

一、本量利分析

（一）本量利分析的内涵

1. 本量利分析的含义及其基本公式

本—量—利分析是对成本、产量（或销量）、利润之间相互关系进行分析的一种简称，也称 CVP 分析（Cost - Volume - Profit Analysis）。这一分析方法是成本性态分析的基础，主要运用数量化的模型，研究揭示销量、价格、成本和利润之间的相互关系。本—量—利分析的基本原理和分析方法在企业的预测、决策、计划和控制等多方面具有广泛的用途。

如果把成本、业务量和利润三者之间的依存关系用方程式来描述，可得到本量利分析的基本公式如下：

利润 = 销售总额 - （固定成本总额 + 变动成本总额）

　　= 销售单价 × 销售量 - （固定成本总额 + 单位变动成本 × 销售量）

2. 本量利分析的基本假设

（1）相关范围假设与线性关系假设。

由于本量利分析是在成本性态分析基础上发展起来的，所以成本性态分析的基本假设也就成为本量利分析的基本假设，也就是在相关范围内，固定成本总额保持不变，变动成本总额随业务量变化成正比例变化。这样，在相关范围内，成本与销售收入均分别表现为直线。

（2）产销平衡假设。

所谓产销平衡假设就是企业生产出来的产品总是可以销售出去，能够实现生产量等于销售量。在这一假设下，本量利分析中的量就是指销售量而不是生产量，进一步讲，在销售价格不变时，这个量就是指销售收入。

（3）产品的结构比例不变假设。

该假设是指在一个生产和销售多种产品的企业里，每种产品的销售收入占总销售收入的比重不会发生变化。有了这种假定，就可以使企业管理人员关注价格、成本和业务量对营业利润的影响。

（二）本量利分析的基本模式

1. 贡献毛益和贡献毛益率

贡献毛益亦称作边际贡献、贡献边际，它是指产品的销售收入减去相应的变动成本的差额。贡献毛益减去固定成本之后是利润。每种产品的贡献毛益的高低，可以反映每种产品为企业创造利润的能力的大小，即它提供了各种产品的盈利能力。贡献毛益有两种表现形式：一种是单位概念，称为“单位贡献毛益”，是指产品的销售单价减去它的单位变动成本后的差额；另一种表现形式是总括概念，称为“贡献毛益总额”，是指产品的销售收入总额减去它的变动成本总额后的余额。

贡献毛益率是指以单位贡献毛益除以销售单价的百分率，或以贡献毛益总额除以销售收入总额的百分率，两者计算结果相同，它反映每百元销售额中能提供的毛益金额。

【例 2-8】公司生产机床，每台售价 10 000 元，单位变动成本 6 000 元，固定成本总额 800 000 元，当年生产销售 1 000 台。单位贡献毛益、贡献毛益总额及贡献毛益率计算如下：

单位产品贡献毛益 = 10 000 - 6 000 = 4 000（元）

贡献毛益总额 = 4 000 × 1 000 = 4 000 000（元）

贡献毛益率 = 4 000/10 000 × 100% = 40%

或贡献毛益率 = 4 000 000/10 000 000 × 100% = 40%

2. 盈亏临界点分析

盈亏临界点又称盈亏分歧点、保本点、两平点等，指利润为零时的销售量或销售额。在这一点上，企业的销售收入正好补偿全部变动成本和固定成本。盈亏临界点分析是本—量—利分析的基础，企业在规划目标利润、控制利润完成情况、估计经营风险时都要用到它。

（1）按实物单位计算。盈亏临界点销售量 = 固定成本/（单位售价 - 单位变动成本）

即盈亏临界点销售量 = 固定成本/单位贡献毛益

（2）按金额计算。盈亏临界点销售额 = 固定成本/贡献毛益率

其中：贡献毛益率 = 贡献毛益/销售收入

贡献毛益 = 销售收入 - 变动成本

【例 2 - 9】 沿用【例 2 - 8】资料，该厂机床盈亏临界点的销售量和销售额可计算如下：

盈亏临界点销售量 = 800 000/（10 000 - 6 000） = 800 000/4 000 = 200（台）

盈亏临界点销售额 = 800 000/40% = 2 000 000（元）

上述盈亏临界点销售量的计算公式只适用于单一产品；计算多种产品或企业总盈亏临界点销售量时，只能用盈亏临界点销售额的计算公式。盈亏临界点销售额计算公式既适用于单一产品保本点的计算，也适用于整个企业保本点的计算。

3. 安全边际和安全边际率

所谓安全边际，是指正常销售量或者现有销售量超过盈亏临界点销售量的差额。这一差额表明企业的销售量在超越了保本点的销售量之后，到底有多大的盈利空间，计算公式如下：

安全边际 = 现有或预计销售量（金额） - 盈亏临界点销售量（金额）

盈亏临界点状态意味着该点销售量下的贡献毛益刚好全部为固定成本所抵销，只有当销售量超过盈亏临界点销售量，其超出部分（即安全边际）所提供的贡献毛益才能形成企业的利润。显然，超出部分越大，企业实现的利润也就越多，经营也就越安全。安全边际除了可以用现有销量与盈亏临界点销量的差额表示外，还可以用相对数来表示，即安全边际率。安全边际率的计算公式为：

安全边际率 = 安全边际（金额）/现有或预计销售量（金额）

【例 2 - 10】 沿用【例 2 - 8】、【例 2 - 9】的资料，该厂安全边际和安全边际率可计算如下：

安全边际 = 10 000 000 - 2 000 000 = 8 000 000（元）

安全边际率 = 8 000 000/10 000 000 = 80%

上述计算结果表明销售收入 8 000 000 元只要补偿变动成本后便可为企业提供利润，说明该厂当前盈利的安全程度很高。

如前所述，只有安全边际才能为企业提供利润，而盈亏临界点的销售量只能为企业收回固定成本，所以企业利润的计算可以借助安全边际这一概念，即：

利润 = 安全边际销售量 × 单位产品贡献毛益

= 安全边际销售收入 × 贡献毛益率

将上式的两边均除以产品销售收入，则：

销售利润率 = 安全边际率 × 贡献毛益率

4. 盈亏临界图

盈亏临界图，是将企业的盈亏临界点，以及成本、数量和利润间的依存关系，集中在一张直角坐标图形上反映出来的一种图表。采用图解方式进行分析既直观又

明了，便于使用者理解和接受。盈亏临界图一般有以下四种表示形式。

（1）基本模式的盈亏临界图。

基本模式的盈亏临界图是最基本、最常见的本量利关系图形，如图 2-3 所示。

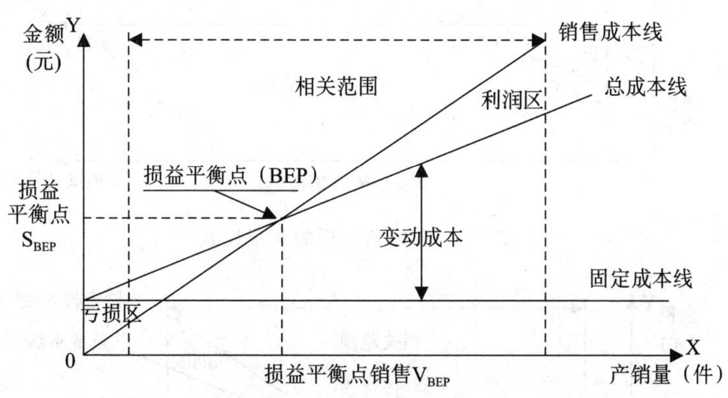

图 2-3　本量利分析的基本模式

（2）贡献毛益模式的盈亏临界图。

贡献毛益模式的盈亏临界图是一种将固定成本置于变动成本之上，能够反映贡献毛益形成过程的图形，这是基本模式盈亏临界图所不具备的（见图 2-4）。

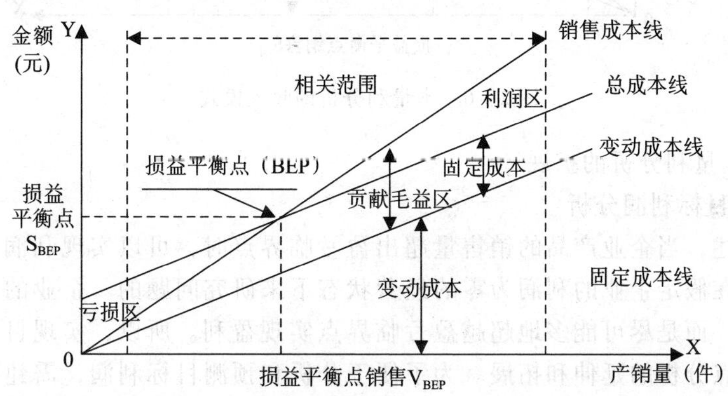

图 2-4　本量利分析的贡献毛益模式

（3）利量模式的盈亏临界图。

利量模式的盈亏临界图的特点在于，它是不反映收入与成本的金额，专门反映与产销数量之间关系的利量图，也称利润图（见图 2-5）。

（4）收入模式的盈亏临界图。

收入模式的盈亏临界图，是一种用销售金额表示的盈亏临界图，着重反映的是销售收入与销售成本及销售利润的关系。该图不仅可以反映出企业的保本点销售额，还可以反映不同销售水平下的盈亏情况，以便于决策、控制和分析企业的销售收入和利润（见图 2-6）。

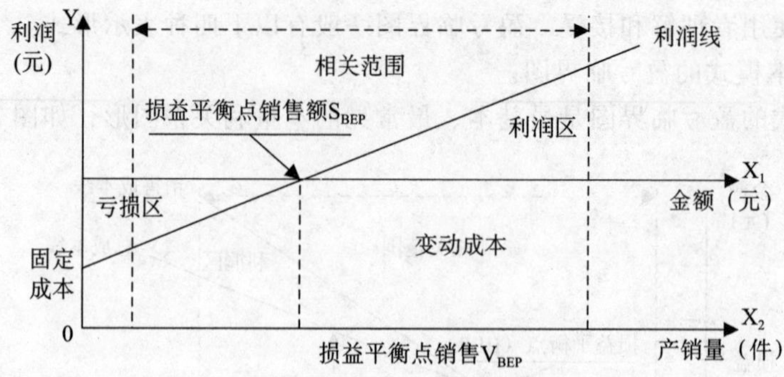

图 2-5 本量利分析的利量模式

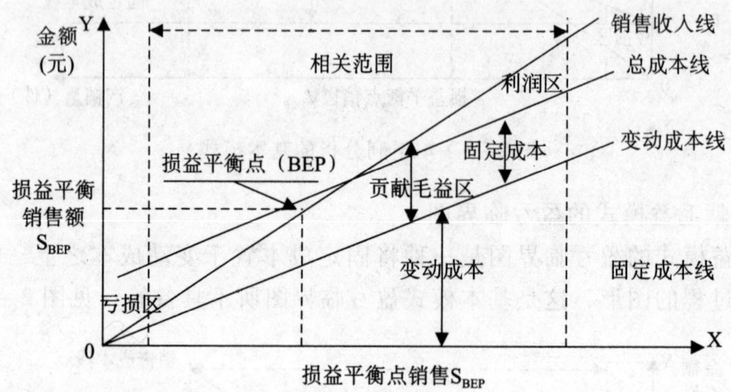

图 2-6 本量利分析的收入模式

（三）本量利分析的扩展

1. 实现目标利润分析

如前所述，当企业产品的销售量超出盈亏临界点时，可以实现利润，盈亏临界点分析就是在假定企业的利润为零的经营状态下来研究问题的。企业的目标当然不是利润为零，而是尽可能多地超越盈亏临界点实现盈利。所以，实现目标利润分析是盈亏临界点分析的延伸和拓展。为了便于分析和预测目标利润，需建立实现目标利润的有关模型。

（1）实现税前目标利润的模型。

计算的公式为：

实现目标利润的销售量 =（目标利润 + 固定成本）/单位产品贡献毛益

实现目标利润的销售额 =（目标利润 + 固定成本）/贡献毛益率

【例 2-11】假设某企业生产和销售单一产品，产品单价为 50 元，单位变动成本为 25 元，固定成本为 50 000 元，如目标利润定为 40 000 元，则：

实现目标利润的销售量 =（40 000 + 50 000）/（50 - 25）= 3 600（件）

实现目标利润的销售额 =（40 000 + 50 000）/50% = 180 000（元）

（2）实现税后目标利润的模型。

计算的公式为：

$$实现目标利润的销售量=\frac{\dfrac{税后目标利润}{1-所得税税率}+固定成本}{单位产品贡献毛益}$$

$$实现目标利润的销售额=\frac{\dfrac{税后目标利润}{1-所得税税率}+固定成本}{贡献毛益率}$$

【例 2－12】假定【例 2－11】中的其他条件不变，税后目标利润为 37 500 元，所得税税率为 25%，则：

$$实现目标利润的销售量=\frac{\dfrac{37\ 500}{1-25\%}+50\ 000}{25}=4\ 000（件）$$

$$实现目标利润的销售额=\frac{\dfrac{37\ 500}{1-25\%}+50\ 000}{50\%}=200\ 000（元）$$

2. 敏感性分析

敏感性分析是一种应用广泛的分析方法，这一方法研究的是，当一个系统的周围条件发生变化时，这个系统的状态发生了怎样的变化，是敏感（变化大）还是不敏感（变化小）。

（1）有关因素临界值的确定。

销售量、单价、单位变动成本和固定成本的变化，都会对利润产生影响。当这种影响是消极的且达到一定程度时，就会使企业的利润为零而进入盈亏临界状态；当这种变化超出上述程度，企业就转入了亏损状态，发生了质的变化。敏感性分析的目的就是确定能引起这种质变的各因素变化的临界值。简单来说，就是求取达到盈亏临界点的销售量和单价的最小允许值以及单位变动成本和固定成本的最大允许值。因此，这种方法也被称为最大最小法。

（2）敏感系数。

销售量、单价、单位变动成本和固定成本诸因素的变化，都会对利润产生影响，但在影响程度上存在差别。有些因素利润对其变化非常敏感，这些因素则因此被称为敏感因素。与此相反的，则为非敏感因素。企业的决策人员需要知道利润对哪些因素的变化比较敏感，对哪些因素的变化不太敏感，以便分清主次，抓住重点，确保目标利润的实现。

反映敏感程度的指标为敏感系数，其计算公式为：

敏感系数＝目标值变动百分比/因素值变动百分比

敏感系数若为正数，表明它与利润为同向增减关系；敏感系数若为负数，表明它与利润为反向增减关系。各个因素敏感系数的高低除了与既定条件所决定的实现目标利润的模型有关，还与各个因素在模型运算过程中的作用有关。各因素的敏感系数可以通过以下公式计算得到。

$$固定成本的敏感系数 = -\frac{固定成本}{变动前利润}$$

$$单位变动成本的敏感系数 = -\frac{变动成本总额}{变动前利润}$$

$$单位售价的感系数 = \frac{销售总额}{变动前利润}$$

$$销售量的敏感系数 = \frac{(单价-单位变动成本)\times 销售量}{变动前利润}$$

【例2-13】 假设某企业生产和销售单一产品，计划年度内有关数据如下：销售量为5 000件，单价为50元，单位变动成本为20元，固定成本为60 000元，则易计算其利润为P＝5 000×（50－20）－60 000＝90 000（元）。

若销售量、单价、单位变动成本和固定成本均分别增长20%，计算各因素的敏感系数如下：

固定成本的敏感系数＝－60 000/90 000＝－0.67

单位变动成本的敏感系数＝－20×5 000/90 000＝－1.11

单价的敏感系数＝50×5 000/90 000＝2.78

销售量的敏感系数＝（50－20）×5 000/90 000＝1.67

敏感性分析中的临界值问题与敏感系数问题，实际上是一个问题的两个方面。某一项因素达到临界值前的允许或者说容忍的程度越高，则利润对这项因素就越不敏感；反之，容忍的程度越低，则表明利润对该因素越敏感。

二、成本量度与差异量度

反馈是控制的一个重要组成元素。财务管理中的反馈是将计划（预期）成果或预算与实际结果相比较的过程，即实施差异量度。

（一）比较实际结果与计划成果

一个成功的预算与绩效管理周期通常遵循以下过程：

①编制总预算。总预算为企业以及各个子单位设定绩效计划。

②确立标准或具体的预期，可将实际结果与这些标准或预期进行比较。

③检查实际结果与计划成果间的差异，必要时采取纠正措施。

④制订持续改进计划，考虑到条件的改变及对计划的反馈。

比较实际结果与计划成果时，管理人员要关心效率（Efficiency）和达成组织目标的效益（Effectiveness）。效率是指为特定资源设定的预算额度或标准，其度量常用的资源类别有直接材料、直接人工和间接制造费用。例如，如果单位成本的预估值为2元，某项运营最终会销售1 000单位产品，则有效率的营运成本应小于或等于2 000元，无效率的运营其成本将大于2 000元。效益衡量的是公司能在多大程度上达成其目标。例如，如果总预算要求净营运收入达到3亿元，那么有效益的营运所获得的净营运收入应大于或等于3亿元，无效益的营运所获得的净营运收入将小于3亿元。

用以评估效益的一个主要手段就是量度营运收入差异，即预算营运收入与实际营运收入之间的差异。当实际收益大于计划收益或者实际成本小于计划成本时便形成有利差异，反之则形成不利差异。

【例 2－14】Bounce 公司实际结果与静态预算之间的差异分析如表 2－12 所示。

表 2－12　Bounce 公司实际结果与静态预算之间的差异分析　单位：元

高级分析——综述			
实际营运收入（元）			35 760
预算营运收入（元）			270 000
实际营运收入与预算营运收入之间的差异（元）			234 240U
中级分析			
	实际成果	静态预算	差异（实际－静态）
销售数量（个）	24 000	30 000	6 000U
销售收入（元）	3 000 000	3 600 000	600 000U
变动成本（元）			
直接材料	1 491 840	1 800 000	308 160F
直接制造人工	475 200	480 000	4 800F
变动间接制造费用	313 200	360 000	46 800F
变动成本合计	2 280 240	2 640 000	359 760F
边际贡献	719 760	960 000	240 240U
固定成本	684 000	690 000	6 000F
营运收入	35 760	270 000	234 240U

注：其中，U＝不利差异，F＝有利差异。

差异本身并不一定是结果好坏的判断指标，有利差异与不利差异只是揭示了公司的营运是否与计划相符，它并不能揭示任何效益或效率信号。此外，应当对差异设置一个重要性阀值，如果差异很小，完全可以忽略不计，然而应该切记，有时一些小小的差异也会导致严重的问题。

有些预算差异持续存在，这往往表明营运中存在系统性缺陷，这时就有必要修正该缺陷以提高营运效率。然而，预算差异之所以出现，原因也可能在于预算编制中的假设前提有缺陷。预算执行效率低下，或者内外部环境发生了不可预见的改变，为明确目标未能达成等原因，都需要利用其他分析手段以评估营运效率。

（二）使用弹性预算进行绩效分析

根据静态预算得出的差异信息具有误导性，因为静态预算只有当实际产出水平达到计划产出水平时才有效，而弹性预算的差异信息却很有用。弹性预算会改变产出水平，以及与特定产出水平相关地总变动成本，但弹性预算不会改变单价、单位成本以及其他与产量无关的项目，也不会改变固定成本总额。

弹性预算可以用于分析营运效率。实际结果与静态预算之间的差异称为静态预算差异，弹性预算则可将这一差异进一步分解为两种不同类型的差异，及弹性预算差异与销售量差异。弹性预算差异指用实际结果减去弹性预算结果，揭示因实际销售价格、变动成本和固定成本等的差异所造成的影响，而销售量差异指弹性预算结果减去静态预算结果，揭示实际产出数量与预算产出数量之间的差别所造成的影响。

【例 2－15】 承【例 2－14】Bounce 公司弹性预算差异与销售量差异进行分析（见表 2－13）。

表 2－13　Bounce 公司弹性预算差异与销售量差异分析　　单位：元

	实际结果	弹性预算结果	弹性预算差异	静态预算	销售量差异
销售量（个）	24 000	24 000	0	30 000	6 000U
销售收入（元）	3 000 000	2 880 000	120 000F	3 600 000	720 000U
变动成本（元）					
直接材料	1 491 840	1 440 000	51 840U	1 800 000	360 000F
直接制造人工	475 000	384 000	91 200U	480 000	96 000F
变动间接制造费用	313 200	288 000	25 200U	360 000	72 000F
总变动成本	2 280 240	2 112 000	168 240U	2 640 000	528 000F
边际贡献	719 760	768 000	48 240U	960 000	192 000U
固定成本	684 000	690 000	6 000U	690 000	0
营运收入	35 760	78 000	42 240U	270 000	192 000U

注：其中，U＝不利差异，F＝有利差异。

（三）例外管理

例外管理方法使管理层仅需要关注实际结果与预算间的重大差异，这些重大差异即是例外情况，与其他领域相比，例外情况更需要管理层的关注。例外管理既关注有利差异，也关注不利差异，对有利差异应做进一步追溯，以确定绩效是真的特别出色，还是先前设定的标准过低。如果能长时间保持出色的绩效，则应将该绩效纳入标准实务中。

知道哪些例外应予以特别关注，这需要管理经验，此时主要考虑例外程度与例外发生的频率。差异的相对大小比绝对大小更重要，但管理人员一般会为相对差异与绝对差异设定统一的规则，比如对超过 30 000 元的差异或超过预算成本 5% 的差异均予以重点关注。

程度较小但频繁发生的差异也值得特别关注。其他应考虑的因素包括差异的发展趋势，比如长时间成本持续超支，以及能促使成本发生改变的控制水平；比如不必过多关注单纯因市场需求而导致的成本上升。但应当注意，在决定是否追踪某例外情况时，应注意追踪成本与效益之比。

（四）标准成本差异分析

标准成本是经过深思熟虑以后确定的价格、数量、服务水平或成本，实务中通常表现成单位价格，或单位成本等形式。标准成本是在历史经验的基础上预先确立的成本额度，代表单位产出的预期成本。标准成本可用于产品或服务的所有方面，包括标准制造成本、标准管理成本和标准销售成本。标准成本制度是一种有用的管理工具，它使得公司能确认实际成本与计划成本之间的差异。标准成本制度允许应用例外管理，并为差异分析奠定基础，这使得管理层能了解产生有利绩效或不利绩效的根本原因。

如前文所述，弹性预算差异和销售量差异更为细致地描述了预算差异，为了更深入地分析出现弹性预算差异的根本原因还需要进一步细化分析层次，即将标准继续细分为成本动因的标准单位成本与标准数量，与之相对应，弹性预算差异分解成价格（费率）差异和效率（耗用）差异。

1. 直接成本的价格差异与效率差异

价格差异是某项投入的实际投入数量乘以该项投入的实际价格与预算（或标准）价格之间的差额。效率差异等于某项投入的预算价格乘以实际投入量与预算（或标准）投入量之差。公式如下：

价格（费率）差异 = 实际投入量 ×（某项投入的实际价格 - 该项投入的预算价格）

效率差异 = 某项投入的预算价格 ×（实际投入量 - 预算投入量）

有利的直接材料价格差异可由数量折扣、谈判压力、不可预见的价格下降或运输成本降低，或对某个材料的需求较少等因素引起，不利的价格差异则相反。无论是有利的还是不利的材料价格差异均有可能由糟糕的预算编制或因材料质量高于或低于预期而引起。直接人工工资率差异由市场对人工的需求变化、人工短缺、加班工资或因生产中要求的人工技能等级发生变化，因而需要支付的工资率有别于标准工资率等因素引起。不管是有利差异还是不利差异，均需探讨其影响。例如，由大批量采购带来的有利材料价格差异可能会导致公司的存货持有成本加大。此外，如果成本标准反映了公司战略，比如质量差别战略，那么应探讨价格（费率）差异对战略的影响，并在实际价格（费率）偏离公司战略时，对价格（费率）作出调整。

直接材料、人工效率差异可能由糟糕的预算或人工技能水平的差异、日程安排、生产监督或安装效率等因素所致。机器保养不当或员工培训不当也会导致直接成本的效率差异。

【例 2 - 16】 承【例 2 - 15】假设单位产品的标准成本资料包括：直接材料：10 千克 ×6 元/千克 = 60（元）；直接人工：2 小时 ×8 元/小时 = 16（元）。假设直接材料价格为 7.77 元/千克，为生产 24 000 单位产品，整个生产过程耗用了 192 000 千克材料；人工工时的实际价格为 9 元/小时，实际耗用 52 800 小时。价格差异与效率差异分析如下：

直接材料价格差异 = 192 000 ×（7.77 - 6）= 339 840（元）U

直接材料效率差异 = 6 ×（192 000 - 240 000）= 288 000（元）F

直接人工工资率差异 = 528 000 ×（9 - 8）= 528 000（元）U

直接人工效率差异 - 8 ×（528 000 - 48 000）= 38 400（元）U

2. 变动间接费用与固定间接费用的开支差异和效率差异

（1）变动间接费用差异。

变动间接费用的弹性预算可以分解成变动间接费用开支差异（即用实际变动间接费用减去已分摊的变动间接费用）与变动间接费用效率差异（即用已分摊的变动间接费用减去预算的变动间接费用）。

变动间接费用开支差异＝实际变动间接费用－（成本动因的实际数量×标准变动间接费用分摊率）

变动间接费用效率差异＝（成本动因的实际数量×标准变动间接费用分摊率）－（成本动因的标准耗用量×标准成本动因分配率）

变动间接费用弹性预算差异＝变动间接费用开支差异＋变动间接费用效率差异

【例2－17】 承【例2－15】假设变动间接费用的成本动因是机器工时，标准变动间接费用为：每单位产品需要1.2个机器工时，每个机器工时的成本为10元，产品数量为24 000件，则实际消耗机器工时280 000小时。

变动间接费用开支差异＝313 200－（28 000×10）＝313 200－280 000
＝33 200（元）U

变动间接费用效率差异＝280 000－（28 800×10）＝280 000－288 000
＝－8 000（元）F

变动间接费用弹性预算差异＝33 200＋（－8 000）＝25 200（元）F

直接材料、人工的差异量度能够找到准确的成本动因，而变动间接费用由于成本动因众多，往往会导致计算结果不准确。为避免这种情况，以作业为基础的间接费用差异量度能使用多种成本集库来量度间接费用差异，每一种成本集库都有自己的成本动因，如此能够极大地提高间接费用量度的准确性，但与此相关的管理成本可能十分高昂。产生变动间接费用差异的另一个原因可能在于，很多类型的变动间接成本不是以产出指标如产出量为基础来量度的，而是以投入指标如安装次数或批次为基础来量度。

（2）固定间接费用差异。

总固定间接费用差异指的是实际固定间接费用与分摊的固定间接费用之间的差别。固定间接费用也可进一步分解为固定间接费用开支差异与固定间接费用产量差异。

固定间接费用开支差异＝实际固定间接费用－预算固定间接费用

固定间接费用产量差异＝预算固定间接费用－分摊的固定间接费用

总固定间接费用差异＝固定间接费用开支差异＋固定间接费用产量差异

【例2－18】 承【例2－15】实际固定间接费用为684 000元，预算固定间接费用为30 000单位乘以标准固定间接费用分摊率23元/单位，即690 000元。分摊的固定间接费用等于实际产量24 000单位乘以标准固定间接费用分摊率23元/单位，即552 000元。

固定间接费用开支差异＝684 000－690 000＝－6 000（元）F

固定间接费用产量差异＝690 000－552 000＝138 000（元）U

总固定间接费用差异＝－6000＋138 000＝132 000（元）U

固定间接费用开支差异表明预算程序有缺失或有失误，以致未能预测到某些固定成本的变化。不利开支差异也可能源于对部门开支的控制不当，或源于事故和预期外的检修。由于产量的变化必然导致一部分可自由裁决的固定成本发生改变，如果某些变动成本被错误划分为固定成本，将固定间接费用差异分解为开支差异和产量差异可能会导致这些差异被放大。

三、获利能力分析

获利能力分析旨在量度公司在某一期间的相对成败，一般而言，获利能力分析包括产品获利能力分析、业务部门获利能力分析与客户获利能力分析等。

（一）产品获利能力分析

产品获利能力分析能揭示哪些产品的盈利性最强，哪些产品需要重新评估其价格和成本，以及哪些产品需要提供最大力度的营销投入和支持。对产品线经理来讲，产品获利能力分析常作为其薪酬和奖金发放的依据。

产品获利能力分析从是否应取缔产品生产的角度进行，从企业获利角度看，长期不能获利的产品线应被取缔。在决定是否终止某产品线时，第一步是从分析中剔除各业务单位所有的固定成本，即使该产品线被取缔，这些固定成本也不会随之消失。产品获利能力分析需要加总因取缔该产品线，随之消失的所有固定成本和变动成本，这些固定成本和变动成本均可追溯至该产品线。然后加总机会成本，这里的“机会成本”是指，一旦该产品线被取缔，将丧失掉的所有销售收入。通过比较这两个金额（即比较机会成本与因取缔该产品线所带来的成本削减效益），两者之差就是从取缔产品线中所能获得的利润增加额或所导致的利润减少额。

【例 2 – 19】 Bounce 体育用品公司有网球与美式壁球两类产品，公司对两类产品进行获利能力分析以决定是否保留相关产品线（见表 2 – 14）。

表 2 – 14　　Bounce 体育用品公司的产品获利能力分析　　单位：元

	网球	美式壁球	合计
上年度的销售额	780 000	195 000	975 000
相关成本			
变动成本	585 000	175 500	760 500
边际贡献	195 000	19 500	214 500
其他可追溯相关成本			
广告费	19 500	26 000	45 500
扣减所有相关成本后的剩余收益	175 500	– 6 500	169 000
不相关成本			
固定成本			100 000
保留美式壁球产品线时的净利			69 000

在产品获利能力分析中，除财务指标外，还需要分析产品线对公司整体战略的影响，因此还需要考虑以下非财务因素：

（1）放弃本条产品线对公司士气的影响程度；

（2）放弃本条产品线对相关产品线的销售额的影响；

（3）放弃本条产品线对其他盈利性生产线的影响；

（4）在营销上投入更多资源对产品盈利性的影响；

（5）从长期来看该产品线的盈利性；

（6）厂商提高产品价格对盈利能力的影响。

（二）业务部门获利能力分析

业务部门通常称作“战略性业务部门”或“SBU”，它是规模更大的组织中的一个实体或营运部门。战略性业务部门拥有自己的业务战略和目标，并且可能与母公司/上级机构的业务战略和目标有所不同。业务部门获利能力分析通常采用以下指标：边际贡献、直接利润、可控利润、税前所得和净利。

1. 边际贡献

边际贡献是指销售收入与变动成本之差。由于边际贡献的计算中没有包括不受管理者控制的固定费用，因此边际贡献指标也可用于评估管理人员的绩效。然而，并非所有固定费用均不可控，因此强调边际贡献会导致管理者忽视可能的成本削减机会，此外，即便无法削减固定成本，也应积极管理固定成本，以使固定成本得到有效利用。例如，对领取固定工资的员工，应努力维持其绩效标准并不断提高该标准。

2. 直接/可控利润

直接利润等于业务部门的边际贡献减去该部门的固定成本。直接利润的计算不用扣减整个组织发生的共同固定成本。直接利润指标用来评估战略性业务部门（SBU）的绩效，因为公司级费用不在战略性业务部门管理者的控制范围内，因此在评估战略性业务部门的绩效时，不应考虑公司级费用。与扣减共同成本相比，使用直接利润（即不用扣减共同成本）评估管理者的绩效，可能会导致管理者仅满足于较低的目标。

3. 税前所得

税前所得的计算需要扣减与业务部门相关的除税金以外的所有成本，其优点在于业务部门经理可以真实地审视本部门需要达到的盈利水平，以确保本部门能为整个公司的成功作出贡献，因此税前所得指标对业务部门的定价和生产率决策会产生影响。税前所得可以很容易地与竞争对手的获利能力指标相比较。如果在扣减掉所有间接费用后，业务部门经理仍能很好地维持该部门的盈利性（这种盈利性用税前所得指标来度量，并且业务部门经理将能因此而获得奖励），这表明该经理也许能制定更好的长期决策，比如产品组合决策和市场营销决策。

然而，使用税前所得指标，业务部门经理看来似乎应为不在其控制范围内的成本负责，比如分配给该业务部门的人力资源成本。因此，在使用税前所得指标进行绩效评估时，必须尤为谨慎。

4. 净利润

净利润是税后所得。净利润指标的优点和缺点与税前所得指标一样。除此之外，净利润指标还有其他缺陷。首先，各个领域所面临的税率往往一样，因此量度净利润几乎没有什么意义。其次，即使税率不同，这往往是公司出于避税目的而进行操纵的结果，因此不在业务部门经理的控制范围内。最后，税务及与税务相关的决策均在公司层面制定，而非在战略性业务部门层面制定，但在评估位于国外的业务部门的绩效时，净利润指标很有用，因为各个国家的税率有所不同，而税率差异会对业务单位的整体获利能力产生影响。某公司业务部门的损益表如表 2－15 所示。

表 2－15　某公司业务部门损益表

单位：元

项目	金额
销售收入	780 000
变动费用	585 000
边际贡献	195 000
该利润中心的可控固定费用	19 500
直接/可控利润	175 500
分配给该战略性业务部门的公司费用	52 500
税前所得	123 000
税金	49 200
净利润	73 800

（二）客户获利能力分析

客户获利能力分析旨在评估因向特定客户或客户细分提供商品或服务所产生的成本和所获得的利益。实施客户获利能力分析是为了提升组织的整体盈利性。客户获利能力分析是一个相对较新的成本管理工具，尽管其应用已日益普遍。客户获利能力分析主要有两大目标：一是量度客户的盈利性；二是识别有效与无效的客户相关活动和服务。

1. 量度客户的盈利性

量度客户层面的盈利性需要明确从客户那里得到的利益，以及为服务客户所发生的成本。所获得的利益包括非财务利益和财务利益。非财务利益包括客户获得、客户保留、客户满意度和总的市场份额，只有公司按客户划分成本，才可以度量客户层面的财务利益，并且对于将客户放在战略第一位的公司来说，客户层面的财务利益是公司的均衡器，因为当客户保留相关的成本大于相关收入时，仍致力于客户保留显然是战略上的失败。

有时，企业的首要目标是增大市场份额和提高客户满意度，但企业不会全面评估这样做的成本，这将导致企业将大量自愿投入到提高客户满意度上，但往往并不明确付出这样大的努力是否能够获得相应的回报。客户获利能力分析将揭示出应在何时满足客户的需求，何时拒绝客户的要求，以及何时应对客户服务额外收费。

但是，出于战略的考虑，某些客户需求哪怕在财务层面上无利可图，也应尽量予以满足，重点在于如何将无利可图的客户转化成有利可图的客户。由于存在生命周期获利能力（Life Profitability）这一指标，因此即使某些客户在一开始并不能带来盈利，对这类客户也可予以保留，如果能长期保留这类客户，这类客户最终将能给企业带来较高的利润。

2. 识别有效与无效的客户相关活动和服务

实施客户获利能力分析的另一个目的是识别有效与无效的客户相关活动，以确定哪些客户相关活动应进一步加强，哪些应予取缔，并分析这种决策会对客户获利能力产生怎样的影响。例如，银行可能会使用这种方法给客户分类，将客户划分成有利可图和无利可图这两类，并利用从中得到的信息以决定分支机构的选址，有效地赢得或主动放弃一些客户。

四、责任中心

责任中心是企业内部承担一定经济责任，并拥有相应管理权限和享受相应利益的企业内部责任单位的统称。在企业内部责任中心根据权责利相匹配的原则进行划分，根据企业内部责任单位的权责范围及业务活动的特点不同，可以将其分为成本中心、利润中心和投资中心三大类型。以下将分别探讨三种责任中心的特点和绩效考核方法。

（一）成本中心

1. 成本中心的含义及特点

成本中心（Cost Center）是指只对其成本或费用承担责任的责任中心，处于企业的基础责任层次。成本中心不形成可以用货币计量的收入，因而不应当对收入、利润或投资负责。

成本中心在企业中的范围最广，一般来说，凡企业内部有成本发生、需要对成本负责，并能进行成本控制的单位，都可以成为成本中心。以工业企业为例，上至工厂一级，下至车间、工段、班组甚至个人，都有可能成为成本中心。

成本中心的特点主要表现在：

（1）成本中心只考评成本费用不考评受益。

（2）成本中心只对其可控成本承担责任，即只对同时符合可以预计何时发生、可以计量、可以通过自身行为施加影响、可以将成本控制责任分解落实四个特点的成本承担责任。

（3）成本中心只对责任成本进行考核和控制，责任成本即成本中心当期确定或发生的各项可控成本之和。

2. 成本中心的考核指标

由于成本中心只对其责任成本承担责任，因此成本中心业绩评价的主要指标是责任成本及其增减额、升降率和与其作业相关的非财务指标。相关公式如下：

责任成本增减额 = 实际成本额 - 预算成本额

责任成本升降率 = 成本增减额/预算成本额

【例 2 - 20】M 公司成本中心责任成本预算完成情况如表 2 - 16 所示。

表 2 - 16　M 公司成本中心责任成本预算完成情况　单位：元

成本中心	预算	实际	增减额	升降率（%）
A	20 000	21 000	1 000	5%
B	60 000	58 500	-1 500	-2.5%
C	50 000	50 340	340	0.68%

（二）利润中心

1. 利润中心的含义

利润中心是对利润负责的责任中心，即对实现收入以及控制成本负责的一个部门。利润中心往往处于企业内部较高的层次，是对产品或劳务具有生产经营决策权的企业内部部门，如分厂、分公司等具有独立的经营权的部门。

利润中心按其收入来源的性质不同可分为自然利润中心与人为利润中心两类。自然利润中心的收入来源于直接对外销售产品，人为利润中心的收入来源于对内部责任单位提供产品或劳务。

2. 利润中心的考核指标

不考虑不可控成本的考核指标的公式为：

利润中心边际贡献总额 = 该利润中心销售收入总额 - 该利润中心可控成本总额

考虑不可控成本的考核指标的公式为：

利润中心边际贡献总额 = 利润中心销售收入总额 - 该利润中心变动成本总额

利润中心负责人可控利润总额 = 该利润中心边际贡献总额 - 该利润中心负责人可控固定成本总额

利润中心可控利润总额 = 该利润中心负责人可控利润总额 - 该利润中心负责人不可控固定成本总额

【例 2 - 21】M 企业生产部是一个人为利润中心，本期实现销售收入 500 000 元，变动成本为 300 000 元，该中心负责人可控固定成本为 50 000 元，中心负责人不可控，但应由该中心负担的固定成本为 100 000 元。

请计算该利润中心的实际考核指标，并评价该中心的利润完成情况。

利润中心边际贡献总额 = 500 000 - 300 000 = 200 000（元）

利润中心负责人可控利润总额 = 500 000 - 300 000 - 50 000 = 150 000（元）

利润中心可控利润总额 = 500 000 - 300 000 - 50 000 - 100 000 = 50 000（元）

（三）投资中心

1. 投资中心的含义

投资中心是指对投资负责的责任中心。投资中心不仅要对成本、收入和利润负责，还要对投资效果负责。投资中心处于企业最高层次的责任中心，它具有最大的决策权，也承担最大的责任。大型集团的子公司、分公司等一般都属于投资中心。

投资中心的目的也是获取利润，因此它也是利润中心，但它又不同于利润中心。最重要的方面就是权利不同，利润中心没有投资决策权，它只能在项目投资形成后进行经营活动，而投资中心不仅具有经营权，还能独立地运用其所掌握的资产，有权购建或处理固定资产，改变目前的生产规模。因为权利的不同，对投资中心的考核与利润中心也不同，在考核利润中心业绩时，不需进行投入产出比较，而在考核投资中心的业绩时，必须将所获得的利润与所占用的资产进行比较。

2. 投资中心的考核指标

(1) 投资利润率。

投资利润率是投资中心获得的利润与投资额之间的比率。公式为：

$$投资利润率=\frac{利润}{投资额}\times 100\%$$

投资利润率还可进一步展开：

$$\begin{aligned}投资利润率&=\frac{销售收入}{投资额}\times\frac{利润}{销售收入}\\&=资产周转率\times销售利润\\&=\frac{销售收入}{投资额}\times\frac{成本费用}{销售收入}\times\frac{利润}{成本费用}\\&=资产周转率\times销售成本率\times成本费用利润率\end{aligned}$$

可见，投资利润率能反映投资中心的综合盈利能力，同时由于投资利润率是相对指标，剔除了投资额不同而导致的利润差异，有利于比较各投资中心的业绩，引导投资中心的经营管理行为。由于这些优点，投资利润率作为投资中心的业绩指标得到了广泛应用，但同时该指标也存在一定的局限性，一是通胀可能导致折旧少提，账面利润失真；二是投资中心为达到较高的投资利润率，可能会放弃一些有收益但利润率较低的项目，不利于企业的发展；三是一些共同费用无法为利润中心所控制，导致该指标不能客观反映投资中心的经营绩效。为了克服投资收益率的某些缺陷，可采用剩余收益作为评价指标。

(2) 剩余收益。

剩余收益是一个绝对数指标，是投资中心获得的利润扣减最低投资收益后的余额，最低投资收益是按投资中心投资额与预期的最低收益率计算的收益，其计算公式如下：

剩余收益 = 息税前利润 − 总投资额 × 规定或预期的最低投资收益率

这里的最低投资收益率通常是企业为保持其生产经营正常、持续进行所必须达到的最低收益水平，可按资本成本率计算。只要投资项目收益高于要求的最低收益率，就会给企业带来利润，同时增加投资中心的剩余收益，从而保证投资中心的决策行为与企业总体目标一致。

投资利润率与剩余收益指标的差别可通过下例予以说明。

【例 2－22】 某公司下设 A、B 两个投资中心，该公司加权平均最低投资收益率为 10%，公司拟追加 30 万元的投资，有关资料如表 2－17 所示。根据表 2－17 中的资料评价 A 和 B 两个投资中心的经营业绩。

表 2－17　　M 公司投资中心考核指标的计算　　单位：万元

项目		投资额	利润	投资利润率	剩余收益
追加投资前	A	40	2	5%	2－40×10%＝－2
	B	60	9	15%	9－60×10%＝＋3
	合计	100	11	11%	11－100×10%＝＋1
A 投资中心追加投资 30 万元	A	40＋30＝70	2＋2.2＝4.2	6%	4.2－70×10%＝－2.8
	B	60	9	15%	9－60×10%＝＋3
	合计	100＋30＝130	11＋2.2＝13.2	10.1%	13.2－130×10%＝＋0.2
B 投资中心追加投资 30 万元	A	40	2	5%	2－4×10%＝－2
	B	60＋30＝90	9＋4.2＝13.2	14.7%	13.2－90×10%＝＋4.2
	合计	100＋30＝130	11＋4.2＝15.2	11.8%	15.2－130×10%＝＋2.2

由表可知，如以投资利润率作为考核指标，追加投资后，A 的利润率由 5% 提高到 6%，B 的利润率由 15% 下降到 14.7%，则向 A 投资比向 B 投资好；但以剩余收益作为考核指标，A 的剩余收益由原来的－2 万元变成了－2.8 万元，B 的剩余收益由原来的 3 万元增加到 4.2 万元，则应向 B 投资。如果从整个公司进行评价，就会发现 A 追加投资时，全公司总体投资利润率由 11% 下降到 10.1%，剩余收益由 1 万元下降到 0.2 万元；B 追加投资时全公司总体投资利润率由 11% 上升到 11.8%，剩余收益由 1 万元上升到 2.2 万元，这和剩余收益评价指标评价各投资中心的业绩的结果一致。所以，以剩余收益作为评价指标可以保持各投资中心的获利目标与公司的总获利目标一致。

五、作业成本管理

（一）作业成本计算法的基本概念

作业成本计算法奠基于一系列基本概念。理解这些概念是理解作业成本计算法的基础。

1. 作业

作业是企业组织为了特定目的而消耗资源的活动或事项，它代表企业组织实施的工作，是连接资源与成本对象的桥梁。作业具有三个征：①作业是投入—产出因果关系连动的实体；②作业贯穿企业组织经营管理的全过程，构成包容企业内部和连接外部的作业链；③作业是可量化的基准。进一步看，作业是相关的一系列任务的总称。任务是实施每项作业的详细步骤，其作用在于理解作业的构成。例如，

"发出订货单"作业是由以下任务构成：使用部门收到购买需求信息；索取供应商报价并评估价格；编制比较分析表；认定或选择供应商；编制并发出订单。作业的细分程度取决于企业组织管理的需要及成本效益原则。

在作业成本计算法下，还有必要确认在一个企业组织中不同作业层次所"驱动"的各项成本。例如，某些生产成本主要受生产的产品单位数量的影响如直接材料，而某些成本却受生产线数量的影响如生产经理的工资。因此，作业成本计算法在实践中有时需要对作业进一步分类（见图2－7）。

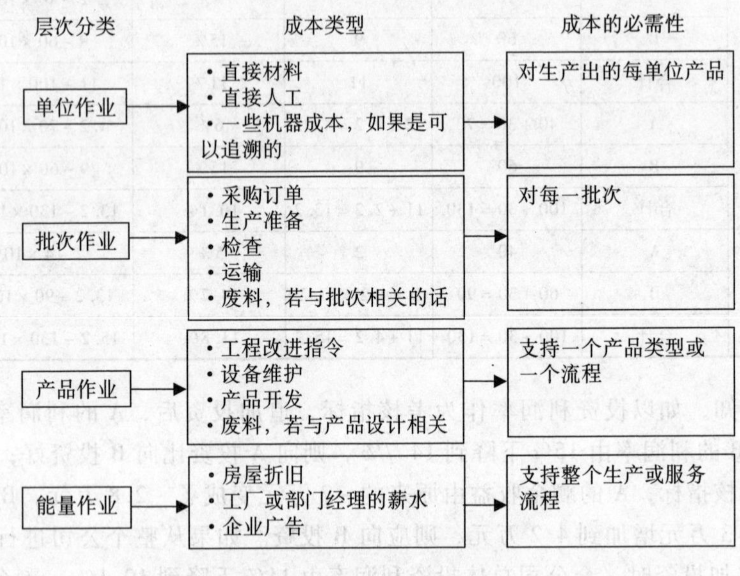

图2－7 作业分类

2. 作业中心

作业中心是一系列相互联系，能够实现某种特定功能的作业集合。例如，在原材料采购作业中，材料采购、材料检验、材料入库、材料仓储保管等都是相互联系的，且都可以归类于材料处理作业中心。

3. 成本库

如果把企业组织相关的一系列作业所消耗的资源费用归集到作业中心，便构成该作业中心的成本库。实际上，成本库是作业中心的货币表现形式。

4. 成本动因

成本动因是作业成本计算法的核心观念，它是诱使成本发生的原因，是成本对象与其直接关联的作业和最终关联的资源之间的中介因素。作业和成本对象是其起因，资源消耗是其结果。成本动因是作业成本计算法的核心问题。成本动因可以分为：（1）资源动因。资源动因是衡量资源消耗量与作业之间关系的某种计量标准，它反映了资源消耗的起因，是资源消耗归集到作业的依据。资源动因可以用于评价作业使用资源的效率。（2）作业动因。作业动因是引起作业发生的原因，它是将成本库的成本分配到成本对象的依据，也是将资源消耗与最终产出连接的桥梁。

在作业成本计算法下，最困难的工作便是确定企业组织的成本动因。只有明确企业业务流程才能确定成本动因。这是一个充满企业化和个性化的工作。

成本动因的选择极为重要，对此必须审慎考虑。一般而言，成本动因由企业组织的工程技术人员和成本会计师等人员组成的专门小组讨论后确定。在选择成本动因时，必须注意以下两个问题：(1) 成本动因应简单易懂、可数，易从现存的资料中分辨出来，并与部门的产出有直接的关联性。(2) 代表性与全面性相结合。在选择成本动因时，为了避免作业成本计算法过于复杂，难以执行而流于形式，不宜把面铺得太广，既要挑选具有代表性和重要性的成本动因，又要注意避免过于简陋。表2－18列示了一些典型的成本库和成本动因的例子。

表2－18　　成本库和成本动因的典型例子

成本库	成本动因
整备	整备次数或整备时数
质量控制	检验次数
材料采购	供应商的数量或购货订单的数量
顾客关系	顾客的数量或部门分布或顾客订单数量
材料处理	材料移动次数或材料移动距离

5. 资源

资源是支持作业的成本或费用来源，它是作业执行过程中所需要花费的代价。与某项作业直接相关的资源应该直接计入该作业。如果某项资源支持多种作业，就应该通过一定标准将资源分配计入各项相应的作业。

6. 成本对象

成本对象是企业组织执行各项作业的原因，它是归集成本的最终点。根据企业组织管理的需要，成本对象可以是产品，也可以是作业、部门或生产线、一个人，乃至整个企业组织，甚至可以是企业组织的外部顾客。

(二) 作业成本计算法的基本原理

作业成本计算法建立在“作业消耗资源，成本对象消耗作业”这两个前提之上。根据这样的前提，作业成本计算法的基本原理可以概括为：依据不同成本动因分别设置成本库，再分别以各种成本对象所耗费的作业量分摊其在该成本库中的作业成本，然后，分别汇总各种成本对象的作业总成本，计算各种成本对象的总成本和单位成本。由此可见，作业成本计算法将着眼点放在作业上，以作业为核心，依据作业对资源的消耗情况将所消耗的资源的成本分配到作业中，再由作业依据成本动因追踪到各成本对象的成本形成与积累过程（见图2－8）。

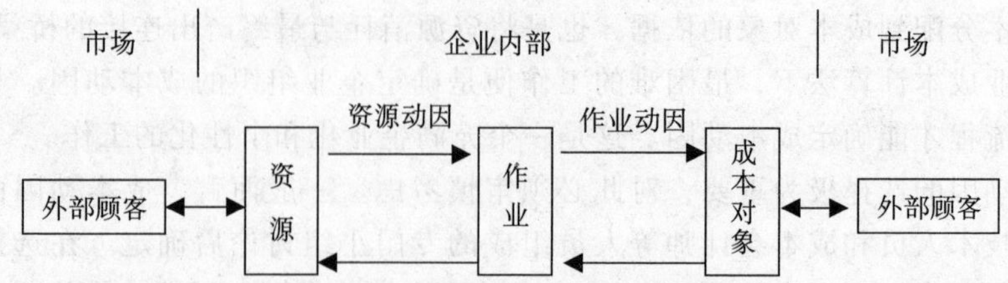

注：在企业组织内部，上面的箭头表示成本计算和形成过程，下面的箭头表示资源消耗过程。

图 2-8 作业成本计算法示意

根据上述基本原理，作业成本计算法的具体步骤如下：

①确认主要作业和作业中心。一个作业中心就是生产程序或流程的一个部分。例如，检验部门就是一个作业中心。按照作业中心披露成本信息，便于企业组织管理层控制作业、评估绩效。如前所述，作业，是企业组织为了特定目的而消耗资源的活动或事项。

②将归集起来的投入成本或资源分配到各个作业中心的成本库，每个成本库所代表的是其所在那个中心执行的作业。因此，该步骤的成本动因是确认每个成本中心的资源耗用量。本步骤的分配工作，反映了作业成本计算法的基本前提：作业量的多少决定着资源的耗用量，资源耗用量的高低与最终的产出量没有直接的关系。这种资源消耗量与作业量之间的关系就是“资源动因”。“资源动因”是本步骤分配的基础。例如，当“检验部门”被定义为一个作业中心时，那么，“检验小时”就成为一个资源动因。这时，许多与检验有关的成本都将归集到消耗该项资源的作业中心中。

③将各个作业中心的成本分配到成本对象。例如，整备作业的成本动因是整备小时或整备次数。整备次数假定每次整备作业耗用的资源都是相同的；整备小时则假定资源的消耗量是随着产品所需要的整备时数的变动而变动。本步骤的分配工作反映了作业成本计算法的基本前提：产出量的多少决定着作业的消耗量。这种作业消耗量与企业组织产出量之间的关系就是“作业动因”。

作业成本计算法的基本步骤如图 2-9 所示。

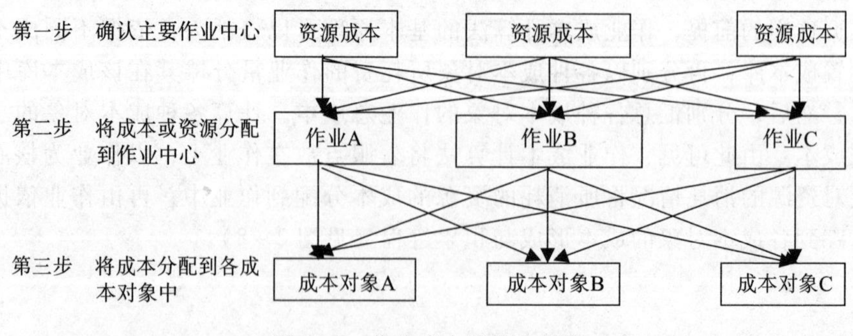

图 2-9 作业成本计算法步骤

为了说明问题，下面举例说明作业成本计算法与传统成本计算方法的计算原理及其差异。

【例 2-23】 某企业组织同时生产 A、B 和 C 三种产品。其中，A 产品是老产品，已经有多年的生产历史，比较稳定，每批大量生产 10 000 件以备顾客订货需要，年产 A 产品 120 000 件；B 产品是应顾客要求改进的产品，每批生产 100 件，年产 B 产品 60 000 件；C 产品是一种新的、复杂的产品，每批生产 10 件，年产 C 产品 12 000 件。

有关三种产品生产成本资料如表 2-19 所示：

表 2-19　　某企业组织产品生产成本　　单位：元

成本项目	A 产品	B 产品	C 产品	合计
直接材料	600 000	360 000	96 000	1 056 000
直接人工	240 000	120 000	36 000	396 000
制造费用	1 200 000	600 000	180 000	1 980 000
合计	2 040 000	1 080 000	312 000	3 432 000

根据表 2-19，按传统成本计算方法，某企业 A、B 和 C 三种产品的单位成本计算结果如表 2-20 所示。

表 2-20　　某企业组织产品生产单位成本　　单位：元

成本项目	A 产品（120 000 件）	B 产品（60 000 件）	C 产品（12 000 件）
直接材料	5.00	6.00	8.00
直接人工	2.00	2.00	3.00
制造费用	10.00	10.00	15.00
合计	17.00	18.00	26.00

在传统成本计算法下，制造费用以直接人工成本为基础，它是直接人工成本的 500%。根据作业成本计算法，依据不同的成本库，归集制造费用如表 2-21 所示。

表 2-21　　依据成本库归集的制造费用　　单位：元

制造费用项目	数额
间接人工：	
整备工作	320 000
材料处理	280 000
检验人员	200 000
采购人员	210 000
产品分类人员	100 000
工厂管理人员	160 000

续表

制造费用项目	数额
小计	1 270 000
其他制造费用:	
热和照明	80 000
房屋占用	190 000
材料处理设备折旧	80 000
机器能量	140 000
供应商（检验）	70 000
供应商（购买）	60 000
供应商（产品分类）	40 000
供应商（全面管理）	50 000
小计	710 000
合　计	1 980 000

进一步假设有关的成本动因资料如下：

（1）A、B、C 产品的单位机器小时分别为 1、1.5 和 3.5。

（2）每批次需要一次标准的整备工作。

（3）每批的标准检验单位为 A 产品每批 50 件，B 产品每批 5 件，C 产品每批 2 件。

（4）A、B、C 产品每批材料移动次数分别为 25、50 和 1 000。

（5）A、B、C 产品每件购货订单数分别为 200、400 和 1 400。

（6）A、B、C 产品每件产品分类次数分别为 50 、75 和 200。

根据上述资料，按照单位作业、批作业、产品作业和能量作业四个作业层次分配制造费用如下：

1. 单位作业层次

（1）直接材料成本与直接人工成本的计算与传统成本计算法相同。

（2）机器能量成本按一定比率分配到产品生产线，计算过程如表 2 – 22 所示。

表 2 – 22　　机器能量成本分配

产品名称	数量（件）	使用比例	合计（件）	分配率	分配额（元）
产品 A	120 000	1	120 000	0. 56	66 700
产品 B	60 000	1.5	90 000	0. 56	50 000
产品 C	12 000	3.5	42 000	0. 56	23 300
合计	—	—	252 000	0. 56	140 000

注：分配率和分配额根据四舍五入取整数列示。

2. 批作业层次

（1）检验成本按检验次数分配，计算过程如表2－23所示。

表2－23 检验成本分配

产品名称	批量（件）	每批检验数（件）	合计	分配率	分配额（元）
产品A	12	50	600	45.00	27 000
产品B	600	5	3 000	45.00	135 000
产品C	1 200	2	2 400	45.00	108 000
合计	—	—	6 000	45.00	270 000

注：总检验成本270 000元＝检验人员工资200 000元＋供应商（检验）70 000元。

（2）材料处理成本以材料移动次数为基础分配，计算过程如表2－24所示。

表2－24 材料处理成本分配

产品名称	批量（件）	每批移动次数	合计（件）	分配率	分配额（元）
产品A	12	25	300	2.40	720
产品B	600	50	30 000	2.40	71 856
产品C	1 200	100	120 000	2.40	287 424
合计	—	—	150 300	2.40	360 000

注：总检验成本360 000元＝材料处理人员工资280 000元＋材料处理设备折旧80 000元；表2－24分配率和分配额根据四舍五入取整数列示。

（3）整备成本以每批整备次数为基础分配，计算过程如表2－25所示。

表2－25 整备成本分配

产品名称	每批整备次数	分配率	分配额（元）
产品A	12	176.60	2 120
产品B	600	176.60	105 960
产品C	1 200	176.60	211 920
合计	1 812	176. 60	320 000

3. 产品作业层次

（1）购买成本以购货订单为基础分配，计算过程如表2－26所示。

表2－26 购买成本分配

产品名称	购货订单数量（件）	分配率	分配额（元）
产品A	200	135.00	27 000
产品B	400	135.00	54 000
产品C	1 400	135.00	189 000
合计	2 000	135.00	270 000

注：总购买成本270 000元＝采购人员工资210 000元＋供应商（购买）60 000元。

（2）产品分类成本以分类次数为基础分配，计算过程如表 2－27 所示。

表 2－27　　产品分类成本分配

产品名称	分类次数（件）	分配率	分配额（元）
产品 A	50	430.77	21 540
产品 B	75	430.77	32 310
产品 C	200	430.77	86 150
合计	325	430.77	140 000

注：总分类成本 140 000 元＝分类人员工资 100 000 元＋供应商（产品分类）40 000 元；表 2－27 分配率和分配额根据四舍五入取整数列示。

4. 能量作业层次

能量作业层次以主要成本（直接材料成本＋直接人工成本）为基础分配，计算过程如表 2－28 所示。

表 2－28　　主要成本分配

产品名称	单位主要成本（元）	生产数量（件）	主要成本（元）	分配率	分配额（元）
产品 A	7.00	120 000	840 000	0.33	277 686
产品 B	8.00	60 000	480 000	0.33	158 678
产品 C	11.00	12 000	132 000	0.33	43 636
合计	—	—	1 452 000	0.33	480 000

注：总能量成本 480 000 元＝工厂管理人员工资 160 000 元＋照明和热动力费用 80 000 元＋房屋占用费 190 000 元＋供应商（全面管理）50 000 元；表 2－28 分配率和分配额根据四舍五入取整数列示。

综合上述计算结果，根据作业成本计算法，各种产品的总成本和单位成本汇总如表 2－29 所示。

表 2－29　　某企业组织产品生产成本　　单位：元

项目	产品 A		产品 B		产品 C	
	单位成本	总成本	单位成本	总成本	单位成本	总成本
1. 单位作业层次：						
直接材料	5.00	600 000	6.00	360 000	8.00	96 000
直接人工	2.00	240 000	2.00	120 000	3.00	36 000
机器能量	0.56	66 700	0.83	50 000	1.94	23 300
小计	7.56	906 700	8.83	530 000	12.94	155 300
2. 批作业层次：						
检验	0.23	27 000	2.25	135 000	9.00	108 000
材料处理	0.01	720	1.20	71 856	24.00	287 424

续表

项目	产品 A		产品 B		产品 C	
	单位成本	总成本	单位成本	总成本	单位成本	总成本
整备	0.02	2 120	1.77	105 960	17.66	211 920
小计	0.26	29 840	5.22	312 816	50.66	607 344
3. 产品作业层次：						
购买	0.23	27 000	0.90	54 000	15.75	189 000
产品分类	0.18	21 540	0.54	32 310	7.18	86 150
小计	0.41	48 540	1.44	86 310	22.93	275 150
4. 能量作业层次：（参见表2-28结果）	2.31	277 686	2.64	158 628	3.63	43 636
合计	10.54	1 262 766	18.13	1 087 898	90.16	1 081 430

六、目标管理

目标管理由著名管理学家彼得·德鲁克1954年提出，综合了对工作的兴趣与人的价值，同时又致力于组织目标的实现，实现了工作和人的需要两者的统一。

（一）目标管理的内涵

德鲁克认为，目标管理的具体形式多种多样，但其基本内容是一致的，即先有了目标之后，才根据目标确定每个人的工作，而不是先有了工作才有目标。组织的使命和任务都必须转化为具体目标，而组织目标只有通过分解变成多个更小的目标后才能够实现，或者说只有有目标的领域在管理实践中才不会被忽视。他还指出，"目标管理和自我控制"的最大优点在于：以目标给人带来的自我控制力取代来自他人的支配式的管理控制方式，从而激发人的最大潜力，把事情办好。

德鲁克认为，目标管理是一种程序或过程，它使组织中上下级一起协商，根据组织的使命确定一定时期内组织的总目标，由此决定上下级的责任和分目标，并把这些目标作为组织经营、评估和奖励的标准。

（二）目标管理的实施

目标管理包括以下两方面的重要内容：第一，必须与每一位员工共同制定一套便于衡量的工作目标；第二，定期与员工讨论其目标完成情况。具体来说，目标管理的实施过程主要有计划目标、实施目标、评价结果、反馈四个步骤。

1. 计划目标

计划目标就是确立每位被评价者所应达到的目标，是目标管理最重要的步骤和关键环节。这一过程是通过目标分解来实现的，通常是评价者与被评价者共同制定目标。通过计划过程需明确部门员工期望达到的结果，以及为达到这一结果所采取的方式、方法和所需的资源，同时要明确时间框架。目标的确立要遵循SMART原则，即设立的目标必须是具体的（Specific）、可以衡量的（Measurable）、可以达到的（Attainable）、要与其他目标具有一定的相关性（Relevant），并且有明确的截止期限（Time - bound）。

2. 实施目标

实施目标就是对计划实施的监控，是保证制定的计划按预想的步骤进行，掌握计划进度，及时发现问题，如成果不及预期，应及时采取适当的矫正行为，如有必要还可对计划进行修改。同时，通过监控也可使管理者注意到组织环境对下属工作表现产生的影响，从而帮助被评价者克服这些他们无法控制的客观环境。

3. 评价结果

评价结果是将实际达到的目标与预先设定的目标相比较。这样做的目的是使评价者能够找出未能达到的目标，或实际达到的目标远远超出预先设定的目标的原因，从而有助于管理者作出合理决策。

4. 反馈

反馈就是管理者与员工一起回顾整个周期，对预期目标的达成和进度进行讨论，从而为制定下一绩效周期的目标及战略或战略调整做好准备。凡是已成功实现目标的被评价者都可以而且愿意参与下一次新目标的设置过程。

在目标管理执行的过程中有四个关键点：第一，选择有效的管理风格，通常是参与式的，参与式的管理风格能调动员工积极性，促使员工信守承诺，进而确保目标的实现；第二，做到组织层次分明，员工目标的实现有赖于权责的匹配，只有组织层次分明才能做到这一点；第三，制定有挑战性的目标，大量的理论研究和时间都证明，具有挑战性的目标通常能带来高绩效；第四，及时进行工作反馈，反馈能使管理者和员工及时了解目标实现的情况，有利于激励或从中发现问题，进而保证组织目标的实现。

（三）目标管理的评价

1. 目标管理的优点

（1）重视激发员工内在潜力。

目标管理重视人的因素，强调“目标管理和自我控制”。在工作中实行自我控制，通过下属参与、上下级共同协商的方式确定绩效目标，来激发员工的工作兴趣，满足员工自我实现的需要。

（2）有利于组织目标的实现。

目标管理可以帮助管理者理清思路，有利于组织目标的顺利实现。目标管理通过专门的过程，使组织各级管理者及所有员工都明确组织目标、组织结构体系、组织分工与合作及各自的任务。

（3）有利于改进管理方式和改善组织氛围。

由于目标的制定和执行过程中强调上下级充分沟通，监督的成分较少，能够有效地改善人际关系和营造良好的组织氛围，再加上重视员工激励，可以使员工的向心力大大增强。

2. 目标管理的不足

（1）对目标管理人性假设的质疑。

目标管理假定人们对成就动机、能力与自制有强力的需求，员工愿意接受有挑战性的目标，因此，其允许员工制定自己的目标和绩效标准，但它忽视了组织中的本位主义及员工的惰性和成熟程度，对人性的假设过于乐观，使目标管理的效果大打折扣。

（2）实施目标管理的成本过高。

目标管理实施过程中，上下级为目标制定和统一思想必须进行反复沟通，需要耗费大量的时间和成本。

（3）目标及绩效标准难以确定。

目标管理过分强调通过量化指标来衡量绩效，然而组织中的很多工作却是难以量化的，并且绩效标准也因人而异，因而实行目标管理的组织无法提供一个相互可比的平台，目标管理的公平性因此受到质疑。

（4）容易导致短视行为。

目标管理实施过程中，强大的考核压力使得员工倾向于选择短期目标，即更加注重在评价周期内必须衡量的目标，从而导致组织内部员工为了达到短期目标而牺牲长期目标。这最终会导致组织长期利益受到忽视，不利于组织的可持续发展。

七、标杆管理

（一）标杆管理的含义与类型

1. 标杆管理的含义

标杆管理，又称基准管理，起源于20世纪70年代末80年代初。标杆管理是通过不断寻找和研究一流公司的最佳实践，并以此为基准与本企业进行比较、分析、判断，使自己的企业不断得到改进，进入或赶超一流公司，创造优秀业绩的良性循环过程。通过标杆管理，企业能够明确产品、服务或流程方面的最高标准，然后作出必要的改进来达到这些标准。因此，标杆管理是一种摆脱传统的封闭管理方法的有效工具。

2. 标杆管理的类型

标杆管理可分为以下四类：

（1）内部标杆管理。

内部标杆管理以企业内部操作为基准，辨识企业内部最佳职能或流程及其时间，将其推广到组织的其他部门，从而实现信息共享，有利于提高企业绩效，但仅仅关注于内部标杆管理的企业容易产生封闭思维，应与外部标杆管理法结合使用。

（2）竞争标杆管理。

竞争标杆管理是与有相同市场的企业在产品、服务和工作流程等方面的绩效和实践进行比较，直接面对竞争者，但由于有关竞争企业的信息获取难度较大，竞争标杆管理实施起来比较困难。

（3）职能标杆管理。

职能标杆管理是以行业领先者或者某些企业的优秀职能操作为基准进行的，由于标杆的基准属于非竞争性外部企业及其职能或业务实践，因此合作者往往能够相互分享一些技术和市场信息。

（4）流程标杆管理。

流程标杆管理是以最佳工作流程为基准进行的标杆管理，由于比较的是类似的工作流程，因此流程标杆管理法可以跨不同类型的组织进行，一般要求企业对整个工作流程和操作有很详细的了解。

（二）标杆管理流程与技术

在美国管理会计师协会发布的《管理会计公告》中，介绍了几项主要工具和技术，涵盖标杆管理的各个方面，它们被划分为七个阶段，如图2－10所示。

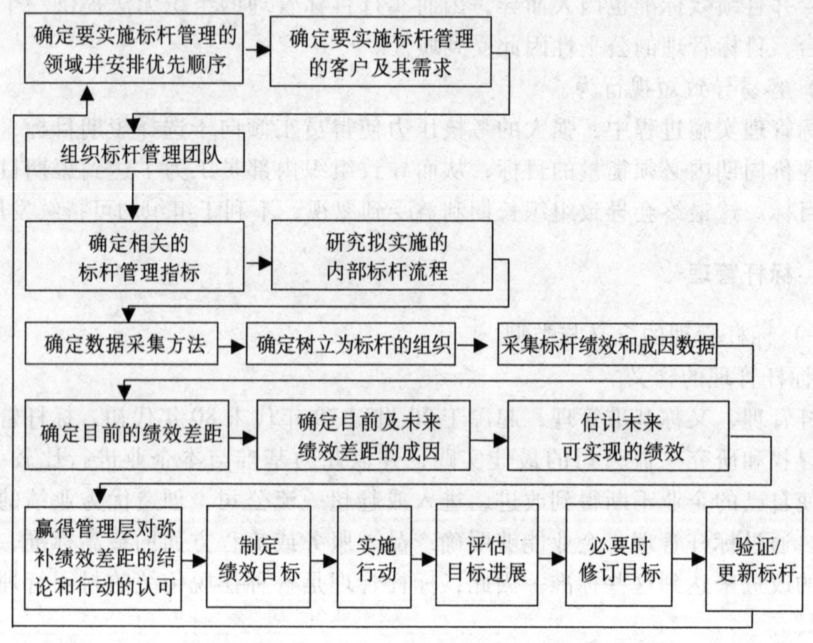

图2－10　标杆管理各个阶段和各项作业

1. 选择标杆管理项目并安排优先顺序

如果不慎重选择对象，标杆管理就注定会受挫并失败。为了正确地选择标杆管理项目并安排优先顺序，组织必须首先了解其经营环境和关键成功因素，这有助于组织确定关键业务流程和动因，它还有助于建立参数，界定为哪个流程建立标杆。

业务流程存在的原因可以用客户满意度之类的指标判断，它在内部供应商—客户链条中有多重要？它在满足终端用户或客户的需求方面有多重要？最终，流程都只是为了这个目的而存在的，它是否应该建立标杆在很大程度上取决于对这个问题的回答。

一旦选择了决策标准，组织可采用一项或多项工具安排标杆管理项目的顺序，具体包括：标准测试、层次分析法、成熟度分析与关键业务流程评估。

2. 组织标杆管理团队

组织代表由拥有不同的职能专业知识和工作经验的人员成立的标杆管理团队，成员之间分担工作量、分工合作，有利于基于不同的视角、专业技能、商业关系和地理位置等维度助力于标杆管理的有效实施。根据结构和报告关系定义，标杆管理团队主要包括完整的工作团队与跨职能、跨部门和跨组织团队两种类型。

3. 记录本组织的工作流程

记录本组织的工作流程就是自我研究拟实施的标杆流程，考察影响业务流程绩效的因素。业务流程是各自所交换的产出联系起来的相互关联、相互依赖的作业组成的网络。将组织视为一系列业务流程而不是一个固定的体系特别有用，因为要提高绩效，高管就必须使整个组织实现最优化。标杆管理者用于记录业务流程的工具主要包括：跨职能图、指标体系与流程分类体系等。

4. 研究并确定最佳绩效

对于组织来说，研究并确定最佳绩效的阶段往往最难，标杆管理团队必须运用从内部工作流程研究中获得的知识决定哪些组织最适宜进行外部流程比较。

支持最佳绩效研究和确定的技术主要包括建立数据库、信息搜集方法、格式化调查问卷与选择标杆管理的合作伙伴。

5. 分析标杆管理数据并确定绩效成因

数据分析的基本目的是确定绩效差距，理解产生绩效差异的成因，以及安排这些关键成因实施的优先顺序。在绩效分析中，真正复杂的标杆管理研究不仅仅局限于标杆管理团队的一般知识领域，而且还拓展到统计和经济分析领域，具体采用的工具包括：统计分析、数据分层技术、数据标准化技术、雷达图、力场分析、绩效差距分析工具、确定流程动因。

6. 实施标杆管理研究建议

在标杆管理的这个最后阶段，领导能力最重要。标杆管理团队必须能够向高管解释其建议的改进方法的合理性，同时，也必须能够管理变革的实施并追踪其进展，该阶段主要包括赢得管理层认可、建立流程改进团队、实施流程改进、追踪和报告工作进展等基本步骤。

7. 重新调整标杆

组织在实施过程中可能发现原先制定的标杆与实际运行状况并不相符，这时便需要根据流程、绩效、团队等因素重新制定标杆。

（三）标杆管理的优势与缺陷

1. 标杆管理的优势

标杆管理为企业提供了优秀的管理方法和管理工具，帮助企业形成一种持续追求改进的文化。标杆管理的优势主要体现在以下几个方面。

（1）标杆管理有助于企业绩效管理。

标杠管理可以作为企业绩效评估和绩效改进的工具，通过分析行业内外最佳企业的绩效及其实践路径，企业可以制定绩效评估标准，然后对绩效进行评估，同时制定相应的改善措施。

（2）标杆管理有助于建立学习型组织。

标杆管理的实施有助于企业发现其在产品、服务、生产流程以及管理模式方面存在的不足，通过学习标杆企业的成功之处，结合实际情况将其充分运用到自己的企业当中，同时随着企业经营环境和标杆的变化，这一过程也在持续更新。

（3）标杆管理有助于企业长远发展。

标杆管理可以帮助企业将注意力集中于寻求增长的内在潜力，通过对各类标杆企业的比较，企业可以不断追踪并把握外部环境的发展变化，助力于企业的长远发展。

2. 标杆管理实施中应注意的问题

标杆管理已经成为一种改善企业经营绩效、提高企业竞争优势的有效管理工具，但很多企业由于忽视现实的管理差异使得标杆管理过程中也存在一定缺陷，因此在实施标杆管理过程中要注意以下问题。

（1）标杆主体选择的恰当性。

比较目标的选择要恰当，企业应该综合考虑经营现状、外部市场状况以及未来的战略目标来选择标杆企业。系统地界定优秀的经营管理机制与制度、优秀的运作流程与程序以及卓越的经营管理实践的活动，正确地选择标杆主体是成功实施标杆管理的基础。

（2）标杆管理成员选择的恰当性。

参与标杆管理的团队成员应包括实际操作的人员或业务流程的直接参与者，保证这些人的参与，有助于明确业务流程的运作方式并在此基础上进行改进。

（3）标杆管理过程中不要忽视创新性。

很多公司将标杆管理视为获取竞争优势的关键性管理工具，但在学习、运用标杆管理的过程中却常常忽视自身实际，盲目攀高，只求形式不求本质，片面理解标杆管理而惰于创新，这样不仅与标杆管理的初衷背道而驰，而且无法从根本上提高企业的核心竞争力。

【例 2－24】 2000 年，埃克森美孚公司全年销售额为 2 320 亿美元，位居全球 500 强第一位。不过，美孚还想做得更好，并作了一个市场调查，来试图发现自己的新空间。美孚公司询问了服务站的 4 000 位顾客什么对他们是重要的，结果发现，价格并不是最重要的，而是快捷的服务、能提供帮助的友好员工、对客户的消费忠诚予以认可。美孚把这三样东西简称为速度、微笑和安抚，并迅速组建了速度、微笑和安抚三个小组，去寻找速度最快、微笑最甜和回头客最多的标杆。

最终，速度小组锁定了潘斯克（Penske）公司。潘斯克公司为美国赛车赛事“印地 500 大赛”提供加油服务，当赛车风驰电掣般冲进加油站时，潘斯克的加油员一拥而上，眨眼间赛车加满油绝尘而去。速度小组经过仔细观察，发现潘斯克团队身着统一的制服，分工细致，配合默契，电子头套耳机的使用能使每个小组成员及时与同事联系。于是，速度小组提出了几个有效的改革措施：在加油站的外线上修建停靠点，设立快速通道，供紧急加油使用；加油站员工佩带耳机，形成一个团队，安全岛与便利店可以保持沟通，及时为顾客提供诸如汽水一类的商品；服务人员保持统一的制服，给顾客一个专业加油站的印象。

微笑小组锁定了丽嘉—卡尔顿酒店作为标杆。丽嘉—卡尔顿酒店号称全美最温馨的酒店，那里的服务人员总保持招牌式的甜蜜微笑。微笑小组观察到，丽嘉—卡尔顿酒店对所有新员工都进行了指导和培训，使员工们深深铭记自己的使命就是照顾客人、使客人舒适。据美孚微笑小组的组员斯威尼说："丽嘉的确独一无二，我们在现场学习过程中被丽嘉所感染，实际上都变成了其中的一部分，使我们不自觉地融入丽嘉。在我们的服务站，没有任何理由不能有与丽嘉—卡尔顿酒店一样的客户服务现象。"现在，用加油站服务生约翰的话说："在顾客准备驶进的时候，我已经为他准备好了汽水和薯片，服务人员面带微笑地等在油泵旁边，这种全心全意为客户服务的现象深得顾客喜欢，他们都很高兴——因为你记住了他们的名字。"

全美公认的回头客大王是"家庭仓库"公司。安抚小组通过"家庭仓库"公司发现：公司中最重要的人是直接与客户打交道的人。这意味着要把时间和精力投入到如何雇佣和训练员工上。安抚小组的调查改变了美孚公司以往的观念，现在领导者认为自己的角色就是支持这些一线员工，使他们能够把出色的服务和微笑传递给公司的客户，传递到公司以外。

美孚在经过标杆管理之后，他们的顾客一到加油站，迎接他的是服务员真诚的微笑与问候。所有服务员都穿戴整齐，配有电子头套耳机，以便能及时地将顾客的需求传递到便利店的出纳那里。希望得到快速服务的顾客可以开进站外的特设通道中，只需要几分钟，就可以完成洗车和收费的全部流程。经过标杆管理的结果是：加油站的平均年收入增长了10%。

八、关键绩效指标

（一）关键绩效指标的内涵

关键绩效指标（KPI），是指将组织战略目标经过层层分解而产生的、具有可操作性的、用以衡量组织战略实施效果的关键性指标体系，其目的是建立一种机制，将组织战略转化为内部流程和活动，从而促使组织获得持续竞争优势。关键绩效指标的核心思想是：根据"二八"原则，只要抓住组织的关键成功领域，洞悉组织的关键成功要素，有效管理组织的关键绩效指标，就能以点带面，实现组织战略目标。其中，关键成功领域是为了实现组织战略而必须做好的几方面工作；关键绩效要素是对关键成功领域的细化，是制定关键绩效指标的依据。关键成功领域、关键绩效要素和关键绩效指标始终保持着战略导向性。

（二）基于关键绩效指标的绩效指标体系

实际构建以关键绩效指标为基础的绩效管理系统的时候，通常是以组织关键绩效指标、部门关键绩效指标和个人关键绩效指标为主体。在管理实践中，关键绩效指标不是绩效指标的全部，还有一类绩效指标来源于部门或个人的工作职责，体现了组织内各层次具体工作职责的基础要求，成为一般绩效指标（PI）。设计基于关键绩效指标的绩效管理体系的时候，通常组织层面的绩效指标都是关键绩效指标，而部门层面的绩效指标和个人层面的绩效指标则由关键绩效指标和一般绩效指标共同构成。

（三）关键绩效指标体系的实施

1. 确定关键成功领域

建立关键绩效指标体系的第一步就是根据组织的战略，通过鱼骨分析，寻找组织实现战略目标或保持竞争优势所必须的关键成功领域，确定关键成功领域必须明确三个方面的问题：一是这个组织为什么会取得成功，成功依靠什么；二是过去那些成功的因素中，哪些能够使组织在未来持续获得成功，哪些会成为组织成功的障碍；三是组织未来追求的目标是什么，未来成功的关键因素是什么。这实质上是对组织的战略制定和规划过程进行审视，对所形成的战略目标进行反思，并以此为基础对组织的竞争优势进行剖析。

【例 2-25】某制造企业通过访谈和头脑风暴确定的关键成功领域如图 2-11 所示。

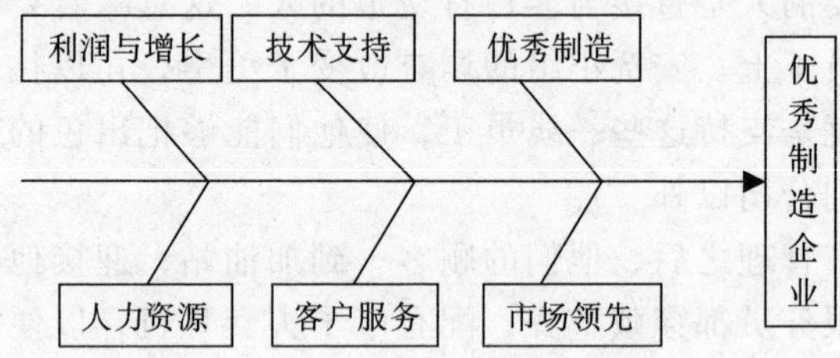

图 2-11　某制造企业关键绩效领域的确定

2. 确定关键绩效要素

关键绩效要素提供了一种描述性的工作要求，是对关键成功领域进行的解析和细化，主要解决以下问题：第一，每个关键成功领域包含的内容是什么；第二，如何保证在该领域获得成功；第三，成功的关键达成措施和手段是什么；第四，达成该领域成功的标准是什么。

【例 2-26】承【例 2-25】，该制造企业确定的关键绩效要素如图 2-12 所示。

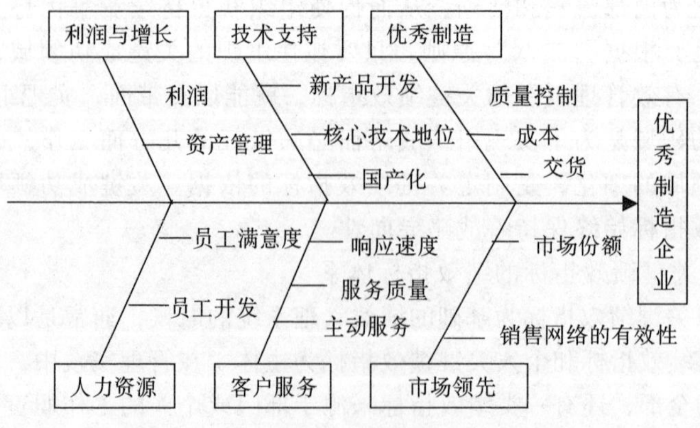

图 2-12　某制造企业关键绩效要素的确定

3. 确定关键绩效指标

对关键绩效要素进一步细化，经过筛选，关键绩效指标便得以确定。选择关键绩效指标要遵循三个原则：(1) 指标的有效性，即所设计的指标能够客观集中反映要素的要求；(2) 指标的重要性，即通过对组织整体价值创造业务流程的分析，找出对其影响较大的指标，以反映其对组织价值的影响程度；(3) 指标的可操作性，及指标必须有明确的定义和计算方法，避免凭感觉主观判断。

【例 2-27】 承【例 2-26】，制造企业市场领先的关键绩效指标如图 2-13 所示。

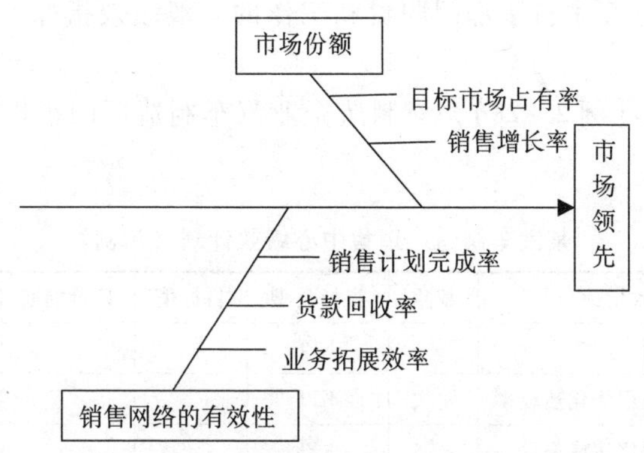

图 2-13 某制造企业关键绩效指标的确定

4. 组织关键绩效指标库

在确定了组织的关键绩效指标之后，就需要按照关键成功领域、关键绩效要素、关键绩效指标三个维度对组织的关键绩效指标进行汇总，建立一个完整的关键绩效指标库。

【例 2-28】 承【例 2-27】，该制造企业汇总后的关键绩效指标库如表 2-30 所示。

表 2-30 某制造企业的关键绩效指标汇总（以制造企业、市场领先为例）

关键成功领域	关键绩效要素	关键绩效指标
优秀制造	质量控制	来料批次通过率
		次品废品减少率
	成本	单位产值费用降低率
	交货	准时交货率
市场领先	市场份额	目标市场占有率
		销售增长率
	销售网络的有效性	销售计划完成率
		货款回收率
		业务拓展效率

5. 确定部门 KPI 和 PI

在制定组织关键绩效指标后就应当考虑将这些指标通过承接和分解两种形式落实到具体部门，形成部门关键绩效指标，若指标能够直接被相关部门承接，则直接确定为部门关键绩效指标，若不能直接被承接，则需按照组织结构或业务流程进一步分解后落实到部门。

部门绩效指标通常包含关键绩效指标和一般绩效指标，并且所有的绩效指标需要全面体现在部门绩效计划中。通过承接或分解组织的关键绩效指标确定部门的关键绩效指标后，再补充来自于部门职责和工作的一般绩效指标，就可以得到该部门的绩效指标体系。

【例 2-29】承【例 2-28】，该制造企业汽车制造厂的销售中心绩效计划如表 2-31 所示。

表 2-31　　某汽车制造厂销售中心绩效计划（示例）

序号	关键绩效指标	权重	指标类型	目标值	评价周期	信息来源	实际得分
1	盈利性产品比例		KPI				
2	市场信息反馈流程优化达成率		KPI				
3	客户管理流程优化达成率		KPI				
4	战略性客户销售比重		KPI				
5	期末应收账款数量		KPI				
6	销售费用		PI				
7	……						

6. 确定个人 KPI 和 PI

个人绩效指标体系同样包括关键绩效指标和一般绩效指标两类指标，其中关键绩效指标的确定方式同部门关键绩效指标的设计思路一样，主要是通过对部门关键绩效指标的分解或承接来获得，一般绩效指标通常来源于员工所承担职位的职责。

【例 2-30】某公司企管部的信息化管理员的绩效评价如表 2-32 所示。

表 2-32　　某公司员工月度绩效评价表（示例）

姓名		部门	企管部	职位	信息化管理员		
	评价周期						
序号	指标名称	权重	指标类型	目标值	挑战值	完成情况	实际得分
1	硬件故障发生率		KPI				
2	故障排除及时率		KPI				
3	硬件、软件升级的及时率		KPI				
4	策划报告的及时率		KPI				
5	增加网络节点的及时率		KPI				

续表

序号	指标名称	权重	指标类型	目标值	挑战值	完成情况	实际得分
6	网络故障排除的及时率		KPI				
7	维护检查频率		PI				
8	验货质量		PI				
9	信息化方案完成率		PI				
其他日常工作的完成情况						最后等级	A/B/C
信息反馈						评价者签名	
						被评价者签名	

关键绩效指标以战略为导向，有助于战略目标的实现，推行的绩效考核指标从关键领域而来，有助于抓住关键工作，同时推行基于关键绩效指标的绩效管理，也有利于组织绩效与个人绩效的协调一致。然而，其也存在一些不足之处：首先，关键绩效指标的战略导向性不明确，没有关注组织使命、核心价值观和愿景，这种战略导向是不全面的；其次，关键成功领域相对独立，各个领域之间缺少明确的逻辑关系；再次，关键绩效指标过多关注结果，而忽视了对过程的监控。

九、平衡计分卡

（一）平衡计分卡的内涵

传统上，大多数公司的绩效分析只关注财务指标。虽然财务指标比较客观而且是定量指标，但财务指标本质上完全以历史表现为依据。此外，财务指标更擅长于提供短期预测而非长期预测。财务指标是滞后指标，尽管它们在帮助公司跟踪历史行为方面很重要，但公司现在必须同时关注领先指标或能揭示未来成功的指标。平衡计分卡可以帮助公司同时关注这些指标。

平衡计分卡给公司提供了一种简单的工具，能帮助公司了解具体的财务和非财务指标。平衡计分卡是一种战略性的评估和管理系统，它将公司战略转化成相互平衡的四个方面，其中的财务指标揭示的是公司过去的业绩；客户指标、内部业务流程指标以及学习与成长指标则以公司未来的财务绩效为导向。

（二）平衡计分卡中的非财务指标

1. 客户指标

与客户范畴相关的非财务指标必须包括具体的结果度量指标和具体的绩效动因，具体包括市场份额、客户获得、客户满意度、客户保留、客户获利能力等元素。

（1）市场份额是指在特定市场细分中，使用某公司产品或服务的客户占全部用户的比例。该数据可通过客户总数、商品销售量或客户开支计算得出。

（2）客户获得。制定有增长战略的公司将十分关注客户的获得，由于客户保留率不可能达到100%，因此所有公司均需要增加新客户。客户获得可用绝对指标（新客户数量）或相对数指标（顾客净获得）来表示。

（3）客户满意度。客户满意度解释了公司在满足消费者需求方面的成功度。客户满意度可以通过让客户打分、在线调查、网络追踪等方式获得。

（4）客户保留。客户保留是一个持续进行的过程，如果公司存有客户名单，可以直接利用该名单度量客户保留率。

（5）客户绩效动因。绩效动因取决于各个公司的战略和市场，与客户获得、客户保留和客户满意度相关的绩效动因均建立在满足客户需要的基础上，常见的绩效动因有反应时间、交货表现、产品缺陷、订货交付时间。

2. 内部业务流程指标

财务指标和业务指标旨在实现公司战略，内部业务流程指标则是为了连接财务指标和客户指标，并实现客户价值和股东价值。平衡计分卡认为企业应以当前和未来的客户需要为出发点，仅保留能给客户带来增值的元素，并认为业务流程的三个方面能对大多数公司与内部业务流程相关的商业战略提供一定的帮助，分别为创新、运营和售后服务。

（1）创新。

创新流程开始于SWOT分析，以确认公司可以满足的客户需要。由于首先提出新产品的公司在市场份额上占有显著优势，因此进入市场的时间是评价新产品引入是否成功的重要标准，此外新产品销售额或专利产品销售额占总销售额的比重也是评价创新绩效的指标。与产品开发过程相关的绩效评估指标有产量、周期时间和成本。

（2）营运。

营运过程在削减成本和扩大产能方面十分重要，但以往评估营运绩效仅用财务指标，如差异指标和标准成本指标，这会导致业务经理的决策与组织的战略相悖。平衡计分卡建议公司使用其他指标作为财务指标的补充，如质量、技术能力指标，从而使公司能不断缩短周期时间，并使公司的长期战略以实现与竞争对手的差别化为导向。

（3）售后服务。

售后服务是一种给产品或服务创造增值的方法，与售后服务相关的指标包括对设备故障的反应时间、接到维修电话的响应时间，这些指标都可用于衡量售后服务的成效。

3. 学习与成长指标

如果公司在战略中确立了远大抱负和创新目标，那么公司就需要通过学习和成长获得新的能力，因此学习与成长指标是实现想要的战略结果的绩效动因，实际中单纯用财务指标来度量学习与成长往往只能解释短期成果，而短期培训一般无法获利，因此必须引入新的指标以引导管理人员正确的决策。

学习与成长范畴下包含三类度量指标：员工技能集，信息系统能力，员工授权、激励和组织一致。

（1）员工技能集。

与员工成果相关的具体结果度量指标包括：员工满意度、员工保留率和员工生产率。其中，员工满意度可以采用年度评估或年度调查的方式获得；员工保留率可以通过员工流动率和员工工作年限来度量；员工生产率可以用员工培训/成果，自主决策/成果，以及产出/获得该产出所需要的员工数等相对指标来衡量。

（2）信息系统能力。

对获得或处理业务信息所需要的时间加以度量，就能评估当前的信息系统能力。此外，战略性信息覆盖比率，即用目前的信息系统能力除以预期需要的信息系统能力可揭示出继续投资信息系统基础设施的必要性。

（3）员工授权、激励与组织一致。

员工授权和员工激励可以用以下指标来度量，如由员工提出的改进和创新方案数目，以及这些方案所产生的影响。

【例 2－31】 Acme 公司的平衡计分卡实例。

表 2－33 展示了 Acme 公司的平衡计分卡，涵盖了平衡计分卡的四个范畴，并指出了这四个范畴各自的具体目标。每个目标都有具体的度量指标，以及在未来两年内将要实现的子目标。“方案”列给出了 Acme 公司的一项调查结果，目的是将计划方案与特定的战略目标相匹配。

表 2－33　　Acme 公司的平衡计分卡（计划成果）

Acme 公司的平衡计分卡全局目标：销售收入在未来两年内增长 20%					
		当前年度（Y0）	第 1 年（Y1）	第 2 年（Y2）	
销售收入		$ 400 000	$ 432 000	$ 484 000	
范畴	战略目标	度量指标	Y1 目标	Y2 目标	方案
财务	F1：最大化股本回报率	股本回报率	9%	13%	
	F2：经济附加值（EVA）为正	EVA	$ 20 000	$ 30 000	
	F3：销售收入增长 10%	销售收入变动%	8%	12%	
	F4：资产利用	利用率	85%	88%	
客户	C1：价格	有竞争力	－4%	－5%	
	C2：客户保留	保留率	75%	75%	实施客户关系管理（CRM）计划
	C3：成本最低的供应商	总成本比竞争对手低	－6%	－7%	实施供应商关系管理（SRM）计划
	C4：产品创新	新产品销售额占比	10%	15%	

续表

范畴	战略目标	度量指标	Y1 目标	Y2 目标	方案
内部业务流程	P1：改进生产工作流	周期时间	0.3 天	0.25 天	升级企业资源计划（ERP）系统
	P2：新产品成功投入市场	订单数量	1 000	1 500	
	P3：销售渗透	实际 VS 计划（差异）	0%	0%	
	P4：降低存货	存货占销售的比率	30%	28%	
学习与成长	L1：将战略与奖励制度挂钩	变动性奖励所产生的净利（总计）	65%	68%	实施 CRM
	L2：填补关键竞争力空白	问题追踪表中令人满意的关键竞争力占比	75%	80%	学费报销
	L3：建立客户驱动文化	调查指数	77%	79%	实施 CRM
	L4：高素质的领导人	经理人员平均得分（10分制）	8.9	9.2	学费报销

在第 1 年年底，实际成果如表 2－34 所示。

表 2－34　　Acme 公司的平衡计分卡（实际成果）

全局目标：销售收入在未来两年内增长 20%					
		Y1 目标	Y1 实际	差异	
	销售收入	$432 000	$424 000	$8 000	U
范畴	战略目标				
财务	F1：最大化股本回报率	9%	8%	1%	U
	F2：经济附加值（EVA）为正	$20 000	$18 000	$2 000	U
	F3：销售收入增长 10%	8%	6%	2%	U
	F4：资产利用	85%	87%	2%	F
客户	C1：价格	－4%	－4%	0	
	C2：客户保留	75%	70%	5%	U
	C3：成本最低的供应商	－6%	－7%	－1%	F
	C4：产品创新	10%	8%	2%	U
内部业务流程	P1：改进生产工作流	0.3 天	0.25 天	0.05 天	F
	P2：新产品成功投入市场	1 000 份订单	800 份订单	200 份订单	U
	P3：销售渗透	0%	－7%	－7%	U
	P4：降低存货	30%	29%	1%	F

续表

范畴	战略目标	Y1 目标	Y1 实际	差异	
学习与成长	L1：将战略与奖励制度挂钩	65%	63%	2%	U
	L2：填补关键竞争力空白	75%	75%	0	
	L3：建立客户驱动文化	77%	74%	3%	U
	L4：高素质的领导人	8.9	8.9	0	

注：其中，U = 不利差异，F = 有利差异。

从 Acme 公司第一年的成果中可以看出，一方面，公司也许在客户关系管理（CRM）计划的实施上遇到了问题（计划步骤、项目取消或延误等），因为与客户关系管理计划相关联的指标都表现出不利差异。重新检查客户关系管理计划，也许会找到办法，切实以客户需求为导向。

另外，Acme 公司的生产成本和生产效率均显示出了有利差异，这意味着公司采取的供应商关系计划和企业资源计划系统看起来颇有成效。Acme 公司的员工素质在稳步提高，公司的学费报销计划对员工素质的提高也有帮助。然而，虽然公司员工在核心竞争力和领导力方面的表现均不错，但他们未能以客户为导向，这也是公司失去客户、无法打入新市场并销售新产品的主要原因。如果 Acme 公司想扭转这种情况从而实现其目标，它必须增加对客户关系管理计划的投资，包括通过培训使员工的心态转变为以客户为导向。

案例解析

把“战略工具”仅仅用在“员工绩效考核”上，希望这种新的业绩考核方式能解决考核和奖金分配问题，这是实施平衡计分卡最常见的错误。

仅仅是为了员工绩效考核而采用平衡计分卡，是本末倒置的做法。如果平衡计分卡的考核结果只是为了建立相应的薪酬、金钱奖励，甚至像末位淘汰等惩罚制度，员工行为会变成以下模式：你考什么，我做什么。因任何考核都不可能穷尽所有的工作，而平衡计分卡只强调关键绩效指标，所以有些事无人问津的现象势必会经常发生。将无指标的工作利用权力强加给员工之时，就是辛辛苦苦建立起来的体系寿终正寝之日。员工会对新系统产生不信任，继之便提出质疑：你的方法和标准不公平，我多干了你为什么不算我的成绩？不论再换什么卡，到此都还会失灵。由于员工都想得到好的结果，不想承认自己做得不好，在制定指标值时，经理和员工还会拼命压低指标，一年到头，那些人际关系导向的经理不得不实行平衡主义。企业、经理、员工仍然深陷考核泥潭。

针对这种情况，公司应当作出以下改进：

（1）员工绩效管理应以企业/组织绩效（战略目标）为出发点和准绳，即员工绩效考核设立哪些指标、数值的高低都必须以战略为客观标准；

（2）由于平衡计分卡只关注“关键绩效指标”（KPI），那些非关键指标要靠

“软”性的文化、使命、价值观等来引导，让员工认同“不能只看KPI”的理念；

(3) 金钱奖励和惩罚这种简单的“胡萝卜加大棒”政策，不能发挥员工的所有潜能，反而会导致优秀员工流失。

在现代商业环境下，要想真正充分发挥每位员工的能力、保留好的员工，要依靠关乎人性的深层的“软性”的东西。经常与员工保持对话，对员工提供帮助、辅导、培训，使其能力不断提高，通过员工的发展实现企业的不断发展才是正确的途径。

项目回顾

1. 预算与绩效管理是实现企业目标、落实企业战略的重要手段，因此企业要树立以战略为导向的预算与绩效管理理念。同时，预算与绩效管理也是企业主要的激励制度，在选择工具和方法时要注意其是否符合企业实际情况，是否具有公平性、可行性、人本性等，并注意与员工的沟通。

2. 按业务量基础的数量特征不同，预算编制可以分为固定预算方法和弹性预算方法两大类，固定预算主要适用于业务稳定的企业，弹性预算则适用于编制全面预算中所有与业务量有关的各种预算及利润预算。按预算编制出发点特征的不同，可将编制方法分为增量预算和零基预算两大类，增量预算是指以基期成本费用水平为基础，由于不能面向未来，实际运行中面临的问题较多，零基预算不考虑以往会计期间所发生的费用项目或费用数额，一切从实际需要与可能出发，更符合预算编制的需要。按照预算期的时间特征不同，编制预算的方法可分为定期预算的方法和滚动预算的方法两大类，定期预算是指在编制预算时以不变的会计期间（如日历年度）作为预算期，定期预算便于考核和执行，滚动预算是随着预算的执行不断延伸、补充预算，逐期向后滚动，使预算期永远保持为12个月的一种方法。按照相关业务量是否确定可将预算分为确定性预算和概率性预算，确定性预算适用于编制预算的业务量稳定不变的情况，而概率性预算适用于业务量可能有多个数值的情况。

3. 绩效管理是以绩效计划制定为起点，经过绩效辅导沟通、绩效考核评价，以绩效结果应用为终点的循环。绩效管理的工具有本量利分析、成本度量与差异度量、获利能力分析、责任中心、作业成本管理、目标管理、标杆管理、关键业绩指标、平衡计分卡等。目标管理、关键业绩指标、平衡计分卡是一种事前的规划与管理，都是以企业战略或目标为起点，将战略通过不同方法分解到部门和员工个人身上的绩效管理方法，在使用过程中与员工的沟通尤为重要；成本度量与差异度量、获利能力分析、责任中心、作业成本法则是一种事后的考核与评价，在使用过程中要注意数据来源的准确性和公平性；标杆管理很像是一种学习行为，在运用过程中要注意选择恰当的标杆主体，同时不要忽略创新。

专业技能训练

1. 在一次企业季度绩效考核会议上，营销部门经理A说：“最近的销售做得不太好，我们有一定的责任，但是主要的责任不在我们，竞争对手纷纷推出新产品，比我们的产品好，所以我们也很不好做，研发部门要认真总结。”

研发部门经理 B 说：“我们最近推出的新产品是少，但是我们也有困难呀。我们的预算太少了，就是少得可怜的预算，也被财务部门削减了，没钱怎么开发新产品呢?”

财务部门经理 C 说：“我是削减了你们的预算，但是你要知道，公司的成本一直在上升，我们当然没有多少钱投在研发部了。”

采购部门经理 D 说：“我们的采购成本是上升了 10%，为什么你们知道吗？俄罗斯的一个生产铬的矿山爆炸了，导致不锈钢的价格上升。”

这时，ABC 三位经理一起说：“哦，原来如此，这样说来，我们大家都没有多少责任了，哈哈哈哈。”

人力资源经理 F 说：“这样说来，我只能去考核俄罗斯的矿山了。”

请思考：

（1）该公司绩效考核存在什么缺陷?

（2）该缺陷是由什么问题导致的?

（3）公司在实施绩效管理的过程中应建立什么样的原则和理念?

（4）请结合项目二介绍的内容为该公司人力资源经理提出解决问题的建议。

2. 大亚湾核电站作为国家的第一座大型商用核电站，从开工建设以来就一直非常重视预算管理的运用。针对核电站运行管理的特点，大亚湾核电站采用了“零基预算”的管理方法，这样做的优点是成本中心每年在预算申报时都需对以往的工作进行进一步的检查、讨论，同时亦可有效消除、减少“今年存在或开支的费用支出在下一年度就一定存在”的成本费用开支习惯性心理，所有项目均需重新审视其开支的合理性，但采用零基预算管理方法的难点是所有项目均需重新审视，工作量极大，而且效率低、时效性差、投入成本巨大，这也给公司带来了困扰。

请思考：请你为大亚湾核电站设计合理的预算编制方法。

3. 某机床厂从 20×8 年开始推行目标管理，为了充分发挥各职能部门的作用，充分调动一千多名职能部门人员的积极性，该厂首先对厂部和科室实施了目标管理。经过一段时间的试点后，逐步推广到全厂各车间、工段和班组。多年的实践表明，目标管理改善了企业经营管理，挖掘了企业内部潜力，增强了企业的应变能力，提高了企业素质，取得了较好的经济效益。

请思考：

（1）目标管理过程中，应注意一些什么问题?

（2）你认为实行目标管理时培养完整严肃的管理环境和制定自我管理的组织机制哪个更重要?

4. 蒙牛管理人员的纵向考核指标，由其上级领导依据其岗位职责和企业战略、

部门战略的分解情况来设定。每年蒙牛公司的高级管理人员都会商讨制定蒙牛下一年的销售目标以及为了达成销售目标必须实现的生产目标、人力资源目标、财

务目标等等，然后将目标分解到各个相关部门，形成各个部门负责人的关键业绩考核指标（Key Performance Indication，简称 KPI）。在这个过程中，蒙牛的每个中层干部还要签订责任状即绩效协议，接下来一年当中，中层管理人员的业绩要求、考核指标以及奖惩标准都明确显示在这张绩效协议上。

请思考：蒙牛对管理人员实施的绩效考核中运用了 KPI 关键绩效指标工具，你认为在实施 KPI 的过程中有什么合理和不妥之处？

5. 伊利集团各级业绩指标的产生是自上而下、自下而上互动的过程，总体业绩指标制定结束之后，最终会逐级分解到每个员工身上，员工的薪资、奖励及发展都跟业绩挂钩。伊利集团的组织架构实行的是事业部制，业绩指标通过平衡计分卡的方式分解到事业部，除了财务指标还有经营管理指标等。对各层级的业绩指标都会有专门的部门实施监控，以随时关注指标运行时是否健康，这样就可以确保企业各个部门这一年的经营方向和业务方向会跟最初的战略目标相吻合。

请思考：伊利集团在绩效考核过程中有哪些做法值得借鉴？在使用平衡计分卡进行绩效管理时应注意什么问题？

教学设计与实践

1. 根据教学计划，针对任务二与任务三的内容，进行教学设计，编写教案，制作多媒体课件等演示资源，合理组织教学过程，开展实践教学。

2. 根据项目各任务导入案例的思考要求，合理运用案例讨论方法与工具，开展讨论式教学实践。

3. 根据项目实训要求，结合混合所有制企业的时代改革要求，以头脑风暴形式开展混合所有制企业预算与绩效管理工具创新应用的研讨教学实践。

项目三

设计预算与绩效管理目标系统

【专业能力目标】

1. 理解预算与绩效管理目标设计的构成内容与层次。
2. 理解战略规划在预算与绩效管理中的作用及流程与方法。
3. 理解绩效衡量指标的构建流程。
4. 掌握绩效衡量的指标体系内容。
5. 理解传统的预算与绩效目标的制定流程与方法。
6. 理解基于业务流程的预算与绩效目标的制定流程与方法。

【职教能力目标】

1. 根据本项目的内容与设计流程，合理进行教学设计与组织教学过程。
2. 掌握教案编写、多媒体课件制作、教学素材搜索与整理的方法。
3. 灵活掌握演示讲授、案例探讨、无领导小组讨论等教学方法，合理运用提问、讨论等教学手段与工具，并在本项目教学中实施。

【项目简介】

预算与绩效管理是企业价值管理过程中的重要环节，而目标系统的设计则是预算与绩效管理的首要步骤，它为企业预算与绩效管理确定管理方向和目标，其合理与否直接关系到整个预算与绩效管理系统的成败。在企业实践中，预算与绩效管理通常又包括制定战略、设计绩效衡量考核指标、制定并分解目标值三个具体步骤（见图3－1）。

首先，企业价值的创造虽是企业的根本诉求，但在不同阶段它的实现渠道、方法等可能存在巨大的差异，若没有相应的指导和牵引，企业内部的部门、员工等可能会迷失方向，因此，必须借助一定的工具将这些阶段性的渠道、方法等形成相对具体、可操作、具有全局指导意义的阶段性框架，这便是战略制定的功能，通过战略制定，企业将形成在一定时期内各级部门、各级员工、各项业务流程的价值创造框架和路径，预算与绩效管理将在这一框架和路径内支撑战略的实现，为企业的价值创造形成持续的推动力。

然后，企业需要在这一价值创造框架和路径内设置相应的绩效衡量指标，借助指标体系，编制更加具体、与各级部门与人员利益休戚相关的价值创造路径，这一过程包括财务绩效指标的设计以及业务流程绩效指标的设计两个层面。

最后，企业需要对这些绩效指标确定在一定期间内的预算与绩效目标，将企业的股东价值创造目标层层分解到各个部门、各个业务流程直至各个责任者之上，形成客户订单盈利能力驱动的目标系统。

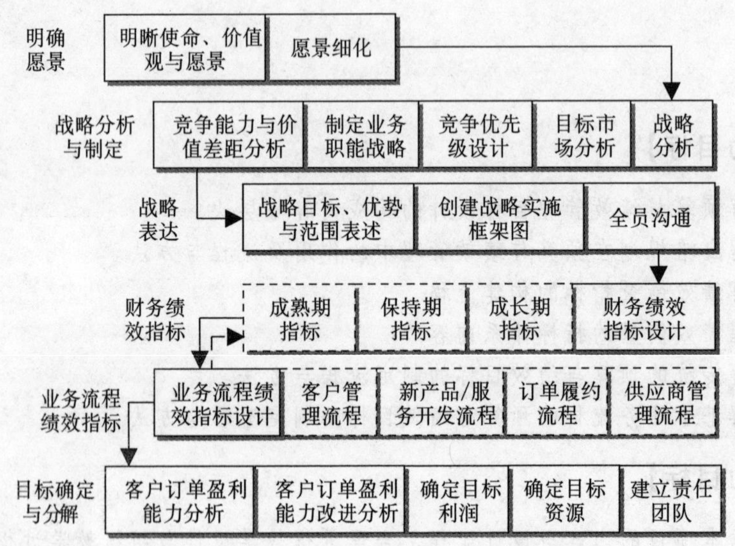

图3－1 预算和绩效管理目标系统的构建流程

【项目分解】

根据预算与绩效管理目标系统的构建流程，本项目分解为如下任务：

任务一：战略规划。

任务二：设置绩效衡量指标体系。

任务三：制定并分解预算与绩效目标。

任务一 战略规划

任务目标

1. 理解战略规划的内涵与流程。
2. 了解明确愿景的流程。
3. 理解战略分析与制定的流程与内容。
4. 掌握战略表达的流程与实施框架体系。

案例导入

海尔创立于1984年，经过30余年的创业创新，从一家资不抵债、濒临倒闭的集体小厂发展成为全球家电第一品牌。海尔秉承“锐意进取”的海尔文化，不拘泥于现有家电行业的产品与服务形式，在工作中不断求新求变，积极拓展业务新领域，并取得了巨大的成功。这一切都得力于海尔战略的规划与实施，海尔的战略主要分为五个阶段：名牌战略（1984～1991年）、多元化战略（1991～1998年）、国际化战略（1998～2005年）、全球化品牌战略（2005～2012年）、网络化战略阶段（2013年至今）。

其中，在国际化战略阶段，海尔积极推行“市场链”管理，以信息化为基础，以订单信息流为中心，带动物流和资金流的运行，实现业务流程再造。为实现业务流程再造阶段的战略目标，海尔对原来的业务流程进行了彻底的重新设计，把直线职能型的结构转变成平行的流程网络结构，它强调以首尾相接、完整连贯的整合性业务流程来取代过去的被各种职能部门割裂的、不易看见也难于管理的破碎性流程。每一个业务流程都有直接服务的客户，每位员工直接面对市场和客户，每一流程具有高度的决策自主权，每一个业务流程的经营效果都可以用货币计算，公司预算与绩效管理也随之发生了天翻地覆的变化，一改往前的以职能制组织结构为依托的自上而下的管理，形成了面向市场、以内外部市场链为依托、自下而上的流程化管理模式。伴随预算与绩效管理模式的创新发展，公司的产品质量、成本和周期等关键绩效指标短期内都取得了显著改善。

案例思考：通过海尔案例，分析公司战略规划在预算与绩效管理中所发挥的作用？

任务解构

一、战略规划及其流程

战略是一个被使用过滥的商业词汇，被用来表示不同的东西，诸如战略目标、战略视角、企业做什么、企业怎么完成它等等，有时也被用作形容词来描述各种各样的活动包括商业联盟、合伙、能动性、产品生产、计划和投资等。

理论界与实务界各方对“战略”都存在各自的理解，本书在此也不作所谓公正的判断。本书所理解的战略与企业的使命密切相关，在激烈的商业活动中，一个企业的最终目标是为股东创造价值，而战略所要回答的即是“企业怎样持续地完成这个目标”这样一个问题，战略的本质是选择一些活动以有别于竞争对手的方式从而建立一种独特的价值定位，战略规划则指规划这些活动的一种动态过程和仪式。

具体而言，战略规划包括三个环节：首先，制定或者重审使命、价值观和愿景，并借助战略变革日期、战略框架等工具，形成高层管理团队统一、细化的愿景目标；然后，运用多种工具和方法分析企业内外部因素明确自身的优势、劣势、机会和威胁，根据自身所聚焦的目标市场，设置相应的竞争优先级，确定企业总体、各业务、各流程的战略，形成企业当前与未来预期价值目标之间差距的弥补方案；最后，将战略规划形成文本，创建战略实施框架图，并确保所有员工达成战略共识（见图3－2）。

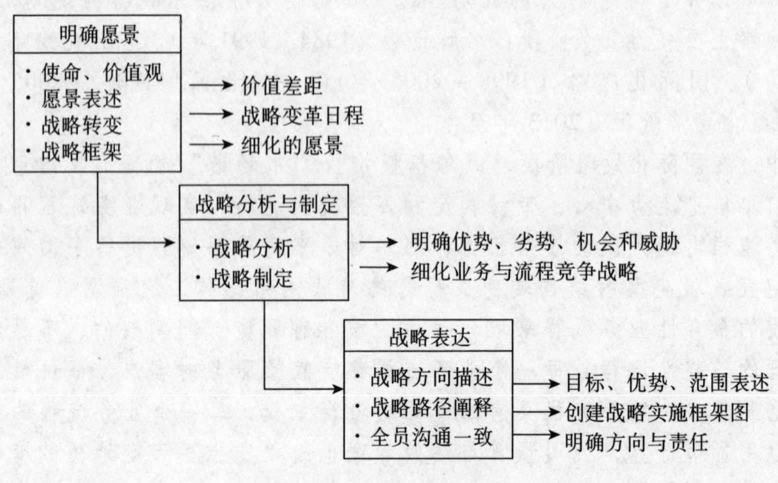

图3－2　战略规划流程

二、明确愿景

明确愿景是战略规划的首要步骤，它将为企业指明未来的努力方向。该阶段主要是企业高层管理团队的责任，在该阶段，企业高层管理团队要对企业的目标（使命）、内部行动的指南（价值观）以及未来结果的憧憬（愿景）达成一致，形成统一的使命、价值观与愿景体系，并借助战略变革日程、战略框架图等工具形成细化的愿景。根据这些要求，该阶段具体包括明晰使命、价值观和愿景与形成细化的愿景两个步骤（见图3－3）。

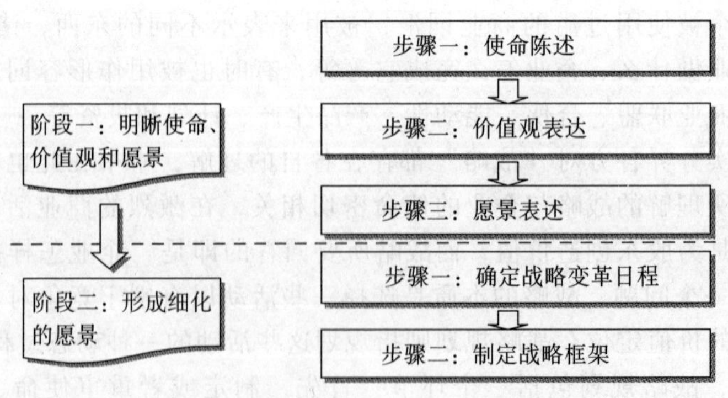

图3－3　明确愿景的两阶段模型

（一）明晰使命、价值观和愿景

在第一阶段，企业需要明晰使命、价值观和愿景，这也是企业战略规划的首要一步，具体如表3－1所示。

表3－1　明晰使命、价值观和愿景的具体步骤及解释、示例

步骤	解释	示例
步骤一：使命陈述	描述企业存在的基本目的，特别是它能为客户提供什么，应该让管理层和员工都清楚他们共同追求的总体目标	谷歌公司的使命： 组织全球信息，使人人皆可访问并从中受益
步骤二：价值观表述	体现企业的态度、行为和特质，是企业在追求经营成功过程中所推崇的基本信念和奉行的目标	美国网络服务提供商的价值观： 我们尊重每个人，我们相信受到尊重并获得授权的人会以他最好的贡献作为回报； 我们在所有的交易中都将保持友好和礼貌、公平和耐心； 我们对一切与客户有关的事情都保持紧迫感。我们对问题负责并有求必应。我们是客户导向的
步骤三：愿景表述	表达企业的中长期目标（3～10年），以市场为导向，用憧憬的言语传达企业想要展现给世界的形象，包括挑战性目标、市场定位、时间期限三个关键因素	富国银行在线业务事业部于1997年提出的愿景是"到20世纪90年代末拥有在线客户1百万"

（二）形成细化的愿景

第一阶段所确定的愿景提供了一个目标，一份企业想要如何创造价值的描述，但是它过于粗略，并没有告诉大家为什么需要新的战略，也不能从整体的视角告诉大家如何协作来实现愿景。这时，领导团队应该先制定一份战略变革日程并传给整个企业，告诉大家从过去到未来需要进行的文化、架构和运营的转变，并且形成可视化的战略框架蓝图，让大家清晰地看到未来的努力方向。

1. 确定战略变革日程

战略变革日程主要为变革提供必要的动力，它将企业现有的几种组织架构、能力和流程状况与未来3～5年企业想要变成的状态对比，帮助企业管理层在整体范围内营造紧迫感，并把变革的必要性传达给所有成员。

例如，在"9·11"恐怖袭击事件以后，美国联邦调查局（FBI）为了应对新的挑战和竞争威胁，制定了全新的战略并对组织文化进行了变革，FBI局长罗伯特·穆勒意识到有必要把即将进行的大幅度变革对所有的员工展开预热和教育。他制定了战略变革日程（见表3－2），描述了变革的范围和规模。

2. 制定战略框架

相关统计数据证明，绝大多数企业目前缺乏整体的战略视角，职能部门如人力资源、信息技术和财务部门无法与业务单元以及企业战略相连接，即使业务单元之

表 3-2　**FBI 战略变革日程**

	过去	未来
	国内	国际
	执法	国家安全和执法
	案件导向	威胁导向
	定量评估（基于案件）	定性评估（基于威胁）
	贡献者	完全的合作伙伴
	策略性	战略性
	严格限制、只分享必须分享的	共享、严格限制必须限制的
过去	无效沟通	高效、相关和及时沟通
	各自为政的运作	整体团队的运作
	无效果、低效率的人力资源流程	高效率、有效果的人力资源流程
	办事人员与支持者	专业人员的团队
	陈旧、不一致的信息系统	强化使命的一体化信息系统；提高生产力的工具
	使用成熟的科技	开始并使用最优的科技
	预算驱动战略	战略驱动预算

资料来源：［美］罗伯特·卡普兰、戴维·诺顿：《平衡计分卡战略实施》，中国人民大学出版社 2009 年第 1 版。

间在很多时候也无法有效连接。

战略执行需要一个总设计师来整合企业所有单元的战略与运营。企业必须借助相应的战略整合工具将企业的各类资源、各项流程整合在统一的战略框架内，实现战略与运营各环节的有效链接，形成可指导的细化愿景。高层团队可以借助战略地图四个角度的框架来明确细化的愿景（见图 3-4）。在这一框架内，细化的愿景被描绘成了一幅整合的蓝图，包括实现愿景的所有驱动因素，如客户价值定位、关键流程和无形资产——人员和技术。

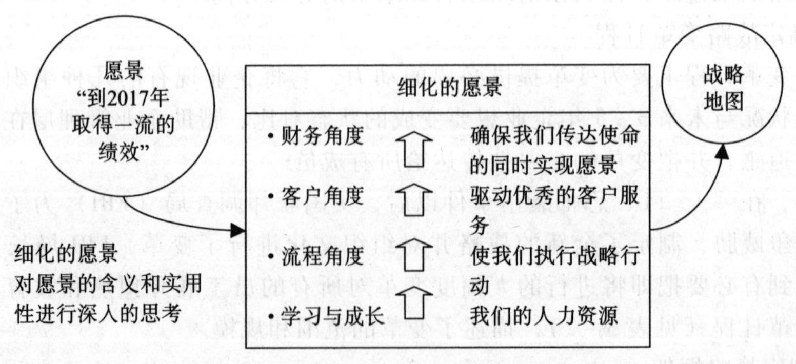

图 3-4　细化愿景以促进深入思考和战略协同

资料来源：［美］罗伯特·卡普兰、戴维·诺顿：《平衡计分卡战略实施》，中国人民大学出版社 2009 年第 1 版。

三、战略分析与制定

一旦愿景清晰并细化，企业对未来目标有了清楚认识，便可以着手进行战略的分析与制定。尽管战略分析与制定的理论与方法五花八门，但战略分析与制定的具体包括以下方面（见图 3－5）。

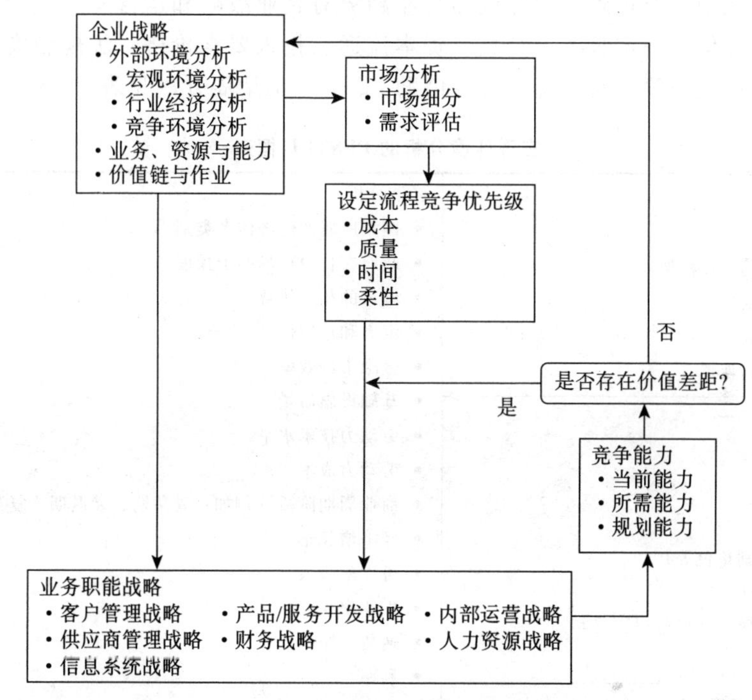

图 3－5　战略分析与制定路线

第一，战略分析。战略分析包括三个方面的内容：①对经营环境的变化进行监测并作出相应调整，包括对宏观环境、行业环境、竞争环境的分析；②分析自身的业务组合并形成自身的核心资源优势与能力；③分析有竞争力的价值创造流程与作业。经过三个层面的分析，将形成企业总体的战略分析。

第二，确定目标、细分市场并设定流程的竞争优先级，包括成本、质量、时间、柔性化四个层面的优先级，这四个竞争优先级之间不是矛盾的，需要企业全体员工协商之后作出相应的平衡。

第三，形成业务职能战略，业务职能战略应当体现为满足目标市场需求的各个业务流程的战略，包括客户管理战略、产品/服务开发战略、内部运营战略、供应商管理战略等核心流程战略以及财务、人力资源、信息系统等支持流程战略。

第四，确定为达成战略所需要的能力，明确当前能力与所需能力的差距，并提出相应的解决方案。

第五，分析制定的战略所能达成的目标能否与企业的价值创造期望目标相一致，如果不一致，需要重新进行战略分析与制定，如果一致，便可以进入业务职能战略的具体操作阶段。

（一）企业战略分析

1. 外部环境分析

（1）宏观环境分析。

企业高层团队要理解宏观环境和行业趋势对企业战略和运营所产生的影响。外部分析包括评估经济增长率、利息、资本流通、投入要素价格、法规制度和企业社会责任的一般期望等宏观环境，可以借助 PESTEL 框架展开（见表 3－3）。

表 3－3　宏观环境分析的 PESTEL 框架

政治分析 • 军队入侵风险 • 履行合约的法律框架 • 知识产权保护 • 贸易法规和关税 • 受惠的贸易伙伴	经济分析 • 国家所属的经济体系类别 • 政府在自由市场的干预度 • 国家的相对优势 • 汇率和稳定性 • 金融市场效率 • 基础设施质量 • 劳动力技术水平 • 劳动力成本 • 商业周期阶段（例如：繁荣期、衰退期、复苏期） • 经济增长率 • 可支配收入 • 失业率 • 通货膨胀率 • 利率
社会分析 • 人口 • 社会阶层 • 教育 • 文化（性别角色等） • 企业家精神 • 态度（健康、环境意识、营养） • 休闲兴趣	
环境分析 • 温室气体排放 • 固体废料产生 • 液体废料排放 • 能源消耗 • 可回收性 • 净水消耗 • 总体的生态足迹	法规分析 • 反托拉斯法 • 定价法规 • 税务——税率和优惠 • 工资法规——最低工资和加班工资 • 工作周 • 强制性的员工福利 • 行业安全法规 • 产品标签要求
技术分析 • 最新技术发展 • 技术对产品供应的影响 • 技术对成本结构的影响 • 技术对价值链结构的影响 • 技术扩散率	

（2）行业经济分析。

行业经济分析是指对行业经济的观察和评估，企业高层团队可以借助产业生命周期（见表3－4）、迈克尔·波特的五力模型（见图3－6）等工具展开。

表3－4　　产业生命周期分析

产业生命周期阶段	阶段特点	经营战略	经营风险
导入期	产品用户很少；产品质量有待提升；竞争对手少；营销成本高；价格弹性较小，高价格、高毛利	目标：市场扩张 路径：研发创新	很高
成长期	销量大增；技术与性能差异大；消费者质量要求较低；广告费较大，但单位销售收入分担比例下降；生产向大批量生产转换；竞争者涌入；价格维持高位，净利润较高	目标：市场扩张 路径：市场营销	有所下降，但维持高位
成熟期	市场饱和；产品技术和质量改进缓慢，几乎无差异；价格竞争激烈；生产稳定，但出现过剩趋势；价格下降，利润空间适中	目标：保持市场份额，提高投资报酬率 路径：提高效率、降低成本	继续降低，达到中等水平
衰退期	客户挑剔程度高，性价比要求高；产品差异小，价格差异逐渐缩小；产能严重过剩；竞争者退出；价格、毛利都很低	目标：防御，获取最后的现金流 路径：控制成本	进一步降低，主要悬念是什么时间完全退出市场

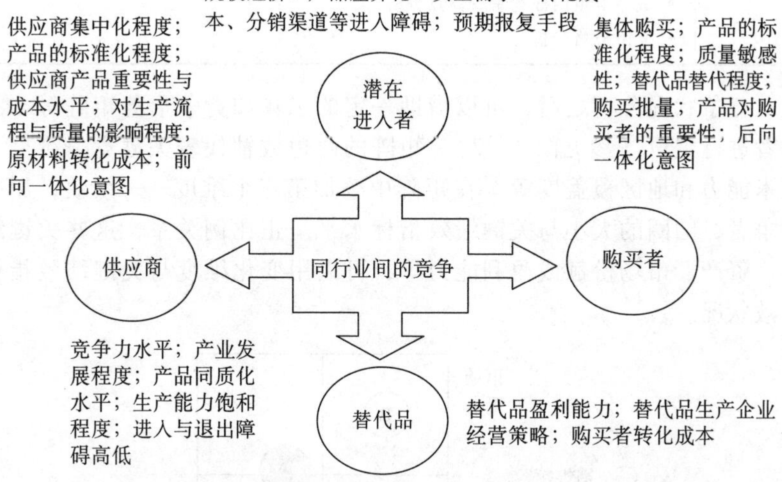

图3－6　迈克尔·波特的五大模型

应当注意，各种工具本身存在各自的弊端。例如，产业生命周期分析中，很多产业并不会完全遵循四阶段模型，产品创新和重新定位也会延长增长曲线等；五力模型要求掌握整个行业信息，假设同行之间只有竞争和行业规模固定等都无法与现实吻合。因此，在实施时，应当结合产业自身特点，综合各种工具的优点展开分析。

（3）竞争环境分析。

竞争环境分析包括两个方面：一是从个别企业视角去观察分析竞争对手的实力（用显微镜观察）；二是从产业竞争结构视角观察分析企业所面对的竞争格局（用放大镜观察），具体的竞争环境分析如表 3－5 所示。

表 3－5　竞争环境分析

分析层面	分析要点
竞争对手分析	• 竞争对手未来分析 • 竞争对手目标分析对本公司制定竞争战略的影响 • 分析竞争对手业务单位（包括各个公司实体）目标的主要方面 • 多元化公司母公司对其业务单位未来目标的影响 • 竞争对手假设分析 • 竞争对手对自己的假设分析 • 竞争对手对产业及产业内其他公司的假设分析 • 竞争对手现行战略分析 • 竞争对手能力分析 • 优势与劣势分析 • 战略反击的可能性、时间、性质及强烈程度分析
战略群组分析	• 战略群组特征识别 • 战略群组间竞争状况分析 • 战略群组间“移动障碍”分析 • 战略群组内部竞争着力点分析 • 蓝海战略分析

企业对竞争状况分析之后，可以借助一定的工具如竞争形势矩阵等，将行业内所有竞争者进行定位（参见图 3－7）。矩阵的两边数轴代表关键竞争维度，如产品范围、技术能力和地区覆盖度等。在矩阵中叠加第三个维度——绩效，用圆圈代表不同的竞争者，圆圈的大小与关键绩效指标水平呈正比例关系，这些关键绩效指标包括销售、资产、市场份额或盈利能力等，可以用变化维度与关键绩效指标来反映不同的绩效状况。

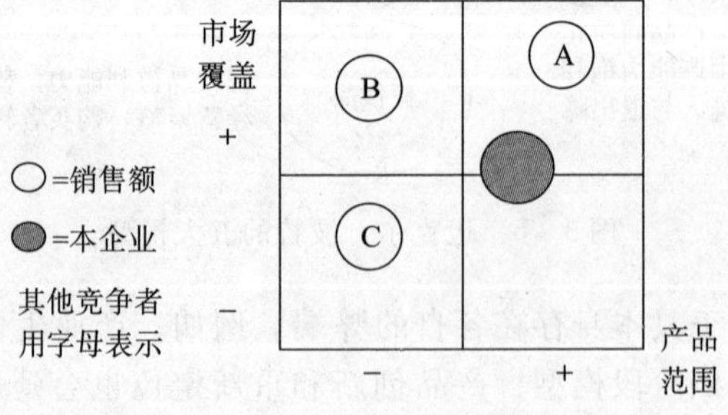

图 3－7　竞争状况分析

2. 企业业务、资源与能力分析

企业业务分析是对企业内部某些生产经营活动或资产负债的组合的分析，该组合具有投入、加工处理和产出的能力，能够独立计算其成本费用或所产生的收入。通过业务分析，可以帮助组织开启实现价值和竞争优势的新途径。

资源是企业所拥有和控制的有效因素的总和，包括资产、生产或其他作业程序、技能和知识等，一般包括有形资源、无形资源与人力资源三大类。企业能力则是企业配置资源，发挥其生产和竞争作用的能力。企业能力来源于企业资源的整合，是企业各种资源有机组合的结果，可以具体细分为研发能力、运营能力、营销能力、财务能力和组织管理能力等。一个企业若具有良好的资源基础与管理能力，将为企业价值创造打造坚固的城墙。实践证明，一个企业不可能在方方面面都是“超人”，企业只有将精力聚焦于核心资源与能力的培育上，才能持续地在市场上立于不败之地。

企业能力分析主要聚焦于核心能力的分析，核心能力反映的是企业的整体知识，特别是有关如何协调多种流程与如何整合多种技术的知识，它是企业在制定战略时所考虑的独特资源和优势。如表 3－6 所示。

表 3－6　企业业务、资源与能力分析

层面	维度	内容
业务分析	管理与运营	开发和保持供应商关系；生产产品和服务；向客户分销产品和服务；风险管理与控制
	客户与服务	目标客户细分；获得目标客户；客户忠诚度；客户业务扩大
	开发与创新	识别新产品和服务的机会；对研究和开发进行管理、设计、推广
	法规与社会	环境、安全与健康业绩；员工与社会投资
资源分析	稀缺性	竞争者无法轻易取得
	不可模仿性	①物理上独特的资源，如地理位置绝佳的房地产、法律保护的专利生产技术等； ②经过长期积累并具有路径依赖性的资源，如戴尔用 20 多年时间积淀的直销模式； ③具有因果含糊性的资源，竞争者不能明白其价值所在，找不出准确的复制方法，如企业文化等； ④具有经济制约性的资源，竞争者即使具备复制能力，但市场空间有限，也无利可图
	不可替代性	资源不具备战略对等性，如知识与技能、工作信任关系等
	持久性	贬值速度慢
能力分析	劳动力柔性化水平	受到良好培训的柔性劳动力使企业能够及时响应市场需求。这种能力在顾客直接与员工进行接触的服务型企业中尤为重要
	设施位置与柔性化程度	拥有良好的设施——办公室、商店和工厂是一个主要的优势，这是因为建设一个新设施需要很长的周期。必须迅速完成向新服务或产品的扩展。此外，能够以不同批量水平来处理各种服务或产品的柔性设施也可以提供竞争优势
	市场和财务技能	一个能够容易地通过股票等方式融资、在市场上销售其服务或产品、使自己与市场上类似服务或产品形成差异的企业是具有竞争优势的
	系统、数据与技术	具有信息与数据处理技术专门知识的企业在大数据时代背景下是具有竞争优势的，特别是像企业对消费者数据挖掘与企业对企业信息系统这类互联网技术及其应用方面的专门知识。拥有新技术人才也是一个巨大的优势

3. 价值链与作业分析

大多数的服务或产品是通过一系列相互关联的商业活动创造的，虽然企业的流程视图有助于我们理解服务或产品的创造方式以及交叉职能之间协调的重要性，但是却无法解释流程的战略意义。

流程中所缺乏的战略解释就是流程必须为其顾客增加价值，此时，便需要借助价值链分析工具。在流程视图中加入价值链的概念非常重要，它强调了流程与业务绩效之间的相关联系。由于流程需要消耗资源，因此对流程的评价不仅需要根据其增加的价值来进行，而且还要根据其在创造这种价值的过程中对员工、管理人员、设备、设施、原材料、服务、土地和能源的消耗量来衡量。

价值链流程包括两类，一类是核心流程，包括客户关系流程、新服务/产品开发流程、订单履行流程、供应商关系流程；另一类是支持流程，它为核心流程提供必需的资源和输入要素，包括预算、招聘、绩效管理、信息系统等（见图3-8）。

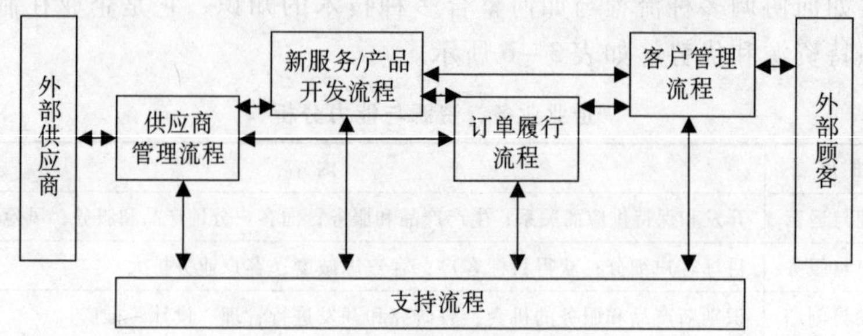

图3-8 价值链流程

(1) 核心流程。

①客户管理流程。该流程识别、吸引外部顾客并与其建立联系，并且促使顾客发出订单，像营销和销售这样的传统职能可以是该流程的一部分。

②新服务/产品开发流程。该流程设计和开发新的服务或产品。这些服务或产品可以根据外部顾客的要求进行开发，或者根据客户关系流程中从市场上收集到的输入信息进行构思。

③订单履行流程。该流程包括为外部顾客创造并交付服务或产品所需要的活动，包括传统上的生产流程与物流配送流程。

④供应商管理流程。该流程选择服务、原材料和信息供应商，并促使这些物品及时而有效地进入企业。有效地与供应商合作可以为企业的服务或产品增加重大的价值。增加价值的方法包括：必须进行协商以得到公平的价格、必须安排进度以便准时交付、听取来自新服务/产品开发流程的关键供应商的建议。

(2) 支持流程。

企业还有许多支持流程，支持流程的提供能够使核心能力发挥作用的关键资源、能力或者其他输入要素，具体实例见表3-7。

表 3-7　　　　支持流程的例子

项目	说　明
筹资	为企业的日常工作和战略实施提供资金准备
预算	决定一个时期企业资金分配的流程
招聘与雇佣	获得为企业工作的员工
评估与薪酬	对员工的工作及其对企业的贡献进行评估并支付报酬
人力资源支持与开发	为员工的当前工作、未来技能以及知识需要做准备
规章制度	保证企业活动都遵守法律法规的流程
信息系统	传送与处理数据和信息以支持企业的运营和决策
创业管理和职能管理	提供战略方向并提供能确保业务工作有效实施的体系和活动

(3) 价值链的内部市场化机制。

企业价值链在外部以市场化机制连接市场供应商，在内部以专业化分工运营的方式进行，这为企业带来了效率优势，但这种效率优势极易被过多过细的分工而造成的分工之间的边界协调所替代，实际上，不可能根除的“小集团利益”使这种协调更为困难，而且由于分工和专业化带来的业务单位信息交流不完全、不流畅和交流迟缓将严重影响企业的市场响应速度和运营灵活性。

内部价值链条的市场化运营机制为如何消除企业专业化分工所带来的这些问题提供了重要的解决途径，正因为如此，内部市场化机制的运营状况和水平也是企业进行价值链分析的重要内容。

在分析时，应当重点关注市场需求的达成状况、内部核心流程、支持流程之间的咬合程度、内部市场价格的合理水平、员工绩效管理与企业文化的支撑能力、信息流、物流、资金流的流转水平等内容。内部市场化运作流程如图 3-9 所示。

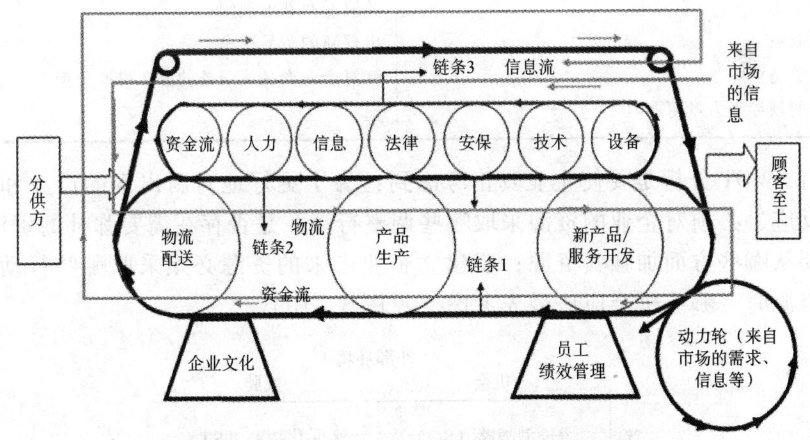

图 3-9　价值链内部市场化机制运作示意

注：

1. 新产品/服务开发、产品生产、物流配送通过链条 1 相互咬合——核心流程。
2. 核心流程与职能中心、职能中心之间分别通过链条 2 和链条 3 咬合——支持流程。
3. 最终通过链条 1、链条 2、链条 3 的连动，将动力轮（市场需求）的动力传给各流程、各部门、各公司；各流程、部门、公司将接到的动力转化成“满足顾客满意”的力量，通过内部市场机制将这些动力整合成为企业满足顾客满意率最大化的发展动力。

4. 战略分析结果

经过战略分析，企业能够分析自身在资金、技术设备、员工素质、产品、市场、管理技能、业务组合与价值链等方面的优势（Strengths）与劣势（Weakness），以及外部环境的机会（Opportunities）与威胁（Threats），其中外部机会是指环境中对企业有利的因素，如政府支持、高新技术的应用、好的购买者和供应者关系等，外部威胁是指环境中对企业不利的因素，如新竞对手的出现、市场增长缓慢、购买者和供应者讨价还价能力增强、技术老化等。这时，企业可以借助 SWOT 分析工具将战略分析结果清晰地表示出来（见表 3-8）。

表 3-8 SWOT 分析的典型格式

优势	劣势
企业专家所拥有的专业市场知识 对自然资源的独有进入性 专利权 新颖的、创新的产品或服务 企业地理位置优越 由于拥有自主知识产权所获得的成本优势 质量流程与控制优势 品牌和声誉优势	缺乏市场知识与经验 无差别的产品和服务（与竞争对手比较） 企业地理位置较差 竞争对手进入分销渠道的优先地位 产品或服务质量低下 声誉败坏
机会	**威胁**
发展中国家新兴市场（如中国互联网） 并购、合资或战略联盟 进入具有吸引力的新的细分市场 新的国际市场 政府规则放宽 国际贸易壁垒消除 某一市场的领导者力量薄弱	企业所处的市场中出现新的竞争对手 价格战 竞争对手发明新颖的、创新性的替代产品或服务 政府颁布新的规则 出现新的贸易壁垒 针对企业产品或服务的潜在税务负担

进行 SWOT 分析是要使企业真正考虑到：为了更好地对新出现的产业和竞争环境作出反应，必须对企业的资源采取哪些调整行动；是否存在需要弥补的资源缺口；企业需要从哪些方面加强其资源；要建立企业未来的资源必须采取哪些行动；在分配公司资源时，哪些机会应该最先考虑（见图 3-10）。

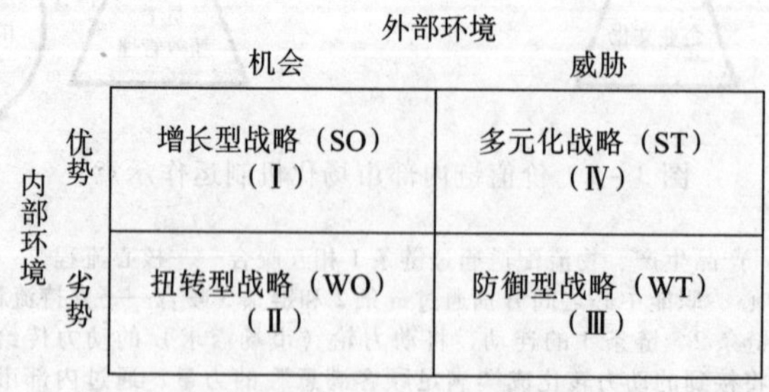

图 3-10 SWOT 分析与战略

从图 3－10 中可以看出，第 I 类企业具有很好的内部优势以及众多的外部机会，应当采取增长型战略，如开发市场、增加产量等。第 II 类企业面临着巨大的外部机会，却受到内部劣势的限制，应采用扭转型战略，充分利用环境带来的机会设法清除劣势。第 III 类企业内部存在劣势，外部面临强大威胁，应采用防御型战略，进行业务调整，设法避开威胁和消除劣势。第 IV 类企业具有一定的内部优势，但外部环境存在威胁，应采取多种经营战略，利用自己的优势，在多样化经营上寻找长期发展的机会，或进一步增强自身竞争优势，以抵抗竞争对手的威胁。

（二）市场分析

目标市场的确定对企业至关重要，在当前市场竞争激烈的环境下，无论是服务性企业还是制造性企业，要想成功的制定业务职能战略，一个关键因素就是要确定自己的目标服务市场，了解客户需要什么样的服务或产品，以及如何比竞争对手更快、更好地提供这些服务或产品。

经过前述的战略分析，企业会发现自身所需要、所能满足的目标市场，但此时是模糊、不确定的，并不能确定这个目标市场能不能满足价值创造的要求，此时，便需要进行详细的市场分析，确定相对准确的细分市场。市场细分首先将企业的顾客进行细分，然后识别每一个细分市场的需要。

1. 市场细分

市场细分是识别顾客群的过程。这些顾客群有很多共同点，可以保证设计和提供的服务或产品是较多客户所希望和需要的。例如，Gap 有限公司是一家大型休闲服提供商，其目标顾客是十几岁的青少年及年轻的成人，对其 Gapkids 商店来说，目标顾客则是从婴儿到 12 岁儿童的父母或监护人。一般来说，为了识别细分市场，分析人员必须确定能够明显区分每一个细分市场的特征，以下是可以用来确定细分市场的一些特征：

（1）人口统计学因素。通过年龄、收入、受教育程度、职业以及地点可以对市场进行区分。

（2）心理因素。愉快、害怕、创新、厌烦等因素可以用来细分市场。

（3）行业因素。顾客可能利用专门技术（比如电子、机器人、微波通信等技术）、使用某些材料（如橡胶、石油、木材）或加入特定的行业（如银行、保健、汽车），这些因素在企业的顾客用其产品或服务来创造其他产品或服务的情况下可用于市场细分。

2. 需求评估

所谓需求评估就是识别每一个细分市场的需求，并对竞争者应对这些需求的情况进行评估，当进行了需求评估之后，企业就可以使自己与竞争者之间形成差异。

需求评估应包括顾客所需服务或产品的显性或隐性的属性和特征。每一个细分市场都有自己的市场需求，这些需求与服务或产品的流程，或者所要求的属性有关。对市场需求可以进行以下分类：

（1）服务或产品需求。像价格、质量、客户化程度这样的服务或产品属性。

（2）交付系统需求。为了交付服务或产品的流程、支持体系和所需资源的属性，如可用性、便利性、礼节性、安全性、准确性、可靠性、交付速度和交付可靠性。

（3）批量需求。对服务或产品的需求属性，如批量大小、批量的变化速度、批量的可预见度。

（4）其他需求。其他属性，如声誉、从业年限、售后技术支持、在国际金融市场的投资能力、有法定资格的法律服务以及服务或产品的设计能力。

（三）设计竞争优先级

市场细分之后，战略要求企业通过所有领域的跨职能努力来理解企业外部顾客的需求，明确企业为了超越其竞争对手所需要的运营能力，并且也必须同时处理内部顾客的需求，因为企业的整体绩效取决于其核心流程和支持流程的绩效。因此，市场分析完成之后便需要进行各流程竞争优先级的设定，这也将有助于企业在后续环节中制定基于业务流程的业务职能战略。这些优先级主要包括九个竞争维度（见表3－9）。

表3－9　竞争优先级与竞争维度

竞争优先级	竞争维度
成本	1. 低成本运营
质量	2. 顶级质量 3. 一致性质量
时间	4. 交付速度 5. 准时交付 6. 开发速度
柔性	7. 客户化 8. 多样性 9. 批量柔性

竞争优先级是为一个流程或一组流程而规划的，但不一定是已经实现的。企业必须将这些能力表现出来，以此保持或增加市场份额，或使其他内部流程成功运行。对一个特定的流程来说，并非所有的九个维度都是关键的，管理层要选择最为重要的维度。竞争能力则是流程实际拥有并能够交付的成本、质量、时间和柔性维度，当竞争能力达不到优先级要求时，管理层必须找到弥合差距的途径，否则就要修改其优先级。

1. 成本

降低价格可以增加对服务或产品的需求，但是当服务或产品不能以更低的成本创造时，也会降低边际利润。所谓低成本运营就是以尽可能低的成本来提供服务或生产产品，从而令流程的外部顾客和内部顾客都感到满意。

为了降低成本，流程的设计和运行必须有很高的效率，常常需要考虑劳动力、方法、废弃物或返工、管理费用以及其他因素，从而降低服务或产品的单位成本。通常，降低成本要求一个全新的流程和作业体系，可能需要对新的自动化设施或技术进行投资。

2. 质量

今天，质量对于市场的影响比以往任何时期都更加重要，有两种重要的竞争优先级涉及质量：顶级质量与一致性质量（见表3－10）。

表3－10 质量竞争优先级

维度	含义	要求
顶级质量	交付卓越的服务或产品	①服务流程中高度的顾客接触、高水平的帮助、高度的礼节以及高度的服务可获得性； ②制造流程的超级产品特征、小的差错以及更好的耐用性
一致性质量	在一致的基础上创造满足设计要求的服务或产品	①外部顾客所想要的是能持续满足其合同中规定要求的服务或产品，且这些服务或产品能够达到预期的质量，或者达到广告中宣传的质量。例如银行的顾客期望银行的账户流程在记录其交易时不要出错。 ②内部顾客要求内部或外部供应商产出的一致性。劳资部门要求其他所有部门提供员工考勤的准确数据。采购部门要求从供应商处得到一致质量的原材料。为了在一致性质量的基础上进行竞争，管理人员需要对流程进行设计和监测以减少错误的发生

3. 时间

俗话说，“时间就是金钱”，有些公司以“互联网速度”做生意，而另一些公司则由于持续满足承诺的交付期而兴旺繁荣，现在已经有越来越多的公司参与到了基于时间竞争的战略制定与实施中来了。有三种竞争优先级与时间有关：交付速度、准时交付与开发速度（见表3－11）。

表3－11 时间竞争优先级

维度	含义	要求
交付速度	交付速度是指迅速完成订单	交付速度常常用从收到顾客订单开始直到完成订单为止所花去的时间来度量，通常称作提前期； 通过缩短提前期可以提高交付速度，可以被接受的提前期视情况的不同而不同，对救护车来说是几分钟，对从法律部门得到报告是几个小时，而对于复杂的客户化机器则是1年以上； 备份能力缓冲是一种缩短提前期的方法，库存是制造流程中有时使用的另一种缩短提前期的方法
准时交付	履行对交付时间的承诺	对许多流程来说，准时交付是重要的，特别是对要求在特定时间输入生产要素的准时制生产流程就更加重要了。 例如，一家航空公司可以用在计划到达时间15分钟之内到达登机口的航班百分比来度量准时交付

续表

维度	含义	要求
开发速度	快速推出新的服务或产品	开发速度采用从服务或产品的创意产生到最终设计并推出所用的时间来度量； 要想达到高水平的开发速度，需要营销、销售、服务或产品设计和运营的跨职能协作，甚至会要求关键的外部供应商参与这一过程。 例如，The Limited 公司可以在不到 25 周的时间里完成从得到一种羊毛衫的创意开始，到对其进行设计，再将其传到中国香港地区并在那里生产，最后将羊毛衫运回美国并放到商店货架上的整个过程

4. 柔性化

柔性化是企业流程的一种特性，这种特性使企业可以快速而高效地响应顾客的需求。有些流程要求具有客户化、多样性以及批量柔性中的一种或几种等特性。

柔性化竞争优先级如表 3－12 所示。

表 3－12　　柔性化竞争优先级

维度	含义	要求
客户化	通过服务或产品设计的变更来满足每个顾客的独特需求	客户化一般意味着服务或产品小批量，但是也有一些意外。例如，为洗发厂商设计的客户化塑料瓶可能会大批量生产，直到瓶子的设计发生变更为止，但是具有客户化优先级的流程必须能够与（外部和内部）顾客紧密合作，并将资源用于顾客的独特需求
多样性	高效地处理多种服务或产品	多样性与客户化之间的区别在于服务或产品对特定顾客并不一定是独有的，可以有重复性的需求。例如，亚马逊网上书店的客户关系流程，具有使顾客通过互联网访问成千上万种服务和产品的能力。类似的，一个生产各类桌椅和橱柜配件的制造流程具有多样性优先级
批量柔性	能快速提高或降低服务或产品的生产率以应对需求的大幅波动	批量柔性通常是一种支持像交付速度或开发速度之类的其他竞争优先级的严重性和频繁性所驱动的。例如，两次需求高峰之间的时间可能是几个小时，如对接、分拣、发送邮件到多个邮件分支机构的大型邮政设施需求的波动；可以是几个月，如滑雪度假胜地的流程或生产草坪肥料的流程；甚至还可以是几年，如住宅建筑行业在经历商业周期时的房屋建设

在实践中，上述四个竞争优先级、九个竞争维度是综合性术语，在特定的情况下，可能会以与特定流程能力相关的多种需求细节表现出来。例如，对服务流程来讲，低成本运营可能被分解为对高劳动生产率、低管理成本以及满足预算等的要求，而对制造流程来讲，同样的低成本运营则可能被分解为对高设备利用率、高劳动生产率、低库存水平以及低次品率的要求。

另外，这些竞争优先级维度之间会存在一些交叉和重叠，质量和时间就是很好的例子，许多管理人员在考虑“质量”时，都在“顶级质量”与“一致性质量”的基础上，再加上外部顾客所看重的其他运营能力，如交付速度和准时交付等。还比如，低成本运营与一致性质量（较少返工和废品）这两个维度常常是相关的。

（四）业务职能战略、竞争能力与价值差距分析

确定企业各项业务流程及作业的竞争优先级之后，将完成企业战略在各项业务流程上的主张与诉求以及未来各项业务流程所需能力的规划，对预期价值差距的弥补措施达成共识，接下来便是以固定的渠道和形式传达给各级部门与人员。

四、战略表达

经过战略分析与制定过程的努力，企业需要将各个业务单元所确定的战略通过合适的方式表达出来，并确保全部员工能够清晰、明确地理解，这一过程具体又包括三个环节，即描述目标、优势、范围，描述战略实施路径和全员沟通。

（一）描述目标、优势、范围

当高层团队选定战略之后，就要将其编制成文，传达给所有的经理和员工。一般而言，一项好的战略表达应该包括三个基本要素（见表 3－13）。

表 3－13 目标、优势、范围描述

要　素	内　容
目标	目标描述与先前讨论的愿景类似，包含量化的目标，如盈利能力、规模、市场份额、排名或股东回报，同时设定具体的时间期限，如 3～5 年实现
优势	优势表示企业将采取何种差异化、更好的或独特的竞争办法，描述了企业如何吸引客户的价值定位。价值定位应该包含那些企业想要区别于或优于竞争对手的购物体验或关系，它可以用传统的战略术语表述，如低成本或差异化的产品、服务、客户关系
范围	界定企业想要竞争或赢取的细分市场，范围可以是细分的目标客户、产品线的宽度、采用的技术、服务的地区及纵向一体化的程度

（二）描述战略实施路径

战略路径描述是描述战略假设因果关系的一幅蓝图，能够将企业战略及实施方案以简洁的地图形式呈现出来，更有助于全体员工的理解与认同，其通用构建模板如图 3－11 所示，相应的描述过程如下：

1. 确定创建主体——战略业务单元

目前，众多企业的业务呈现多元化特征，不同的业务可能存在巨大的差异，因此为企业所有业务编制统一的的战略路线图显然是不可行的，企业有必要为每个战略业务单元制定相应的战略路线图。

选择的战略业务单元是那些拥有自己的产品和客户、自己的营销渠道和生产设施，更重要的是拥有一个定义完整的战略的业务单元，而战略业务单元又由众多流程和部门构成，这些流程和部门本身也是一个个责任中心，在业务单元内部又拥有完成业务单元战略的自身使命、战略和客户和流程。因此，战略地图的创建是一个层层延伸、逻辑一致的过程，这样可以保证所有部门、流程与人员为了共同的愿景而努力。

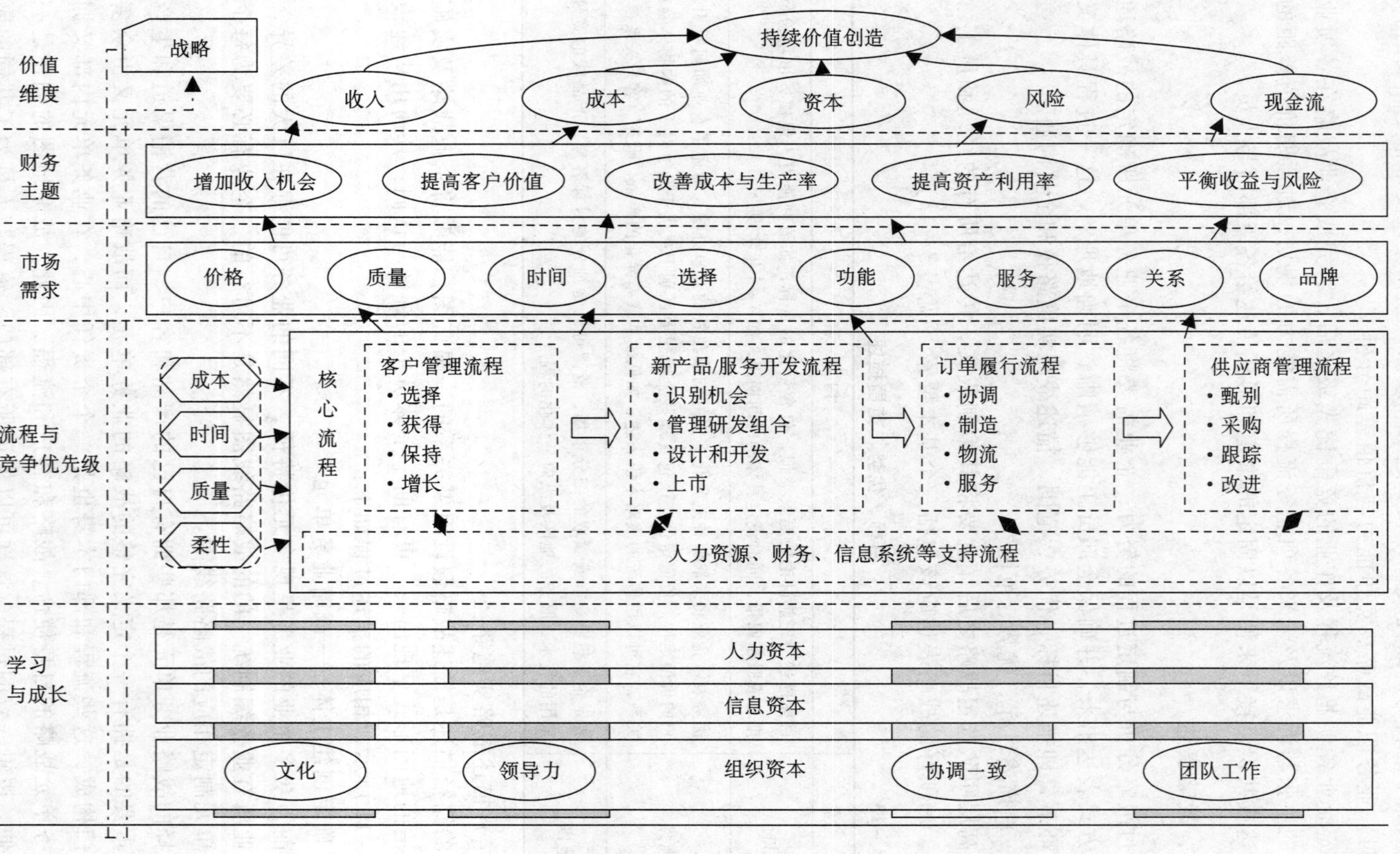

价值维度
战略
持续价值创造
收入
成本
资本
风险
现金流
财务主题
增加收入机会
提高客户价值
改善成本与生产率
提高资产利用率
平衡收益与风险
市场需求
价格
质量
时间
选择
功能
服务
关系
品牌
流程与竞争优先级
成本
时间
质量
柔性
核心流程
客户管理流程
·选择
·获得
·保持
·增长
新产品/服务开发流程
·识别机会
·管理研发组合
·设计和开发
·上市
订单履行流程
·协调
·制造
·物流
·服务
供应商管理流程
·甄别
·采购
·跟踪
·改进
人力资源、财务、信息系统等支持流程
学习与成长
人力资本
信息资本
组织资本
文化
领导力
协调一致
团队工作

图 3－11　战略实现路径

2. 描述价值维度与财务主题

企业的最根本目标是为股东创造价值，而股东价值创造的衡量则必须借助财务工具，并且体现为收入、成本、资本、现金流、风险五个财务价值维度。不同种类、不同时期的企业，股东对其财富创造的要求和形式是不一样的，其财务价值衡量维度则也不一样。以企业的不同期间为例，对于处于成长期的企业，股东看重的是收入结果；对于保持期的企业，股东除了看重收入结果，更加看重资本运营结果；对于成熟期的企业，股东更加看重现金流结果。

企业战略服务于股东价值创造目标，因此也必须落脚至不同的价值维度上，反映股东的期望和诉求。例如，低成本战略聚焦成本维度，差异化战略聚焦收入维度等。当然，一个战略可以聚焦于两个甚至两个以上的价值维度，例如，高效运营战略可以带来成本的降低，投入资本效率的提升，就是同时聚焦于成本与资本两个维度；中小客户战略不仅为企业带来众多的散单生意，同时可以分散原先收入过度集中的风险，则是同时聚焦于收入和风险两个维度。

企业不同的价值维度选择将体现为不同的财务主题，收入维度体现为收入增长、客户价值等主题，成本维度体现为成本与生产率改善、提高资产利用率等主题，资本维度体现为提升资本效率的主题，风险维度体现为降低风险水平的主题，而现金流维度则为以上多个主题的混合体现。

3. 描述目标市场需求与竞争优先级

价值增长要求特殊的价值主张，特殊的价值主张源于企业差异化的目标市场定位。接下来，企业需要描述战略业务单元的目标市场细分客户，进而确定有竞争力的关键流程与支持流程，业务单位只要在这些流程上表现卓越，才能提供有别于竞争对手的价值主张给目标市场和客户。流程竞争优先级的设计须以满足目标市场客户需求为导向，从成本、质量、时间与柔性四个维度进行层层设计，细化至各个核心流程与支持流程及作业。

4. 描述学习与成长

在信息化时代，学习与成长将为企业长期价值的创造建立牢固的基础框架。目标市场细分与流程优先级设计为企业确定了目前和未来的关键成功因素，但是，企业利用目前的技术和能力往往不能达到它们的能力要求。

一般而言，企业的学习与成长主要有三个来源，即人、系统和组织程序，具体如下：

①人力资本：员工技能、才干和知识；

②信息资本：数据库、信息系统、网络和技术基础设施；

③组织资本：文化、领导力、员工协调一致、团队工作和知识管理。

财务主题、目标市场与业务流程竞争优先级一般会揭示人、系统、程序的实际能力和实现突破性价值创造目标之间的巨大差距。为了弥补这个差距，企业必须投资于员工技术的再造、信息技术和系统的加强、组织程序和日常工作的理顺，这些都是学习与成长层面追求的目标。

（三）全员沟通一致

企业描述的目标、优势、范围以及战略实现路径应当以文件、简报、录像、电子信件等多种形式在整个企业内部推广，让全部员工知悉企业的长期目标及其战略诉求，明确自己在企业战略实现过程中所要承担的相应责任，理解自身的行动方案对经营单位战略目标的贡献程度。

案例解析

良好的战略规划是优秀预算与绩效管理的前提，企业在一定时期内所制定的战略将为企业预算与绩效管理指引方向，决定企业预算与绩效管理的模式、内容及实现方式等各方面的内容。例如，海尔集团在国际化战略阶段，积极推行“市场链”管理，将企业内部直线职能型的结构改变成了平行的流程网络结构，一改往前的以职能制组织结构为依托的自上而下的管理，形成了面向市场、以内外部市场链为依托、自下而上的流程化管理模式，相应的预算与绩效管理也由原先纵向的部门管理模式转变为横向的基于业务流程的管理模式。

任务二 设计绩效衡量指标体系

任务目标

1. 了解传统的预算与绩效管理指标内容。
2. 理解预算与绩效管理指标的构成体系与构建过程。
3. 掌握财务绩效指标体系的设计及常用指标。
4. 理解业务流程层面的指标体系的设计及常用指标。

案例导入

H集团成立于1989年，经过十几年的奋斗，现已发展为一家多元化、跨地域、员工逾万人的大型企业集团，年销售额近22亿元。零售业为H集团的基础产业，截至2005年年底，商业总营业面积12万平方米，最先开发的A购物中心连续多年位居全国零售百强。集团在A购物中心运作成功的基础上，又先后开发了B、C两个大型购物商场，三个商场档次定位不同，形成互补。

为了完善管理、促进各公司的快速发展，集团决定对各商场进行绩效考核。集团对各商场的考核成绩作为其总经理的考核分数，与其绩效工资挂钩。各公司的其他高层管理人员由本公司总经理进行考核，考核分数要与各公司的考核分数有一定比例的挂钩，具体比例由各公司自行制定。

集团人力资源部设计了一些关键绩效指标（KPI），按月度和年度考核各公司完成计划的情况，建立了主要以含税销售收入、费用控制、现金流为主的考核指标体系，并分别占比 50%、30% 与 20%。考核试行一年之后，发现效果并不理想，考核过程中存在着不少问题，各下属公司的意见也较多，特别是考核指标的设置问题尤其突出，这促使人力资源部对考核指标的制定进行反思。

案例思考： H 集团的考核指标体系存在哪些问题？集团人力资源部应当如何修订？

任务解构

企业为股东创造价值的过程实际为企业在战略导向下的一系列相互连接的业务流程的集合，若要实现持续价值创造的目的，必须保证企业的战略能够以因果链的形式在全部业务流程中层层分解下去并得到有效执行，而绩效衡量则是将这一因果链过程责任化、体系化的过程。

一、绩效衡量体系的基本设计流程

传统的企业绩效衡量落脚于分权式的业务与职能部门，侧重于财务指标的运用，且多是一些单个的衡量指标的集合，如收入增长率、净利润增长率、成本费用降低率、净资产收益率、经济增加值、现金周转期等（表 3 – 14 对这些指标进行了总结）。这种衡量指标体系带来严重的后果，并已经得到实践的证明，这是因为孤立的、分权式的财务衡量指标只能停留在结果层面，很难描述和管理企业的价值创造过程，根本无法反映企业客户价值聚焦、运营流程和无形资产的改善对股东价值的贡献程度与过程。

表 3 – 14　　传统预算与绩效管理中常用的财务指标

指标类别	具体种类	具体内容	具体指标举例
财务效果指标	单一指标	–	营业收入、营业成本、期间费用规模、投资收益规模、净经营现金流量
	综合指标	–	利润总额、息税前利润、边际贡献、可控边际贡献、剩余收益、经济增加值、净现值
财务效率指标	偿债能力指标	短期偿债能力	流动比率、速动比率、现金比率、现金到期债务比、现金流动负债比
		长期偿债能力	资产负债率、产权比率、利息覆盖率、股利保障倍数、现金股利保障倍数、现金债务总额比
	盈利能力指标	与销售收入相关	销售毛利率、销售净利率
		与成本费用有关	成本利润率、费用利润率、人均利润率
		与资金有关	投资报酬率、总资产收益率、所有者权益报酬率、资本收益率
		与股价有关	每股盈余、每股股利、市盈率、股票获利率
		与现金流有关	销售现金比率、每股营业现金净流量、全部资产现金回收率、营运指数、盈余现金保障倍数、内含报酬率、现值指数

续表

指标类别	具体种类	具体内容	具体指标举例
财务效率指标	营运能力指标	短期资产营运能力	应收账款周转率、存货周转率、应付账款周转率、现金周转期
		长期资产营运能力	固定资产周转率、总资产周转率、现金满足投资比率
	发展能力指标	–	总资产增长率、销售收入增长率、成本费用增长率、利润增长率

绩效衡量必须能够反映战略实施的全貌，从股东价值创造的目标开始，将财务指标与一系列业务流程的指标以因果链的形式连接起来，包括客户、内部流程与作业以及员工、信息系统与组织机制等，也就是说企业绩效衡量指标应当以价值创造为驱动、以战略目标为导向、以业务流程为依托的体系进行设计（见图 3－12）。

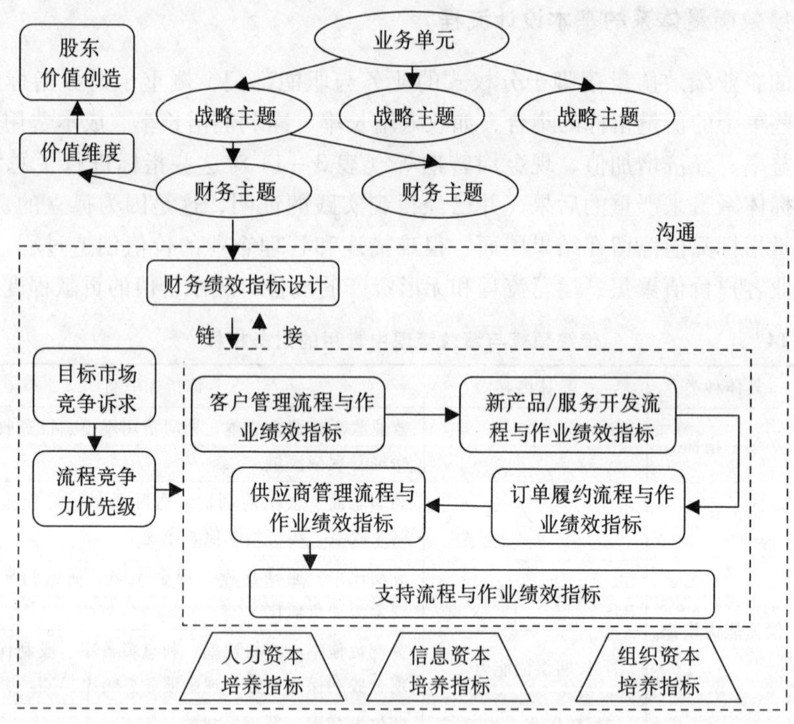

图 3－12 绩效衡量体系的设计流程

与图 3－11 的战略实施路径一致，企业绩效衡量体系的设计过程如下：

首先，各个业务单元根据自身发展需求制定竞争战略，形成自身的财务主题，并与相应的股东价值诉求维度相匹配。在确定的财务主题下选取合适的财务绩效衡量指标是绩效衡量体系设计的首要一步，因为它直接衡量一定期间内股东价值创造的方向。

然后，所有财务回报的追求必须转换为一系列相关联的业务流程，接下来便是业务流程绩效衡量指标的设计。企业若想获得持续的高额财务回报，满足股东价值创造的目标要求，必须在差异化的细分市场中赢得相对竞争优势，企业的其他业务活动必须以其为导向进行展开。因此，流程绩效衡量体系设计的前提是围绕细分市场的竞争诉求确定各项业务流程的竞争优先级，接下来便是对各项业务流程诸如客户管理流程、产品/服务创新、运营管理、供应商管理等核心业务流程以及财务、人力资源、信息系统等支持流程设计相应的衡量体系，并且细化至各个子流程、作业之上。如此，可将股东价值创造通过一系列前后保持一致的指标体系贯彻到全部的业务流程与作业之中去。

最后，对人员能力、信息能力、管理能力等各项能力设计相应的绩效衡量指标，以保证股东价值创造所需要的能力。另外，指标的设计过程应该是包括管理层与员工在内的所有人员沟通协调的过程，他们的共同目标是推动企业战略的实施，在为股东创造价值的过程中实现自身的价值诉求。

二、财务绩效衡量指标的设计

财务衡量指标是其他所有衡量指标的目标和核心。被选中的每个指标都是因果关系链中的一环，最终结果都是提高财务业绩。对大多数企业而言，增加收入、降低成本、提高生产率、加强资产利用和减少风险这些财务主题，能够为企业财务绩效衡量指标的设计指明方向。

（一）连接战略与财务绩效衡量目标

企业业务单元在不同发展时期，股东具有不同的战略预期，也就存在不同的财务目标及其衡量指标（见表 3 - 15）。

表 3 - 15　　企业不同发展时期的财务目标

发展阶段	业务特征	财务特征	财务目标
成长期	投入大量的资源来开发和改进新产品和服务，建设和扩大生产设施，增强经营能力，投资于系统、基础设施和销售网络，培养和发展客户关系	现金流量可以是负值，投资报酬率也可能很低，借贷资金缺乏，需要股东大量资本投资	销售额的增加，成本、费用开支维持在适当水平
保持期	保持现有的市场份额并希望增长，投资和再投资旨在消除瓶颈、提高生产能力和增强持续改进	收入继续增长，成本降低诉求与大规模投资需求强烈，银行等金融机构愿意出借资金	财务上除关注收入增长外，还将收入与成本、投资水平相联系，采用诸如经营收入、毛利、投资报酬率、资本报酬率、经济增加值等指标
成熟期	目标市场需求饱和，价格竞争激烈，业务处于维持状态	主题是维持现有设备和生产能力，收回投资	拥有经营现金流量和减少对营运资金的需求，并尽可能地收回已有的股权资本投资与利用财务杠杆

（二）财务绩效衡量指标的选取

实际上，不论成长期、保持期还是成熟期，都有四个财务主题推动着战略的实现，即收入增长和组合、降低成本/提高生产率、资产利用/投资战略与风险管理。

收入增长和组合，指的是扩大产品和服务的类别，开拓新客户和市场，改变产品和服务的构成以提高附加价值，以及重新确定产品和服务的价格。降低成本/提高生产率的目标，指的是努力降低产品和服务的直接成本，减少间接成本，以及与其他业务单位共享资源。资产利用主题，指的是管理者努力降低既定业务量或业务组合所需的营运资金水平，管理者还通过利用剩余生产能力发展新业务，提高稀有资源利用效率和处置闲置资产，借此扩大固定资产的利用。风险管理是指企业在追求上述前三个财务主题目标的同时，应当关注实现目标的风险与可变性，具体财务主题与主要衡量指标如表3－16所示。

表3－16　财务主题与主要衡量指标

期间	财务主题			
	收入增长和组合	降低成本与提高生产率	资产利用	风险管理
成长	细分市场销售增长率 新产品/服务贡献率	人均收入 单位毛利	投资（占销售额之比） 研发（占销售额之比）	前景预测误差 现金流缺口
保持	目标客户占有率 单位客户贡献 交叉销售 新应用贡献率 客户与生产线利润率	相对于竞争者的成本 成本降低率 间接成本比重 替代性成本	营运资金比率 现金周转期 资产利用率 资本报酬率 剩余收益 经济增加值	利润变动性 财务杠杆 资产储备 利率、汇率变动
成熟	客户和生产线利润率 非盈利客户的比率	单位产出成本 单项交易成本	每股收益与净现金流 投资回收期 生产能力	资产报废、毁损 财务杠杆 利率、汇率变动

1. 收入增长和组合

销售增长率和目标市场、地区和客户市场份额是收入增长和组合常用的指标，除此之外，还有其他指标在企业发展的不同阶段会常常使用。

（1）新产品/服务贡献率和新应用贡献率。

处于成长期阶段的企业注重扩大既有的生产线或者提供全新的产品和服务，常见的衡量指标是新产品和服务在上市后的一段时间内（通常为2～3年）所创造的经营收入占全部营业收入的百分比，但要注意在使用时不能单独对此指标施加压力，业务单位可能会降低原有产品/服务的销售来提升该指标，在使用时应当把关注放在新产品和服务的价格和毛利上。

企业新产品的开发可能需要昂贵的成本和漫长的时间，保持阶段的企业可能发现开拓新产品的新用途是一条增加营业收入的捷径。

(2) 单位客户贡献与交叉销售。

在保持阶段，企业应当重视对客户盈利贡献程度的提升，重点培育客户的重复购买意愿与能力，提高单位客户对企业的毛利贡献。在提升单位客户贡献的方法上，目前推行相关多元化的企业集团开发了一种多个战略业务单元协作开发新产品和影响的策略，通过协作的交叉销售实现销售的增长，同时不会带来成本的明显上升，大大增强单位顾客对企业的边际贡献。

(3) 非盈利客户比重。

企业在扩张过程中，往往为占有市场不计成本地增加客户数量，但到了保持期与成熟期，应当关注非盈利客户的比重。很多客户给企业带来销售收入增长的同时，也会带来成本的更大增长，单位客户的贡献是负值，这本身是对股东资本的侵蚀，企业应当尽最大的可能将其转变为盈利客户，可以采取差异化的定价或服务策略等，若不能转化为盈利客户，应当当机立断，消除他们对企业的不利影响，除非是战略性客户。

(4) 生产线利润率。

生产线利润率也是企业在这一财务主题中的重要衡量指标，尤其是制造企业。在柔性化生产成为信息化时代竞争主题的前提下，企业很有可能会导致某些系列产品的柔性化成本过高，产生一些没有必要的资本侵蚀，该指标可以帮助企业监控柔性化生产的利润贡献变化。

2. 降低成本/提供生产率

除了制定收入增长和组合的目标之外，企业也可能希望改善成本和生产率的业绩。

(1) 人均收入与单位毛利。

成长阶段的业务单位可能不太重视降低成本，降低成本需要自动化和标准化的流程，这与柔性化的客户需求满足存在矛盾。因此，成长期的企业应当更加重视收入增加，特别是人均收入，鼓励企业转向高附加值的产品和服务。但是，我们认为，企业不能不关注成本，当然关注的重点可以放在毛利或者边际贡献上，在满足柔性化要求的前提下，尽可能地降低亏损。

(2) 单位成本比例。

保持期的企业，无论是把成本降低到具有竞争力的水平，提高经营利润，或监控间接和辅助成本，都可以提高获利率和投资报酬率，最直接的方法便是减少劳务和产品的单位成本，尤其是产品同质性较高的企业。由于从事活动和生产的成本，往往涉及企业中许多不同部门的资源或活动，因此，可能需要一个以流程为导向的作业成本系统，这样才能正确衡量交易和生产单位成本。

(3) 间接成本比重。

许多企业目前正试图降低小时开支、一般性开支和管理费用。衡量这些努力是否成功，可以记录这些费用的绝对金额，或者计算它们占全部成本或收入的比重。

例如，如果管理层发现企业的辅助性开支没有竞争优势，可以指定一个目标，将管理费用降低至一个百分比，或降至分销、营销和销售费用的某一百分比。

但是，企业不能一味地降低间接成本，因为这可能会危及对客户的响应速度、产品质量和工作表现等。企业应当更加看重间接成本对企业带来的效益，将间接成本与销售额的增加、工艺改善、产品种类的丰富等效益作对比分析。

当下网络信息技术的进步为间接成本的降低提供了一条重要途径，企业可以将原先昂贵的人工处理渠道转到低成本的电子渠道，将制造流程与客户、供应商的存货系统直接对接，大大降低了交易费用与管理费用。

3. 资产利用/投资战略

衡量收入增加、降低成本、提高资产利用的财务战略是否成功，可以用整体的成果指标，如资本报酬率、投资报酬率和经济增加值等。企业也需要借助现金周转期等衡量资产利用率动因的指标。

(1) 投资占销售额之比与研发占销售额之比。

成长期的企业需要大量的资产投资和研发投入，这些在短期内会给企业带来负的收益和现金流，但这是企业为了成功转到保持期与成熟期的必然阶段，投资与研发投入在很大程度上能够反映未来的市场竞争能力。

(2) 现金周转期。

营运资金，特别是应收账款、存货和应付账款，对许多制造企业、零售、批发和分销企业来说，是资本的重要因素。衡量营运资金管理效率的指标是现金周转期，即库存天数加上应收账款天数，再减去应付账款天数（见图3-13）。

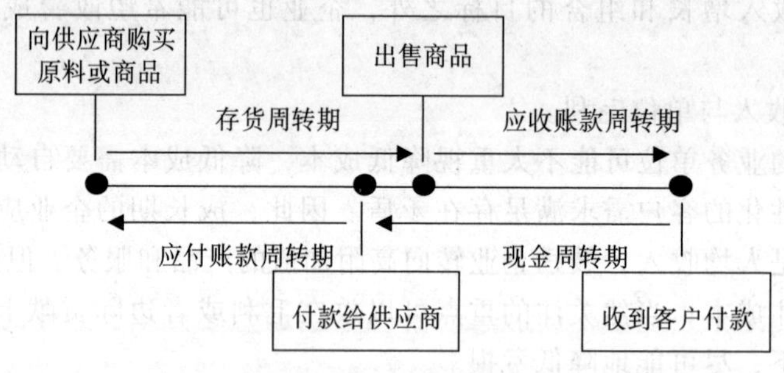

图3-13 现金周转期

现金周转期代表企业向供应商支付现金到从客户收回现金所需的时间，有些企业的现金周转期为负，它们一直等到收到客户付款之后才支付现金给供应商。实际上，通过使库存极为接近最终销售，迅速向客户收款，并且跟供应商商定有利条款，企业就能从其日常经营周期中积蓄资金而不是消耗资金。

(3) 资产报酬率与资本报酬率。

总资产报酬率是指企业一定时期内息税前利润与资产平均总额的比率，反映的是企业管理层运用各项资金来源获取报酬的能力。资本报酬率是指税后盈利（净利润）与平均资本总额的比率，反映的是企业运用股东资本获取报酬的能力。这两个指标被长期广泛使用，在实际使用中，由于影响因素众多，常常需要分解使用，如资产报酬率 = 息税前利润率 × 总资产周转率，而息税前利润率的影响因素包括收入、成本、费用等，总资产周转率则受收入、资产结构等的影响。

(4) 剩余收益与经济增加值。

剩余收益是指企业具有完全自主权的业务单元获得的利润扣减其投资额预期最低收益后的余额，是一个部门的营业利润超过其预期最低收益的部分。剩余收益指标能够反映投入产出的关系，能避免本位主义，使个别业务单元的利益与整个企业的利益统一起来。

经济增加值是指从税后净营业利润中扣除包括股权和债务的全部投入资本成本后的所得，其核心是资本投入是有成本的，企业的盈利只有高于其资本成本（包括股权成本和债务成本）时才会为股东创造价值，能够评价企业经营者有效使用资本和为股东创造价值的能力，与股东价值创造目标高度一致。在企业实践中，有的企业会采用净现金流量代替营业利润。

(5) 投资回收期。

成熟期，企业更关注原先的投资能否收回，此时，回收期是一个重要的衡量指标。回收期是指企业投资的未来现金净流量与原始投资额相等时所经历的时间，即原始投资额通过未来现金流量回收所需要的时间，它有静态投资回收期与动态投资回收期两种，区别在于动态投资回收期的现金流要进行折现处理。

4. 风险管理

大多数企业在关注收入增长、成本降低、生产率提升、资产利用程度提升的同时，也非常关注盈利与现金流的风险和可变性。随着市场竞争全球范围内的白热化，风险管理已经成为企业财务管理的重要内容。

(1) 前景预测误差率和现金流缺口。

在成长期，市场前景难以预料，很多企业会对未来经营结果的预测出现错误，如果预测不准，特别是实际结果比预期结果低很多的时候，会产生巨大的现金流缺口，导致预期外的借债，必然带来企业经营风险和财务风险的急剧提升。因此，误差率和现金流缺口是财务层面衡量绩效的一个重要指标。

(2) 财务杠杆。

企业在保持期开始举借债务，利用财务杠杆，用较少的股东资本撬动巨大的资金以获得更大的利润。在成熟期，企业会尽可能地利用财务杠杆，逐渐退出股东资本，用债务维持企业运营。但是，由于财务杠杆会带来税后净利润变动幅度大于息税前利润变动幅度的情况，当经营利润下降时，也会导致税后净利润的更大幅度下降，对企业产生重大不利影响。因此，企业应当时刻保持对财务杠杆的监控。

(3) 资产储备。

资产储备指标应用比较多的是银行、保险等金融机构的准备金储备，它们为了应对未来可能发生的巨大亏损，往往设置准备金指标，衡量对未来风险的拨备覆盖程度。零库存是制造企业的一个库存管理目标，但是为应对生产线的停工等意外事故，企业往往会储备一定的存货。

(4) 利率、汇率变动率。

利率与汇率已经成为企业全球化经营与债务融资的一项重要考虑因素，如果预期未来利率会下降，企业会将债务融资推迟到未来期间，全球化的企业甚至可以在利率较低的国家或地区融入资金以供利率较高的国家或地区使用，而汇率变动则直接影响进出口贸易。企业既可以利用利率与汇率变动所带来的机遇，也可以采用适当的套期保值工具抵销利率与汇率变动所带来的风险。

【例3-1】恩德萨公司创立于1944年，经过一系列的私有化改革和全球化扩张后，目前已经成为一家全球性电力企业，涉足电力、煤炭、煤气化、天然气、水污染治理、电信等多个行业。公司为促进价值增长，制定了以价值创造为宗旨的战略目标，围绕顾客需求、企业能力、无形资产开发与国际化参与等核心要素，在业务层面积极实施纵向一体化战略以避免经营危机，同时，实施横向一体化战略以取得协同效应，并持续不断地对不同经营单位组合进行评价，处置价值创造不足的单位，向价值创造大的行业扩展；在财务层面则积极进行杠杆优化，用低成本的欧洲和北美债务替代高成本的拉丁美洲债务。

董事会为支撑价值创造战略的推进，决心设计与战略密切相关，简便、易行，能够满足集团全球性、多元化的业务经营单位业绩评价要求的预算与绩效管理指标，经过与思腾思特咨询公司沟通，决定采用EVA指标。最初公司直接采用思腾思特公司经济增加值（EVA）模型，即：

EVA = NOPAT - (WACC × IC)，其中：NOPAT = 税后营业净利润；WACC = 加权平均资本成本；IC = 投入资本。

后来经过与下属公司和经营单位经理人员的沟通，董事会认为价值创造的量度应建立在经营活动的自由现金流量的基础之上，而非会计利润，而且也不便于经理人员理解。调整后的EVA指标如下：

EVC = FOCF - (WACC × IC)，其中：EVC = 创造的经济价值；FOCF = 来自经营活动的自由现金流量；WACC = 加权平均资本；IC = 投入资本。

恩德萨公司EVA指标改进后的计算路径如表3-17所示。

三、流程绩效衡量体系的设计

企业所有的价值创造都是通过一系列连贯的业务流程来实现的，一般而言，财务绩效指标是价值创造的结果指标，具有一定的滞后性，而业务流程绩效衡量指标则是财务业绩衡量的驱动因素指标，是前置指标。企业可以围绕成本、时间、质量、柔性化四个竞争优先级，沿着客户管理流程、新产品/服务开发流程、订单履行流程、供应商管理四个核心业务流程的先后顺序设置指标，相关支持流程的绩效指标可以分解到各个核心流程中去。

(一) 客户管理流程衡量体系的设计

1. 客户管理流程的分解

表 3－17　　恩德萨公司 EVA 指标改进后的计算路径

项目	自由营业现金流量	投入资本	加权平均资本
计算路径	①经营单位： 营业收入 减：变动成本 边际贡献 减：固定营业和维修成本 扣除利息、税金和设备折旧前的盈余 减：正常的经营性资本支出 营业利润的所得税 营运资本增加额 营业现金流量 加：收到的股利，或在关联的控股单位中的权益 自由营业现金流量 ②子公司和公司： 下属经营单位的自由营业现金流量 加或减：内部交易金额 子公司或公司自由现金流量	①经营单位： 固定资产 加：营运资本 投入资本 ②公司与子公司： 长期负债 加：养老金与类似项目的准备金 股东权益 少数股东权益 投入资本	①经营单位： WACC = Ke × E/(E + D) + Kd × D/(E + D) Ke = Rf + β × (Rm − Rf) + PMi + PMc Kd = (IB + M + PMi + PMc) × (1 − Tx) ②公司： WACC = Ke × E/(E + D) + Kd × D/(E + D) Ke = Rf + β × (Rm − Rf) Kd = (IB + M) × (1 − Tx)

注：①公司层次：Rf 是西班牙财政部发行的 10 年期国债的回报率；（Rm－Rf）是市场回报率高于无风险回报率的溢价，目前定为 4 个百分点；β 是有价证券的波动率，当时为 0.7；IB 是银行间的适当利率，公司层次和大多数的经营单位采用欧洲同业拆借利率（EURIBOR），美洲等地区的经营单位采用伦敦同业拆借利率（LIBOR）；M 是集团财务风险程度系数。

②经营单位层次：PMi 是该行业的风险溢价，PMc 是该国的风险溢价。权益和负债的行业和地区风险溢价并不相同，在各个时期也并不相同，由财务人员根据市场情况随时调整。

新经济已经提升了客户关系的重要性，从战略成功的角度来看，尽管创新和运营管理流程仍然很重要，但是计算机和通信技术，尤其是互联网和数据库软件的发展，已经将力量的平衡从生产者转移到了消费者，现在是客户发起交易。客户管理流程是企业一系列流程的开始。客户管理流程包括四类流程（见图 3－14）：

（1）选择客户。

确定对企业有吸引力的细分客户，构思吸引这些客户的价值主张，并且创建吸引这些细分客户的企业产品和服务的品牌形象。

（2）获得客户。

向市场宣传有关信息，使其对前景放心，并利用这些信息改变客户的信仰。

（3）保留客户。

确保质量、纠正问题并将客户转化为高度满意的“痴迷痴狂”者。

（4）培育客户关系。

开始了解客户，与其建立关系，并且增加目标客户购买活动的本企业份额。

客户管理战略应该贯穿这四个流程，绝大多数企业在没有明晰的客户管理战略

战略
价值维度
持续价值创造
收入
成本
资本
风险
现金流
财务主题
增加收入机会
改善销售效率
增加客户盈利性
提高资产利用率
平衡收益与风险
客户价值竞争优先级
价格
质量
时间
功能
成本 质量 时间 柔性化
选择
服务
关系
品牌
客户管理流程
客户选择
· 了解细分市场
· 筛掉非盈利性客户
· 瞄准高价值客户
· 品牌管理
客户获得
· 宣传价值主张
· 客户化大规模营销
· 获得/转化客户线索
· 开发经销商网络
客户保留
· 额外客户服务
· "唯一来源"伙伴关系
· 服务卓越
· 终身客户
客户增长
· 交叉销售
· 解决方案销售
· 伙伴/集成管理
· 客户教育
人力资本
信息资本
组织资本
· 市场研究
· 盈利性分析
· 市场宣传
· 客户数据库
· 客户分析
· E调查/抽样
· 盈利性分析
· 客户中心文化
· 个人目标协调一致
· 最佳实践分享
· 电话销售
· 产品线知识
· 客户沟通
· 伙伴管理
· 数据库营销
· 客户线索管理
· 销售队伍自动化
· 客户中心文化
· 个人目标协调一致
· 最佳实践分享
· 呼叫中心协议
· 产品线知识
· 问题解决
· 客户反馈
· 客户交互中心
· 问题跟踪系统
· 订单管理系统
· 客户中心文化
· 个人目标协调一致
· 最佳实践分享
· 顾问销售技巧
· 客户/行业知识
· 产品线知识
· 客户信息反馈
· 资产组合规划模型
· 集成订单管理
· 客户中心文化
· 个人目标协调一致
· 最佳实践分享

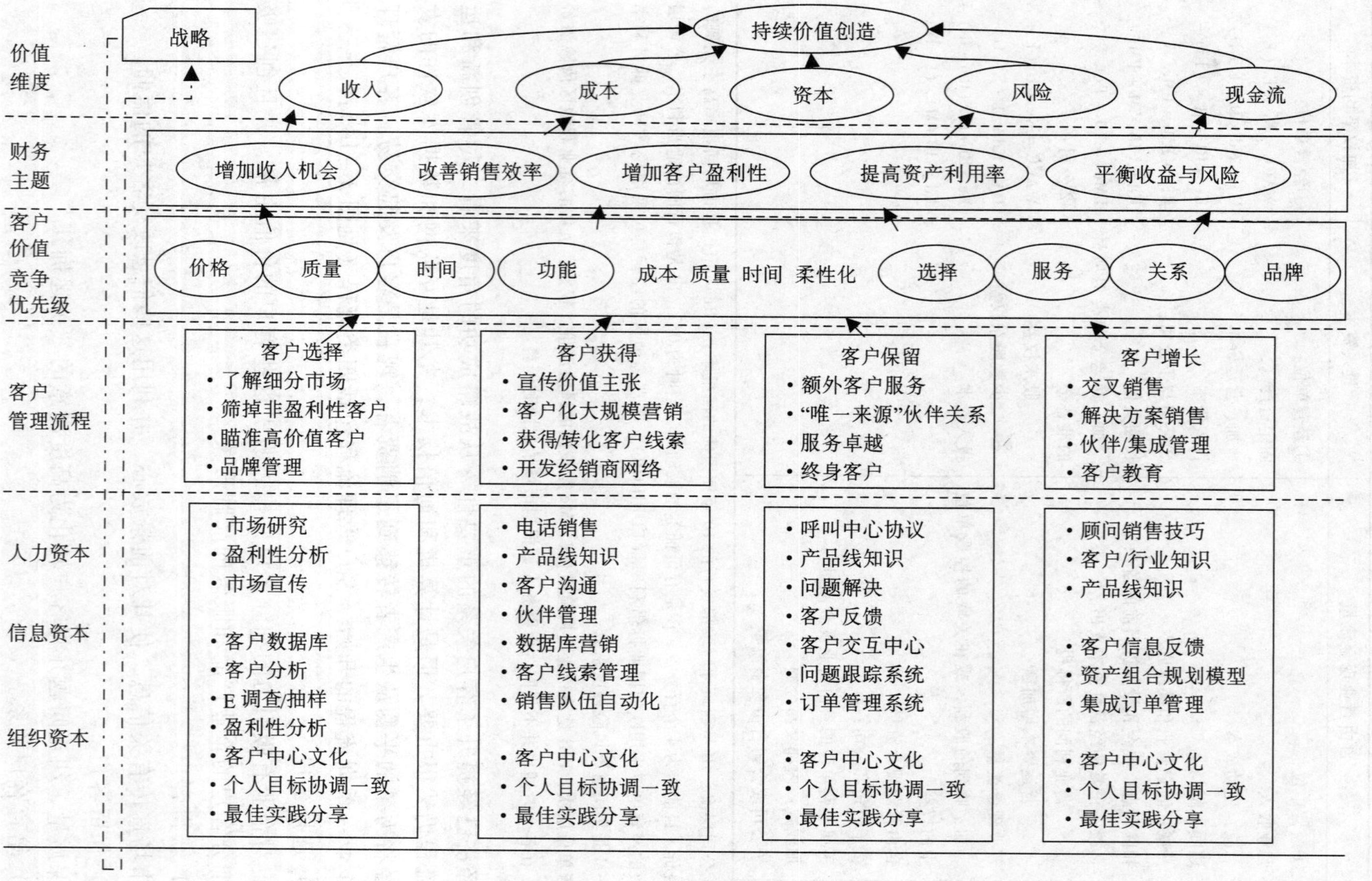

图 3-14 客户管理流程

下贸然行动，结果在选择和保留流程上做得一塌糊涂。许多企业也不太关心保留客户，将销售作为交易事项，在售后不与之联系，且无法衡量是否为未来的业务保留了这些客户。

2. 客户管理流程与财务结果的关系

传统观点认为客户管理流程的财务结果主要显示在收入增长上，实际上，成功的客户管理流程不仅体现在收入增长上，也体现在成本降低、现金流改善、资产利用率提升等多个财务主题上（见图3-15）。例如，赊销比例的提升不仅有利于收入增长，同时也会对企业现金流产生影响，同时会加速去库存过程，降低库存管理成本，而且也会提高生产线产能的利用程度。

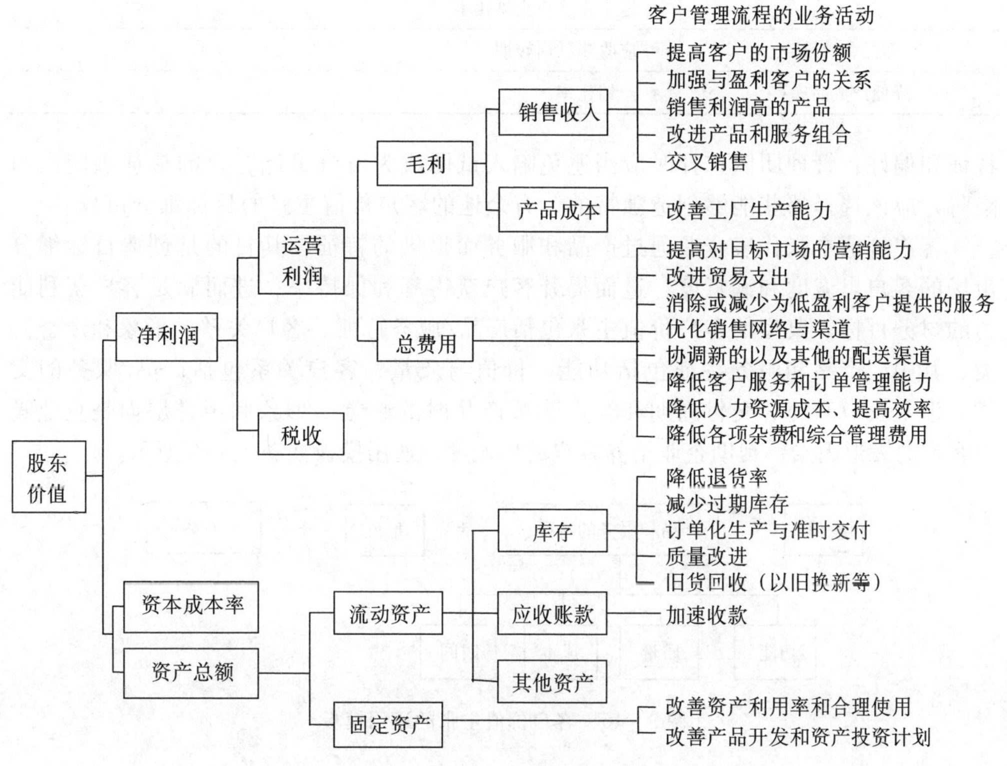

图3-15　客户管理流程与财务结果的关系

如图3-15所示，客户管理流程这一系列的活动都会对股东价值创造的目标产生重大影响，企业在进行客户关系管理时，各项流程应当依据每项要完成的独立活动，平衡成本、质量、时间、柔性化四个竞争优先级设计流程指标，并将流程指标与企业财务绩效指标挂钩。典型的客户管理流程财务目标与指标如表3-18所示。

3. 设计客户管理流程的各子流程指标

(1) 客户选择流程的指标设计。

客户选择流程始于将市场细分为较小的特殊市场，每个小市场都有截然不同的

表 3-18　　客户管理流程的财务目标与指标

财务目标	衡量指标
创建新的收入来源	• 新客户收入
	• 新产品和服务收入
增加单位客户的收入	• 客户份额
增加客户盈利性	• 客户盈利性
	• 非盈利客户比率
改善销售效率	• 销售费用/收入总额
	• 单位销售成本
	• 电子化客户交易比率
降低赊销风险	• 应收账款周转期
降低产成品库存	• 产销比率

特征和偏好，管理团队选择时应当避免陷入试图成为所有可能客户的最佳供应商的陷阱，应该选择那些能够创造独特的、有余地的客户价值主张的目标细分市场。

客户价值主张代表企业通过产品和服务而提供的特征，其目的是创造目标细分市场的客户忠诚度和满意度，进而提升客户获得率和保持率，进而满足客户获利能力的财务目标。典型的客户价值主张包括产品/服务特征、客户关系、形象和声誉三类，其中，产品和服务特征包括功能、价值与质量，客户关系包括产品/服务的交货，涉及反应时间、交付周期和客户购买产品时的感觉，形象和声誉层面是企业吸引客户的无形因素，帮助企业培养客户的忠诚度，通用模板如图 3-16 所示。

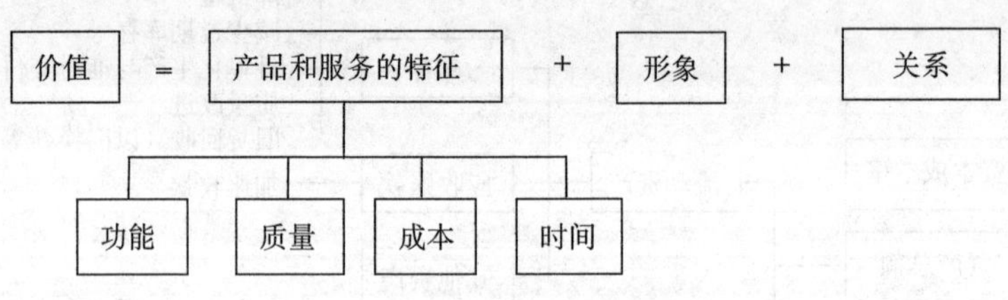

图 3-16　客户价值主张的通用模板

企业一旦确定了可能的细分市场与所要满足的客户价值主张，便可以设计相应的客户指标，典型的客户选择流程目标和指标如表 3-19 所示。

表 3-19　　客户选择流程目标与指标

客户选择目标	衡量指标
了解细分客户	• 细分客户的盈利贡献
筛选非盈利客户	• 非盈利客户百分比
瞄准高价值客户	• 战略客户数量
管理品牌	• 关于品牌认知和偏好的客户调查

（2）客户获得。

获得新客户是最困难和最昂贵的客户管理流程。企业必须通过他们的客户选择流程向目标细分市场的新客户宣传他们的价值主张。企业能够利用入门级产品（可能是为招徕顾客而亏本销售的产品）或高折扣产品启动客户关系。理想的状况是，入门级产品应该足够便宜，不会使客户因购买它而遭受巨大的风险。产品的质量应该是完美的，以致客户不会体验到缺陷或不进行初次采购。此外，产品的性能可以通过在将来出售给客户的其他产品或服务中得到加强和补充。例如，对于一家金融服务公司，一个支票账户或一张信用卡代表了具有所有上述特征的入门级产品。典型的客户获得流程目标和指标如表 3－20 所示。

表 3－20　客户获得流程目标与指标

客户选择目标	衡量指标
宣传价值主张	• 品牌认知（调查）
定制化大规模营销	• 客户对活动的响应率
	• 使用促销样品的客户数量
获得新客户	• 客户线索转化率
	• 获得每个新客户的成本
	• 获得新客户的寿命价值（估计）
开发经销商/分销商关系	• 经销商计分卡
	• 经销商调查反馈

（3）客户保留。

保留客户远比持续增加新客户取代那些背叛的老客户节约费用。忠诚的客户看中企业产品的质量和服务，并常常愿意为获得的价值付出稍高的价格。他们寻找替代品的可能性较小，因此潜在的竞争者必须提出显著的折扣才能吸引客户的注意力。

企业保留客户是通过持续地向顾客传递他们的基本价值主张。客户可能背叛那些对信息和问题解决需求反应迟钝的企业。企业必须开发客户服务和呼叫中心部门等功能来响应订单、交付和投诉等客户需求，使这些部门维持客户忠诚并减少客户背叛的可能性。

比客户忠诚更有价值的是客户参与。当客户告诉他人他们对企业产品和服务感到满意时，客户参与就发生了。参与型客户也比那些因不满而背叛到竞争对手那里的客户更加可能为企业提供有关改善问题和机会的信息反馈。企业能够衡量客户参与度的指标有：客户建议数量、现有客户向新客户推荐的次数、基于这些推荐获得的新客户数量。“客户使徒”与“客户所有者”是更高级的忠诚形式，他们比忠诚的客户提供了更加长远的寿命价值。

典型的客户保留流程目标和指标如表 3－21 所示。

表 3-21 客户保留流程的目标与指标

客户保留流程的目标	衡量指标
提供优质客户服务	• 优质客户数量
	• 优质客户的质量评价
	• 解决客户关注问题或抱怨的时间
	• 客户对质询初次应答的不满意比率
创建增值伙伴关系	• 来自单一来源合同的收入比率及金额
提供卓越服务	• 服务水平（来自渠道）
	• 客户份额（赢得客户某项消费的百分比）
	• 推荐新客户的数量
创造高度忠诚的客户	• 通过现有客户推荐获得新客户的数量
	• 来自“使徒”客户的推荐书数量
	• 忠诚度对产品和服务提升的建议数量

（4）客户增长。

增加企业客户价值是每一个客户管理流程的最终目标。如前所述，获得新客户是困难且代价昂贵的，只有在安全的客户关系超过获得成本时，获得新客户才具有意义。

通过交叉销售以及与客户建立伙伴关系的企业，扩张客户某项消费中本企业的份额，使日益增长的客户关系的深度和广度提升其客户价值，也增加其客户转换到其他供应商的成本。扩展客户关系的一种有效方式是在售后提供额外的特征或服务。例如，企业能够通过远程监控客户场所内的昂贵设备来提供现场服务，当未预料的错误将要发生时，这些监控使现场服务小组预先准备，并执行检修以预防错误和设备停工。这种诊断性监控和预防性检修极大地增加了客户价值，它不仅保持了很好的客户保持率，也为企业提供了有吸引力的、高盈利的收入流。

企业也可以通过与客户建立伙伴关系的方式来实现客户价值增长，通过为目标客户提供特殊的整体解决方案来实现。例如，银行对于高价值客户可以提供多种理财、投资等高端服务创建个性化、建设性的客户关系，衡量指标可以选择客户关系经理与客户打交道的时间。

典型的客户增长目标和指标如表 3-22 所示。

表 3-22 客户增长流程的目标与指标

客户保留流程的目标	衡量指标
交叉销售客户	• 每位客户使用的产品数量
	• 交叉营销收入，入门级产品以外的市场或产品创造的收入
解决方案营销	• 联合开发的服务协议数量
	• 售后服务的收入/利润

续表

客户保留流程的目标	衡量指标
与客户结为伙伴关系	• 客户可获得的增值服务数量
	• 单一来源合同数量
	• 获得共享协议的数量
	• 从获得共享协议中赚取的收入
	• 与客户打交道的时间

4. 人力资本、信息资本与组织资本培育的指标体系

高效的客户管理流程需要来自信息技术、员工能力以及文化和氛围的强有力的支持。

（1）人力资本。

先进的信息技术和通信系统在实现客户营销和服务层次升级的同时，创造了新的员工能力需求。目前，具有数据库营销、数据挖掘、客户分析、呼叫中心、客户互动中心和网页设计知识的员工在客户管理流程中发挥着至关重要的作用，即使是传统的销售人员，也已被转化成为了帮助客户设计问题和需求解决方案组合的战略伙伴。

客户选择特别要求与营销功能相关的分析技能。客户获得需要一定的沟通与谈判技能，了解客户背景、洞悉客户需求、提出价值主张并完成销售的能力是客户获得的基础，这些能力在面对面的讨论和电话营销渠道中得以应用。管理服务质量和交付水平是客户保留的基本能力，而卓越服务需要双向交流和快速解决问题和难题的能力。客户关系管理是有效增长客户的基础，建立一种持久的客户伙伴关系需要客户组织、行业和特殊的工作知识。

（2）信息资本。

信息技术为客户管理流程创造了巨大的新机遇。信息技术和相关的分析技术，比如数据挖掘和作业基础客户盈利性衡量，使那些即使有数以百万计客户的企业也能够开发客制化、个性化的方法。例如，亚马逊、淘宝等网站监督每笔销售并向客户推荐与以前采购类似的图书以及类似客户购买的图书。

许多新能力孕育在集成客户关系管理系统之中。客户数据库和相关的分析技术允许通过人口统计数据聚类分析和客户盈利性分析进行更好的客户选择。数据库营销支持电话营销流程以改善客户获得。经营性客户关系管理系统通过销售人员自动化和客户线索管理来改善销售效率。客户服务中心和自助能力加强了客户保留。互联网允许与客户进行新层次的网络联系，以强化教育、合作和客户增长。

（3）组织资本。

客户管理流程常常需要新的组织氛围，其特征之一就是建立以客户为中心的文化。客户管理流程也需要地位更高的工作团队，创建全寿命客户意味着许多人必须在随后的时间内与客户打交道。销售人员开始最初的交易，方案工程师或客户关系

伙伴设计产品和服务组合，呼叫中心帮助前台响应者提供持续的支援。这些多样化的员工必须分享同一信息库并为同一目标工作，共同目标的协调一致强调所有员工为了共同的、客户导向目标工作。团队基础的激励系统和知识共享网络加强了客户中心型团队的工作，当共同客户目标得以实现时，大家都将得到奖励。

客户管理流程中的典型人力资本、信息资本与组织资本目标和指标如表 3－23 所示。

表 3－23　　人力资本、信息资本与组织资本目标与指标

层面	目　标	指　标
人力资本	• 开发战略	• 人力资本准备度
	• 吸引和保留顶级人才	• 关键员工周转率
信息资本	• 开发客户管理信息和数据系统组合	• 客户应用系统组合准备度
	• 增加知识共享	• 知识管理系统使用程度
组织资本	• 创建客户中心型文化	• 员工文化调查
	• 创建协调一致的个人目标	• 与客户流程和成果指标相联系的员工目标比率

（二）新产品/服务开发流程

1. 新产品/服务开发流程的分解

保持竞争优势要求企业持续创新，开发新产品、服务和流程。成功的创新驱动客户获得率和增长率、利润提高和客户忠诚度。如果没有创新，企业的价值主张最终注定要被模仿，这将会造成企业对标准化产品和服务只能进行价格竞争。

管理创新包括四个重要流程，包括识别新产品和服务机会、管理研发组合、设计和开发新产品和服务于新产品和服务上市等（见图 3－17）。

2. 新产品/服务开发流程与财务结果的关系

新产品/服务的开发必须能够为企业带来净收益时才是值得的，开发流程的管理不仅要密切关注其对收入的影响，也要加强对开发成本的监控。如图 3－18 所示，较好地管理新产品/服务开发流程，能够促进销量的增长，也可以减少对物料的需求，减少生产过程准备和切换成本，提高人员使用效率，降低包装需求与成本，降低运输、仓储、客服、订单管理、信息服务等作业成本。另外，较好地管理新产品/服务开发流程，能够减少零配件、半成品和成本的库存以及其他流动资产的需求，也能产生较低的固定资产投资，改善资产利用率并合理使用。

在衡量某一项新产品/服务额开发是否值得时，应当将开发新产品或服务对成本的影响与未来收入的影响结合起来，并且应摒弃短期财务结果观，根据新产品或服务在整个生命周期内的财务表现进行是否开发的决策。此时，可以借助收支平衡时间表等工具（见图 3－19），预先确定从产品开发到上市并产生足够的能够偿付开发成本的利润为止所需要的时间以及获利能力。

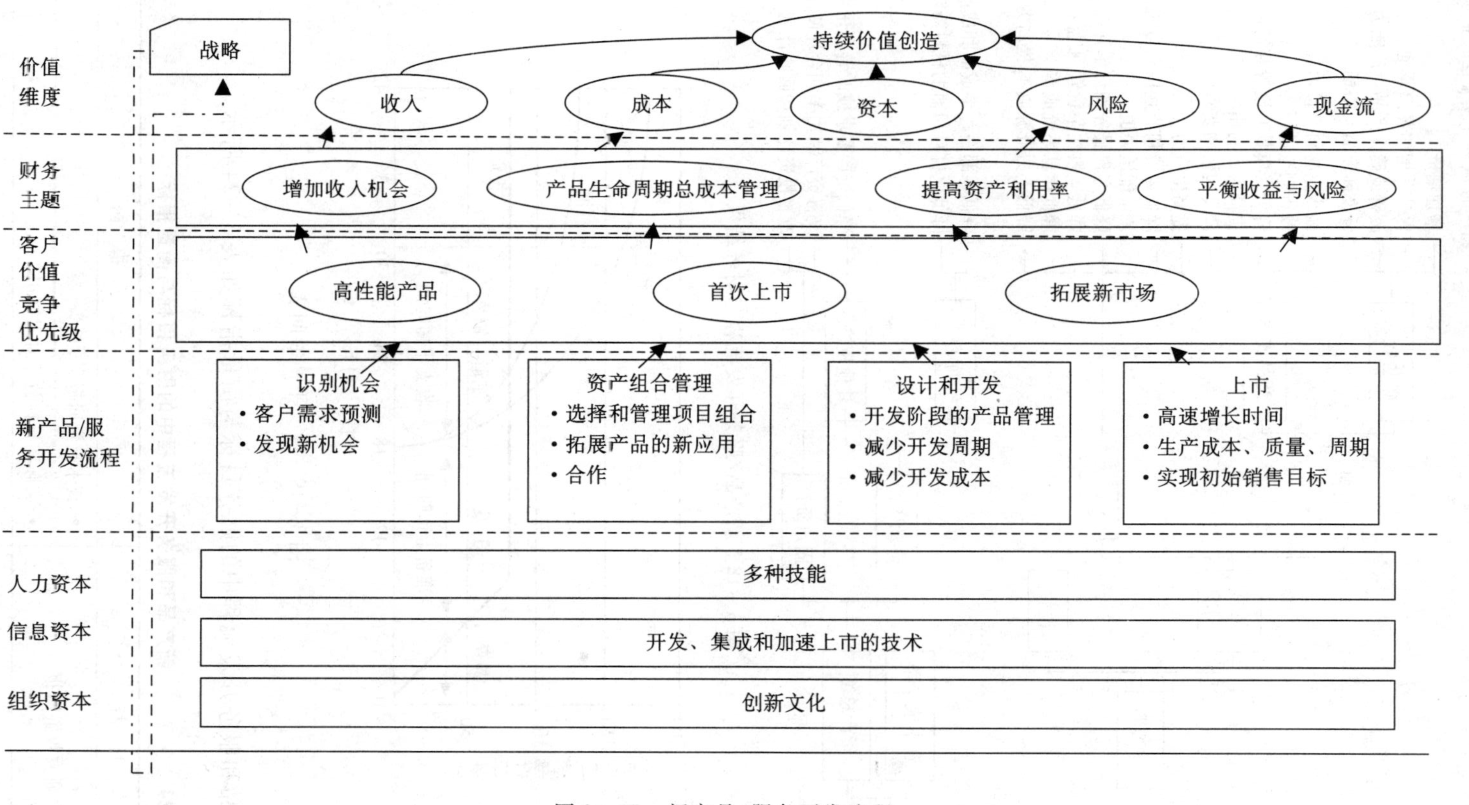

图3-17　新产品/服务开发流程

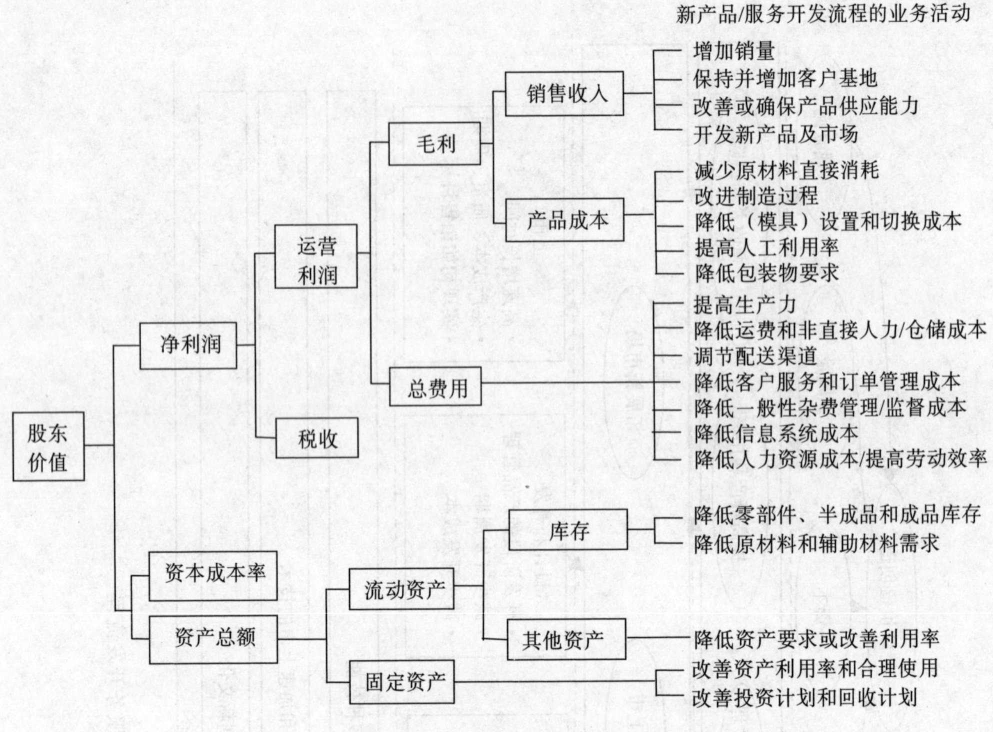

图 3－18 新产品/服务开发流程与财务结果

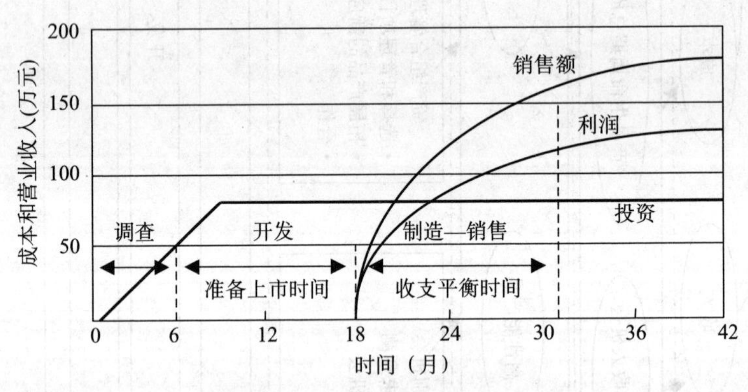

图 3－19 收支平衡时间表

新产品和服务开发流程中的财务目标与衡量指标如表 3－24 所示。

表 3－24 新产品和服务开发流程中的财务目标与衡量指标

目 标	指 标
研发投资回报	• 技术投资回报
	• 实际和目标盈亏时间（BET）
	• 专利的特许权和许可权收入

续表

目　标	指　标
现有客户的收入增长	• 最近一年现有客户的收入和利润增长
	• 现有客户的销售额增长百分比
新客户的收入增长	• 使用新产品的新客户收入和利润
管理生命周期成本	• 维修成本占总制造成本的百分比 • 处理成本占总制造成本的百分比

3. 新产品/服务开发流程与客户管理流程的连接

卓越的新产品/服务开发流程为客户提供了一个价值主张，该价值主张包括三个重要部分（见图 3－16）。第一个部分代表了企业产品和服务的特定性能，描述了新产品或服务的性能如何优于竞争产品的性能。通过对新推出产品和服务的最重要功能方面的描述和宣传，所有员工认识到企业必须持续努力提高特定性能的维度。

价值主张的第二个部分是时间，也就是客户获得增强功能的时间。提供卓越功能但晚于竞争者数月或数年进入市场，这将不能成为高利润的基础。对于一个企业来说，比许多产品创新晚六个月的代价可能远远高于开发流程本身运行费用上升 20% 或更多。新产品和服务首次上市这一目标是产品领先者收入和利润增长的重要来源。第三个客户目标是把既有产品或新产品拓展到新市场。可以说，一个有效的新产品/服务开发流程的客户产出目标和指标包括功能、及时性和市场创新（见表 3－25）。

表 3－25　　新产品/服务开发的客户价值主张

指　标	目　标
为客户提供高质量产品/服务功能	• 新产品/服务的独特性能特征（例如：规格、精密度、能耗、散热、速度、亮度、存储期、清晰度、耐久性、易用性、反应时间）
新产品/服务首次上市	• 相对于竞争者的提前时间
	• 首次上市产品/服务的数量
	• 及时上市产品的百分比
把产品/服务拓展到新市场	• 平台产品的新应用领域数量 • 新市场和细分客户的收入

4. 设计新产品/服务开发各子流程的指标

（1）识别机会。

新产品/服务的创新思想可以有不同来源，一般情况下，研发的创新思想基于从过去产品和流程创新中所积累的技能和技术理解。例如，药业公司新药品的开发通常在过去研发药品和实验数据的基础上进行，但是，企业不应当仅仅局限于在内部获得创新思想，他们必须从外部创造创新思想，诸如研究实验室、大学，特别是供应商和客户。那些把供应商与客户看做战略伙伴关系而不仅仅是低价材料和原材料供应商或者一次性购买者的公司，能从供应商和客户的新产品思想和能力方面获益。

典型的识别机会流程的绩效指标如表 3－26 所示。

表 3－26 识别机会流程的指标设计

目 标	指 标
预期未来客户需求	• 花费在关键客户的时间，获得他们的机会和需求
	• 基于新客户推出的新项目数量和百分比
发现和开发新的、更有效的或更安全的产品和服务	• 为开发提出的新项目和概念的数量
	• 确定新增值服务的数量

（2）管理研发组合。

一旦获得了新产品和新服务的思想，管理者必须决定应该资助、延迟和否决哪个项目。管理者必须决定该项目是否应该完全依靠内部资源生产，是否应该进行合资生产，是否应该从其他公司获得许可证或外包。即使项目已经获得了资助，管理者还必须按照新的机会和资源约束，继续对项目进行论证，考虑在当前资源水平下（资金、资本装备和员工）是否应该继续支持项目、减少资源承诺，或者考虑项目到目前为止的进展情况或已经确定了更有吸引力的机会而终止该项目。从评估流程获得的产出是一个综合项目计划，确定了企业投资的项目组合、项目集体实现的特定目标、所要求的资源和内外部来源的组合。

研发组合应该包括以下几种不同类型的项目：

①基础研究和高级开发项目，它创造了能最后运用到商业项目的新科学和技术知识。

②突破性开发项目，它在新方法中运用科学和技术创造全新的产品。通常情况下，这一项目建立了新产品分类或新业务，例如笔记本电脑便是计算机的突破性产品。突破性产品开发项目通常维持若干年。

③平台开发项目，它在既定的分类中开发下一代产品。新平台为随后几年中可能被开发和推广的一系列产品确定了基础结构。该项目可以吸引从前产品的很多技术特征，但是它们也必须引入能提供重要特征功能的最新技术。不过，平台开发项目因为需要在前几代产品的基础上实现成本、质量与业务的改善，因此需要相对较大的资源投入。

④衍生开发项目，它提高了平台产品的独特特征，它所要求的资源比平台或突破性开发项目要求得要少，因为它们能充分发挥既有产品和流程能力的作用。

⑤联盟项目，它可以帮助公司从其他公司获得新产品（或流程），获得方式要么是许可证，要么是转包。当公司的内部资源不能满足期望项目时，当内部开发努力不能传递期望的结果时，或者当一个更小的公司已经为新产品或流程开发了基础能力，而购买这一能力要比内部开发费用低得多时，公司就会转向联盟项目。

五种项目有不同的资源要求、项目时间和风险情况。综合项目计划决定了五种项目的组合，保证足够的资源对选定的项目组合是可以利用的。综合项目计划把不同的开发项目与业务战略相连接，使每个项目与特定产品线和服务市场相联系，为每个项目分配员工、能力和财务资源以帮助每个项目有足够的资源实现目标，在可利用的资源内为项目安排确定时间表。

管理研发组合流程的典型目标和指标如表 3－27 所示。

表 3－27　管理研发组合的指标设计

目　标	指　标
为优秀的创新和客户定位，业绩和利润积极管理产品/方案组合	• 项目的实际和预期组合（高级开发、平台、衍生和外包）比较
	• 每个项目的实际与预期花费
	• 技术排名（独立对手的当前技术能力研究）
	• 项目传递途径的产品净现值
	• 扩展（在传递途径中，基于产品原型的客户反馈和收入计划）
	• 项目组合的选择权价值
把当前的产品平台拓展到新的和既有的市场	• 利用既有平台（瞄准新市场）的项目数量
	• 生命周期延长的项目数量
通过协作拓展产品组合	• 被许可产品的数量
	• 新市场的合资项目数量
	• 技术或产品伙伴数量

（3）设计和开发新产品和服务。

设计和开发流程是产品开发的核心，成功的设计和开发流程在一件产品中达到顶峰，该产品拥有期望功能，对目标市场有吸引力，能在一致的质量和一定的成本条件下为企业赚取令人满意的边际利润。除了满足提供产品/服务所必需的要求外，开发流程还必须满足自己的完成时间和开发成本等目标值。

产品开发流程是一套复杂的作业集合，它跨越了企业的多个职能，该流程一般包括一系列步骤：

①概念开发。项目团队研究市场调查、竞争产品、技术和生产能力来为新产品确定基础结构。这一阶段从概念设计开始，包括产品功能和特征、目标市场、价格和生产成本的估计。

②产品计划。项目团队通过建立模型、小规模试验、初始投资和财务计划来测试产品概念。

③详细的产品和流程工艺。项目团队设计和生产了产品的工作原型。同时，团队从事工具和设备的设计，这些工具和设备将被用于大规模生产。可以进行几次设计—建立—试验的循环，从而修正产品设计和开发流程，来实现功能、成本和质量的期望业绩循环。

很多企业引入了正式阶段门流程来具体确定一系列开发步骤，而这些步骤是产品从初始概念到做好大规模生产准备的完全定型产品所必须经过的（见图 3－20），它为项目之间的资源分配提供了结构，而资源分配是以目前的项目经验和技术、客户偏好、竞争者和法规的发展为基础的。每一个门代表了一个作/不作决策，它迫使管理者定期回顾他们渠道中的每个项目，使管理者基于新的信息作出抉择，放弃那些看起来没有前景的项目，这样可以帮助公司把资源集中用于最有希望的机会之上。

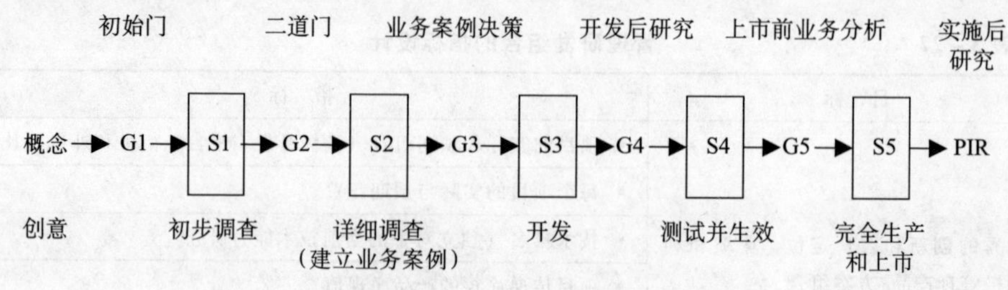

图 3－20　新产品开发的阶段门模型

由于不同的行业项目管理流程差异巨大，企业需要开发自己独特的目标和指标（见表 3－28）。

表 3－28　管理研发组合的指标设计

目　标	指　标
管理项目组合	• 专利数；专利引用数
	• 项目通过率（进入下一步的项目百分比）
	• 进入每个产品开发流程的项目数量
	• 利用阶段门分析或其他正式开发回顾流程的项目百分比
减少开发周期	• 及时交付的项目数量 • 项目在开发流程的开发、试验和上市阶段的平均时间 • 总时间（从概念到上市）
管理开发周期成本	• 每个开发阶段项目的实际与预算费用

（4）新产品上市。

在产品开发循环的最后阶段，项目团队发布产品，并使产品批量节节上升，最终进入商业生产。在该阶段，项目团队开始试产以最终确定生产流程规范。团队基于原型生产装备制作了所有零部件，随后装配并测试最终产品。这一流程检验新的或修正的制造流程是否能在满足功能和质量标准的商业批量水平下生产最终产品，它也确定所有供应商能按照规格、准时地以目标成本交付材料和零部件。

在最后阶段，企业以较低的批量水平开始商业生产，保证其生产流程和供应商生产流程能生产和交付产品。营销部门也开始向客户销售新产品，随着客户订单的增加和供应与生产流程的稳定，生产流程进一步突飞猛进。最后，当企业在特定的产品功能、质量和成本水平上实现目标销售和生产水平时，开发项目宣告结束。新产品上市的指标设计如表 3－29 所示。

表 3－29 新产品上市的指标设计

目 标	指 标
新产品快速上市	• 从试产到全面实现产能的时间
	• 再设计循环数量
	• 新产品上市或商业化数量
新产品的有效生产	• 新产品的制造成本（实际与目标）
	• 新产品制造流程产量 • 从客户那里获得的收益 • 初始保证和现场服务成本 • 消费者对新上市产品的满意度或抱怨 • 新产品的安全事故量 • 新流程环境事故量
新产品的有效营销、分销和销售额	• 新产品的六个月收入（实际与预算） • 新产品的脱销或毁约

5. 新产品/服务开发流程中的人力资本、信息资本与组织资本的指标设计能力、技术和组织氛围对于管理新产品/服务开发流程至关重要

（1）人力资本。

新产品/服务的开发对员工创新精神和知识的要求非常高，如果没有资深的基础科学家和技术专家，那么新产品或服务的研发就不会发生。当下技术发展极其迅速，当新科学得以发展并且新细分客户出现的时候，对企业开发能力的需求就会发生天翻地覆的变化，企业必须持续关注开发下一代产品和服务所要求的技术组合，否则就会被市场淘汰。例如，智能手机的发展在很短的时间内就使诺基亚和摩托罗拉等老牌手机品牌商破产或被出售。

而且，当前大多数重要进步都要求科学和技术从多个学科中进行融合，员工与其他学科和背景的科学家和工程师共同合作，将不同知识融入产品性能已经成为企业新产品/服务开发流程的重要能力。

另外，除了整合技术专长，新产品/服务开发流程的所有员工必须有效地与其他职能部门（营销、生产和财务）的员工互动，这样的整合能帮助开发项目符合功能、上市时间、质量和制造成本等方面的目标。

因此，支持新产品/服务开发流程的人力资本主题包括拥有科学家和工程师，而这些科学家和工程师必须具备所有基础学科的能力，还应包括有效地与多学科项目和多功能团队协同工作的能力。

（2）信息资本。

对于任何重要开发流程来讲，信息技术都是日益重要的关键部分。现在，项目团队在实物模拟中利用先进的三维模拟方法来测试和试验不同的设计。虚拟原型法更快、更节省费用，比实物模拟的方法有更多的设计周期和学习机会，这便是信息技术发展对开发流程重要支持作用的体现。

信息技术不仅加强了部门间有关知识和项目的经验交流，而且也促进了最佳实践的共享。企业能够利用信息技术快速引入新产品并进入商业生产，柔性制造设备能使新产品快速进行生产，并在不增加全新机器的情况下按照商业批量进行生产。当项目工程师的计算机辅助设计（CAD）终端与生产的计算机辅助制造（CAM）终端设备顺利地相互协作时，从设计到制造的传递过程会变得非常迅速。

（3）组织资本。

开发流程组织资本的培育应当重点关注团队工作与创新文化这两个要素。正如前文所述，团队工作对于创新项目的成功至关重要，但是除了要与其他学科和职能部门的内部员工共同工作外，还应当积极寻求与外部科学和技术团队合作，尤其是客户和供应商的开发团队，通过合作来发现对企业自身发展有益的创新思想。

企业文化必须根据核心价值观强调创新、中断和变革。企业文化也应该鼓励员工获得企业外部的知识，克服所谓的“此处不创造”综合征的本质倾向，这种本质倾向毁损了外部企业科学家和工程师取得的进步，即使他们为竞争对手工作。

人力资本、信息资本、组织资本的目标和指标如表 3－30 所示。

表 3－30　人力资本、信息资本、组织资本的目标和指标

目　标	指　标
实现功能专长	• 关键研发职位的战略技能覆盖率
开发有效的交叉学科和跨职能团队	• 在交叉学科和跨职能产品开发团队有效工作的研发员工比例
	• 拥有有效项目管理领导能力的员工比例
为模拟和虚拟模型开发计算机技术	• 具有先进模型工具知识的研发员工比例
利用技术使产品快速上市	• 有效整合 CAD/CAM 的上市产品比例
从科技界捕获领先知识	• 从外部来源获得的新思想数量
	• 研究同行现有的科学和技术能力
培育创新文化	• 新产品和能力的建议数量 • 对创新和变革员工的文化调查

【例 3－2】某公司为了顺利实现战略转型，引入了一些全新的战略流程，并设置了一个重要的创新流程目标：“制订灵活、有效的以客户为导向的解决方案”，并用两个平衡计分卡指标来衡量，即“研发有效性指数”和“上市时间”。驱动业务流程的关键成功因素及仪表盘指标如图 3－21 所示。

但是，这两个指标是衡量研发流程结果的滞后指标，公司需要对流程执行的整个过程进行同步跟踪，通过仪表盘指标明确员工在执行流程时需要努力达成的关键成功因素，以衡量现有的项目是否有望达成预期目标。这些运营层次的关键成功因素与战略层次的流程目标是通过因果关系形成支撑作用的，据此，该公司为“制定灵活、有效的以客户为导向的解决方案”这一战略流程界定了三个关键成功因素，即“产品持续创新”、“对相关市场和目标细分客户有深入了解”、“持续的产品绩效

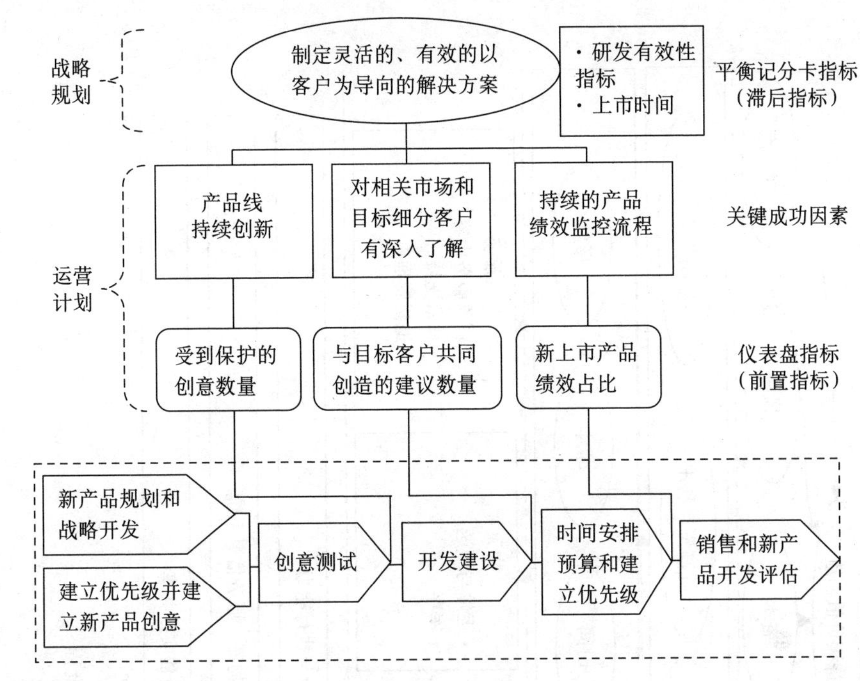

图 3－21　驱动业务流程的关键成功因素及仪表盘指标

监控流程”，相应的衡量指标分别为“受到保护的创意数量”、“与目标客户共同创造的建议数量”、“新上市产品绩效占比”。

（三）订单履行流程的绩效指标设计

1. 订单履行流程的分解

订单履行流程包括四个流程，即协调、制造、物流与服务（见图 3－22）。

其中，协调流程是指企业需要对客户管理流程转来的订单以及未来预测的订单需求进行整合，并根据自身的制造灵活性战略要求、产能约束条件与物流网络能力确定后续的制造计划。制造流程是执行制造计划的过程，具体而言，包括生产线组合管理、作业监控以及外包管理等。物流流程则是将产品或服务交付客户手中的过程，包括运输、仓储、包装、配送等环节，库存管理是物流流程中的重要一环。将产品或服务交付客户之后，一般而言还需要提供相应的服务，如安装、调试等，在客户实际使用的过程中还需要提供相应的技术支持，并且还有可能发生退货，这便是最后的服务流程。

2. 订单履行流程与财务结果

订单履行流程在财务上不仅仅只体现在企业的成本维度上，还体现在收入、资本、现金流等多个维度上。

订单履行流程与财务结果如图 3－23 所示，较好的订单履行流程能通过持续地提供产品来满足客户的具体需要，减少客户对产品性能等的担心，给企业带来较高的销售额和可观的利润。包容了产品属性和数量变化制造灵活性的企业，能够比竞

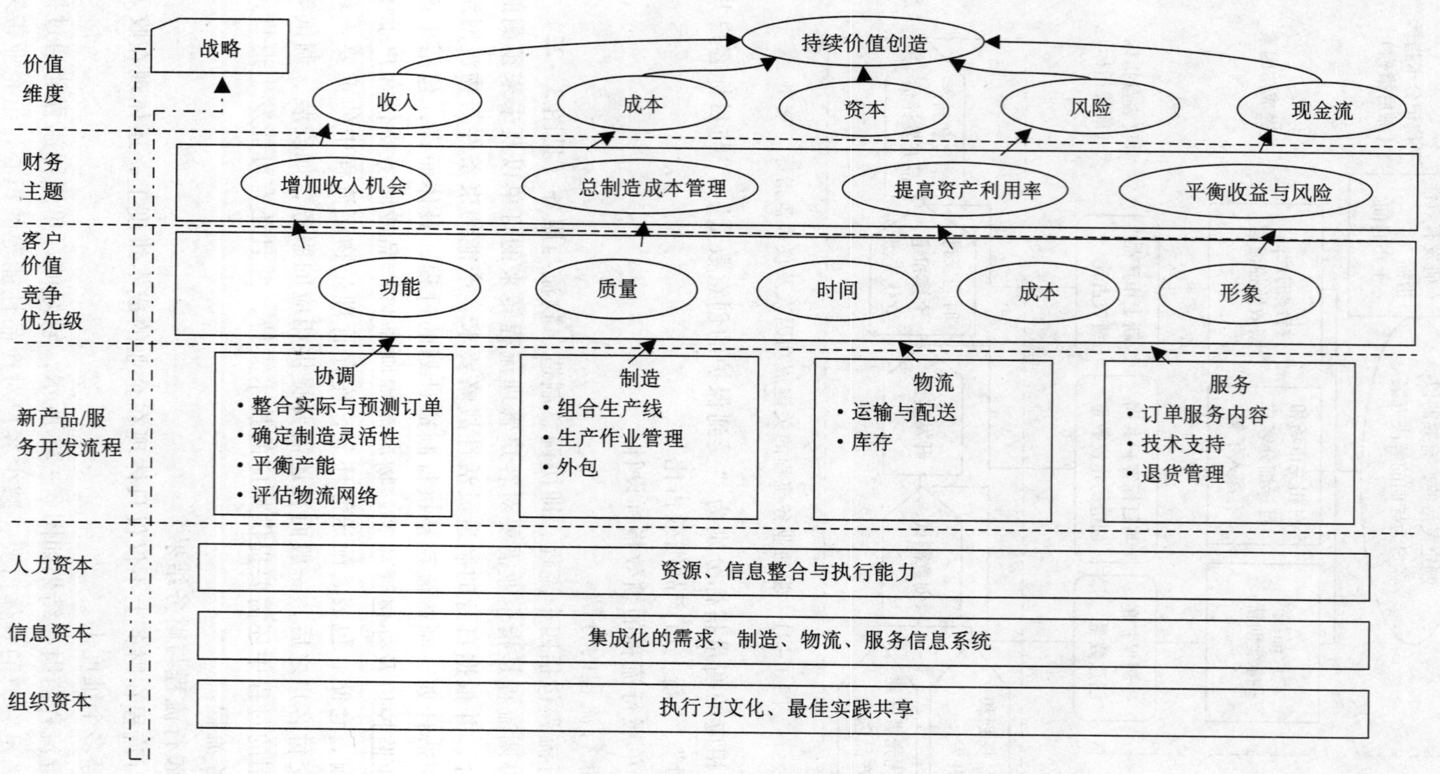

图3－22 订单履约流程

价值维度
战略
持续价值创造
收入
成本
资本
风险
现金流
财务主题
增加收入机会
总制造成本管理
提高资产利用率
平衡收益与风险
客户价值竞争优先级
功能
质量
时间
成本
形象
新产品/服务开发流程
协调
·整合实际与预测订单
·确定制造灵活性
·平衡产能
·评估物流网络
制造
·组合生产线
·生产作业管理
·外包
物流
·运输与配送
·库存
服务
·订单服务内容
·技术支持
·退货管理
人力资本
资源、信息整合与执行能力
信息资本
集成化的需求、制造、物流、服务信息系统
组织资本
执行力文化、最佳实践共享

争对手更好地满足客户需求，在库存方面的投资也会比竞争对手更低。这些因素结合在一起，将增强客户的忠诚度，有助于赢得重复业务。忠实的客户还有可能将大部分业务转交给已经经过考虑的制造商，提高该企业的“客户份额”。

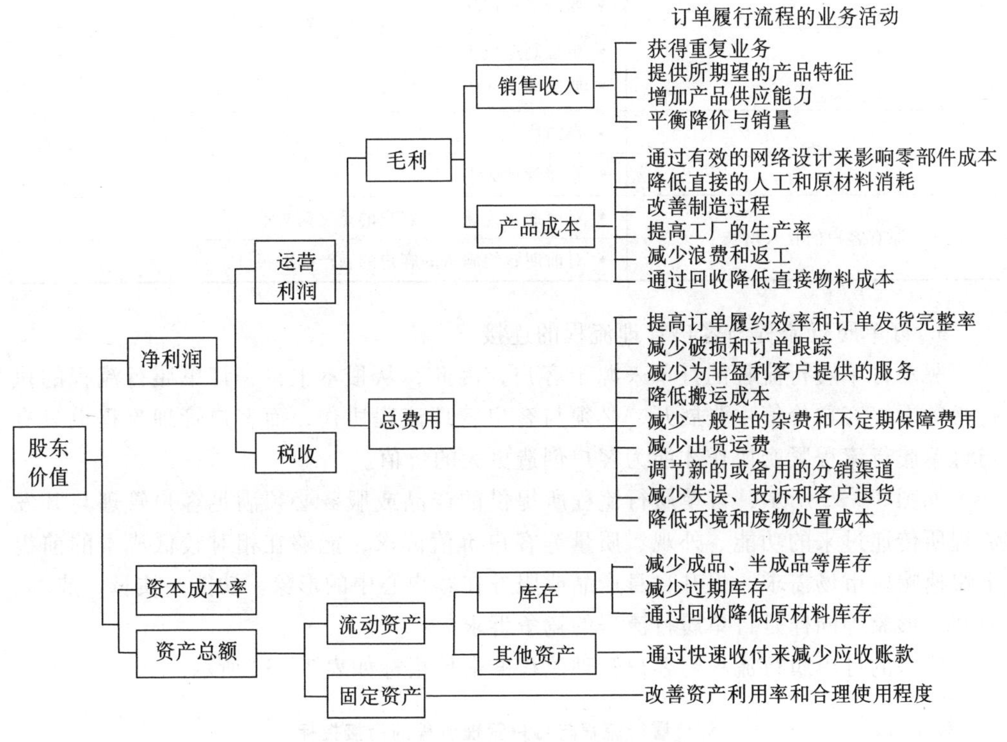

图 3－23　订单履行流程与财务结果

履行流程中，劳动力和原材料成本的降低能够减少产品售出成本。制造流程的改进，会提高工厂的生产能力。减少浪费和返工、提高员工效率都是潜在的成本节约源泉。一个响应性好的订单履行流程将会带来更好的订单执行率，以及增加出货完整的订单数量，它不但能提升订单执行流程，而且在尽量少使用加急发货的情况下，也能很快地执行订单。一个注重执行质量的流程还会降低破损和搬运费用，并有可能降低对包装的投资。此外，较好的退货管理既能保持客户的忠诚度，也能通过合理的回收等降低原材料消耗，通过从卖场拿走卖得慢的产品，始终保持渠道中产品的“新鲜度”。

较好的制造流程管理会提高库存周转率并降低零配件、半成品和成本库存。制造灵活性的增加能够保证以较低的库存失效率来满足需求。通过回收旧货等方式也可以降低对原材料库存的需求。材料供应的响应更加迅速和订单执行进一步得到改善会减少与客户的争执，并减少应收账款。较好的订单履行流程会改善资产利用率、投资计划和回收方案。

订单履行流程中的财务目标与衡量指标如表 3－31 所示。

表 3－31　　订单履行流程中的财务目标与衡量指标

目　标	指　标
履约成本	• 单位履约成本
	• 履约成本占比
	• 单位制造成本 • 质量成本
存货	• 产销比
	• 仓储管理成本
原有客户的收入增长	• 对前期履约满意的客户的重复购买量
	• 对前期履约满意的客户的新产品购买量

3. 订单履行流程与客户管理流程的连接

驱动订单履行流程的订单来源于客户，因此，从根本上讲，订单履行流程的执行必须围绕客户价值主张展开，必须与客户管理流程协作，而客户管理流程也只有与订单履行流程紧密协作才能为客户创造更大的价值。

如图 3－22 所示，订单履行流程所提供的产品或服务必须满足客户管理与开发流程所传递过来的功能、外观、质量等客户价值诉求，能够在相对较低成本的前提下快速响应市场需求，提升自身产品或服务在客户心中的形象。功能、质量、成本、时间、形象等同样是订单履行流程的竞争诉求。

典型的订单履行流程与客户管理流程的衔接指标如表 3－32 所示。

表 3－32　　订单履行流程与客户管理流程的衔接指标

指　标	目　标
为客户提供高质量产品/服务功能	• 新产品/服务的独特性能特征（例如，规格、精密度、能耗、散热、速度、亮度、存储期、清晰度、耐久性、易用性）
订单响应速度	• 订单完成时间
	• 订单延误比率
为客户提供高性价比产品	• 价格满意度 • 订单综合成本（包括材料、人工、物流、服务等各个环节的成本） • 订单贡献毛利

4. 订单履行流程各子流程的绩效指标设计

（1）协调流程的绩效指标设计。

协调流程是订单履行的首要流程，它的主要任务是对订单履行流程所属各流程、各作业、可控资源以及与其他流程、合作伙伴之间的关系进行协调，其实质是对订单履行过程的整体设计过程，具体包括如下流程：

①整合实际与预测订单信息。订单履行流程以客户为中心，对客户订单数量的

估计是订单履行流程的首要环节。企业除应满足当前订单需求外，还应当对未来订单需求的变化作出相应的预测分析，做到未雨绸缪，尽量实现当前与未来的供需平衡。

②确定制造灵活性。制造灵活性能保证企业有能力去对资源和不确定性加以管理，以满足各种客户需求。有多种因素会影响制造灵活性。首先，客户需求特征决定了制造灵活性，要考虑的首要因素是需求的数量和变化程度以及这些变化程度的可预测性等，还要考虑客户对等待的忍耐程度以及对缺货的反应（替代品购买、延迟交货、推迟采购、转向竞争者等）。其次，产品自身相关的特征，如产品种类（即标准化程度或差异程度）、产品生命周期的阶段位置和预计的剩余时间长度、该产品的利润率等。最后，价值链各流程与作业的运行时间也会影响制造灵活性，例如一个灵活的制造系统会弥补供应商或出货交割的低效率。

一般情况下，企业在确定制造灵活性时，主要对精益制造、敏捷制造、精捷制造作出权衡。精益制造强调严格地消除任何“浪费”，包括过量生产、等待、不必要的运输、过分处理、过量存货、不必要的员工位移以及有瑕疵的零部件等，主要适用于产品标准化程度高、产品需求稳定的企业。敏捷制造则倾向于通过批量生产，或者灵活的操作，对以数量、品种或两者混合等形式的需求变化作出快速响应，适用于产品种类繁多、需求极难预测以及产品生命周期较短的企业。精捷制造则是两者的结合。在这三种生产范式上，共有五个通用的模式可供选择（见图 3 – 24），具体选择时，主要依赖于制造商对全部产品分类时所体会到的需求变化的等级，以及准确地作出长、中、短期预测的能力。

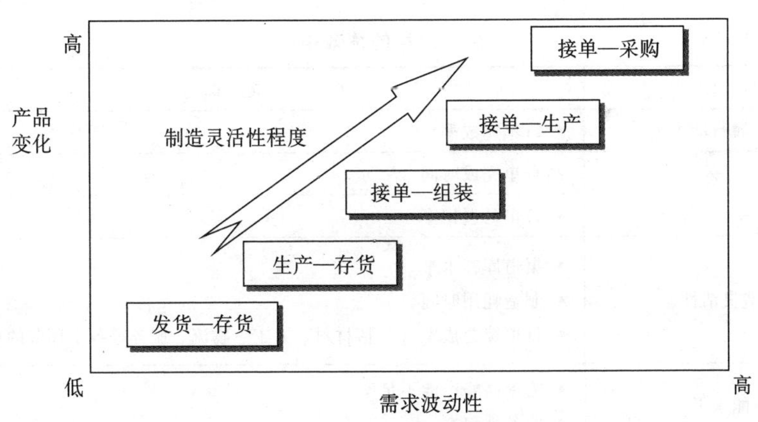

图 3 – 24　制造灵活性的五个通用选择模式

A. 发货—存货。产品是标准的，生产出来后被预先配置在相应的市场。客户对立即提货的期望非常高，这要求在配送渠道的各个环节上保持一定量的安全库存。

B. 生产—存货。产品是标准的，但没有必要预先分配给各个地区。这时，预测的需求将是稳定的，或者需求的总量是能够被预测的。

C. 接单—组装。产品在一定的允许范围内是能被定制的，通常是在基于标准的产品平台之上。产品的最终形态将被推迟到需求确认之后完成。

D. 接单—生产。原材料和零部件是通用的，能够被用来配置多个种类的产品。

E. 接单—采购。产品在原材料的各个层次上都是独特的，产品的变化几乎是无限制的，因此，从原材料采购、加工，到成品生产、交货，每个环节的作业时间都会变得很长。

通常情况下，人们喜欢较高的灵活性，然而灵活性是有成本的，灵活性的确定应当与企业的经营战略保持一致，不能盲目的为追求灵活性而损害企业价值。

③平衡产能。当期望的制造灵活性被确定之后，企业便需要将注意力转移到产能的平衡上，必须明确随产品、市场或生命周期阶段而变化的产量和周期时间，必要时可以将不足产能乃至全部制造业务外包给合作制造商。此时，企业的制造流程将转移至供应商关系管理流程，但企业必须留有制造决策权和相关专家，来确保供应商的运作方式与企业竞争优先权相一致。

④评估物流网络。物流网络的设计和运营对成本和业绩具有重要的影响，而且能够影响客户服务等级、时间与零配件成本。物流网络的设计需要决定哪个工厂生产哪种产品、应该将仓库、厂址和供应商设在哪里，以及采取哪种运输方式等，这些决定将影响订单履行流程的能力、成本和时间结构。例如，当道氏品牌还是道氏化学公司消费品分部的时候，就已经发现它们能够通过设计配送系统来降低运转时间的多变性，即采用非整车发运的方法避免使用拆包站点，这样能够使客户持有较少的库存。

典型的协调流程的绩效考核指标如表 3－33 所示。

表 3－33　协调流程的绩效指标

目　标	指　标
订单履行能力	• 订单完成率
	• 订单完成时间
	• 订单延误比率
制造灵活性	• 渠道库存水平 • 制造耗用时间 • 订单综合成本（包括材料、人工、物流、服务等各个环节的成本）
产能水平	• 需求高峰产能不足率 • 业务外包率
物流能力	• 成本降低率 • 响应速度

（2）制造流程的绩效指标设计。

制造流程包括生产线组合、生产作业管理、外包等具体的执行业务流程，是按照协调流程事先确定的制造灵活性与产能水平进行制造的过程，对质量、时间、成本的管理是该流程绩效指标设计的重点。典型的制造流程的绩效指标如表 3－34 所示。

表 3－34　制造流程的绩效指标

目　标	指　标
产品/服务质量	• 标准化程度 • 智能生产率 • 质检达标率 • 废品率 • 返工率
制造成本	• 单位原材料、人工成本 • 间接成本 • 产成品、半成品、原材料等库存需求量
制造时间	• 工序耗时 • 等待时间 • 工序间无效耗时

(3) 物流流程的绩效指标设计。

物流已经成为企业核心竞争力的重要手段，高效的物流不仅能以可接受的成本快速响应客户需求，而且能够成为企业赚取利润的重要渠道。在多数情况下，企业的物流环节会外包给专业的物流公司，因为自建物流网络体系存在较大的风险，耗资巨大，需要大量的设备、人员投资，更重要的是在很多时候不能快速响应订单，最终损害客户价值与股东价值。当然，一些大型企业基于长远利益，可能会自建物流体系，例如海尔、京东等大型企业都有自身完善的物流网络体系，并有效运转着，甚至拓展到了其他公司的相关物流业务。是否自建物流体系以及物流体系的高效与否应当设置相应的绩效指标加以衡量，典型的物流流程的绩效指标如表 3－35 所示。

表 3－35　典型的物流流程的绩效指标

目　标	指　标
响应速度	• 订单完成总耗时 • 装卸、拆装耗时 • 分拣耗时 • 配送耗时 • 客户满意度
物流效益	• 订单人工成本 • 订单燃料耗费 • 物品毁损率 • 仓库库存量 • 对外物流服务占比 • 自建物流回收期

(4) 服务流程的绩效指标设计。

服务流程已经成为企业争取客户的重要手段，很多企业向客户出售的产品本身就含有一些服务内容，也就是说订单本身就存在必要的服务内容，例如电梯销售，需要安装调试成功后才能确认销售。另外，大部分产品在售后会提供一定时间长度的质保期，在该期间内产品某些部件是免费维修的，超出这一期间将会有偿服务。有些时候，客户可能对交付的产品或服务并不满意，要求退货，这也会造成服务流程的压力。好的服务流程不仅能够为企业营造更好的客户关系，降低企业的成本，甚至能够通过合理安排为并不属于自己的客户提供服务从而赚取一定的收益。

服务流程的一些典型绩效指标如表 3－36 所示。

表 3－36　典型的服务流程的绩效指标

目标	指标
服务质量	• 客户满意度 • 退货反应 • 技术支持成功率
服务时间	• 订单完成耗时 • 客户答疑耗时
服务成本	• 耗材成本 • 服务收费 • 退货成本及退货率 • 质保期延迟购买量 • 对外服务占比

5. 订单履行流程中人力资本、信息资本与组织资本的绩效指标设计

订单的履行需要集成化的信息处理能力与执行能力，能够有效地对接客户管理流程的相关信息，并迅速完成相关订单要求，这要求企业员工具有相应的信息管理能力与高效的执行能力，也对企业的信息系统与执行管理系统提出了较高的要求。企业需要不断地提高自身信息系统的集成化与及时性，塑造有力执行的文化氛围。常用的相应绩效衡量指标如表 3－37 所示。

表 3－37　人力资本、信息资本与组织资本的目标与指标

层面	目标	指标
人力资本	• 开发战略	• 人力资本准备度
	• 吸引和保留顶级人才	• 关键员工周转率
信息资本	• 开发订单管理数据系统	• 订单管理系统衔接能力 • 订单管理系统差错率
	• 增加知识共享	• 知识管理系统使用程度
组织资本	• 塑造执行力文化	• 员工执行力调查
	• 创建协调一致的个人目标	• 与订单履行流程和成果指标相联系的员工目标比率

（四）供应商管理流程的绩效指标设计

1. 供应商管理流程的分解

据统计，在美国的各类制造业中，平均原材料采购成本占销售收入的比例约53%，其中，成本比例最低的是烟草制品，占27%，最高的是石油和煤炭制品，占83%。绝大多数行业的平均原材料采购成本则在45%～60%的范围内。对批发商和零售商来说，他们的货物售出成本要高于制造商的原材料成本。通过这些数字可以发现，管理好供应商网络能够带来巨大的效益。

供应商管理流程是企业的核心业务流程之一，这是由以下因素造成的：竞争压力；为具有成本竞争优势而必须取得的成本效益；需要与一部分供应商建立密切关系，因为这些供应商能够为开发创新产品并将其成功地投放到市场提供必要的专业知识。企业可以与关键供应商通过建立伙伴关系、与一般供应商通过标准化原材料供给的方式来降低成本，并在双方承诺合作和分享成功的基础之上创新产品，为双方创造价值。

供应商管理流程具体包括甄别、采购、跟踪、改进四个子流程（见图3－25）。甄别过程包括供应商标准的制定、筛选与确定等具体流程；采购过程包括采购规模确定、供应时间协调以及非预测订单的管理等；跟踪过程是指供应商供货过程以及企业对质量、时间等供应核心要素的监测；改进过程是指与供应商建立伙伴关系，并筛掉不合格的供应商，保留高质量的供应商，并与核心供应商合作设计与开发能够满足客户需求的零部件标准，持续降低成本与提高订单响应速度。

2. 供应商管理流程与财务结果

供应商管理流程对财务结果具有显著的影响（见图3－26）。极佳的供应商管理流程能够改善原材料质量进而可以为产品设定较高的价格，提高产品或服务的销量，也可以通过改善供应商的服务，使企业能够为客户提供更好的服务，从而带动销量的增加。

由于有了更周密的计划、较少在“最后一刻”变更生产计划、较少的加急运输，以及较低的直接材料成本等，产品售出成本也能被降低。其他一些费用也会降低，这是因为生产力得到提高、运费与接货成本得到降低、供应网络中仓储配送系统更有效率的配置、订单管理成本与人力资源管理成本都因为信息化订单系统的应用而得到降低等等。

极佳的供应商管理流程还能降低原材料库存、半成品库存和产成品库存。供应商在订单履行和按时交货等方面业绩的改善，将会降低这三种库存的安全库存。而且，资产利用率得到改善、合理使用仓库和工厂设备、改善投资计划和回收计划等较好的供应商管理流程也能够降低固定资产投资。供应商管理流程的财务目标与指标如表3－38所示。

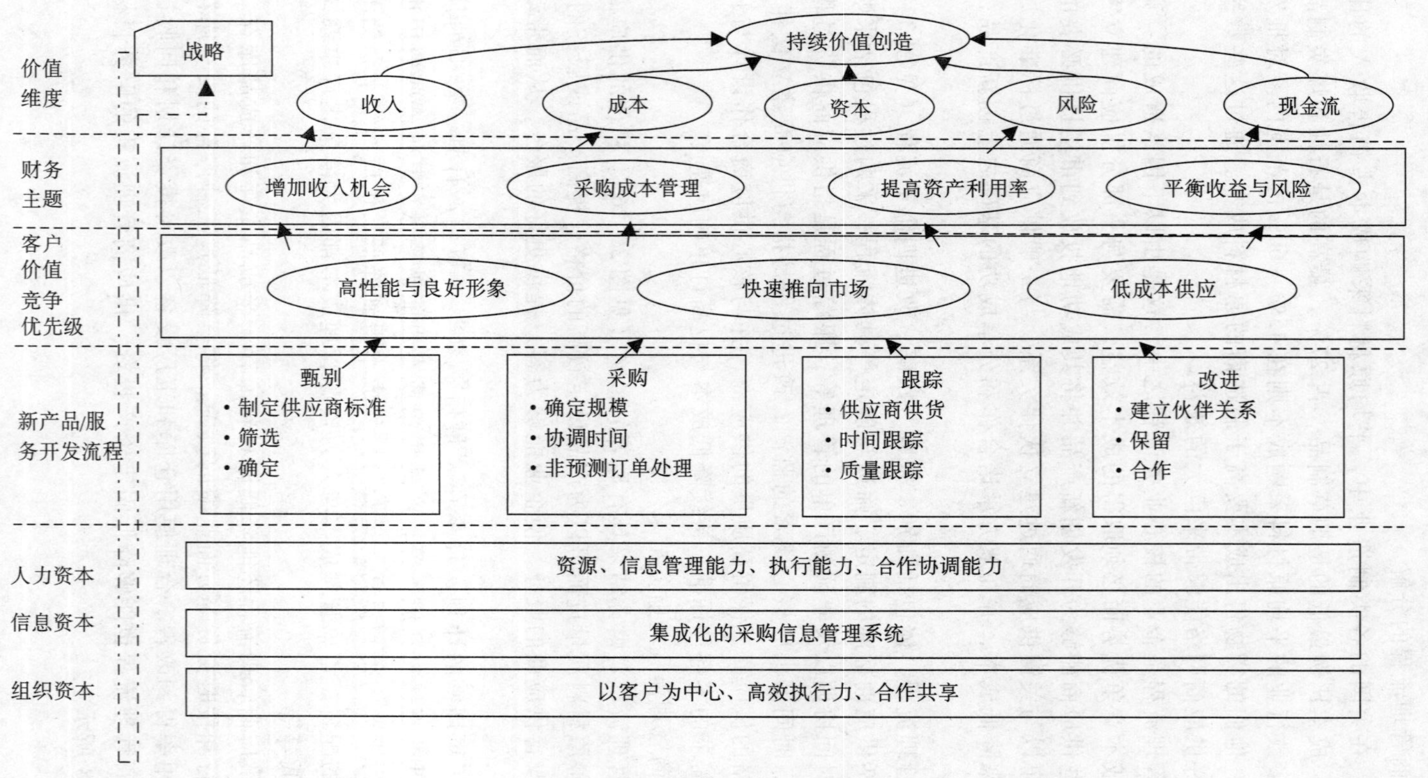

图3－25 供应商管理流程

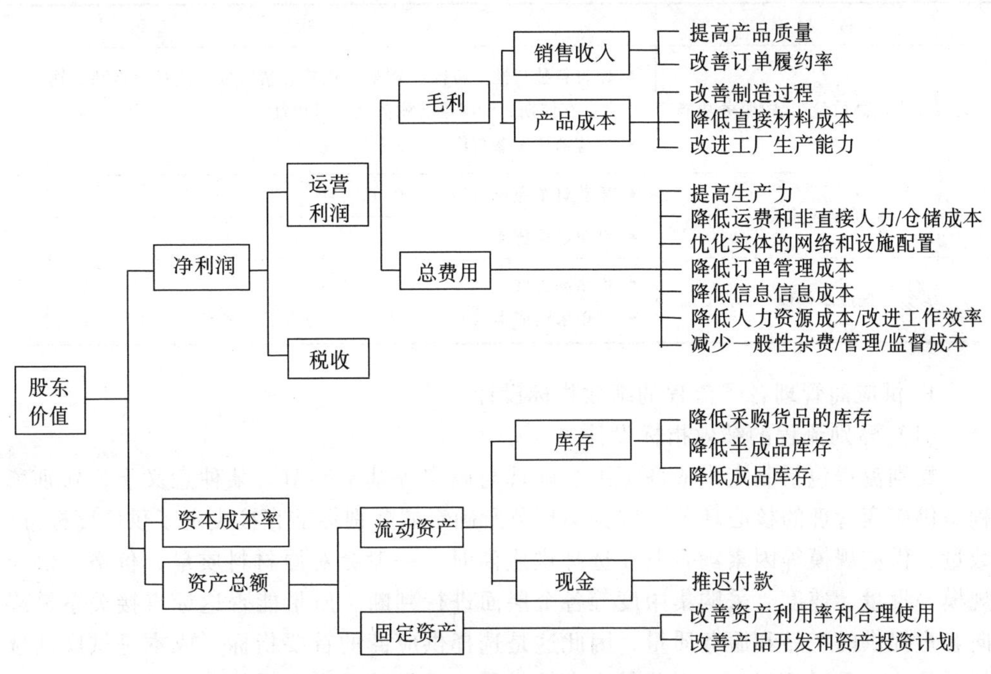

图 3－26　供应商流程与财务结果

表 3－38　　供应商管理流程的财务目标与指标

财务目标	财务指标
降低采购成本	• 单位采购成本 • 原材料质量成本
提高采购效率	• 间接成本比重
降低原材料库存	• 购领比率
延长付款期	• 应付账款周转期

3. 供应商管理流程与客户管理流程的连接

客户管理流程直接对接外部顾客，而供应商管理流程则直接对接外部供应商，两个重要流程之间通过订单履行流程与新产品/服务开发流程将整个价值链条连接成一个价值创造的联合经营体。与新产品/服务开发流程以及订单履行流程相同，供应商管理流程同样受客户订单驱动，正因为有相应的客户订单支撑，使采购与客户订单诉求对接，使采购的原材料才具有实际价值。

如图 3－25 所示，供应商管理流程主要涵盖高性能与良好形象、快速推向市场与低成本供应三个客户价值主张，在满足这三个价值主张的基础上通过合理、高效的运作来提升财务价值创造能力。

供应商管理流程与客户管理流程衔接的典型指标如表 3－39 所示。

表 3-39 供应商管理流程与客户管理流程的衔接指标

目 标	指 标
为客户提供高质量产品/服务功能	• 原材料独特性能特征（例如：规格、精密度、能耗、散热、速度、亮度、存储期、清晰度、耐久性、易用性） • 供应商研发参与度
订单响应速度	• 采购订单完成时间
	• 订单延误比率
低成本供应	• 价格满意度 • 订单采购成本（包括原材料价格与人工、物流、保险等间接成本）

4. 供应商管理各子流程的绩效指标设计

(1) 甄别流程的绩效指标设计。

甄别流程包括制定供应商标准、筛选与确定等基本环节。某种意义上，甄别流程是供应商管理的核心环节，因为该环节所确定的甄别标准直接决定了供应商标准、数量、供应规模等因素。企业在选择供应商时，一般会对原材料质量、价格、供应规模、批量、速度、采购集中度等各个层面进行判断。质量能否达标直接关系最终向客户提供的产品和服务质量，因此这是选择供应商的首要指标。成本是供应商选择时另一个重要的因素，有些供应商提供的产品虽然具有高质量，但成本过高，使企业无法向顾客提供高性价比的产品或服务，这需要企业在选择时作出平衡。供应商的供应能力以及供应批次多少的意愿和积极性也是重要考虑因素，即使供应商在价格和质量上都满足企业的需求，但供应规模有限或者不愿意以及时的小批量供应，那么这样的供应商也不是首选。另外，供应商集中度也是选择时一个重要的考虑因素，如果供应商数量规模过于庞大，将会造成供应商管理成本的急剧上升，但如果过于集中，则有可能会导致供应商垄断供应渠道，对企业未来发展形成一定的威胁。甄别流程的绩效指标如表 3-40 所示。

表 3-40 甄别流程的绩效指标设计

目 标	指 标
原材料质量	• 原材料独特性能特征（例如：规格、精密度、能耗、散热、速度、亮度、存储期、清晰度、耐久性、易用性）
成本	• 采购价格 • 单位采购成本
规模与批次	• 生产能力
	• 订单批量规模
时间	• 订单交接准时率
集中度	• 供应商数量 • 前五大供应商采购比重

(2) 采购与跟踪流程的绩效指标设计。

确定供应商之后便进入日常的供应商管理环节，这是一个繁琐细致的过程，需要企业投入较大的人力、物力来监控整个运营过程，一旦出现差错，将很有可能导致某批订单由盈利转为亏损。而且，当企业接收到加急订单时，供应商能否及时处理相应的采购订单，将对加急订单的快速响应能力产生至关重要的影响。企业必须通过一定的绩效指标实时监控日常供应环节的运营管理，常用的采购与跟踪流程的绩效指标如表 3 - 41 所示。

表 3 - 41　　常用的采购与跟踪流程的绩效指标设计

目　标	指　标
原材料质量	• 质量缺陷成本
成本	• 采购价格 • 单位采购成本 • 加急订单成本补贴额 • 信息化应用率
供应能力	• 批次数量及规模
	• 加急订单完成率
时间	• 订单交接准时率 • 加急订单准时率

(3) 改进流程的绩效指标设计。

改进流程是指企业通过与供应商之间建立合作伙伴关系，一同参与产品与服务的研发，改进原材料质量、降低原材料成本，为客户提供性价比更高的产品，提升整个价值链的价值创造能力。通过一定时期的运营（或适用），企业可能发现某些供应商在质量、时间、成本、柔性化等竞争维度上与企业并不匹配，而且也不具备改进的空间或时间，那么应当果断筛掉，而对于保留下来的供应商则加强合作。改进流程中常用的供应商选择绩效指标如表 3 - 42 所示。

表 3 - 42　　改进流程中常用的供应商选择绩效指标

目　标	指　标
质量稳定性	• 质量保持率
成本稳健性	• 成本降低持续性 • 信息化应用提升率
供应稳健性	• 订单总体准时率
	• 加急订单总体响应率
时间	• 订单交接总体准时率 • 加急订单总体准时率

5. 供应商管理流程中人力资本、信息资本与组织资本的绩效指标设计

供应商管理流程需要素质极高的供应商管理专家，与供应商销售系统对接的畅通的采购平台信息系统、良好的价值链管理架构与组织。供应商管理流程人力资本、信息资本与组织资本的绩效指标设计见表3-43所示。

表3-43 人力资本、信息资本与组织资本目标与指标

层面	目标	指标
人力资本	• 开发战略	• 人力资本准备度
	• 吸引和保留顶级人才	• 关键采购员工流失率
信息资本	• 开发采购订单管理数据系统	• 采购订单管理系统衔接能力 • 采购订单管理系统差错率
	• 增加知识共享	• 知识管理系统使用程度
组织资本	• 塑造合作伙伴关系	• 供应商伙伴满意度
	• 创建协调一致的价值链目标	• 供应商盈利增长率

四、绩效指标体系的反向链接

绩效指标的设置是一个高层主导、全员参与制定的系统化过程，企业所有相关人员围绕价值创造的目标，以战略为导向建立财务绩效指标，因为财务绩效指标与价值创造指标直接对接，然后在财务绩效指标牵引下为各个业务流程设置相应的绩效指标，并且所有的业务流程绩效指标的设置都对接客户订单，因为客户是整个价值链的根本驱动力。

但是，这并不代表绩效指标体系系统的结束，企业还需要进行绩效指标体系的反向链接过程，这一过程实际上是对价值创造衡量体系的讨论验证过程。企业可以借助平衡计分卡等工具进行反向链接，检验财务层面指标与业务流程层面指标的因果关系，最终建立一套价值创造导向下的有机统一的指标系统。

【例3-3】 X航空公司愿景为："把X航空公司建成一家安全、优质、效益先进、职业道德文明的优质航空公司"。公司通过平衡计分卡与战略地图建立了财务、客户、流程、学习与成长等四个层面相互联系的指标体系（见图3-27）。

案例解析

1. H集团的考核指标体系存在的问题

(1) 只注重财务指标，考核导向有偏差。

从考核指标表看到，月度考核的内容是含税销售收入、费用控制、现金流，年度考核的内容是利润总额、现金流、含税销售收入，显然关键绩效指标全部是财务指标。完全用财务指标考核极易导致实际工作中经营者出现短期行为，而不在乎企业长远发展。

有些商场为了获得高分，一味地节省费用，该花的钱也不花，忽视了企业长期

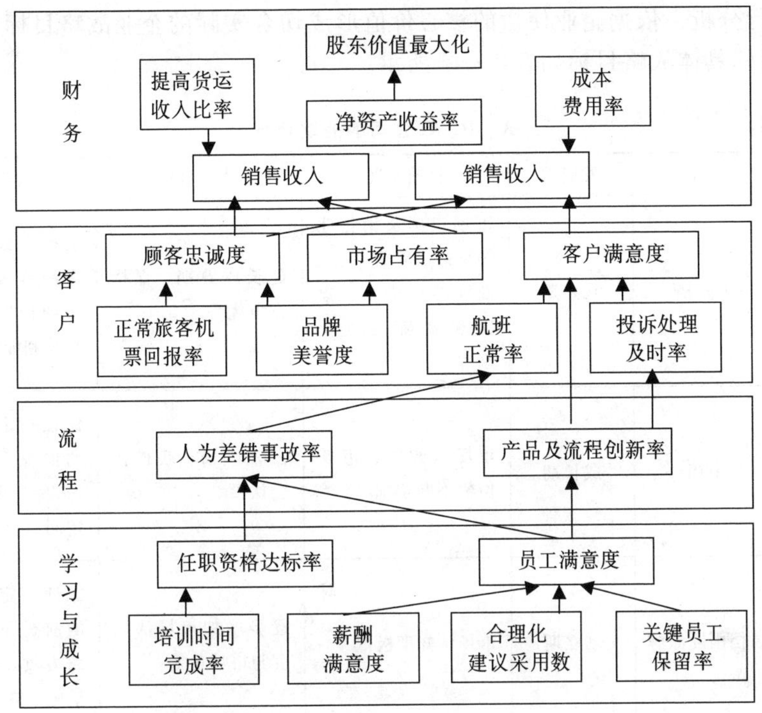

图 3－27　X 航空公司指标体系

发展所必需的投入，如为了节省培训费，一年中没有买过任何培训教材，也没有派员工外出参加必要的相关培训。企业员工的素质得不到提高，不利于企业的长期发展。还有些商场为了得高分，不根据客观实际，预提费用，玩起了数字游戏。有的商场单纯追求销售，不顾毛利率的高低，大幅度打折促销。更为严重的是，过分强调销售收入使有的商场出现了虚假销售现象。

（2）三个不同公司的考核指标都一样，没有考虑它们的差异性。

A、B、C 三个公司的市场定位不同，处于不同的发展期。A 公司处于成熟期，B 公司处于成长期，C 公司处于创立期，它们的工作重点和难点不相同，采用完全相同的指标和权重考核是不合理的。例如，C 公司成立不久，市场认知度很低，销售收入很低，而且 C 公司的商品定位是国际名牌商品，招商难度大，所以在相当的时间内，它的主要工作是招商，但是按目前的方案考核，经营者总是完不成任务，在招商、完善管理等方面的工作业绩也体现不出来。

（3）没有能力的考核。

商场竞争激烈，必须不断提高员工的素质，经营者也需要不断学习，不断进步。因此，对管理者学习、创新能力的考核也是一项重要内容。

2. H 集团的考核指标体系的改进措施

（1）明确企业战略和战略目标。

运用 SWOT 分析、BCG 矩阵分析、目标市场价值定位分析等方法分别对三个公司环境进行分析，依据企业使命的核心价值形成切合实际的企业战略目标定位。A、B、C公司的具体战略目标如表3－44所示。

表3－44　　A、B、C公司的战略目标

公司	市场定位	发展期	目前状况	战略目标	管理重点
A	中高档	成熟期	市场口碑及销售业绩良好、管理规范、商业经验丰富、集团现金流的重要来源	延长成熟期、保持竞争优势	引进一线品牌、提升经营定位、巩固市场份额、继续提高盈利能力
B	中档	成长期	市场认知度、市场份额不断增加	占领市场、获得社会认可	保证一定毛利水平的前提下扩大市场份额、提升利润空间
C	高档国际品牌	创立期	市场认知度极低	逐步增加市场认知度与市场份额	保证一定毛利水平的前提下，扩大招商力度、加强营销措施、提升销售

（2）整合BSC与KPI，确定关键绩效指标体系。

从财务、顾客、内部流程、学习与成长四个维度出发，为实现企业战略目标需要，设立各公司的关键绩效指标体系。A、B、C三个公司的指标设立情况如表3－45所示。由表中可以看出，三个公司的KPI不尽相同，而且在具体的考核方案中，由于公司的战略不同，三个公司相同指标的权重也不尽相同。

表3－45　　A、B、C公司的关键绩效指标体系

维度	主要评价指标		
	A	B	C
财务	经营所得现金	销售收入、经营所得现金	销售收入
客户	顾客满意度	顾客满意度	顾客满意度
内部流程	一线品牌占有率、供应商满意度、品牌到位率、营销费用贡献、年度审计指标	供应商满意度、品牌到位率、营销费用贡献、年度审计指标	品牌到位率、商品丰富度、供应商满意度、营销费用控制、销售增长率、年度审计指标
学习与成长	组织领导能力、学习创新能力	组织领导能力、学习创新能力	组织领导能力、学习创新能力

任务三　制定并分解预算与绩效目标

任务目标

1. 掌握预算与绩效管理目标的制定与分解流程。
2. 掌握预算与绩效管理目标的确定依据。
3. 理解目标制定过程中沟通的重要性。

案例导入

GK公司是国有控股制造企业，主导产品为增强材料与电子布产品，虽然两种产品在原材料与生产工艺方面类似，但是分别应用于建筑领域与电子领域。公司实行直线职能制组织结构，下设七个部门、两个车间，分别是人力资源部、财务部、生产部、技术质量部、采购部、销售一部、销售二部、增强材料车间与电子布车间。GK公司对各部门负责人实行年薪制，并将考核结果与薪酬挂钩。去年在国家房地产刺激政策下，公司的整体业绩大幅增长。

去年，公司给一部制定的销售目标是20 000吨，销售收入1.6亿元，实际完成30 000吨，销售收入3.3亿元。销售一部完成的销售收入超过目标1倍以上，而二部刚好完成目标，如果根据已有标准，销售一部部长的年薪将是销售二部部长的两倍。二部部长向公司陆总经理反映一部的业绩很大程度上是市场的原因，抱怨给自己部门目标定得过高，给一部定的目标过低。对此，陆总经理向人力资源部张部长征求意见。张部长认为原先的薪酬标准确实会影响二部工作积极性，建议调整一部的年度经营目标。陆总经理觉得张部长的建议还是可行的，因此约谈一部孙部长到其办公室进行了充分沟通。

陆总经理："过去一年你们部工作很有成效，超额完成任务，给公司作出了重大贡献。"

孙部长："应该的，还不是公司领导有方啊！"

陆总经理："不是领导有方，是房地产市场行情好啊，带来了增强材料的巨大需求。"

孙部长："就是就是。"

陆总经理："年初你们部门定的目标是多少呢？超额完成了多少呢？"

孙部长："年初定的目标是销售收入1.6亿元，实际完成3.3亿元，超额完成1倍多。"

陆总经理："哦，看来年初给你们部门定的目标太低了，我们年初对市场情况的判断有问题。我认为应该对你们部门的目标作一下调整，你怎么看呢？"

孙部长："调整一下目标，我倒是没什么意见，但对我部门的员工来说，恐怕有点儿不公平啊，这一年来，他们不是和客户周旋，就在公司加班……"

陆总经理："你们部是很辛苦，但二部的员工也很辛苦啊。如果按照原来的目标计算，你们一部员工奖金要超过二部员工的奖金一倍以上呢。我认为这样会给二部员工的工作积极性带来影响。"

陆总经理继续说："我看这样吧，把你们部门的年初目标调整为2.8亿元，增加1个亿元，你的意见怎么样?"

孙部长："目标调整的太高了吧？年初做目标的时候计划销售20 000吨，而实际销售30 000吨，从销售量来看，增长50%呢。这已经剔除了价格上涨的影响了，但是如果目标调整为2.8亿元，我们实际超额完成不到20%啊。"

陆总经理："你倒是提出了一个思路，这样吧，你们的目标调整为年初计划销售量乘以实际单位销售价格，这样你有什么看法?"

孙部长是个非常精明的人，各种数据都在他心中装着，年初制定销售目标的时候预计销售价格是每吨8 000元，实际全年平均销售价格是每吨11 000元，年初制定的销售计划是销售量20 000吨，实际完成30 000吨。这样看来，销售目标可能变为2.2亿元了。经过一番思考之后，孙部长说："这种调整方法还是比较科学的，一方面消除了制定目标时对市场价格判断失误的影响，同时仍然鼓励员工尽量多地销售公司产品，我认为还是比较合理的。"

元旦过后，各部门的最终绩效考核结果出来了，除了销售一部的员工外，各部门基本满意。只有销售一部的员工有情绪，因为按照年初的目标计算，平均每人的年终奖金能有3万元，而调整目标后，每人平均减少1.5万元，销售一部部长的年薪也由20万元降为15万多元)。

（资料来源：薪酬绩效考核案例，http：www.ahsrst.cn/a/201406/15081.html#cp）

案例思考：GK公司销售一部去年业绩为什么会出现大幅度增长？GK公司的绩效激励计划是否合适？企业应当如何制定相对公平合理的绩效目标？

任务解构

一、预算与绩效目标的制定和分解流程

绩效指标为企业所有业务活动编制了一幅交互联系的战略路线路，通过衡量体系，始终保持企业所有的活动指向价值创造这一终极目标，接下来便是制定一定期间内的预算与绩效目标。根据目前企业管理的发展阶段和水平，存在两类目标制定和分解范式，即适用于大工业时代企业管理需求的传统模式以及与当下信息时代企业管理需求相匹配的基于业务流程的模式（见图3－28）。

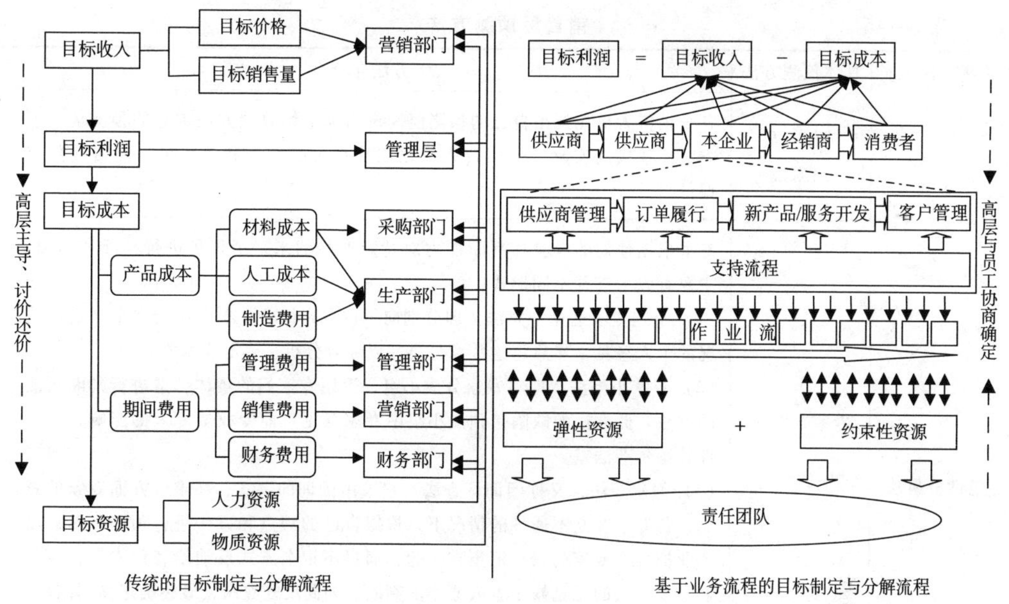

图 3－28　目标制定与分解流程对比

二、传统的目标制定与分解

传统的目标制定与分解流程源于20世纪初的泰勒制，历经百余年，泰勒制依然是国内外多数企业的主流模式。该模式将目标制定的各个环节分解到各个单元、部门上，奉行精英管理模式，由企业高级管理者主导，由工程师制定相应的目标或标准，员工达到或者超过目标的将给予奖励，而未达到者将受到惩罚。

（一）确定目标收入

如图 3－28 所示，目标收入的确定是整个流程的起点，具体包括目标价格与目标销售量两部分内容。实践活动中，企业营销部门一般结合未来市场预期、历史状况、产品的功能和质量以及战略诉求等多种因素确定相应的目标收入。

企业制定目标价格时，需要运用广泛的市场分析程序，来确定它们的顾客目前想要什么（包括潜在的需求）和愿意为之支付的价格。同时，需要考虑竞争性产品的价格，如果竞争性产品具有更高的质量和功能，那么制定的目标价格应当要低于竞争产品的价格，如果自身产品比竞争性产品具有更高的质量和功能，那么可以制定相同或更高的价格。另外，企业的发展战略也是制定目标价格的重要考虑因素，例如，企业为谋求更大的市场份额，往往需要奉行低价战略，或为了增加长期盈利性并创造一个高新技术形象，往往设定较高的价格。对于销售量的预测，则需要结合市场发展情况、自身产能约束等因素，结合一定的预测方法进行，常用的方法如表 3－46 所示。

表 3-46 销售量预测方法

预测方法大类	具体预测方法	方法介绍
定性分析法	销售人员预测法	各个销售人员先提出自己的预测值，再用求平均数的方法求总的预测值。该方法比较接近实际，但销售人员往往从自己的切身利益出发，使估计数字偏低
	专家判断法	专家根据他们的经验和判断能力对特定产品的未来销售量进行判断和预测，主要有以下三种不同形式： (1) 个别专家意见汇集法，即分别向每位专家征求对本企业产品未来销售情况的个人意见，然后将这些意见再加以综合分析，确定预测值。 (2) 专家小组法，即将专家分成小组，运用专家们的集体智慧进行判断预测的方法。此方法的缺陷是预测小组中专家意见可能受权威专家的影响，客观性较德尔菲法差。 (3) 德尔菲法，又称函询调查法，它采用函询的方式，征求各方面专家的意见，各专家在互不通气的情况下，根据自己的观点和方法进行预测，然后由企业把各个专家的意见汇集在一起，通过不记名方式反馈给各位专家，请他们参考别人的意见修正本人原来的判断，如此反复数次，最终确定预测结果
	产品寿命周期分析法	产品，一般要经过萌芽期、成长期、成熟期和衰退期四个阶段。判断产品所处的寿命周期阶段，可根据销售增长率指标进行。一般地，萌芽期增长率不稳定，成长期增长率最大，成熟期增长率稳定，衰退期增长率为负数
	顾客意见法	对用户调查或征购来预测市场销售量，主要方式有：走访用户、举办订货会、用户座谈会、巡回展销、商品展销。此法主要适用于用户数量不太大或与本企业有固定协作关系的单位
定量分析法	趋势预测分析法	趋势预测分析法主要包括算术平均法、加权平均法、移动平均法和指数平滑法等
	因果预测分析法	因果预测分析法是指通过影响产品销售量（因变量）的相关因素（自变量）以及它们之间的函数关系，并利用这种函数关系进行产品销售预测的方法。因果预测分析法最常用的是回归分析法

（二）预测目标利润

传统模式下，目标收入确定后，接下来便是由企业高层管理者确定目标利润，以便倒挤出目标成本，一般而言，目标利润由企业高层管理者（团队）决策制定，具体包括利润比率法、本量利分析法、经营杠杆系数法、增长比率法、标杆法等。

1. 利润比率法

利润比率法是目前企业管理中最常用的方式，在使用时，首先需要选择利润比率标准，然后用目标基数与之相乘得到初步的目标值，最后加以修正。利润比率法的具体流程如图 3-29 所示。

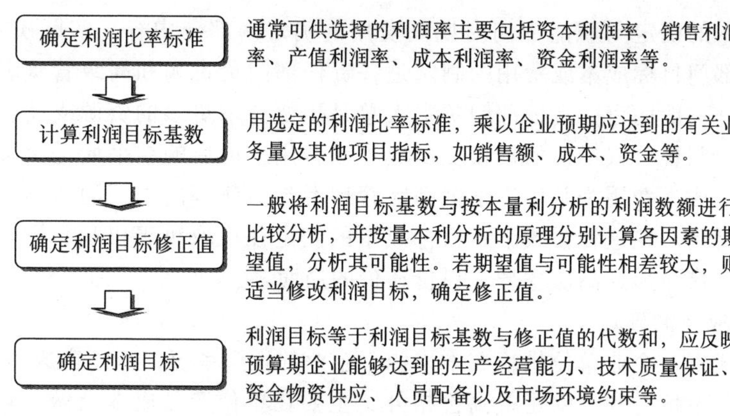

图 3－29　利润比率法的具体流程

2. 其他方法（见表 3－47）

表 3－47　**目标利润制定的其他方法**

方法名称	方法介绍	
本量利方法	单一品种的利润测算	产品销售利润＝产品销售数量×（销售单价－单位变动成本）－固定成本总额
	多品种利润预测	产品销售利润＝产品销售数量×综合边际贡献率－固定成本总额 综合边际贡献率＝Σ（某产品边际贡献率×该产品在销售总额中的比重） 产品边际贡献率＝（产品销售单价－产品单位变动成本）÷产品销售单价
经营杠杆系数法	经营杠杆系数＝利润变动率÷销售量变动率 或经营杠杆系数＝$\frac{(销售单价-单位变动成本)\times 销售量}{(销售单价-单位变动成本)\times 销售量-固定成本}$ ＝边际贡献额÷利润额 目标利润＝基期利润×（1＋利润变动率） ＝基期利润×（1＋经营杠杆系数×销售变动率）	
增长比率法	根据销售增长率、利润增长率、产值增长率等增长率指标来测算预期目标利润的一种方法，该方法主要适用于稳定发展的企业	
标杆法	确定预算目标值的参照物，如本企业历史最高水平、本行业同类企业最高水平，国外同类企业最高水平等。在实务操作中，通常存在企业内部基准和外部基准两类。内部基准是以本企业历史上的最高水平为标准，外部基准是以本行业同类先进企业（如同行业排名前三名的企业）的实际水平为标准	

（三）目标成本的制定与分解

企业整体目标成本是目标收入与目标利润倒挤的结果，这形成了企业各责任部门目标成本的总体约束条件，所有责任部门成本与费用总和应当在这一目标成本之内。

如图 3－28 所示，根据各责任部门的职责内容不同，目标成本制定包括生产部门对产品成本的确定与职能部门对期间费用的确定两部分内容。实际决策过程中，企业各责任部门目标成本或费用的制定是各责任部门负责人和高级管理者之间相互协商的过程。一般而言，责任部门负责人总是想要寻求更多的资源支持，而高级管理者则试图限制各分权单位的授权支出成本和费用，最后的结果便是目标成本往往以上年的实际成本费用为基础，根据高级管理者与责任部门之间的协商或加或减几个百分数而得到。在这种模式下，目标成本的制定往往取决于权利、影响力及协商能力的高低，最终形成高层主导、讨价还价的局面。

1. 产品成本的确定

传统模式下，企业单位销售成本来源于企业的生产系统，与已售成品成本相等。企业若想提升单位毛利，除了提高价格外，主要在单位产品成本上做文章。根据目前多数企业的成本核算系统，企业单位产品成本的计算主要遵从企业财务会计核算的要求，把成本分为直接材料成本、直接人工成本与间接制造费用三类，其中，制造费用需要采用一定的标准诸如人工工时或机器工时等进行分配（见图3－30）。

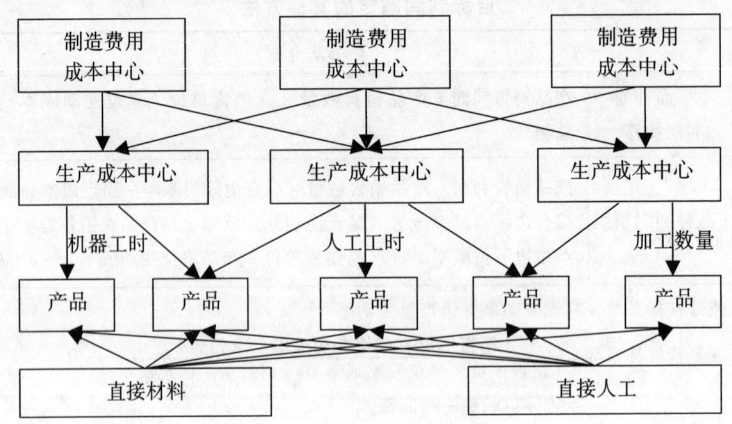

图3－30 传统模式下产品成本的确定

（1）直接材料成本的确定。

传统模式下，目标材料成本主要与采购价格和生产消耗程度有关，这要求采购部门持续不断地降低采购价格，生产部门不断地降低生产消耗。

采购部门为降低采购价格，通常不会与供应商签订长期供应协议，主要采用传统的材料成本降低方法来达到降价的目的（见表3－48）。

表3－48 传统的材料成本降低方法

序号	传统成本降低方法
1	大批量采购，以获得数量折扣
2	从质量、可靠性和交货表现不算突出的边缘供应商那里采购
3	从本国远距离的供应商那里采购，尤其是在运货成本不受单次运输影响的情况下，这将提供稍低一些的价格

续表

序号	传统成本降低方法
4	从低工资国家中的供应商那里采购
5	从因对技术和系统投资不足而制造成本低的供应商那里采购
6	从工程和技术资源有限的供应商那里采购

生产部门在目标成本的压力下，会绞尽脑汁地降低生产过程中的材料消耗，比如降低废品率（但无法降低由于采购原材料质量导致的废品损失）、减少废料产生、尽可能的降低耗用标准（例如降低钢板厚度）等。

（2）直接人工与制造费用的确定。

人工成本包括工资、“五险一金”、加班费、奖金等，其中，人员工资一般包括固定性的基础工资和绩效工资（存在计件制、计时制等多种形式）两部分构成。生产部门为了降低单位产品的人工成本，除降低薪酬水平外，一般会更多地使用临时工或实习生，因为无须支付固定工资和五险一金等，同时尽最大可能地提高单位产出量，这样可以通过产量的增加分摊固定性的人工费用。

制造费用包括随业务量变化的变动性制造费用（如电费、包装材料等）与不随业务量变化的固定性制造费用（厂房、机器设备等折旧）。不过，不论哪一种制造费用，在传统模式下，都是按照一定的标准诸如机器工时、生产工时、产量等分摊到所有产品上。为降低单位产品的制造费用，企业一般会采取降低辅助材料消耗、延缓设备更新、增加产量等方式，以求降低分摊额。

（3）标准产品成本的确定。

直接材料、直接人工与制造费用等项目的目标成本确定之后，就会形成一定时期内产品的标准成本。

2. 期间费用的确定

期间费用的确定主要是指销售费用与管理费用的确定，并不是所有的期间费用项目都是可以降低的，企业管理层需要在对这些费用按照一定的标准分类的基础上确定目标期间费用的具体数额。

期间费用的分类如图 3－31 所示，按照与业务量之间的关系，可以将期间费用分为变动期间费用与固定期间费用，按照是否由管理层决策影响可以继续细分为技术性变动期间费用和酌量性变动期间费用、约束性固定期间费用与酌量性固定期间费用。企业在确定目标期间费用时，可以按照这些分类标准作出相应的决策。

但实际上，期间费用中的诸多项目存在相当大的随机性，制定过程中也往往存在激烈的博弈，各责任部门负责人的权利、影响力及协商能力在这一过程中会得到充分展现。博弈的最终结果，往往是采用基期预算模式，各项费用在去年实际发生金额的基础上增长或减少几个百分点来确定，实际的执行过程也往往脱离原先确定的目标。

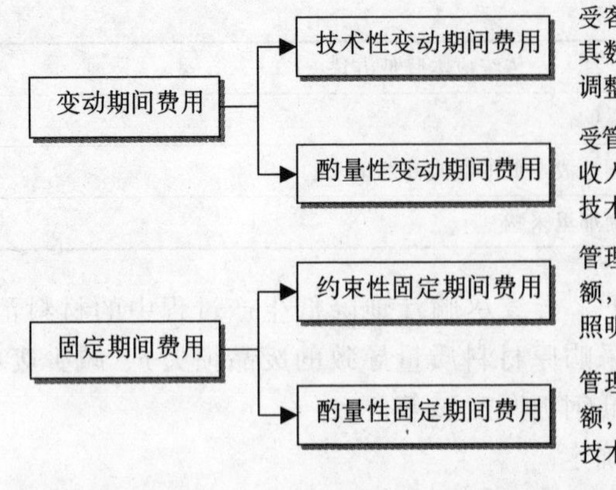

图 3-31　期间费用的分类

(四) 目标资源的确定

传统模式下，企业目标资源的确定实际是由各个责任部门分割进行的。企业各个责任部门在制定目标收入与成本时会形成对资源的需求计划，包括人力资源与现金、存货等以流动性资产形态存在以及机器、厂房、信息系统等以固定性资产形态存在的物质资源，它们分别由人事部门和财务部门汇总，形成目标期间内的总需求计划。目标资源与现有资源的差额如图 3-32 所示。

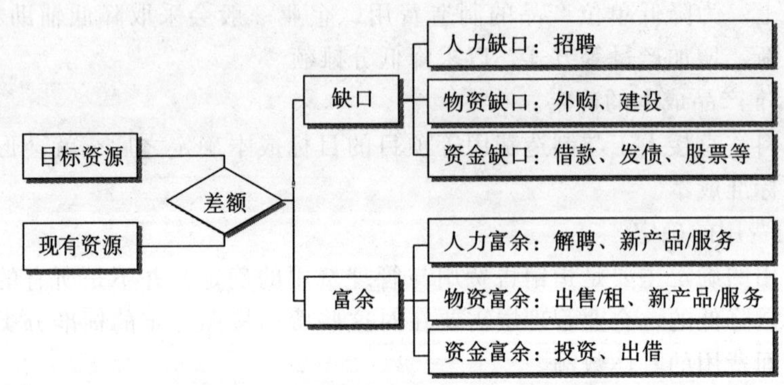

图 3-32　目标资源与现有资源的差额

如果企业现有资源能够满足企业的目标资源需求，企业便无须再从外部获取资源，可以利用富余物资和人力开发新的产品和服务，将富余现金投资于股票、债券、理财产品等或出借，将富余人力资源解聘等。相反，如果现有资源与目标资源需求之间存在一定的缺口，这种情况经常出现在企业的初创期和成长期，此时，企业需要采取相应的措施从外部争取相应的资源来弥补这一缺口，如人力资源的缺口需要进行招聘，物资资源的缺口则需要从外部购入，如果存在资金缺口，则需要采取银行借款、发行债券、发行股票等方式筹措资金。

三、基于业务流程的预算与绩效目标制定与分解

（一）基于业务流程的预算与绩效目标制定与分解理念

1. 客户导向的预算与绩效目标制定与分解

企业的收入来源于客户，所有业务流程发生的成本也是为获取客户收入所付出的代价，没有客户订单，就没有与之相关的业务活动以及相应的资源配置与耗费。企业客户需求的响应流程如图 3－33 所示，企业的市场、营销等部门和人员积极洽谈客户，客户发出订单，研发设计部门和人员根据客户需求进行产品设计，采购部门采购原料，制造部门生产、物流部门将产品交付客户手中，售后技术服务部门为客户提供相应的维修质保服务，财务部门向客户出具发票与收款并登记入账，人力资源部门提供相应的人力支持。

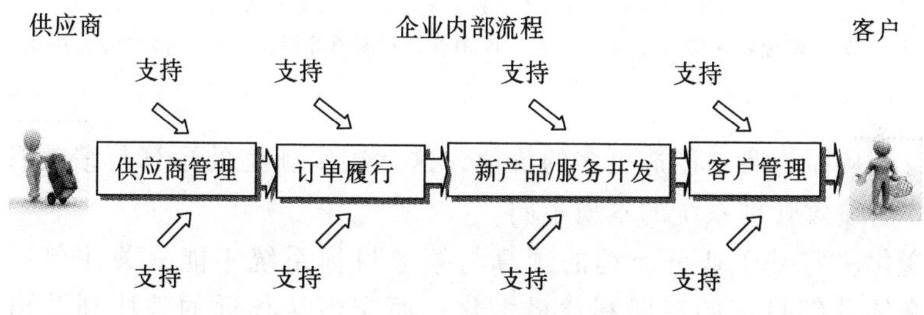

图 3－33　企业客户需求的响应流程

但在传统模式下，关于客户对企业价值创造贡献程度的确定被人为地肢解了，营销部门主要负责净收入的增长，主要根据订单毛利（率）来决定是否响应客户订单，很多时候甚至没有考虑为争取某些客户所单独发生的服务费用，也没有考虑制造、研发、采购等流程为响应订单数量、时间、质量上的要求所付出的成本，更没有考虑所动用资产的机会成本，客户订单的盈利水平是一个未知数。实际上，很多客户订单并不盈利，甚至是亏损的，企业却并不知道。20% 最盈利的客户为企业创造了 180% 的利润，而 20% 最不盈利的客户会给企业造成 80% 的损失，大多数客户并不能为企业带来多少价值创造，即“鲸鱼曲线”（见图 3－34）。

既然客户订单是引起企业价值变化的根本因素，那么企业目标收入与成本的制定与分解应该按照客户订单展开，企业需要全面、单独地分析为满足所有客户订单而发生的相关流程与作业，将为争取或维持该客户所发生的成本费用以及资源配置追溯到这些流程与作业上，以确定每一个（类）顾客对企业价值创造的贡献。这种做法将给企业提供更多的价值创造机会，包括留住现有的高收益客户，正确的定价与折扣定价决策，与愿意合作的客户协商，建立降低服务成本的双赢关系，将长期亏损的客户让给竞争者，尝试着从竞争者那里抢夺高收益客户等。

2. 价值链协作的预算与绩效目标制定与分解

目前，企业的市场竞争已经不再是单打独斗的方式，而是整个价值链的竞争，甚至是价值星系的竞争，只有通过链（网）的行动协作与利益共享才能提升自己的

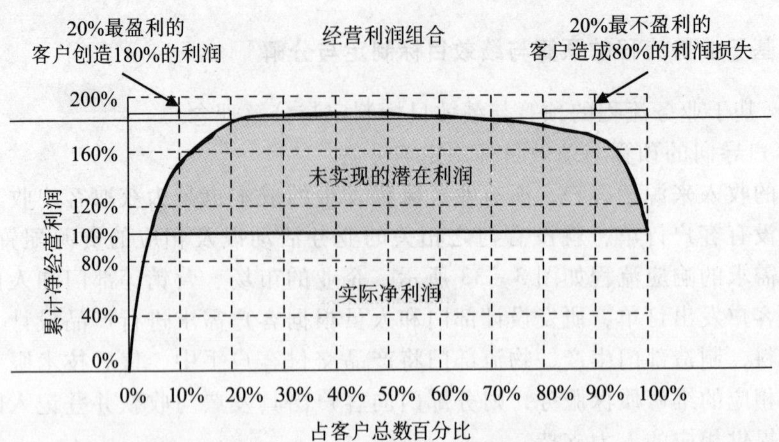

图 3-34 累计利润与客户：20~180 原则

资料来源：［美］罗伯特·S. 卡普兰，罗宾·库珀著，刘俊勇等译：《成本与效益》，中国人民大学出版社 2014 年版。

市场竞争力，从而为股东创造更多的价值，这就决定新型的预算与绩效管理模式与传统的预算与绩效管理系统的本质不同。

这种变化决定基于业务流程的预算与绩效目标系统不能只关注单一企业、单一部门等个体业绩目标的短期利益最大化，而应当从长远的整体利益出发，以客户导向为导向，重视与供应商、客户甚至供应商的供应商、客户的客户合作，整合价值链资金流、物流与信息流，使整个价值链条上的所有企业对接最终客户的价值主张，通过业务流程优化与所有利益相关者的协作，实现整个价值链（网）的整体业绩增长，然后根据参与各方的协议分配共享，实现所有成员业绩的可持续增长（见图 3-35）。

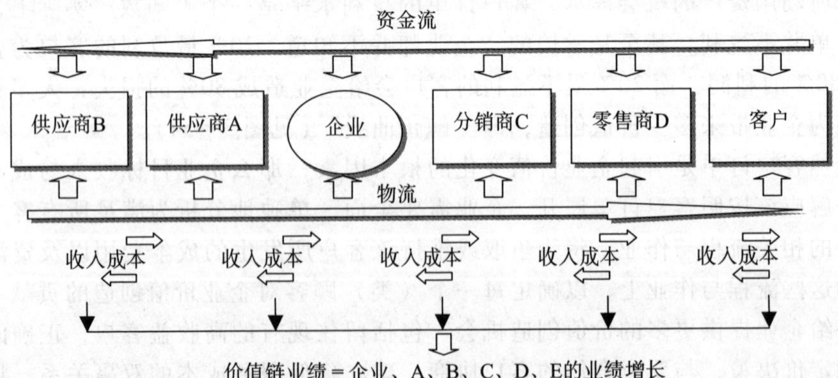

图 3-35 价值链所有成员企业的绩效链接

在这种理念支撑下，基于业务流程的预算与绩效目标的确定不再按照职能部门进行分别确定与汇总的模式，而是沿着价值流动路线，将客户、订单、供应商、流程、作业等作为确定维度，也不再是高层与下属部门讨价还价的结果，而是价值流上所有参与部门和人员真诚协商的结果。

（二）新型的预算与绩效目标制定与分解流程

基于业务流程的预算与绩效目标制定分解流程包括四个步骤（见图3－36）：

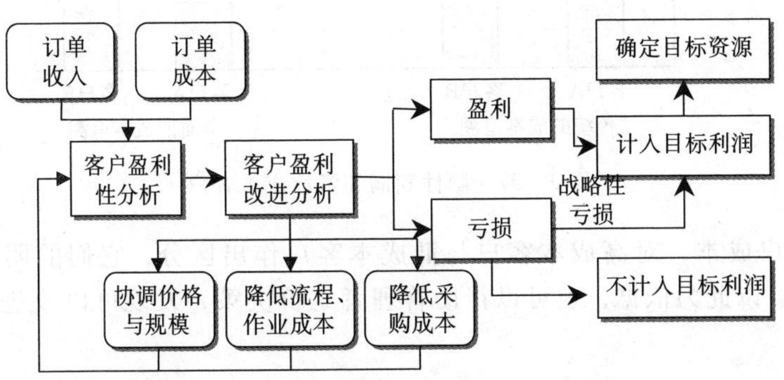

图3－36　新型的预算与绩效目标分解模型

第一步：客户预期盈利能力分析，包括对订单收入与全成本的分析。

第二步：客户盈利性改进分析，通过未来可实现的协商以及流程与作业改进提高客户的盈利性空间。

第三步：目标利润确定，对于能够实现盈利以及必须保持的战略性亏损客户所产生的收入、成本及利润计入目标，而对于不能够实现盈利且非战略性客户所产生的收入、成本及利润不计入目标。

第四步：确定为实现目标收入、成本所需要的资源，包括资源需求与资源供给两个层面的内容。

1. 客户盈利性分析

客户盈利性分析要求在获得订单收入与订单流程成本的基础上，形成客户盈利性报告。其中，订单收入是外部输入因素，由客户提供；订单流程成本是内部输入因素，由订单负责团队经过合理分析后确定为达成订单所需要的成本；订单收入与订单成本之间的差额便是客户订单的盈利，所有内容都应当在客户盈利性报告中得到体现。

（1）基于客户的真实成本追溯。

客户盈利能力分析的关键是客户真实成本的追溯分析，传统的预算与绩效管理所采用的成本系统受财务会计准则的约束，往往将制造成本根据一定的数量标准平均分摊，而且将广告营销、设计研发、物流仓储等费用计入期间费用，更没有将与客户相关的专用资产机会成本包括在内，无法正确反映客户对企业的真实贡献程度，导致某些客户的利润或损失被隐藏起来（见图3－37）。

新型的预算与绩效管理系统首先要求采取更加合理的方式追溯客户成本，将与客户相关的所有业务流程上所发生的生产成本、销售费用、技术和管理成本以及所占用资源的机会成本如应收账款、存货等的资本成本一起追溯到特定的客户上，呈

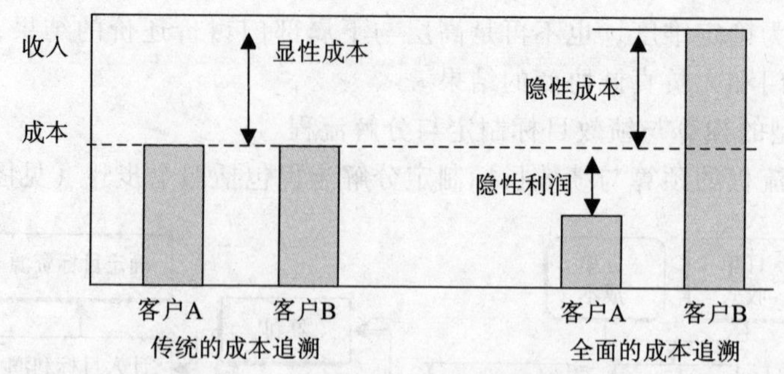

图 3-37 隐性利润和隐性成本客户

现真实的客户成本，对高成本客户与低成本客户作出区分，它们的明显区别如表 3-49 所示。以此为依据，也可以帮助管理者定价决策，发现可以改进的业务流程与作业。

表 3-49 高低服务成本客户的特征

高服务成本（隐性成本）客户	低服务成本（隐性利润）客户
订购定制产品	订购标准产品
小额订单	大额订单
不可预见的订单到达	可预见的订单到达
定制的交付	标准的交付
改变交付的要求	交付要求没有变化
手工处理	电子化处理
大量的售前支持（市场、技术和销售人员）	几乎没有售前支持（标准定价和订货）
大量的售后支持（安装、培训、担保、现场服务）	没有售后支持
要求企业持有存货	生产补给
付款延迟（高应收账款）	按时付款

所有的企业一般都能识别那些显示出部分或全部高服务成本特征的客户，它们也会偶尔幸运地拥有低服务成本客户。当客户发现它们的行为减少了供应商的成本，并且要求以低价格进行交易时，拥有低服务成本的客户才会呈现减少趋势。国际零售巨头沃尔玛能够保持低价的主要原因就在于能够正确分析自身对供应商的成本影响，沃尔玛通过采购系统与供应商销售系统的对接，供应商无须维持市场、技术、营销和管理资源，这样就可以降低客户成本，因此可以保证对沃尔玛低价的同时仍能够盈利。

（2）编制客户盈利性报告。

以客户为维度确定目标收入与成本，可以很好地将收入与成本匹配起来，更能反映企业在一定时间内的真正价值创造能力。企业需要借助一定的报告工具将这一目标的制定结果落实下来，客户盈利性报告如表 3-50 所示。

表 3-50 **客户盈利性报告**

项目	原有客户			潜在客户	合计
	客户 A		客户 B	客户 C	
	产品一	产品二	产品一	产品一	
销售收入					
折扣、退货和上架费用					
净销售收入					
商品售出成本（可变制造成本）：					
直接材料					
直接人工					
可变制造费用					
制造贡献					
可变营销和物流成本：					
销售佣金					
研发设计支持费用					
采购原材料					
运输费用					
仓储费用					
特殊包装费用					
订单处理费用					
应收账款资本成本					
坏账					
存货资本成本					
贡献毛利					
可分配的不变成本：					
工资					
与细分客户相关的广告投入					
促销和上架费用					
细分可控利润					
专有资产投资收费					
纯利润					

在表中，首先用客户销售收入扣除给予的折扣、退货等费用得到净销售收入。净销售收入扣除与客户订单相关的制造流程所产生的可变制造成本即是制造贡献。然后从制造贡献中扣除新产品和服务开发以及订单履行流程中发生的销售佣金、研发设计支持、运输、仓库收发货、特殊包装、订单处理以及应收账款与存货所占用

的资金成本，从而计算出贡献毛利。进一步扣除可分配的不变成本，如工资、与客户有关的广告支出、促销和上架折扣等，可以获得细分客户的可控利润。最后，从中扣除专项资产费用，得出客户对企业的真实贡献利润，这类报告应当包含应收账款、存货以及专用于某种细分客户的专项设备资产等方面的投资及其产生的机会成本，可以说它将传统的资产负债表、损益表与现金流量表中与特定客户相关的项目有机融合在了一起。

(3) 客户预期盈利性分析。

编制完成客户预期盈利报告之后，企业便可以根据报告进行相应的预期盈利性分析。企业可以借助一个简单的2×2矩阵观察它的客户（见图3-38），纵轴表示在对客户的销售中赚取的净利润，净利润等于扣除销售折扣并减去生产成本（基于作业动因的生产成本）后的净价格，横轴表示为客户服务的成本，包括与订单相关的成本加上维持、营销、技术、销售和管理的费用。

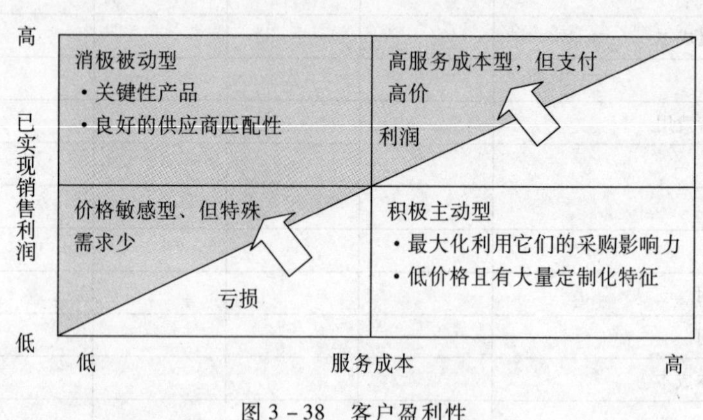

图3-38　客户盈利性

这个矩阵表明企业能够以不同的方式维持有收益的客户。像沃尔玛这样的客户处于矩阵的左下角：要求低价格，因此销售净利润较低，但与其合作，服务成本也低。如果从销售额中赚取的利润足以补偿为其配置的资源成本，高服务成本（隐性成本）客户也可以是有收益的。企业偶尔会发现它的客户位于左上方：高利润、低服务成本。这些客户应当被珍惜和保护，它们容易受到竞争者的抢夺，如果受到竞争威胁，经理人员应当提供适当折扣或专门的服务，以保持这些隐性收益客户的忠诚。

最具挑战性的一组客户处于右下角：低利润、高服务成本。企业应当与客户一起分析相关的作业成本动因，如果某些内部流程与作业是非常昂贵且无效率的，应当改进这些流程和作业，鼓励客户以较低成本的方式与企业合作，如降低订单频率、标准化交付等，以降低服务成本，使其朝盈亏平衡和盈利的方向移动。如果客户不愿意或不能改变采购或交货的方式，企业可以通过变更定价来增加收入，减少相应的折扣以及为专门服务或者特色服务定价。

2. 客户盈利性改进分析

客户盈利性的改进主要存在两种途径：第一，与客户共享盈利性报告分析结果，通过协商调整销售价格或规模、批次等；第二，对与客户订单相关的一系列业务流程与作业在成本、时间、质量、柔性化等方面重新作出安排以降低成本。企业需通过这两个方面的努力，来达到可接受的预期盈利水平。

（1）与客户协商调整价格或规模、批次。

与客户通过协商，对价格或订购规模、批次进行调整是客户盈利性能力改进的常用方法。很多客户可能从其核心供应商那里采购大批量的标准产品，而从非核心供应商那里采购一些小批量的特制产品，这些客户对非核心供应商而言便很有可能是亏损的。这些非核心供应商怎么办呢？他们可以与这些客户协商，尽量使客户降低采购的频率和种类，并共享库存信息，对标准（库存）产品的大批订单给予一定的折扣，而对于非库存产品的小批量订单要求附加溢价，这样可以明显地改进客户盈利能力。

（2）降低流程与作业的成本。

企业为了追求时间、质量与柔性化的目标往往带来成本的增加，快递企业的夜晚散单速递业务便是一个典型例子，夜晚散单规模小且收益有限，但为满足客户速递要求，往往需要带来加班费、交通费等成本。因此，业务流程与作业的管理需要对成本、时间、质量与柔性化等作出相应的平衡。

①降低成本的基本方法。成本降低的方法主要包括价值工程法、Kaizen 成本法、作业成本管理等。（见图 3－39）。其中，价值工程法主要适用于设计阶段，借助价值链功能信息，在降低成本的同时能够满足顾客的需要。Kaizen 成本法即改进成本法，是指在制造过程中每一阶段都需要设定改进目标，并持续地改进。作业成本管理则适用于全部阶段，可以帮助企业确定非增值作业、浪费以及与之相关的成本。

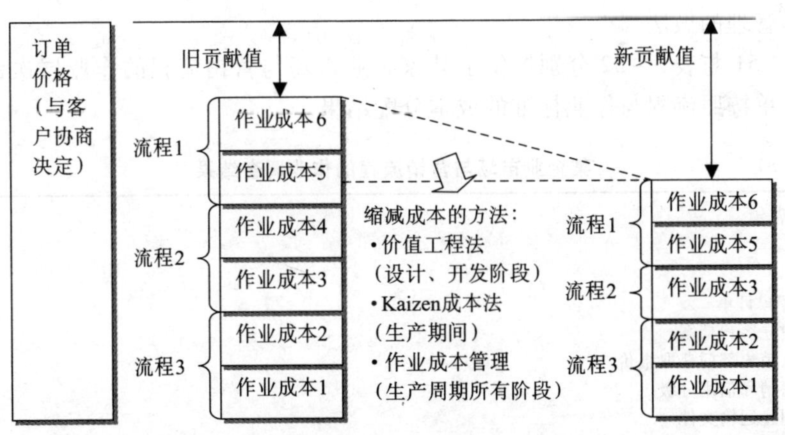

图 3－39　业务流程与作业的目标成本确定

注：作业 4 在缩减成本的过程中得到消除，其他作业除作业 3 外都得到缩减。

②降低流程与作业成本的基本流程。流程与作业成本的降低需要企业在对当前流程与作业及其成本进行分析的基础上，发现改进机会，平衡成本与质量、时间、柔性化目标，确定优先次序，形成一定期间的目标成本（见图 3－40）。

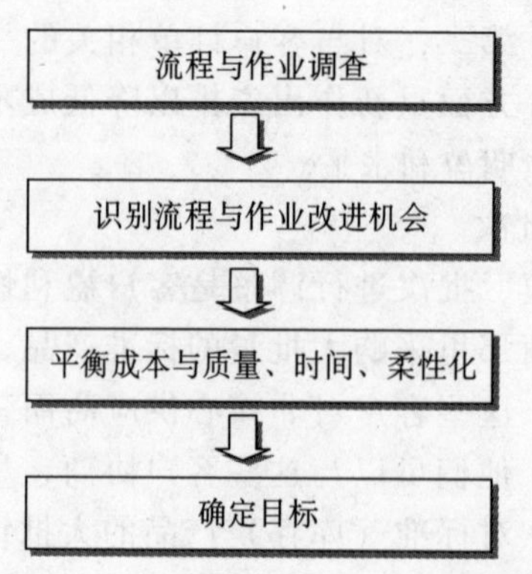

图 3－40 业务流程与作业目标的确定

A. 调查企业流程与作业。流程与作业是企业运用自身资源和外部资源积极响应客户订单需求的载体，资源消耗在流程与作业上产生了相应的成本。流程与作业的调查着眼于客户订单的盈利性，不再像传统的预算与绩效管理那样过于关注单位成本的降低，一旦形成调查结果便会给企业一个良好的审视自己的机会，会在未来给企业带来更多的补偿性收益。

对流程与作业的调查主要包括三个环节：第一，调动全员参与；第二，分析完成订单的所有流程与作业；第三，确定这些流程与作业所消耗的资源，所消耗的资源构成了订单的成本来源。本环节是一个耗时与耗费都很大的过程，企业调查团队在实际操作时，可以采用重要性原则，比如忽略使用个人时间和资源能力少于5%的流程与作业，只选择那些相对重要的作业程序，随着员工流程与作业观的改善，逐渐形成完整的业务流程与作业规划与层次图。关于本步骤的相关内容，可以借鉴作业成本管理的做法。

表 3－51 与表 3－52 分别提供了某家企业市场与营销流程的作业层次流程以及某客户订单按照流程与作业标准的成本分配结果。

表 3－51　某企业市场与营销流程的作业调查结果

4. 市场与营销
……
……
4.2 处理客户订单
4.2.1 建立客户档案
4.2.2 从销售部门获取报价
4.2.3 赊销和信用分级
4.2.4 创建运输文件
4.2.4.1 国内运输
4.2.4.2 国际运输
4.2.4.2.1 准备客户表格
4.2.4.2.2 准备报关
4.2.4.2.3 安排签证
4.2.5 准备特殊服务或特殊处理文件
4.2.6 准备危险货物处理文件

表 3－52　　某客户订单按照流程与作业标准的成本分配结果　　单位：元

工资和福利 313 000

场地 111 000

设备和技术 146 000

原材料和生产用品 30 000

作 业	工资和福利	场地	设备和技术	原材料和生产用品	合 计
处理客户订单	31 000	5 300	12 600	800	49 700
采购原材料	34 000	6 900	8 800	1 500	51 200
计划生产订单	22 000	1 200	18 400	300	41 900
搬运原材料	13 000	2 100	22 300	3 600	41 100
安装调试设备	42 000	700	4 800	200	47 700
检查产品	19 000	13 000	19 700	800	52 500
维护产品信息	36 000	2 800	14 500	400	53 700
执行工艺变更	49 000	32 000	26 900	2 400	110 300
催促订单	14 000	900	700	500	16 100
引入新产品	35 000	44 000	16 100	18 700	113 800
解决质量问题	18 000	2 100	1 200	800	22 100
合计	313 000	111 000	146 000	30 000	600 000
合计：600 000					

B. 识别流程与作业改进机会。通过对已执行的流程与作业的调查分类，可以了解到企业目前对客户订单的响应过程以及成本状况，进而评价哪些流程与作业是增值的，哪些是不增值的，对这些流程与作业的层次及增值性的分析将有助于企业确定相应的改进等级与优先次序。某制造工厂流程与作业的精益改进分析如图 3－41 所示，制造工厂通过对流程与作业的分析，发现整个流程中存在大量的存货环节，这些都是非增值作业（三角形标志），这便是企业未来重大的改进机会。

该阶段主要包括两个步骤：

第一，明确流程与作业的改进等级。经过调查分析之后，企业的流程与作业具体分为以下等级（见表 3－53）。

第二，确定改进方向与优先次序。企业应当将改进的注意力放在能产生最大回报的流程与作业上，虽然企业要授权给员工及工作团队对流程与作业进行持续改进或再造，但是这些分散的员工工作团队可能会明显地改变他们的局部流程，但可能不会对企业总成本造成显著影响，例如一项作业实现了 50% 甚至是 100% 的流程改进，但是这项作业只消耗了不到 0.01% 的成本费用，那么对于企业整体来讲，这只能产生微不足道的收益。

企业中最宝贵的资源是经理人的时间，经理为了节约这项资源，必须把时间放在最能赚钱的方面，必须引导员工团队致力于改进那些具有最大机会降低成本的流程与作业。相对来讲，企业应当将精力更多地集中于改进等级处于 C 与 D 级的流程与作业，这是因为它们能最大程度地降低成本。

C. 平衡成本与质量、时间、柔性化。确定改进等级与优先顺序之后，需要将订

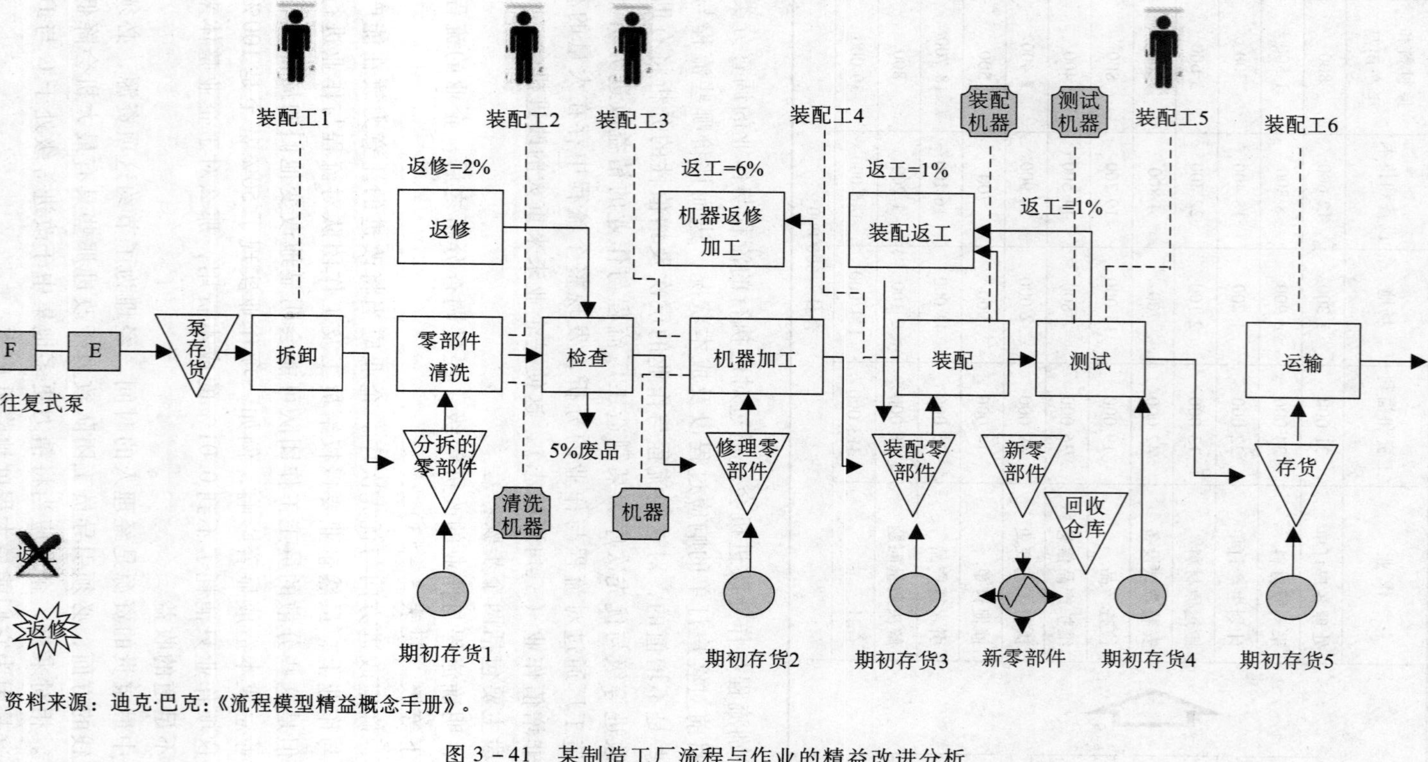

资料来源：迪克·巴克：《流程模型精益概念手册》。

图 3－41 某制造工厂流程与作业的精益改进分析

表 3－53　　　流程与作业的改进等级

等级	改进程度
等级一	生产产品或服务所需要的流程与作业，在合理成本的基础上，该项流程与作业不能被改进、简化，或此时没有被削弱的余地
等级二	生产产品或服务所需要的流程与作业，该项流程与作业可以合理地降低成本、简化，或具备被削弱的余地
等级一	生产产品或服务不需要的流程与作业，可以通过改变而最终消除
等级二	生产产品或服务不需要的流程与作业，可以在短期内被消除

单所要达到的质量、时间、柔性化目标与成本目标进行平衡，在达到质量、时间、柔性化的基本要求的基础之上，不断地压缩成本，提高客户订单的竞争力和价值贡献程度。

第一，平衡质量与成本。优质的产品和服务是企业持续健康发展不可或缺的因素，全面质量管理是重要的管理内容。质量与成本的平衡不是要降低质量，而是在满足客户需求的情况下，平衡各个业务流程阶段的质量投资，降低综合质量成本。

与质量相关的成本主要包括预防成本、鉴定成本、内部损失成本与外部损失成本（见表 3－54）。

表 3－54　　　质量成本类型

名 称	解 释	举 例
预防成本	为避免低质量产品或服务发生的成本支出	质量设计、质量培训、预防性设备维修
鉴定成本	为查出低质量产品或服务发生的成本支出	检测、在产品的生产和流程检测、产品测试
内部损失成本	发货前为避免低质量产品或服务而产生的成本	废品、返工品、残料、停工维修、重新测试
外部损失成本	发出低质量货物或提供低质量服务后，必须对客户作出的更正而产生的成本	退货与折价、保修成本、产品赔偿责任、顾客不满

这四种质量成本的发生阶段是不一样的，大部分预防成本发生在价值链的研发阶段；大部分鉴定成本与内部损失成本发生在生产阶段；外部损失成本发生在客服阶段，或更糟糕地发生在由于客户不满意而导致的未实现销售阶段。预防成本比外部损失成本的代价要低。某企业影印机的作业基础质量成本分析如表 3－55 所示。

第二，平衡时间与成本。在当下竞争环境中，时间是一种重要的竞争武器，交付速度、准时交付、开发速度等任一竞争优先级上的改进都将为企业带来丰厚的回报。但是，需要注意的是，有时候时间的缩短可能带来成本的大幅上升。例如前文中所提到的快递企业夜晚散单速递业务，面对客户的夜晚散单业务，如果为了压缩

表 3－55　　某企业影印机的作业基础质量成本分析

质量成本和作业类型（1）	成本分配比率（2）		成本分配基础数量（3）	总成本(4)＝(2)×(3)	占销售收入百分比(5)＝(4)/300 000 000
预防成本					
设计工程（研发/设计）	80	每小时	40 000 小时	3 200 000 元	1.1%
流程工程（研发/设计）	60	每小时	45 000 小时	2 700 000 元	0.9%
总预防成本				5 900 000 元	2.0%
鉴定成本					
检测（生产）	40	每小时	24 000 小时	9 600 000 元	3.2%
总鉴定成本				9 600 000 元	3.2%
内部损失成本					
返工（生产）	100	每小时	10 000 小时	10 000 000 元	3.3%
总内部损失成本				10 000 000 元	3.3%
外部损失成本					
客户支持（营销）	50	每小时	12 000 小时	600 000 元	0.2%
运输成本（分销）	240	每次运输	3 000 次运输	720 000 元	0.2%
保修成本（客户服务）	110	每小时	120 000 小时	13 200 000 元	4.4%
总外部损失成本				14 520 000 元	4.8%
总质量成本				40 020 000 元	13.3%

提前期，积极响应，必然会带来成本的快速上升，毕竟夜晚散单不具备规模效应，收益有限，但将为员工、车辆等支付高昂的维持成本。此时，便需要企业作出相应的平衡，合理规划提前期、开发周期等时间要求，或适当延长，或要求客户给予一定的补偿。

第三，平衡柔性化与成本。柔性化是指客户化、多样性以及批量柔性的一种或几种，是企业有力的市场竞争武器，但与标准化相比，柔性化通常需要支付更高的成本，企业需要平衡它们之间的关系，兼顾柔性化与成本。

客户化要求企业通过服务或产品设计的变更来满足每个顾客的独特需求，而且通常意味着小批量。客户可能进行适时制生产，企业此时无法将小批量供应转变为大批量供应，但企业可以将自己的生产库存系统与客户的采购系统对接，通过降低客户服务内容的方式降低成本，而针对客户的独特需求，企业可以将设计通用零部件再组装成客户独特需求的产品或服务，也可以重新设计生产流程，将产品或服务独特需求的部分放在最后阶段生产，以降低生产成本。

多样性是企业为争取客户而经常采取的柔性化竞争策略，企业应当认真决策多样性给企业带来的收入以及成本消耗，很多情况下，多样性并不是客户需求的或者部分产品的客户群太小无法实现盈利，企业此时应当适当降低多样性。

批量柔性对企业资源供给会提出较高的要求，需求的波动会带来资源的波动，资源的波动会带来成本的波动，如果不能平衡这种波动，很有可能造成在需求高峰期支付过多的成本，而在需求低谷期支付多余的成本。

D. 确定目标并形成目标方案。经过对各项业务流程与作业的成本与质量、时间、柔性化之间的平衡，企业基本可以确定客户订单所发生的目标成本与资源，这时，企业可以形成相应的目标方案。

（3）降低采购成本。

降低采购成本（不是采购价格）也是提高客户盈利能力的重要途径之一，通过压缩采购成本，企业可以维持甚至增加客户订单的盈利能力。传统上企业主要在低价格的基础上选择供应商，并通过避免不利价格差异的能力来评估采购经理的业绩，但实际上价格仅仅是采购成本的一部分（见图 3－42）。

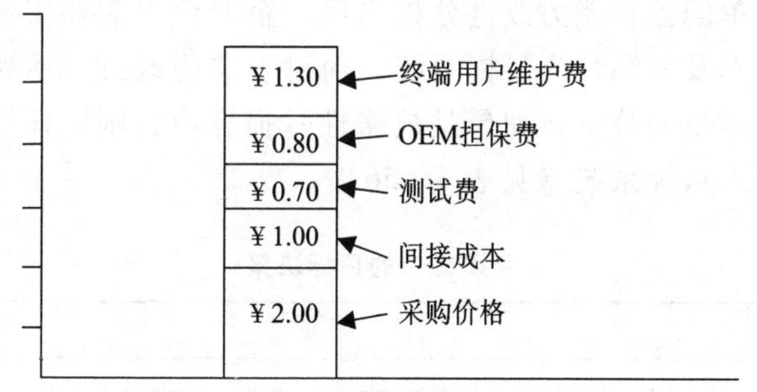

注：间接成本包括检查、仓储、保险、装卸、运输和采购活动的成本。

图 3－42　采购成本与采购价格之间的比较

最好的供应商是那些能够以最低总成本而非最低价格发送货物的供应商，“理想的供应商”会通过一定的方式运送物品，能使企业避免诸多采购成本，这些方式包括使用电子数据交换、无缺陷的货物、不需要检查、适时制、直接送达制造流程、使用内部（供应商）工程资源、没有发货单、使用电子资金转移（EFT）支付等。

一些企业为走得更远，完全取消了对某些物品的购买功能，它们将供应商的一个员工安置在工厂内，在根据需要把原材料投放到生产流程之前，这个人负责订购和管理购入原材料的流动（包括当地的所有储存）。

供应商太多会产生过高的维持成本，企业应当精简供应商数量，加强与剩余供应商之间的紧密合作关系，这样不仅可以降低采购成本，也可以显著减少营运资本，而且也可以促进双方在研发方面的合作，双方可以共享产品设计方面的经验，将成本的降低转移至设计阶段。

经过对客户盈利能力改进的分析，很多客户订单的盈利能力会大大增强（见图 3－43），经过价格调整、质量改进、制造流程的精益化以及供应商的协调等程序，EBIT 由最初的 2 200 元增加到 6 700 元。

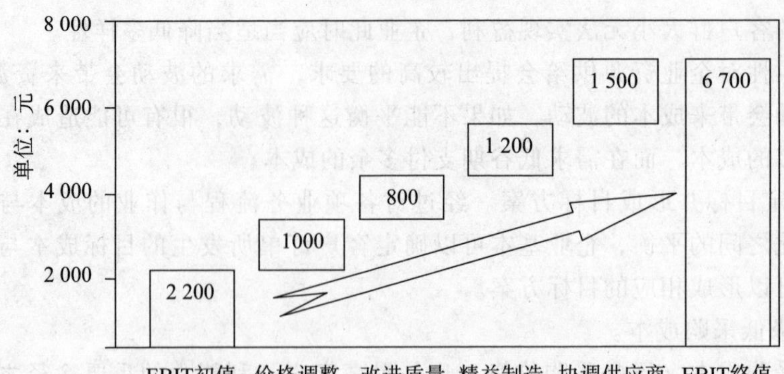

图 3－43　企业流程与作业改进的价值增值效果

3. 确定预算与绩效目标

经过对客户订单的盈利能力改进分析之后，企业会将能够实现盈利的客户订单所产生的收入、成本及利润计入目标系统，而对于那些通过一系列的改进措施也无法盈利的客户进行审慎的分析，如果是战略性亏损客户，则同样计入目标系统，如果不是，则不能计入目标系统（见表 3－56）。

表 3－56　　亏损客户的目标决策

类别	特征	目标决策
相对较新的客户	为吸引这些客户会发生大量的费用，此外，这些客户也许会以相对苛刻的要求，仅仅给予小部分业务来考验供应商，企业也希望同这些客户保持长期的关系，这些客户的损失可以看作是相应的投资	计入目标
具有良好的声望或者垄断地位的客户	作为这些客户的供应商，将会对企业形成良好的形象具有推广作用，一定时期的亏损可以看作是企业广告和促销成本的一部分，是企业建立声誉和信用的代价	计入目标
在准时、质量、灵活性等方面给予良好学习机会的客户	相应的损失可以看作是关于生产和物流知识的教育成本，将会为其他客户的盈利能力增加创造条件	计入目标
其他类型	无法获得相应的财务收益或战略利益，需要炒掉客户，或通过拒绝给予折扣、减少或取消营销和技术支持，让客户自己来炒掉自己	不计入目标

4. 确定目标资源

根据客户盈利能力状况确定目标收入、成本与利润之后，便需要确定为实现这些目标所必需的资源。目标资源的确定包括三个步骤（见图 3－44）。

（1）明确所需资源类别。

资源主要包括弹性资源与约束性资源两种类型，弹性资源是那些只有企业需要时才会获取的资源，包括原材料、能源、电信服务、按天计算雇佣的临时工、按工

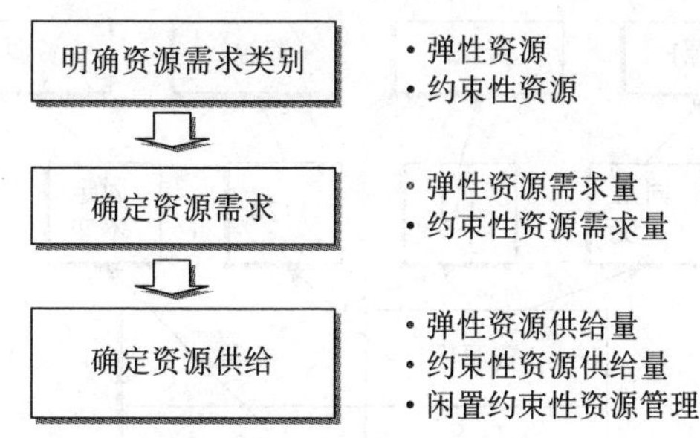

图 3－44　目标资源确定路径

作量拿酬劳的员工以及必要时批准的加班时间等，获取这些资源的成本就等于使用它们的成本，这些资源不具备闲置产能，只要有供应，就会被使用，反之，只要有需求，就会被供应。

约束性资源是那些企业通过作出承诺或现金支付获得的资源，并将它们用于当前和未来的作业，获取这些资源的费用将在这些资源被有效使用的寿命期内进行分期确认，而不论每个时间是否消耗这些资源，例如签订正式劳动合同无法随意解聘的员工、厂房、机器生产线等。

（2）确定资源需求。

企业所需要的资源根据流程与作业的需要可以分为弹性资源与约束性资源，企业要确定为满足各种业务活动所需要的每类资源的需求量。

一方面，企业需要分析各种所需资源的需求或耗用函数。通常情况下，各种资源都有自身特定的资源耗用曲线，这些曲线揭示了各种资源供给如何随业务作业量的变化而变化，图 3－45 呈现了基本的资源耗用曲线形态。

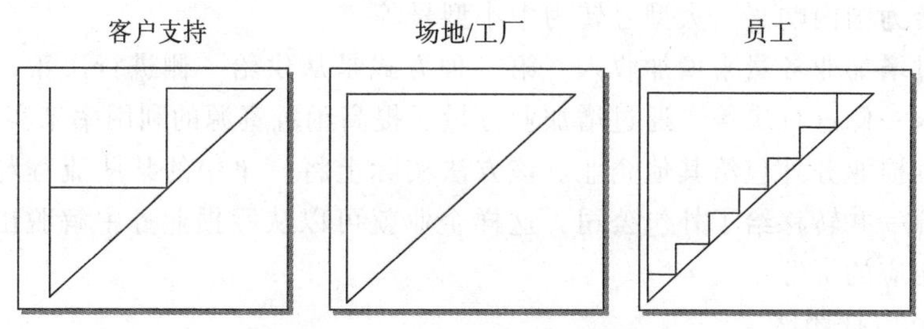

图 3－45　不同的资源耗用曲线

资料来源：［美］罗伯特·S. 卡普兰、罗宾·库珀著，刘俊勇等译：《成本与效益》，中国人民大学出版社 2014 年版。

另一方面，确定各种作业的资源耗用比例关系。一般情况下，一项作业会耗用多种作业，企业需要建立作业—资源的耗用模型，通过模型呈现客户订单与耗用资源之间的比例关系（见图 3－46），为资源供给量的确定提供依据。

（3）确定资源供给。

资源供给量不等于资源需求量，在企业实际运营过程中，资源经常出现短缺，

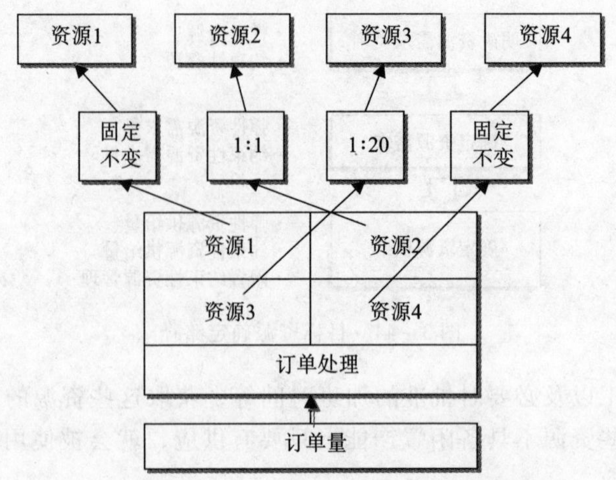

图 3-46 一项作业中不同资源的耗用模式

资料来源：[美] 罗伯特·S. 卡普兰，罗宾·库珀著，刘俊勇等译：《成本与效益》，中国人民大学出版社 2014 年版。

但更多的时候会出现闲置。这是由资源的约束性特征所决定的，众多的约束性资源受其供给单位等属性的约束，只能进行多余供给，比如企业经过对物流业务的卡车需求量的测算，需要 1.6 辆卡车，最终结果将形成 0.4 辆的卡车资源闲置。如果降低此类资源的供给量，减少资金支出，需要企业管理层进行谨慎合理的决策分析，通常从以下途径入手：

①通过减少用于执行作业的资源供应来削减支出。这是一种最常用也容易实现的方法，可以通过改变资源供应的方式、渠道、型号等，如购买方式转为租赁方式，国外购买转为国内购买，大型号转为中小型号等。

②通过增加业务量来增加收入。第一种方式是从供给一侧进行决策，而本方法则是从需求一侧进行决策，通过增加业务量、提高闲置资源的利用率来实现。

③将亏损业务外包给其他企业。该方法实际上将订单中的某些流程与作业连同其所耗资源一并转移给了外包公司，这样企业就可以从亏损业务中解脱出来，也无须再提供相应的资源。

5. 建立责任团队

不论哪种模式，预算与绩效管理必须将责任落实到经营人员之上才能对价值创造形成真正的推动力。

传统模式下的预算与绩效管理分割了价值创造的收入与成本支出项目，责任的划分也遵循这一逻辑，不能将各部门、各员工的努力协调一致。而且，责任落实到分权制的各个业务及职能部门之后，部门内部员工责任的划分则多按照部门领导者的管理理念与行为特征进行分配，受部门领导者的个人因素影响较大。

基于业务流程的预算与管理则将责任落实到流程与作业上，根据业务流程的横向关系，由客户订单驱动，通过内部市场机制打破原先部门之间的“利益藩篱”，希望将各部门、各员工的努力统一到盈利（含战略性盈利）客户订单的价值创造上，各部门、各员工所获得的报酬也取决于各自在客户订单响应过程中所作出的努力程度和结果。图 3－47 以营销、生产与采购为例对两种模式的责任划分进行了说明。

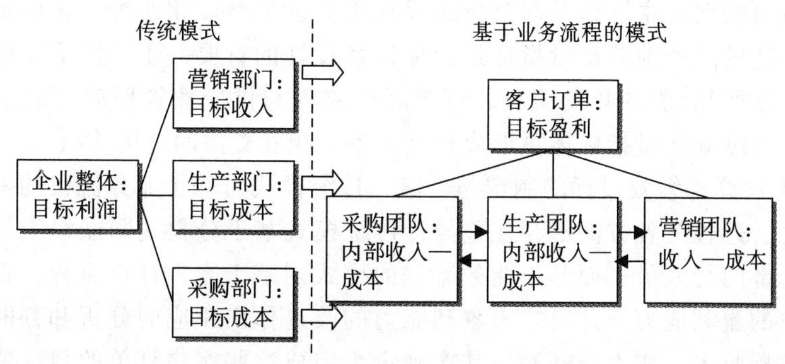

图 3－47　责任划分的模式转变

基于业务流程的预算与绩效管理模式责任划分的关键是内部市场机制的建设，关于内部市场机制的制定方法存在多种模式，大体可分为成本流转模式与市场价值流转模式，具体方法有实际成本法、实际成本加成法、目标成本法、目标成本加成法、市场价格法、双重市场价格法、协商价格法等，企业可以根据自身的管理需求选择合理的方法。

案例解析

GK 公司销售一部业绩大幅度增长除因为销售一部员工勤奋努力工作之外，也是国家房地产政策所产生的房地产市场繁荣的结果。

GK 公司销售一部的绩效激励计划并不合适，GK 公司最初制定目标时并未预想到国家房地产政策的利好变化，因此设定了较小的增长幅度，但是当房地产政策出现重大利好之时，应当及时进行调整，以剔除政策变动对绩效激励计划所产生的效果。

项目回顾

1. 预算与绩效管理目标系统的构建是预算与绩效管理的首要环节，一个好的预算与绩效管理目标系统将在很大程度上保证企业战略目标的实现。预算与绩效管理目标系统的构建包括战略规划、构建绩效衡量指标体系与制定并分解预算与绩效目标三个具体流程。

2. 战略规划在预算与绩效管理目标系统构建过程中发挥着引领作用，一个完整的战略规划流程包括三个环节：首先，制定或者重审使命、价值观和愿景，并借助战略变革日期、战略框架等工具，形成高层管理团队统一、细化的愿景目标；其次，运用多种工具和方法分析企业内外部因素，明确自身的优势、劣势、机会和威胁，根据自身所聚焦的目标市场，设置相应的竞争优先级，确定企业总体、各业务、各流程的战略，形成企业当前与未来预期价值目标之间差距的弥补方案；最后，将战略规划形成文本，创建战略实施框架图，并确保所有员工达成战略共识。

3. 绩效衡量指标的设计需要企业各个业务单元根据自身发展需求制定竞争战略，形成自身的财务主题，并与对应的股东价值诉求维度相匹配。在确定的财务主题下选取合适的财务绩效衡量指标是指标体系设计的首要一步，接下来将设置客户管理流程、新产品/服务开发流程、订单履行流程与供应商管理流程的绩效衡量指标，并与财务绩效衡量指标体系形成相互联系、相互支撑的链接关系。

4. 关于预算与绩效目标的制定与分解，传统模式与基于业务流程的模式在制定与分解理念、过程等各方面都存在差异，传统模式基于分权式职能组织架构将目标分解到各个部门与人员，而基于业务流程的模式则基于客户订单流程，首先分析预期客户订单的盈利能力，并对未来盈利能力的改进作出相应的分析和判断，在此基础上形成目标收入、成本与利润，其次确定为完成这些客户订单的目标资源，最后通过内部市场化机制将责任分解到各个流程的部门与人员上。

专业技能训练

1. 近年来，空调行业整体遇冷，这对曾经专注于空调生产并严重依赖空调业务的格力电器产生了重大不利影响，很有可能无法完成对外作出的每年销售收入增加200 亿元的承诺。格力电器遂逐渐放弃此前的业务高度聚焦战略，加快了多元化进程。格力电器董事长董明珠亮出格力手机后，格力电器又宣称有造汽车计划，而近期市场更有传言格力要进军洗衣机和厨电市场，甚至格力路由器也遭到曝光。短时间内的极速多元化在企业发展中极为少见，格力电器震惊市场。

请思考：若格力电器快速进入多个市场竞争已成胶着状态的不相关产业，应当如何进行战略规划，从而保证格力电器兑现承诺？格力电器又应当如何进行预算与绩效管理，实现战略规划目标？

2. 全球领先的 IT 产品及服务提供商戴尔公司在 1993 年的库存过量风险引发资金周转危机之后，开始采用零库存供应链管理模式。零库存模式不仅仅需要戴尔内部配合，在很大程度上还需要客户支持、系统改进、供应商关系、市场细分等多个环节参与配套。在库存的数量管理上，戴尔以其物料的低库存与成品的零库存而闻名，其平均物料库存只有约 5 天，在 IT 业界，与戴尔最接近的竞争对手也是 10 天以上。在物流配送方面，高效率配送也使得戴尔的过期零部件始终保持在材料开支总额的 0.05% ~0.1%之间。

请思考：结合戴尔零库存管理案例，制造企业应当制定怎样的预算与绩效管理指标从而保证该模式的实现？

3. 房地产企业目标值设定案例。

JK 公司为国内一家商业地产公司，主营以大型购物中心为主体的商业中心投资与运营。2013 年，公司实现总收入 677 亿元人民币，净利润 189 亿元人民币，截至

2014 年 9 月 30 日，公司实现总收入 567 亿元人民币，净利润 180 亿元人民币。

请思考：根据经营数据，公司在制定 2015 年度目标时，应当如何对目标值进行设定？

4. AB 公司在 2010 年开始在全公司范围内分部门对管理层实施绩效激励机制，将部门业绩与管理层奖金挂钩，以销售部为例，销售部在 2010 年要在 2009 年实现销售收入 900 万元的基础上增长 10%，以后连续三年各年增长率不得低于 8%，如果实现规定的销售收入目标，销售经理本年奖金便可如数取得，否则，目标未达成，销售经理薪金则只有基本工资。在 2010 年，因为 AB 公司一款创新产品刚刚推出，在市场上获得了巨大的反响，产品订单接踵而至，到 2010 年 10 月，销售数额便已经达到 1 000 万元，此时，销售经理为了来年收入增长压力能够有所缓解并达成目标，开始消极减少与下游企业的接触与订单协商，与需求方约定以远期合同换取近期合同，甚至开始延长交货期，在销售合同中制定不公平条款等。不久，这些现象引起了总经理的注意，AB 公司总经理开始考虑如何制定合理的目标，既能够提高部门管理者的积极性，又能保证公司业绩能够达到最大程度增长。

请思考：AB 公司总经理应当作出怎样的措施以纠正这些问题？

教学设计与实践

1. 根据教学计划，针对任务一与任务二内容，进行教学设计，编写教案，制作多媒体课件等演示资源，合理组织教学过程，开展实践教学。

2. 根据项目各任务导入案例的思考要求，合理运用案例讨论方法与工具，开展讨论式教学实践。

3. 根据项目实训要求，结合特锐德公司预算与绩效管理的新时期诉求，以无领导小组的讨论方式开展预算与绩效管理指标设计的教学实践。

项目四

目标协同与编制预算

【专业能力目标】

1. 理解目标协同的层面。
2. 掌握协同目标与行动的流程与内容。
3. 理解协同目标与组织资源的流程与内容。
4. 理解流程改进的流程与关键点。
5. 掌握传统的全面预算编制的流程与内容。
6. 理解基于业务流程的预算编制流程与内容。

【职教能力目标】

1. 根据本项目的内容与设计流程，合理进行教学设计与组织教学过程。
2. 掌握教案编写，多媒体课件制作，教学素材搜索与整理的方法。
3. 灵活掌握演示讲授、案例讨论、实训教学等教学方法，合理运用提问、讨论等教学手段与工具，并在本项目教学中实施。

【项目简介】

预算与绩效管理目标系统为预算与绩效管理确定了战略方向和努力目标，涵盖了战略规划、预算与绩效管理指标体系与目标值确定三个层面的内容。然而，仅仅告知下属经营单元和人员所应完成的目标并不能使其完全明晰其权利与责任，还必须使其明确与目标相对应的战略行动策略并分配与行动方案相匹配的资源，即实现目标与行动方案、资源分配的协同。

协同的第一步便是目标与行动方案之间的协同，企业在预算与绩效管理中，必须明确为实现目标所要实施的相应行动，以便将长期战略规划与短期行动计划有机统一，在这一过程中，应当对行动方案与计划目标之间的协同性进行检验，并按照一定的标准进行评估排序。企业确定行动方案之后，接来下需要为行动配置相应的资源，包括组织资源和财务资源等，并形成专门的财务资源配置渠道与使用报告。组织资源的协同包括在纵向上协同企业总部与业务单元，在横向上协同业务单元和支持单元，以及员工的协同三个层面。另外，组织资源的协同往往伴随流程的改进，这一过程主要聚焦于能够带来核心价值创造的关键流程改进。完成组织资源协同与流程改进之后，便是协同的最后一个环节即预算编制。预算编制实际为目标数字化的过程，同时也是明确各级经营单元与人员所能支配的资源的过程。本书讲述了两种应用普遍的预算编制模式，第一种是多数企业所使用的全面预算编制模式，另一种是推行价值链、渠道等先进管理理念与方法的企业所使用的基于业务流程的预算编制模式（见图4-1）。

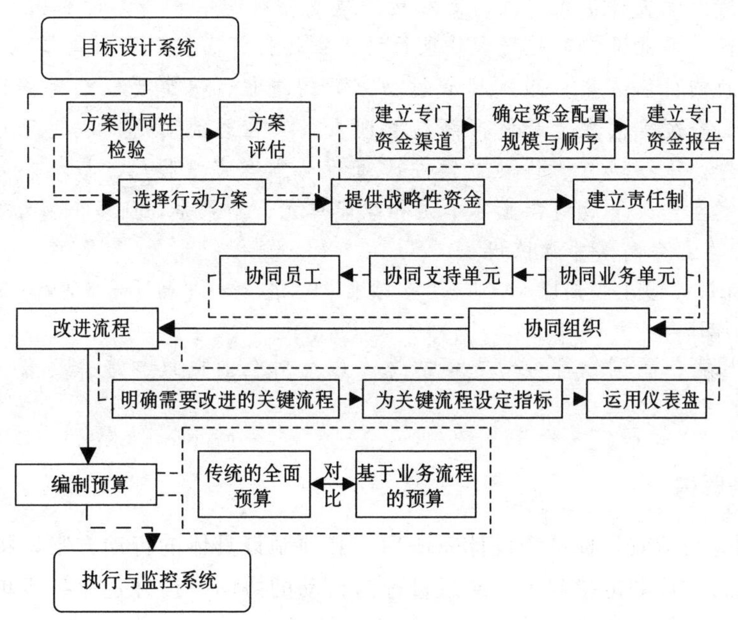

图4-1　目标协同与预算编制系统流程图

【项目分解】

根据项目流程与内容，本项目可分解为如下任务：

任务一：协同目标与行动。

任务二：协同组织与改进流程。

任务三：编制预算。

任务一　协同目标与行动

任务目标

1. 理解目标与行动协同的管理流程。
2. 掌握战略性行动方案的选择依据与流程。

3. 理解战略性资金的配置要求、方式与流程。

4. 掌握战略性团队及其责任人的管理职责。

案例导入

20世纪90年代末，富国银行的在线业务事业部正处于行业内翘楚的地位，而且正经历着业务规模爆炸式的增长。员工不断提出新的行动方案，而且每一个行动方案看上去都很吸引人，能够支持事业部快速增长并保持业内领先地位。最多的时候，事业部内有超过600项行动方案运行，高层管理团队每周花半天时间来审批新的行动方案，跟踪现有行动方案的进程，决定要取消哪些以及如何配置人员、资金等问题。最终，高层管理人员实在忍无可忍，决定采取一定的合理化程序，压缩现有的行动方案并改革行动方案审批程序，最终决定运营性的行动方案整合或下放到各业务单元和职能单元，结果是600多个行动方案减少为12个左右，令高层非常惊讶。

（资料来源：[美] 罗伯特·S. 卡普兰、戴维·P. 诺顿：《平衡计分卡战略实施》，中国人民大学出版社2009年版。）

案例思考：富国银行行动方案的惊人压缩对企业提议和选择运营方案有什么启示？

任务解构

企业预算与绩效目标系统设计完成后，必须制订具体的行动方案，将长期战略规划与短期行动计划链接起来，通过目标与行动的协同，提升企业各级单位与人员的执行力，确保战略落地。

但是，如何将两者紧密联系起来才是管理者面临的重大挑战。需要采取什么样的行动才能实现组织的战略目标？如何保证各种行动方案的战略性、系统性和协同性？将有限的资金配置到哪些行动方案上更能促进企业持续、健康的发展？这些问题对于很多管理者来说都是很棘手的问题。

一、行动方案管理流程

行动方案与企业的日常运营活动不同，是为达成战略目标而设定的有时间限制的自主决定的项目或计划的集合，旨在帮助企业实现既定的战略目标。企业在确定行动方案时，必须遵循三个步骤，即选择行动方案、提供战略性资源及分配相应的执行责任（见表4-1），才能确保行动方案的战略性、系统性和协同性。

表4-1　目标与行动方案协同流程

行动方案管理流程	目　标	阻　碍	可借助的工具
1. 选择行动方案	确定所需的行动方案，弥补绩效差距	战略性投资孤立分散于企业的不同部门	每个战略主题的行动方案组合

续表

行动方案管理流程	目　标	阻　碍	可借助的工具
2. 提供战略性资金	为战略性行动方案提供区别于经营预算的资源支持	跨业务单元的资金配置与层级、部门结构的预算流程不同	战略性支出 排出行动方案的优先顺序
3. 建立责任制	建立跨业务单元战略主题的执行责任	管理团队成员通常只负责某项职能或业务单元内的管理工作	主题高层负责人 主题团队

资料来源：[美] 罗伯特·S. 卡普兰、戴维·P. 诺顿：《平衡计分卡战略实施》，中国人民大学出版社2009年版。

二、选择行动方案

（一）行动方案的选择要求

1. 行动方案与目标的协同性

许多企业在选择行动方案时都存在过多的问题，新行动方案的审批，现有行动方案进程的跟踪，各个行动方案所需资源的配置耗费管理者有限的时间和精力，造成这一问题的主要原因是众多行动方案的提议和决策是孤立进行的，缺乏对目标的协同性。因此，进行行动方案选择时应当保证与目标的协同性，避免上述问题的发生。

2. 行动方案的相互关联性

尽管经过协同性检验，计划目标的实施仍然需要协调管理多项行动方案，包括跨部门、跨业务单元的流程，如果行动方案的选择孤立地进行，就会忽略相互关联的多项行动方案的整合与累积而产生的影响。例如，为达成财务层面的战略目标，通常需要企业内不同部门采用多个互补的行动方案，如人力资源部门、信息技术部门、营销分部和运营部门。

3. 行动方案的非单一性

在关注多维度行动方案关联性时，还应当注意每一个维度行动方案的非单一性，这是因为单一行动方案往往并不能支撑所在层面的战略目标，必须在每一维度内选择多项行动方案，形成整体的行动方案组合，同时保证实施的同步性。

（二）行动方案的选择与评估

具体而言，行动方案的选择与评估分为两个步骤：第一步，对行动方案与计划目标之间的协同性进行检验；第二步，行动方案的评估。

1. 协同性检验

与目标的协同性是行动方案选择的首要要求，管理者可以通过创建一个检验矩阵来验证行动方案的目标协同性，如表4－2所示。

表 4－2　检验矩阵企业验证行动方案与战略主题和战略目标的协同性

项目、战略主题与行动方案组合	采购再设计	销售培训	仓库升级	质量需求识别	产品开发漏斗	财务系统重组	客服中心连接	行动方案“n”
改善服务提供 • 目标 1 • 目标 2	√			√				
提升合作伙伴关系 • 目标 3 • 目标 4		√					√	
驱动未来价值 • 目标 5					√			
符合法规标准								
提高以客户为导向的能力 • 目标 6 • 目标 7		√					√	

资料来源：［美］罗伯特·S. 卡普兰、戴维·P. 诺顿：《平衡计分卡战略实施》，中国人民大学出版社 2009 年版。

通过这个矩阵，管理者可以发现有些行动方案对任何一个战略主题都没有影响，例如“仓库升级”与“财务系统重组”，这类方案若不是法规要求或者在短期内通过运营改善带来明显的财务回报，此类行动方案将是被整合或者取消的首选。同时，管理者还能发现有些战略主题或其目标没有任何行动方案加以支持，例如表中“符合法规标准”，此时需要提出新的行动方案。新方案的开发要集中全体员工的经验和智慧，最好的行动方案往往来自一线员工，因此，管理者要鼓励他们提出新的行动方案，以帮助企业实现战略目标。

2. 行动方案的评估

行动方案提议汇总之后，需按照规范的流程进行正式评估，可以根据目标协同性、所需资源、企业能力和风险等因素设置相应的权重，按照行动方案（包括现有的和新提议的）的优先级进行排序并得出量化的分数，以筛选出高质量的行动方案。

图 4－2 展示了一个典型的行动方案选择流程，该流程有三个标准：战略匹配度与收益（50% 权重）、资源需求（30% 权重）以及组织能力和风险（20% 权重）。其中每个标准都进行了含义说明，并划分为三个等级，每个等级赋予 1、3、9 三个不同分值。评分的方法是，每一个行动方案在每个标准上的得分乘以相应权重，再相加即为该行动方案所得总分，当对所有的行动方案都评分后，则依据每个行动方案的总分进行排序，以便根据评估结果进行讨论和筛选，确定最终的战略行动方案组合。

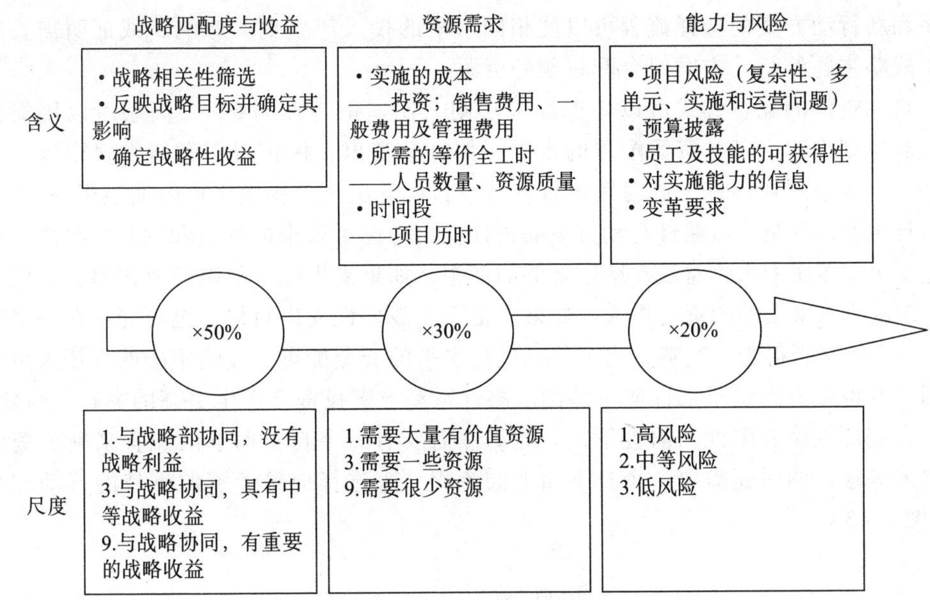

图 4－2　行动方案评估：进行优先等级排序

资料来源：［美］罗伯特·S. 卡普兰、戴维·P. 诺顿：《平衡计分卡战略实施》，中国人民大学出版社 2009 年版。

三、提供行动方案的资源支持

确定行动方案后，接下来应当进行行动方案的资源配置。传统的预算与绩效管理系统关注的是各责任中心（如利润中心、成本中心）和职能部门的绩效和职责，每个业务单元、支持单元和职能部门都有其自己的预算。如果行动方案的资源必须来源于这些预算，那么目标成功的可能性将大大降低。例如，某家公司的一项战略行动方案是提升员工能力，这需要从人力资源部门的培训预算中获取相应的资源，势必与人力资源部门其他项目争取资源，这将会影响甚至破坏战略执行所需的责任制和资源支持。

（一）建立行动方案的专用资源渠道

首先，管理团队要建立专用资源来支持所有战略主题的行动方案，防止业务单元和职能部门经理为追求短期效益的最大化将用于长期利益的资源挪用。这样，在企业内部形成区别于运营性资源和投资性资源之外的第三种资源类别即战略性支出。行动方案的专用资源与其他资源一样需要按照严格、规范的审批流程，并且要将这些投资对未来收入增长和生产能力影响的预估要整合到公司下一轮的滚动财务预测中去。

（二）确定资源配置规模与顺序

企业不能把无限量的资源花在新的、昂贵的战略性行动方案上，而需要一个有节制、有序地分配战略性资源的方法。一般情况下，这需要高层管理团队从自己的经验和最佳判断出发，来自上而下地主观判断所有的战略性投资，一个比较好的起点就是将现有行动方案的开支累加起来，看其占总支出的比重。对现有行动方案的排序和新行动方案的选择流程可以使相同水平的投入产生更大影响，或证明需要给某个战略主题的行动方案组合配置额外资源。

自主资源的配置方式可以遵循经验法则，比如销售额的5%。高层可以用类似的经验法则来建立各类资源配置的水平，如行政支出、销售费用和研发费用等。这种经验来源于行业标杆，同时跟投资分析对自主支出与销售额之比的期望相关。

理想的情况是，战略性行动方案的预计支出考虑了未来的收益和存在的风险。有可能支出太多而未来收益没有产生足够的回报。如果支出低于战略性支出目标，则表明组织缺少未来发展的资金投入。如果支出高于战略性支出目标，也可能存在一个问题，即掌控是否得当。当然，为了争取更高水平的资金配置，战略主题的责任人可能会用具有说服力的例子来证明更多的战略性行动方案投资会产生更高的突破性绩效。

在资源规模有限性的前提下，企业仍然需要有一个自上而下的流程来确定资源配置的等级，同时还需要一个自下而上的流程，来选择应给予资源支持的行动方案（见图4－3）。

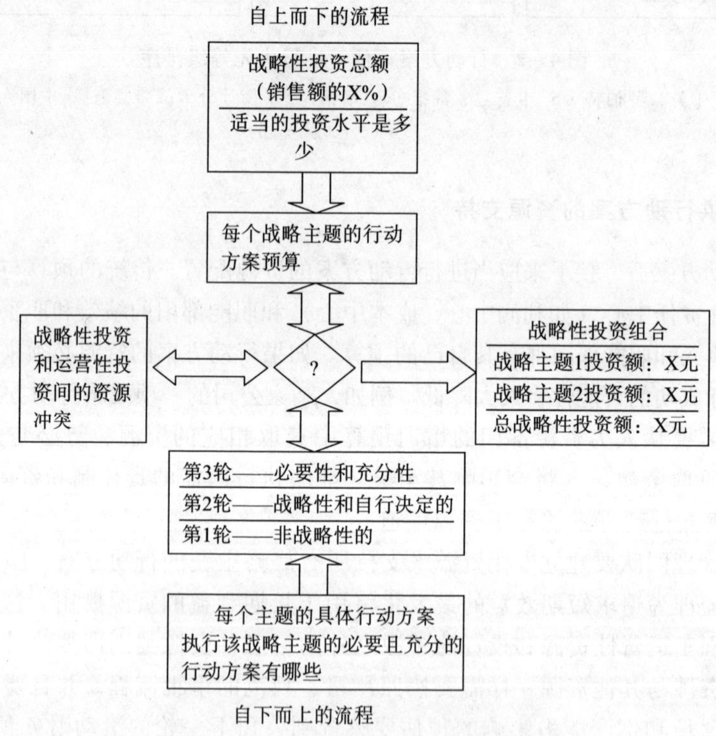

图4－3 为战略性行动方案提供资金

资料来源：［美］罗伯特·S. 卡普兰、戴维·P. 诺顿：《平衡计分卡战略实施》，中国人民大学出版社2009年版。

（三）形成专门预算报告

在确定行动方案总体规模后，应当形成相应的专门预算报告，以此作为日后行动方案执行的书面依据。当然，预算报告形式可以根据企业的需要自行设计，可以在内部内部预算或者财务预测设置一条单独授权的通道（见图 4 - 4），也可以不设置单独通道，但设置专门的书面说明。通过专门的预算报告或说明，战略性投资需求可以从不可避免地削减短期成本和限制支出的压力中解脱出来，使得组织能够在长期和短期的财务预测和运营流程之间取得平衡。

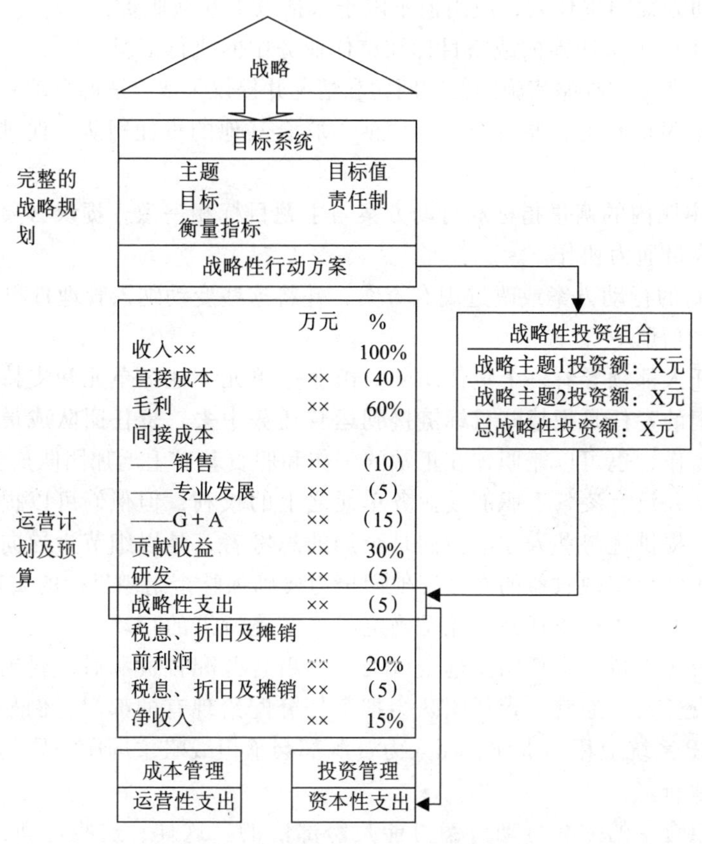

图 4 - 4　用战略性支出链接战略和预算

资料来源：［美］罗伯特·S. 卡普兰、戴维·P. 诺顿：《平衡计分卡战略实施》，中国人民大学出版社 2009 年版。

四、建立责任制

确定行动方案的最后一个环节是设定执行责任人。这一环节的挑战在于两个方面，首先，计划目标已经被分解到几个维度或层面，大部分计划目标的执行横跨多个部门或业务单元，因此，它们不属于现有任何一位高管的职责范围。第二，计划目标还只是规划，它们只有在运营和流程层面得到执行后才能产生效果。

（一）责任人的选择与职责

目标的达成需要足够的资源支持和持续的、清晰性的行动和回顾，就一定需要强有力的高层领导，企业通常会指派一到两个高层担任每个行动目标的责任人，这些责任人兼职来监控行动方案的执行。除此之外，他们还有履行正常的业务单元或职能单元领导的职责。这样的指派让他们同时拥有了双重身份，他们的本职工作要求他们将业务、技术、专业职能等向管理层汇报，而他们作为行动方案负责人的身份又给了他们战略性的视角和对企业成功的责任感。

作为行动方案的责任人，应当但不限于包括以下几项职责：

1. 评估主体中跨职能的战略目标在整体业务中的执行情况。

2. 甄别可能影响战略实施的关键问题和情况并提议采取合适的行动和落实责任。

3. 行动方案的核心，指导自己的团队，联合其他的责任团队，促进目标的传达和理解。

4. 确保主题内的衡量指标和行动方案与主题目标相一致，提议必要的变革以跟上其他团队成员通力协作。

5. 负责新的行动方案或改进现有方案，并将这些变动纳入管理日程。

（二）责任团队

每个责任人都领导着一个责任团队，由业务单元、地区单元和支持单元的部分人组成，他们的责任是把战略目标链接到运营任务中去。责任团队成员可以全职从事战略主题工作，也可以兼职，在正常的工作和职责基础上增加团队成员的身份。

责任团队并没有凌驾于职能或业务单元之上的权利，但他们可以提供不同的看问题的角度，提供优势和人才。他们是全局的思考者，是以细节为导向的联盟缔造者，也是利用资金实现收益的专家，他们努力要确保整个组织目标的实现。

责任团队有一项首要任务，就是确定战略实施所需的行动方案组合并从战略性支出中获得资源支持。责任团队选定行动方案组合并配置资源后，要确定完成每个行动方案的责任人。通常，责任团队会把责任分配给现有的部门，例如，信息技术部会承担 ERP 系统应用的责任，而人力资源部会承担战略主题所需要的具体的培训和能力发展项目。

但是，组合中的一些行动方案可能是跨部门的。这样，这些行动方案的责任，要么由责任团队来承担，要么分配给一个有大型项目管理经验的、集中式的项目管理办公室。通过对高层管理者（责任人）的高度授权和责任制，企业可以取得战略性行动方案组合的全面执行，同时保持职能部门的经理和责任团队执行自己的战略性行动方案的责任。

责任团队还可以将高层面的战略性流程转化为具体可操作的子流程。通常责任团队会进行分析研究，找出驱动整个团队绩效的战略性流程。然后可以将这些驱动型流程规范为运营仪表盘，使之成为整个团队工作的重点和反馈。

责任人及其团队必须监控其所负责的所有行动方案的执行，如果其中任何一个被放弃或者被有效地执行，相关的目标、指标和目标值都会落空，进而影响整个战略的绩效达成。特别是责任人每个月都要和他们的团队回顾每个战略性行动方案的进展情况，包括哪些团队正在做的或者直接管理的项目，也包括那些分给职能部门或者项目管理团队的项目。责任人将会议的内容做成文档，并向执行委员会报告，在每个月的战略回顾会上汇报正在进行的行动方案的进展情况。

案例解析

1. 选择行动方案时应注意：

（1）行动方案与目标的协同性：避免众多行动方案的提议和决策是孤立进行的，缺乏对目标的协同性。

（2）行动方案的相互关联性：如果行动方案的选择孤立地进行，就会忽略相互关联的多项行动方案的整合与累积而产生的影响。

（3）行动方案的非单一性：单一行动方案往往并不能支撑所在层面的战略目标，必须在每一维度内选择多项行动方案，形成整体的行动方案组合，同时保证实施的同步性。

2. 注意在进行行动方案的选择与评估时要分为两个步骤：第一步，对行动方案与计划目标之间的协同性进行检验；第二步，行动方案的评估。

任务二　协同组织与改进流程

任务目标

1. 理解组织协同的层次与内容。
2. 掌握总部与业务单元在财务和业务层面的协同要点。
3. 理解业务单元与支持单元协同的步骤和要点。
4. 掌握员工与战略协同的步骤和要点。
5. 掌握流程改进的步骤和要点。

案例导入

"万豪国际"已经成为了国际高档宾馆和休闲度假胜地的代名词。自从1984年万豪介入分时度假酒店业务之后，在之后的20年时间里，这项业务以强劲的势头以两位数的速度发展，引领了全球整个分时度假酒店的发展。最初它也遇到其他企业一样面临的困境：虽然各个岗位职责都十分清楚，但是各自的部门文化和能力都存在差异，每个部门只是埋头做自己的工作，很少和其他部门沟通。

公司想要实现转变，首先就是要打破部门之间的壁垒，创建一套与公司战略挂钩的一体化业务流程，于是公司采取了平衡计分卡作为战略管理变革的工具，用战略执行体系来协同组织。该战略执行体系非常清晰地说明了实现战略的驱动关系，并且指出各个部门之间不再是各自为政的独立部门，而是互为内部客户，“高效有效的合作关系”被写进了战略目标的一个重要指标。在该战略体系的价值链中，除了少数仅属于部门内部的关键指标外，其他大多数都是和其他部门共同合作才能达成的共享指标。

酒店成功实施平衡计分卡战略管理工具以来，协同效果非常显著。管理层统一了战略变革的思想，各个业务部门能够站在公司层面纵观战略，跳出了各自为政的藩篱。绩效管理从考核单一的部门到考核关联的部门（上下游的内部客户），避免了一个部门发生问题时，其他部门不知晓或不采取支持行动的现状，协同整合效益明显，三年内节约就达几百万美元。

（案例来源：组织协同案例分析（一），http：//blog. sina. com. cn）

案例思考：分析该公司是如何实现组织协同的？以及组织协同的意义？

任务解构

一、协同组织

企业是由多个业务单元和支持单元组成的，预算与绩效管理系统必须能够整合这些分散的单元，在纵向上协同企业总部与业务单元，在横向上协同业务单元和支持单元。在协同组织单元的同时，这一系统也必须能够协同员工。因为只有所有的员工理解战略并且有动力去执行，战略才有可能成功（见表4-3）。

表4-3　　　　协同组织

协同流程	目　标	阻　碍	工　具
1. 协同业务单元 如何协同业务单元来创造协力优势	分解并将公司的战略融入业务单元的战略	业务单元的战略一般是独立制定和批准的，缺乏公司的指导；业务单元之间缺乏整合	战略地图分解 纵向和横向的协同
2. 协同支持单元 如何将支持单元、业务单元与公司的战略系统起来	确保每个支持单元都有提升公司和业务单元绩效的战略	支持单元被视为“酌量性费用中心”，目标是成本最小化，而不是支持公司和业务单元的战略	服务水准协议 支持单元战略地图和记分卡
3. 协同员工 如何激励员工来帮助我们执行战略	所有的员工都理解战略，并被激励来帮助成功地执行战略	多数员工不清楚或不理解战略。他们的目标和个人激励只聚焦于本单元的策略性表现，而不是战略目标	正式的战略沟通项目 关注战略目标的员工目标 奖金薪酬项目 能力开发项目

（一）协同总部与业务单元

企业总部与业务单元不同，它没有自身客户，没有提供产品和服务的操作流程，其主要工作就是协同不同业务单元的价值创造活动，使其能够为客户创造更多的价值或降低总体运营成本，从而产生“1+1>2”的溢价效应。

在实施预算与绩效计划时，首先要理顺企业总部与业务单元之间的关系，根据实际情况确定具体的协同范围，分析和挖掘产生企业衍生价值的来源，制定统一的企业价值主张，然后通过预算与绩效管理系统去传达并实现预期的协同效应。

一般而言，企业存在三种类型：控股型企业、运营型企业和介于两者之间的企业。控股型企业由多个自主经营的业务单元组成，其下属的每个业务单元都拥有自身的客户价值主张完全的战略权，企业总部通常只是审阅并批准每个业务单元的战略，侧重对下属业务单元的资金层面的支持，主要采用财务指标进行监管，以此形成协同；运营型企业以连锁经营方式运作的居多，它们通常希望通过交易来强化品牌，因此希望客户在每一个业务单元的消费体验是一致的，因此总部会统一界定客户价值主张，并将企业战略转变为关键指标，涵盖财务以及客户、流程等非财务层面。介于两者之间的企业通常具有整体层面的价值主张，下属业务单元也会根据自己的竞争优势形成独特的战略，但注重与企业总部以及其他单元之间的协同和整合。

1. 财务层面的协同

财务层面的协同主要有两种方式，一种是自上而下的，另一种是自下而上的。业务多元化的控股型企业多采用自上而下的方式，通过集中化的资源配置和财务管理来创造协同效应，总部会通过经济增加值、投资回报率、净收益率等高端指标，以便为评价每个战略业务单元的财务贡献提供统一标准，在此基础上，要针对不同业务单元的具体情况，设置相应的财务指标并合理设计指标权重，以便更加有效地配置企业资源。例如，对于产品处在生命周期早期阶段的业务单元，它们将重点关注产品的销售额和市场份额的增长速度；而处于相对成熟阶段的业务单元，则会关注它们所产生的自由现金流量。

自下而上的方式是指通过积极利用不同业务单元的资源、能力或信息来创造额外的价值。这种价值主张的实现主要依靠总部机构的内部资本能力，以及关键主题和信息的共享机制。具体方式是多种多样的，既可以通过审批下属业务单元的战略和绩效评价体系对其进行战略监控，也可以强制确定一个绩效评价体系，明确要求必须纳入的财务指标，各业务单元在总体框架下制定自身的战略和绩效管理系统，就能与企业总部保持协调一致，并具有足够空间贯彻自身战略。

2. 业务层面的协同

除了财务层面的协同外，企业也应当在业务层面进行协同，包括客户层面、业务流程层面、员工成长层面等。

客户层面，企业总部通常没有外部客户，下属业务单元需要针对自己的目标客户指定个性化的价值主张。然而，当不同业务单元拥有共同的客户时，总部则需要通过多种产品与服务提供具有特性的解决方案，实现客户满意度和忠诚度。而对于运营型企业来说，每个独立的业务单元提出并始终保持一致的客户价值主张，可以保证客户在和不同业务单元的交易中可以得到同样的产品、服务和购买体验，形成有效协同。

业务流程层面，可以通过三条途径实现协同，即共享流程和服务、价值链协同、通过企业层面的战略主题实现协同。第一，通过共享流程和服务来创造协同效应。这是最常用方法，企业可以通过通用流程和服务的贡献获得规模效益。第二，通过整合或延长价值链来创造协同效应。企业总部需要明确每个业务单元的市场、客户和服务方式，以自上而下的方式确定各个业务单元的战略优先任务，延长价值链，以组合形式实现客户价值主张。第三，通过有效运用战略主题来创造协同效应，这主要适用于产品多元化且跨区域的大型企业。企业总部通过建立清晰的战略主题与高层次的协同目标，将为各业务单元制定各自的战略目标和行动方案提供信息依据，使各业务单元在获得自身经营业务收益的同时也能对整个企业的目标作出贡献。

员工成长层面，企业可以通过人力资本的开发、领导力和组织开发、知识共享三条途径实现企业无形资产的。首先，企业可以通过设置关键员工在整个企业范围内的轮岗情况以及高层管理人员在不同业务单元之间进行交叉提升等内部劳动力市场管理方式的运用来协同不同业务单位的人力资本开发。其次，企业可以在企业变革中通过领导力开发项目和企业文化建设项目来引导领导力和文化与战略保持协同。最后，通过内部知识共享获益，即使在高度多元化的业务单元，仍然可以使用很多相似的流程，例如薪资体系、月度财务报告、供应商甄选、付款等，实现最佳实践的共享，减少各业务单元寻找外部标杆的时间和成本。

（二）协同业务单元和支持单元

在保障不同层级绩效目标的纵向协同的同时，还需要保持业务单元（部门）和支持单元（部门）的横向协同。如图 4 -5 所示，首先，根据业务单元和企业总体战略，确定支持单元需要提供的一系列战略化服务。这一流程始于对企业和业务单元战略的清晰理解，在此基础上，各支持单元要明确它们如何帮助业务单元和企业实现预期的战略目标。其次，支持单元要在自己的内部建立协同以成功执行部门战略。这就需要制订部门战略计划，描述如何获取、开发并达成它们为业务单元所提供的战略化服务。最后，支持单元要评估自身的部门行动方案的实施效果，并针对出现的问题进行原因分析和提出改进计划。评估的方法可以采用服务协议、客户调查和反馈以及内部审计等。

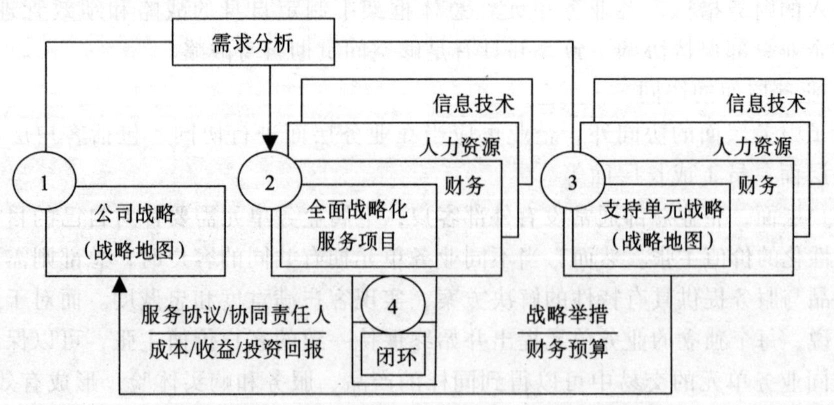

图 4 -5 支持单元与企业战略的协同流程

资料来源：［美］罗伯特·S. 卡普兰、戴维·P. 诺顿：《组织协同：运用平衡计分卡创造企业合力》，商务印书馆 2006 年版。

当然，与业务单元一样，支持单元也有自己的使命、客户、服务和员工，也可以在低成本、产品领先或全面客户解决方案等任一战略领域构建竞争优势并创造价值。客户层面，支持单元一般有两类客户即内部业务单元的经理和员工与外部的利益相关者，支持单元通常采用全面客户解决方案这一战略类型，因此它们需要与客户建立合作伙伴关系，在深刻理解客户战略的基础上利用自身专长开发和提供服务，为客户的成功提供全方位支持。业务流程层面，支持单元一般有三个战略主题，第一，运营效率，主要指标包括单次作业成本、质量及响应的时间。第二，如何管理与内部客户的关系，确定有效实施关系管理所需的流程和技能，例如设定专门的关系经理、整合计划、服务协议、客户反馈等。第三，对业务的战略性支持，旨在通过为客户提供战略化服务推动财务层面的有效性目标。员工成长层面则需要反映所属员工对培训、技术以及良好工作环境的需求。

（三）协同员工与战略

最终，有效的战略执行需要员工的积极参与，从而帮助企业和业务单元达成战略目标。协同员工与战略的流程有三个步骤：第一，向员工传授和沟通战略。第二，将员工的个人目标和激励与战略相链接。第三，协同个人培训和发展计划，培养员工执行战略所需的知识、技能和能力。

1. 战略沟通和培训

管理层应当向员工阐明企业的目标以及准备如何实现战略目标，所有的目标和指标放在一起，就是一份企业进行价值创造的详细图解，通过这种沟通，向所有人沟通传达了企业是什么，准备如何创造长期价值以及每个员工如何才能为企业目标贡献力量。员工清楚如何改进工作，如何促进企业成功并实现他们的个人目标，因此，他们每天都积极工作。

该环节领导者的沟通是关键。如果管理层不进行引导的话，员工就无法理解。管理者可以通过不同的方式与员工进行沟通，包括但不限于演讲、简报、手册、公告栏、会议、内部网络、月度回顾、培训项目以及在线培训课程等。

虽然沟通的方式和途径多种多样，但是经过实践证明，最佳的沟通实践都有一些共同的特征，诸如高层管理人员亲自引导沟通流程；负责沟通的团队制定计划来确保在恰当的时间沟通恰当的信息；信息必须与目标受众相关；信息通过多种媒介进行传递；周期性地对员工进行调查，确保他们理解这些信息，而不仅仅是看到或听到而已，等等。

【例4－1】某家公司由于员工高度分散在不同地区，公司采用多种形式向员工沟通战略计划，如表4－4所示。

目标：确定针对每一个目标听众群的特定信息，确定信息传递渠道。

方法：发挥现有内部沟通团队和渠道的作用，在持续的周期内向不同地区的不同听众沟通和强化这一复杂的信息。

表 4-4 某公司的战略沟通计划

工　具	沟通类型	评　注
小组会议	员工会议、一对一回顾会、每周情况更新	·有较高的参与性和热情 ·工作量大
“社交性”会议	茶点会、相关的娱乐节目	·可能无法涵盖所有人
管理新闻、内部简报、出版物	公司内的简报、事业部的简报	·计分卡的专栏 ·包括与平衡计分卡协会相关的文章 ·简报
局域网	内部网页	·不是每个人都能访问 ·可链接到城市广播网和平衡计分卡协会
Powerpoint 演示	用于展示总览、更新及资源等情况的模板	·可以被广泛采用和接受
海报、公告板、展架	张贴的咖啡间、餐厅、会议室、走廊里的海报和小册子	·所有人都能看到
永久性的海报	在交通要道、重要会议室等地方布置的公司及事业部记分卡的展示	·每天都给予最高关注 ·公布指标、目标和趋势 ·由 CEO 签署
视频	CEO 表达行动的重要性； 强化认同	·没有善于表达的领导 ·有效的培训方式 ·精力充沛的开场、结尾或更新

有效沟通需要两个基本的、关键的条件：每种沟通都必须回答员工关于“我的位置在哪里”的问题；每个独立的阶段或行动都必须与预算与绩效目标分解到该单元或部门的工作同步进步。

2. 将个人目标和激励与战略链接

当企业将领导力和沟通项目产生的内在动力，与通过协同员工绩效目标和奖金而产生的外在动力有效地结合起来，就能够成功地实施预算与绩效管理。

在接受所在单元及企业的战略沟通、教育和培训后，员工就开发出与战略目标相协同的个人目标。员工可以在主管和人力资源专业人士的帮助下确定他们的个人战略目标，也可以自主开发，包括设定成本或收入指标的目标值，提高内部或外部客户的满意度，改进一个或两个流程来创造客户和财务价值，以及增强个人能力素质来驱动流程的改进工作。

【例 4-2】某企业处于企业生产环节底端的操作工，他用平衡计分卡框架来表达个人目标，如表 4-5 所示。

表 4-5 操作工的个人平衡计分卡

操作员 452 号	个　人　目　标
财　务	· 降低停工成本
客　户	· 及时将完成的产品传达给下一个工位

续表

操作员 452 号	个　人　目　标
流　程	· 减少设备转化时间 · 减少机器故障
学习与成长	· 取得机器维护资格证书

该操作员的主管会与他一起来审议这些目标，以确保与部门、工厂、业务单元和公司的战略目标相协同。他们还会讨论每一个指标的绩效目标值，设定合适的困难程度。每年该主管都会回顾操作员的绩效，并就是否应该予以提升或发放奖金提出建议。

员工的激励计划在不同的企业会有差异。典型的激励计划包括两种或三种发放奖金的方式：（1）基于员工达成个人年度目标值而获得个人奖金；（2）基于员工所在业务单元的绩效发放奖金。（3）基于本地区或公司绩效发放奖金。为了避免在财务绩效较差时仍要发放奖金，公司往往会设定一个发放奖金的最低财务线。可以是一定目标利润率，或是取得最低限度的资本回报率，或是在经济增加值的计算中实现平衡。一旦超过财务要求线，超出部分中的一定比例会也被用于奖励，再加上非财务指标的绩效奖励以及根据三个非财务角度衡量指标的权重计算的奖金。

3. 协同个人培训和发展计划

员工必须发展能使自己表现优异的能力——知识、技能和价值观。企业可以通过培训和开发项目来培训员工的知识和技能，通过职业生涯规划来使员工获得不同任务、业务、地区和职能领域的经验。价值观的影响更为复杂，它既需要在招聘的选拔中进行灌输，还需要深入地培训和沟通企业的使命和价值观，以此来激发企业所期望的行为。

二、改进流程

许多企业在没有使用正式的管理体系的情况下，曾经取得过突破性的绩效，具有超凡魅力的领导和管理“艺术”是一种强大的并且能经常取得成效的力量。但是，仅依赖领导者的个人能力，往往不能确保长期稳定的绩效。一个企业只有把它的战略同治理流程及运营管理流程与资源能力规划等相连接，才能保证持续性的发展（见表 4－6）。

表 4－6　　规划运营

战略执行流程	目标	阻碍	典型活动
1. 改进关键流程。 哪些业务流程的变革是战略所需的	确保将战略主题所需的变革转化成运营流程的变革	质量和持续改进项目与战略优先性之间缺乏协同	全面质量管理；业务流程改进；关键成功因素；关键绩效指标及仪表盘
2. 制订资源能力规划。 我们怎样将战略与运营规划及预算相链接	确保资源能力、运营规划和预算体现了战略的方向和需求	预测、预算和运营规划独立于战略规划	滚动预测；作业成本法模型；资源规划；预算；预计财务报表

（一）明确需要改进的战略性流程

明确需要改进的关键流程是改进关键流程的第一步。战略目标及其之间的因果关系指明了哪些流程改进对于成功的战略执行来说最为关键，企业资源应当向这些关键流程倾斜，由继续改进已经可以有效运营的流程转向改进对战略实施更为重要的流程。

1. 聚焦企业价值主张

基于与公司战略目标相结合的标准而选择流程改进项目，将会带来最高额回报。通常情况下，一家企业的流程做得更好、更快、成本更低，该企业的效益就会更好。但是把更好、更快、成本更低的局部流程汇总起来并非制定战略，公司应该强调改进哪些最能促进战略取得成功的流程。

流程改进与战略的协同始于战略的核心——价值定位。企业价值定位如果是给客户提供低成本产品，那么就应聚焦于降低成本、提高质量以及缩短供应链、生产、分销和服务交付周期。企业如果聚焦于提供全面解决方案和建立客户关系，就应在选择目标客户并加深与目标客户关系的流程上精耕细作，例如分析客户的需求，交叉销售多样化的产品和服务，以便为客户提供全面的解决方案。那些注重创新的企业，则应当聚焦于提高创新能力和产品开发的流程项目。

【例4-3】某低成本航空公司以提供行业内最低的价格和最可靠的起飞和到达时间为目标，其关键的流程目标就是缩短地面周转时间，这将有助于达到准时起落的客户目标和提高资产运用效率的财务目标，可以更好地利用飞机和机组成员这些最为昂贵的资源，使它即便是行业内最低的票价也仍能够赚取利润。

而地面周转时间是由三个并行操作的作业流程的最长时间决定的，即乘客下机、清洁和再次登机；行李的卸载和重新装载；地面维护和燃料补给。目前业内的平均地面周转时间是50多分钟，要降低到30分钟左右，以上三个环节必须做得相当完美。表4-7是对三个地面周转流程中第一个流程的简单分解，分析表明，严密的流程改进项目能够消除目前存在的延迟以及浪费，达到期望的目标值。

表4-7　**流程改进能否消除绩效差距**

地面周转时间	航班间周转时间		流程改进
	当前每个步骤所用时间	最佳实践每个步骤所用分钟	
等待飞机舱门打开	3:16	0.00	A. 预测飞机到达时间，在跑道等待飞机停下
乘客离机	6:41	4:38	
等待清洁人员登机	0:24	0:18	B. 更严格地控制携带行李，减少乘客在过道上找行李的情况
清洁飞机	10:48	7:40	
等待机组人员登机	4:11	0:00	C. 清洁人员提前就位
等待第1名乘客登机	4:06	0:00	D. 工作流程、时间和方法标准化，如提前准备好工具箱

续表

地面周转时间	航班间周转时间		流程改进
	当前每个步骤所用时间	最佳实践每个步骤所用分钟	
乘客登机	17:32	14:00	E. 飞机准备起飞时，机组人员发出一个信号
等待乘客信息表	1:58	0:13	F. 空乘人员积极管理头顶的行李仓
关闭机舱门	0:57	0:09	G. 最后一位乘客登机，及时传递乘客信息表
登机舷梯分离	1:39	0:43	H. 准备好关闭舱门
总周期时间	51:34	27:41	

2. 明确战略性流程与至关重要的流程

聚焦企业价值主张，可以识别关键性的战略流程，但只关注关键性的战略流程并不能支撑企业的运营，还需要明确非战略性的重要流程。例如，制作工资单、定期核对账簿、提供基本的航空服务、地面维护和安全以及电话系统和计算机网络的运行，这些“至关重要”的流程即使做到最好，也不能创造出新产品，为客户提供差异化的体验或取得突破性的财务绩效。然而它们就如同人体的关键功能，如体温、血压和心率等，其中任何一点不稳定或者失控，身体就会出现问题，必须立刻采取纠正措施。

以同时运用质量评估和平衡计分卡评估进行说明，如图4－5所示。纵栏是根据欧洲质量管理基金会或波多里奇质量标准对组织现有流程进行的分类，将流程分为“卓越”或者“需要改进”。横栏则是将流程区分为两类，一类是根据平衡计分卡确定的“战略性”流程，就是那些有助于差异化战略的流程；另一类是“至关重要”的流程，是公司成功所必需的，但不能体现出战略差异化。左下方单元格是执行效果较差的至关重要但非战略性的流程。企业需要投入资源来改进这些流程以使之达到具有竞争力的水平，或者至少改进这些流程使其不影响战略的成功执行。沿着图4－6的逆时针方向，右下方的单元格代表执行卓越的非战略性流程。公司应当尽力维持现有的绩效，但可以考虑撤回为提升这些流程质量所投入的资源，因为这些流程已经有令人满意的绩效水平。右上角的单元格，代表目前执行卓越的战略性流程，公司可以借此获得成功，同时可以保持少量但持续性地资源投入以完善这些流程。左上角的单元格式是战略执行成功的关键，但是目前执行效果较差，这是企业必须投入关键资源以及管理者关注的地方，这些流程将影响企业能否向客户传递差异化的价值定位以及实现财务目标所需的生产力的提升。

（二）为流程管理设定关键指标

如何将战略目标与流程管理协同起来？首先需要把现有的客户价值定位与希望达成的客户价值定位进行比较。识别出战略地图上那些驱动达成客户和财务角度目标值的关键流程，并持续深入地开展流程管理，然后识别出驱动优异流程的关键绩效指标。

（三）运用仪表盘

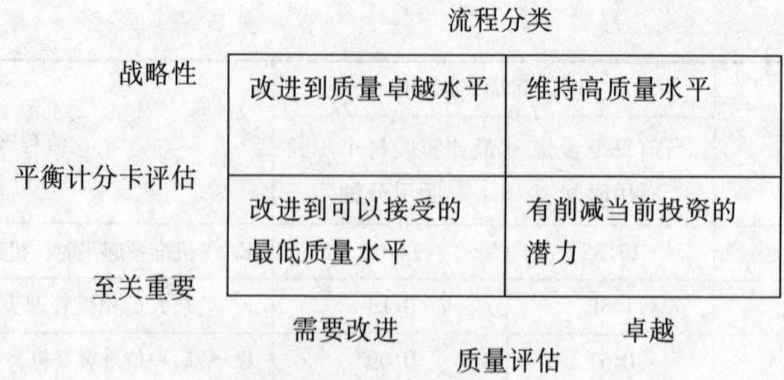

图 4－6　同时运用质量评估和平衡计分卡评估

使用局部运营仪表盘能够提高公司的流程改进能力。这些仪表盘是反映局部流程绩效的关键指标的汇总，自动化仪表盘建立了商务智能和数据整合框架，它们促进了潜在数据的可视化，并使员工能够深入挖掘数据及开展交互式分析。

仪表盘是运营型的，不是战略性的，可以没有财务或客户指标，或人力资本开发指标。它聚焦于员工的日常行为可以影响到的流程指标，因此其更新频率非常频繁，能够反映每天甚至是每个小时的绩效，向员工提供快速、及时的近期绩效反馈，帮助员工从他们的经验中学习，同时还可以为运营回顾会议提供主要的输入信息。

【例 4－4】 某公司为了顺利实现战略转型，引入了一些全新的战略性流程。其间设置了一个重要的创新流程目标："制订灵活、有效的以客户为导向的解决方案"，并用两个平衡计分卡指标来衡量，即"研发有效性指数"和"上市时间"。但是，这两个指标是衡量研发流程结果的滞后指标，公司需要对流程执行的整个过程进行同步跟踪，通过仪表盘指标明确员工在执行流程时需要努力达成的关键成功因素，以衡量现有的项目是否有望达成预期目标。这些运营层次的关键成功因素与战略层次的流程目标是通过因果关系形成支撑作用的，据此，该公司界定了三个关键成功因素："产品持续创新"、"对相关市场和目标细分客户有深入的了解"、"持续的产品绩效监控流程"，设置衡量指标分别为"受到保护的创意数量"、"与目标客户共同创造的建议数量"、"新上市产品绩效占比"。

这些指标能够显示在流程仪表盘上，它们充当了研发部门与业务单元之间所达成的服务水准协议的基础，这种协议体现了支持单元（研发）如何为业务单元战略地图中的关键流程目标绩效作出贡献（见图 3－8）。

（四）共享最佳实践

公司不应将流程改进活动视为局部的项目，应该通过在整个组织内共享最佳实践来充分利用流程改进能力。最佳实践可能来源于内部员工创新，企业应当积极寻求内部最佳实践案例，鼓励员工创新，并设置相应的物质或精神奖励。同时，企业还应当积极向外部的审计师和供应商询问他们在不同行业的公司中所观察到的最佳实践，在企业内部共享。

案例解析

1. 协同总部与业务单元：在实施预算与绩效计划时，首先要理顺企业总部与业务单元之间的关系，根据实际情况确定具体的协同范围，分析和挖掘产生企业衍生价值的来源，制定统一的企业价值主张，然后通过预算与绩效管理系统去传达并实现预期的协同效应。包括财务层面的协同和业务层面的协同。

2. 协同业务单元和支持单元：在保障不同层级绩效目标的纵向协同的同时，还需要保持业务单元（部门）和支持单元（部门）的横向协同。

3. 协同员工与战略：最终，有效的战略执行需要员工的积极参与，从而帮助企业和业务单元达成战略目标。协同员工与战略的流程有三个步骤：第一，向员工传授和沟通战略。第二，将员工的个人目标和激励与战略相链接。第三，协同个人培训和发展计划，培养员工执行战略所需的知识、技能和能力。

任务三 编制预算

任务目标

1. 了解预算编制的两种基本模式。
2. 掌握传统的全面预算编制的流程与内容。
3. 掌握基于业务流程的预算的编制流程与内容。

案例导入

浙江金鹰股份公司（以下简称金鹰股份）实行资金全面预算管理，一定时期内的资金预算体现了企业最高权力机关在这一时期的经营思想、经营目标和经营决策。它的核心功能在于对企业的业务流、资金流进行全面的整合和规划，并按照职责范围落实到相应的责任单位或个人。

为了充分发挥预算管理的作用，公司成立单位预算管理委员会。委员会要对整个预算编制、审核的过程进行认真调查、调整、反复计算分析；围绕总体目标，找差距、提建议、想办法，解决矛盾，制定切实有效的预算编制、执行、调控、考核以及各项预算资料收集运用制度。

全面预算由公司本部综合预算和分公司预算构成。综合预算包括：(1) 以公司经营成果为核心的盈利预测。(2) 以现金流量为基础的财务收支预算。(3) 以公司技术改造、固定资产和对外投资为主要内容的投资预算。分公司预算是公司各分公司的生产经营及经营成果的预测和计划。预算编制程序要求细化到可以具体操作，并能定量考核，列出各项财务指标的明细表。例如在销售预算中，要分析预算年度经济形势和市场供求变化，分析竞争对手。自身产品的先进性和准备采取的对策，制订出分季、分月的销售计划和货款回收进度表，落实到每一位销售人员。每一项措施都列示详细的数据和说明来支持年度、季度及月度的目标，其他预算也是如此。在预算编制过程中，公司上下充分交流信息，统一认识，使各级负责人明确责任和目标，避免决策疏漏和使用上的浪费，从根本上杜绝经营决策的随意性。

（案例来源：全面预算管理案例，http：//doc. mbalib. com）

案例思考：思考该公司应如何编制各项预算？以及实施这种预算管理的好处？

任务解构

经过前期阶段目标的制订以及目标与行动方案、组织资源与流程等的协同整合，企业每个业务单元整体范围内已经对长期的战略目标与短期的经营目标达成了共识，接下来便需要将这些目标通过预算编制的形式和流程将其落实到每个责任部门、人员身上，形成一定时期内企业运营的管控系统。

一、预算编制的基本模式

在实务工作中，受企业产品在市场上的供求关系的影响，预算与绩效计划的编制顺序主要有两种，即以生产为起点和以销售为起点。

如果企业产品供不应求，企业生产多少就能销售多少，生产决定销售，此时，预算与绩效计划的编制起点是生产，如果市场状况正好相反，则需要先确定销售预算，再确定其他预算与计划。当前市场竞争激烈，一般不存在供不应求的情况，因此，目前企业预算的编制都是以销售为起点的。

如图 4－7 所示，以销售为起点的预算编制根据企业内部组织架构、业务活动的管理模式等因素的不同，具体又包括传统的全面预算编制模式与基于业务流程的预算编制模式，这与项目三中目标的制定模式是相匹配的。在全面预算编制模式中，将预算的各个部分分解到各个部门上，由各个部门分别单独完成，然后由财务部门汇总编制，形成业务单元整体的预计利润表、预计资产负债表与预计现金流量表。在基于业务流程的预算编制模式中，企业不再按照部门作为预算编制责任划分的依据，而是将客户订单作为预算编制责任划分的依据，预算实际是对未来预计订单所引起的收入、成本、现金等资源变动的反映，这与基于业务流程的预算与绩效目标模式一致，详细论述见下文。

二、传统的全面预算编制模式

一般来说，企业的全面预算每年编制一次，与企业的财务年度保持同步，大多数组织在一年中的最后四五个月内编制下一年的总预算。预算管理委员会审查预算，提供政策指导和预算目标，解决预算过程中出现的分歧，批准最终预算，并对企业

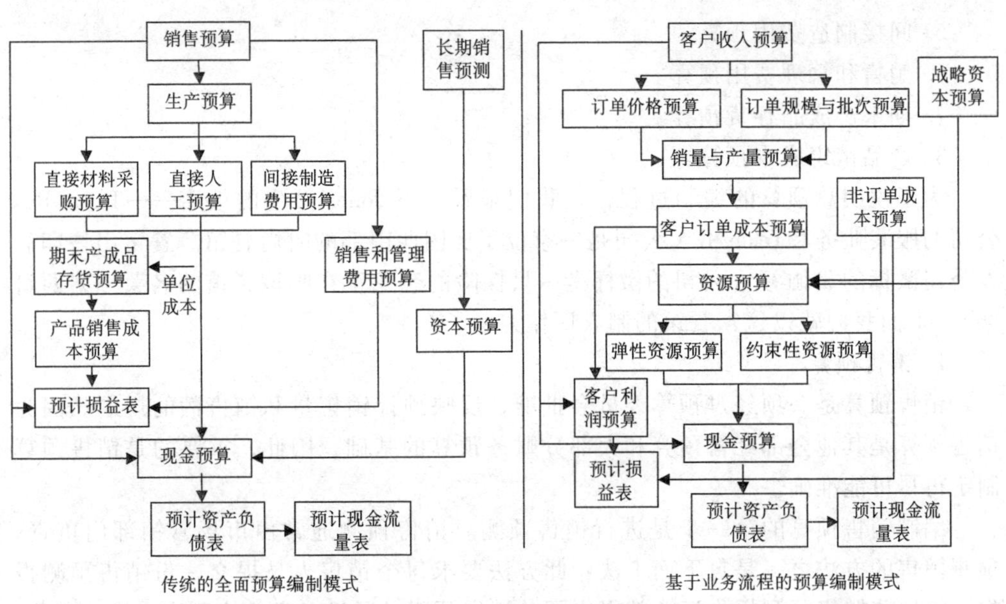

图 4－7 预算编制的两种模式

的实际绩效实行全年监督。企业总裁任命预算委员会的委员，一般包括总裁本人、副总裁和主计长。通常主计长担任预算委员会主任，负责对公司整个预算编制过程的指导和协调。

年度预算分解为季度预算和月度预算。使用较短的预算期间使管理者更经常地比较实际数据与预算数据，更及时地发现问题、解决问题。一些企业已经逐步形成了一种编制滚动预算的理念，滚动预算是一种 12 个月的动态预算。当预算中的 1 个月期满时，未来的另一个月就被增补进来，这样企业始终都有未来 12 个月的预算，这种预算编制方法能迫使管理者经常性地规划未来。

（一）全面预算的构成内容

总预算可以分为经营预算、投资预算与财务预算。经营预算反映一个企业创造收益的各项活动：销售、生产和产成品存货。经营预算的最终结果是预编损益表或预计损益表。财务预算详细描述现金的流入和流出以及整体的财务状况。计划的现金流入和流出体现在现金预算中。预算期末的预期财务状况反映在预编资产负债表或预计资产负债表中。因为企业很多筹资工作在经营预算公布之前并不知道，所以，应首先编制经营预算。

（二）编制经营预算

经营预算主要包括以下预算，它们将构成预计损益预算的主体构成部分：

1. 销售预算。

2. 生产预算。

3. 直接材料采购预算。

4. 直接人工预算。

5. 间接制造费用预算。

6. 销售和管理费用预算。

7. 期末产成品存货预算。

8. 产品销售成本预算。

为了说明总预算的编制过程，让我们来看一下 Jones 医生的饭店——Texas Rex 公司的服装业务。Texas Rex 公司是一家位于美国西南部的时尚餐馆。餐馆出售印有本公司徽标的 T 恤衫（公司的徽标是一只探险的恐龙正在吃该餐馆的名菜—墨西哥菜）。下面我们就以这家餐馆的制衣厂作为例子①。

1. 销售预算

销售预算是一项经过预算委员会批准，反映预计销售量和销售额的规划。因为销售预算是其他全部经营预算和大部分财务预算的基础，因此，重要的是销售预算制定得尽可能准确。

编制销售预算的第一步是进行销售预测。销售预测通常由市场营销部门负责。预测销售的方法之一是自下而上法，此方法要求每个销售人员提交一份销售预测报告，将这些销售预测报告汇总就得出了总销售预测。通过考虑总体经济形势、竞争、广告、定价政策等其他因素可以提高这种销售预测的准确性。有些公司还用其他更加正规的方式来补充自下而上法，如时间序列分析、相关度分析和经济计量建模法。

销售预测仅仅是最初的估计。确定预测是否过于悲观或过于乐观，销售预测要提交给预算委员会审查。预算委员会将确定预测是否过于悲观或过于乐观，然后作出适当调整。例如预算委员会如果认为预测过于悲观并与公司的战略计划不协调，就可能推荐一些具体行动方案，如增加促销活动，雇用更多的销售人员等，使销售超过预测的水平。

表 4-8 表明了 Texas Rex 公司标准 T 恤产品的销售预算。为简便起见，我们假定该公司只生产一种产品：在背部印有该公司徽标的标准短袖 T 恤。（对生产多种产品的公司来说，销售预算反映每种产品的销售量和销售额）

表 4-8　　2008 年度 Texas Rex 公司销售预算

项　目	季度				年度
	1	2	3	4	
销售量	1 000	1 200	1 500	2 000	5 700
单位售价（美元）	×10	×10	×10	×10	×10
预计销售额（美元）	10 000	12 000	15 000	20 000	57 000

请注意，销售预算显示该公司的销售额呈季节性波动。公司的大部分销售发生在夏秋两季，这是因为 T 恤在夏季的热销，以及该公司在假期开学时和圣诞节期间

① ［美］唐·R. 汉森、玛丽安娜·M. 莫温著，陈良华、杨敏译：《管理会计》（第 8 版），北京大学出版社 2010 年版。

促销力度加强。

2. 生产预算

生产预算反映为了满足销售需要和期末存货的要求，公司要生产的产品数量。从预算表 4－9 中我们可以看出，为了满足每季度和每年的销售售需求必须要生产多少件 T 恤。如果没有期初和期末存货，T 恤的产量也就等于销售量，这是实行准时制生产的公司的情况。然而，许多生产厂商把存货作为应付生产和需求中不确定性的一个缓冲手段。假定公司的政策要求将下一季度销售量的 20% 作为期末存货，并且本年第一季度的期初存货是 180 件。

表 4－9　　**Texas Rex 公司生产预算**　　截止日：2008 年 12 月 31 日

项 目	季度				年度
	1	2	3	4	
销售量（表 4－8）	1 000	1 200	1 500	2 000	5 700
期望期末存货	240	300	400	200 *	200
总需要量	1 240	1 500	1 900	2 200	5 900
减：期初存货	(180)	(240)	(300)	(400)	(180)
生产量	1 060	1 260	1 600	1 800	5 720

* 假设 2009 年第一季度估计销售是 1 000 件。

为了计算生产量，需要销售量和期初及期末的产成品存货数量：生产量 = 预期销售量 + 期末存货数量 - 期初存货数量。

这个公式是表 4－9 中生产预算的基础。让我们来看一下表 4－9 中的第一栏，即第一季度的生产需求。我们可以看到该公司预期销售 1 000 件 T 恤。此外，公司第一季度末要有期末存货 240 件（0.20 × 1 200）。这样第一季度就需要 1 240 件 T 恤。这 1 240 件 T 恤从哪里来呢？期初存货可以提供 180 件，因此第一季度要生产余下的 1 060 件，注意生产预算是以数量来表示的。

有两个重要方面需要加以注意。第一，每一季度的期初存货总是等于前一季度的期末存货。第二季度的期初存货是 240 件，就等于第一季度的预定期末存货。第二，年纵列的数字并不总是四个季度数字简单相加。注意本年度期望期末存货为 200 件，等于第四季度的期望期末存货。而本年期初存货是 180 件，就等于第一季度的期初存货。

3. 直接材料采购预算

完成生产预算表后，就可以编制直接材料预算、直接人工预算以及间接制造费用预算。直接材料采购预算表明每期所需购买原材料的数量和成本，该预算取决于生产中材料的预计用量和原材料存货的需要量。公司需要为使用的每一种原材料编制独立的直接材料采购预算。

生产所需的直接材料的消耗量取决于产品的生产量。为简便起见，假定印有 Texas Rex 公司徽标的 T 恤的生产需要两种原材料：每件成本为 3 美元的纯色 T 恤和每盎司 0. 20 美元的油墨（用丝网印刷术印制徽标）。以单件计算，公司每生产一件徽标 T 恤就需要一件纯色 T 恤和 5 盎司油墨。这样，如果该公司第一季度打算生产 1 060 件徽标 T 恤，就需要 1 060 件纯色 T 恤和 5 300 盎司（5 ×1 060）油墨。一旦计算出了预期消耗量，采购量也就能够确定了，即：

采购量 = 生产所需直接材料 + 期望期末直接材料存货 - 期初直接材料存货

直接材料存货的数量又取决于公司的存货政策。Texas Rex 公司的政策是将下一个月生产需求量的 10% 作为期末存货。让我们假定公司在 1 月份有 58 件纯色 T 恤和 390 盎司油墨。

表 4 - 10 表明了 Texas Rex 公司两种直接材料的采购预算。请注意直接材料采购预算与生产预算大同小异。让我们先看一下表 4 - 10 第一季度的纯色 T 恤预算。每生产一件成品徽标 T 恤需要一件纯色 T 恤，所以 1 060 件成品乘以 1 得出纯色 T 恤的总生产需要量。然后，加上 126 件（下一季度生产需要量的 10%）期望期末存货，得出第一季度需要 1 186 件纯色 T 恤。其中有 58 件来自期初存货，还有 1 128 件需要外购。1 128 件纯色 T 恤乘以单价 3 美元就得出 Texas Rex、公司本年第一季度购买纯色 T 恤的预期成本 3 384 美元。

表 4 - 10　　2008 年度 Texas Rex 公司直接材料采购预算

纯色 T 恤	季度				年度
	1	2	3	4	
生产量（表 4 - 9）	1 060	1 260	1 600	1 800	5 720
单位产品所需直接材料	×1	×1	×1	×1	×1
生产需要量	1 060	1 260	1 600	1 800	5 720
期望期末存货	126	160	180	106	106
总需要量	1 186	1 420	1 780	1 906	5 826
减：期初存货	(58)	(126)	(160)	(180)	(58)
直接材料采购量	1 128	1 294	1 620	1 726	5 768
纯色 T 恤单位成本（美元）	×3	×3	×3	×3	×3
纯色 T 恤总采购成本（美元）	3 384	3 882	4 860	5 178	17 304
油　墨	季度				年度
	1	2	3	4	
生产量（表 4 - 9）	1 060	1 260	1 600	1 800	5 720
单位产品所需直接材料	×5	×5	×5	×5	×5
生产需要量	5 300	6 300	8 000	9 000	28 600
期望期末存货	630	800	900	530*	530
总需要量	5 930	7 100	8 900	9 530	29 130
减：期初存货	(390)	(630)	(800)	(900)	(390)

续表

油 墨	季度				年度
	1	2	3	4	
直接材料采购量	5 540	6 470	8 100	8 630	28 740
每盎司单价（美元）	×0.20	×0.20	×0.20	×0.20	×0.20
油墨总采购成本（美元）	1 108	1 294	1 620	1 726	5 748
直接材料采购总成本（美元）	4 492	5 176	6 480	6 904	23 052

* 因为我们不知道2007年第二季度的销售量；所以不能确定2007年第一季度的生产量。因此，为了例子的完整，我们假定了期望期末存货为106件纯色T恤和530盎司油墨。

4. 直接人工预算

直接人工预算表示按照生产预算中的产量进行生产所需的直接人工工时及相关成本。与直接材料一样，直接人工预算工时由人工与产出的关系决定。例如，如果一批100件成品徽标T恤需要12个直接人工工时，那么生产一件成品T恤需要0.12个直接人工工时。

根据生产预算中给出的每单位产出所需直接人工以及产量，可以编制出直接人工预算表，如表4-11所示。在直接人工预算表中，工资率（本例中为每工时10美元）是支付给生产T恤的一线工人的平均工资。既然给出的是平均数，就考虑了工人有不同的工资率这一可能。

表4-11　　2008年度Texas Rex公司直接人工预算

项　目	季 度				年度
	1	2	3	4	
生产量（表4-9）	1 060	1 260	1 600	1 800	5 720
单位产品直接人工（工时）	×0.12	×0.12	×0.12	×0.12	×0.12
需要总工时	127.2	151.2	192	216	686.4
每小时平均工资（美元）	×10	×10	×10	×10	×10
直接人工总成本（美元）	1 272	1 512	1 920	2 160	6 864

5. 间接制造费用预算

间接制造费用预算表明了所有间接制造项目的预期成本。与直接材料、直接人工不同，间接制造费用项目不存在明显的投入—产出关系，相反，却存在一系列的作业和相关动因。以往的经验可以用于确定这些制造费用作业如何随动因的变化而变化。我们可以确认出那些可变的具体项目（例如，物料用品和水电费），并估算出每一项目单位作业上的预计消耗金额。合计单个项目的分配率，就可以得到变动间接制造费用分配率。在本例中，假定存在两个间接制造费用成本库，其中一个针对随直接人工工时而变化的间接制造费用作业，另一个针对所有其他固定性作业。变动制造费用分配率是每直接人工工时5美元；固定间接制造费用的预算是6 580

美元（每季度 1 645 美元）。根据这些资料和直接人工预算表（见表 4－11）的预计直接人工工时，就可以编制出如表 4－12 所示的间接制造费用预算。

表 4－12　　2008 年度 Texas Rex 公司间接制造费用预算

项　目	季　度				年度
	1	2	3	4	
预算直接人工工时（预算表 4）	127.2	151.2	192.0	216.0	686.4
变动间接制造费用分配率	×5	×5	×5	×5	×5
预算变动间接制造费用（美元）	636	756	960	1080	3 432
预算固定间接制造费用*（美元）	1 645	1 645	1 645	1 645	6 580
间接制造费用合计（美元）	2 281	2 401	2 605	2 725	10 012

* 包括每一季度 540 美元的折旧费。

6. 期末产成品存货预算

期末产成品存货预算不仅提供编制资产负债表所需的信息，也是编制产品销售成本预算的重要资料来源。为了编制该预算，要使用表 4－10、4－11 和 4－12 中的有关数据来计算成品徽标 T 恤的单位成本。成品徽标 T 恤的单位成本和计划的期末存货的成本列示于表 4－13 中。

表 4－13　　2008 年度 Texas Rex 公司期末产成品单位成本预算　　单位：美元

单位成本计算：	
直接材料（3＋5×0.2）	4.00
直接人工（0.12×10）	1.20
间接制造费用：	
变动（0.12×5）	0.60
固定（0.12×9.59）*	1.15
单位成本合计	6.95
产品数量	200
总成本	1 390

* 预算固定间接制造费用（见表 4－12）/预算直接人工工时（见表 4－11）＝6 580/686.4＝9.59（美元）。

7. 产品销售成本预算

产品销售成本预算假定期初产成品存货价值 1 251 美元，可以利用表 4－10、4－11、4－12 和 4－13 来编制产品销售成本预算。产品销售成本预算说明销售产品的预期成本。产品销售成本预算是编制预计损益表之前所需的最后一张预算表（见表 4－14）。

表 4－14　　2008 年度 Texas Rex 公司产品销售成本预算　　单位：美元

耗用的直接材料（预算表 3）*	22 880
耗用的直接人工（预算表 4）	6 864

续表

间接制造费用（预算表5）	10 012
预算制造成本	39 756
期初产成品	1 251
可销售产品	41 007
减：期末产成品（预算表6）	（1 390）
预算产品销售成本	17

* 生产需要量 =（5 720 ×3）+（28 600 ×0.20）。

8. 销售和管理费用预算

下面要编制的预算是销售和管理费用预算，该项预算说明了非制造作业的计划支出。和间接制造费用一样，销售和管理费用也可以划分为变动预算部分和固定预算部分。像销售佣金、运费和物料用品这些项目均随着销售作业的变化而变化。表 4 - 15 说明了销售和管理费用预算。

表 4 - 15　　2008 年度 Texas Rex 公司销售和管理费用预算

项　目	季度				年度
	1	2	3	4	
计划销售量（预算表）	1 000	1 200	1 500	2 000	5 700
每单位变动性销售及管理费用（美元）	×0.10	×0.10	×0.10	×0.10	×0.10
总变动费用（美元）	100	120	150	200	570
固定性销售及管理费用（美元）：					
工资	1 220	1 220	1 720	1 220	5 380
水电费	50	50	50	50	200
广告费	100	200	300	500	1 100
折旧费	150	150	150	150	600
保险费	200	200	200	200	800
总固定费用（美元）	1 720	1 820	2 420	2 120	8 080
总销售及管理费用（美元）	1 820	1 940	2 570	2 320	8 650

（三）编制资本预算

资本预算是预算期内企业有关资本性投资活动的预算，资本预算规划安排的是企业的资本性投资活动，主要是为了企业发展的长远需要，相关支出主要依靠以后预算期的经营收入来补偿。

资本预算过程包括寻找新的投资或者更加有利可图的投资机会，对资本投资机会进行初步筛选，对初步筛选出来的投资机会进行投资可行性分析，在项目投资资金总额约束条件下，在可行的投资项目中选择最优的投资项目，选中最优投资项目以后编制、批准、执行和监督企业资本预算等管理程序。简而言之，资本预算包括寻找资本投资机会、投资机会可行性分析、预算编制、预算执行和预算后审计等几个阶段。

企业的资本性投资活动可分为内部投资和外部投资。内部投资是指企业用于固定资产的购置、扩建、改建、更新、改造等方面的投资和无形资产方面的投资；外部投资是指企业用于股权、收购、兼并、联营投资及债券等方面的投资。同时，企业要投资，就必然要融资，筹措项目资金自然是企业进行投资活动的重要内容。因此，投资预算的内容主要包括固定资产投资预算、无形资产投资预算、权益性资本投资预算、收购兼并预算、债券投资预算、项目筹资预算与股票发行预算等。资本预算表示例如表4-16所示。

表4-16　2008年度××公司2008年资本预算表　单位：美元

项目	2008年预算	季度预算			
		第一季度	第二季度	第三季度	第四季度
现金流出：	×××	×××	×××	×××	×××
基本建设投资	×××	×××	×××	×××	×××
——××项目	×××	×××	×××	×××	×××
更新改造投资	×××	×××	×××	×××	×××
——××项目					
权益性资本投资	×××	×××	×××	×××	×××
——××公司	×××	×××	×××	×××	×××
——××股份	×××	×××	×××	×××	×××
现金流入：	×××	×××	×××	×××	×××
投资回收	×××	×××	×××	×××	×××
投资收益	×××	×××	×××	×××	×××
投资项目借款	×××	×××	×××	×××	×××
净现金支出	×××	×××	×××	×××	×××

（四）编制财务预算

总预算还包括财务预算。财务预算的编制通常包括：现金预算；预计利润表；预计资产负债表。

1. 现金预算

了解现金流对于管理一个企业至关重要。通常企业能成功地生产并销售产品，但却由于现金流入与流出的时机不当导致产销的失败。如果知道何时会出现现金不足或现金结余，管理者就可以事先计划，在现金不足时借入现金，在现金多余时偿还借款。银行信贷人员依据企业的现金预算来验证企业的现金需要量和还款能力。因为现金流是企业的生命之源，现金预算就成了总预算中最重要的预算之一。现金预算如表4-17所示。

表 4-17　　现金预算

项　目	金　额
期初现金余额	×××
加：现金收入	×××
可供使用的现金	×××
减：现金支出	×××
减：最低现金余额	×××
现金盈余或不足	×××
加：借款	×××
减：还款	×××
加：最低现金余额	×××
期末现金余额	×××

可供使用的现金包括期初现金余额和预期现金收入。预期现金收入包括相关时期现金的所有来源。现金的主要来源是销售。由于很大部分的销售通常采用赊销的方式，因此，企业的一项重要任务就是确定应收账款的收回方式。如果一家公司已经运营了一段时间，就可以根据以往的经验编制应收账款账龄分析表。换言之，公司可以确定应收账款在销售之后月份中收回的平均比例。例如，假定 Patton 五金器具公司如表 4-18 中的应收账款收回比例经验数据：

表 4-18　　应收账款回收比例

项　目	比例（%）
销售当月收款比例	30%
销售次月收款比例	60%
销售后两个月收款比例	10%

如果 Patton 公司在 5 月赊销了价值 100 000 美元的商品，那么可以预期在当月收回 5 月赊销金额中的 30 000 美元现金，在 6 月收回 5 月赊销金额中的 60 000 美元现金，7 月收回余下的 10 000 美元现金（注意，Patton 公司预计能收回全部应收账款。但这种情况并不常见。假定根据某公司过去的经验，有 3% 的应收账款不能收回，那么这 3% 的销售额在编制现金预算时就应被忽略，因为不能从拖欠的客户那儿回收现金）。

现金支出部分列示了相关时期内全部的计划现金支出。所有未导致现金支出的开支都被排除在外（例如，折旧费就从不包括在现金支付项内）。短期借款的利息通常不包括在此项现金支出内，而是被归入贷款偿还部分。

现金盈余或不足这一行将可供使用的现金与现金需要量进行了比较。现金需要量是现金支付总额与公司政策要求的最低现金余额之和。最低现金余额是公司可接受的最低现金持有量。考虑一下你自己的银行经常账户，你会尽量在账户内保持一定的现金余额，可能是因为保持最低现金余额可以免交手续费，也可能因为这个余额可以允许你作一些计划之外的采购。与此类似，企业也需要保持最低现金余额。这个余额的多少公司间各不相同，主要取决于公司的特定需要和政策。如果可供使用的现金总额少于现金需要量，就会出现现金不足，这时就需要借入短期借款；相反，如果存在现金盈余（可供使用的现金总额大于公司的现金需要量），公司就有能力偿还贷款，也许还可以进行一些短期投资。

现金预算的从后一项是借款和还款。如果出现现金不足，本项显示需要借入的现金量；如果出现现金盈余，则本项反映包括利息支出的计划还款金额。

现金预算的最后一行是计划期末现金余额。记住，扣除最低现金余额得到现金盈余或现金不足。然而，最低现金余额并不是一项支付，所以要得出计划期末现金余额时，一定要将该项加回去。

为了说明现金预算，假定 Texts Rex 公司的资料如下：

（1）每一季度末要求的最低现金余额为 1 000 美元。公司按照 1 000 美元的整数倍借款和还款。年利率是 12%。利息只为偿还的本金支付。所有的借款均发生在一个季度开始时，而所有的还款均发生在一个季度结束时。

（2）销售额中有 1/4 是现金销售。赊销额的 90% 在销售的当季收回，余下的 10% 在下一季度收回。2005 年第四季度的销售额为 18 000 美元。

（3）赊购直接材料。80% 的购货款在采购的当季支付，余下的 20% 在下一季支付。2005 年第四季度的购货额为 5 000 美元。

（4）间接制造费用中每季折旧费预算为 540 美元，销售和管理费用中每季折旧费预算为 150 美元（见表 4－12 和表 4－15）。

（5）2008 年的资本预算表明公司计划购买额外的丝网印刷设备。设备引起的现金支出 6 500 美元将发生在第一季度。购买设备的资金主要来源于营业现金，必要时将借入短期借款。

（6）公司所得税约为 2 550 美元，将于第四季度末支付（见表 4－19）。

表 4－19　　2008 年度 Texas Rex 公司现金预算　　单位：美元

项　目	季度				年度	来源
	1	2	3	4		
期初现金余额	5 200	1 023	1 611	3 762	5 200	g
收款：						
现销	2 500	3 000	3 750	5 000	14 250	b，表 4－8
赊销						
本季	6 750	8 100	10 125	13 500	38 475	b，表 4－8
上季	1 350	750	900	1 125	4 125	b，表 4－8
可供使用现金总额	15 800	12 873	16 386	23 387	62 050	
减现金支付：						
直接材料：						

续表

项　目	季度				年度	来源
	1	2	3	4		
本季	(3 594)	(4 141)	(5 184)	(5 523)	(18 442)	c，表 4 – 10
上季	(1 000)	(898)	(1 035)	(1 296)	(4 229)	c，表 4 – 10
直接人工	(1 272)	(1 512)	(1 920)	(2 160)	(6 864)	表 4 – 11
间接制造费用	(1 741)	(1 861)	(2 065)	(2 185)	(7 852)	d，表 4 – 12
销售和管理费用	(1 670)	(1 790)	(2 420)	(2 170)	(8 050)	d，表 4 – 15
所得税	—	—	—	(2 550)	(2 550)	f，表 4 – 20
设备	(6 500)	—	—	—	(6 500)	e
支付总额	(15 777)	(10 202)	(12 624)	(15 884)	(54 487)	
最低现金余额	(1 000)	(1 000)	(1 000)	(1 000)	(1 000)	a
总现金需要量	(16 777)	(11 202)	(13 624)	(16 884)	(55 487)	
现金盈余（不足）	(977)	1 671	2 762	6 503	6 563	
融资：						
借款	1 000	—	—	—	1 000	a
还款	—	(1 000)	—	—	(1 000)	a
利息	—	(60)	—	—	(60)	a
融资总额	1 000	(1 060)	—	—	(1 060)	
期末现金余额	1 023	1 611	3 762	6 503	6 503	

注：支付的利息为 6/12 × 0. 12 × 1 000。因为借款发生在季初，还款发生在季末，所以本金在 6 个月后偿还。可供使用的现金总额减去现金支付总额加（或减）融资总额。

（7）期初现金余额等于 5 200 美元。

（8）预算表中所有的数字均四舍五入取整。

根据这些资料，Texas Rex 公司的现金预算如表 4 – 19 所示（所有数字均四舍五入取整）。编制现金预算所需的资料大部分来源于经营预算。事实上，表 4 – 8、表 4 – 10、表 4 – 11、表 4 – 12、表 4 – 15 中包含了重要的资料，然而这些预算表本身并不能提供全部所需的资料。在得到赊销和赊购的现金流之前，应先了解收入的收款方式和直接材料的付款方式。

表 4 – 20 表明了现销和赊销引起的现金流入模式。请看 2008 年第一季度的现金收入。该季度的现销预算为 2 500（0. 25 × 1 000）美元（见表 4 – 8）。第一季度赊销回款与上年最后季度以及 2008 年第一季度的赊销有关。2007 年第四季度的赊销金额为 13 500（0. 75 × 18 000）美元，其中 1 350（0. 10 × 13 500）美元要等到 2008 年第一季度才能收回。2008 年第一季度的预算赊销金额为 7 500 美元，其中 90% 的货款将于当季收回。因此，赊销当季将收回货款 6 750 美元。剩下各季的计算与第一季度类似。

表 4-20　　2008 年 Texas Rex 公司现金收入模式　　单位：美元

项目	第一季度	第二季度	第三季度	第四季度
现销	2 500	3 000	3 750	5 000
赊销收款情况：				
2007 年第四季度	1 350			
2008 年第一季度	6 750	750		
2008 年第二季度		8 100	900	
2008 年第三季度			10 125	1 125
2008 年第四季度				13 500
现金收入总额	10 600	11 850	14 775	19 625

购货时要进行类似的计算。在购销两种情况下，除了上面各表所提供的资料外，还要知道收款和付款的方式。另外，所有的非现金费用如折旧费等，都应当从费用预算所报的总额中扣除。因此，表 4-12 和表 4-15 中的预算费用应扣除每个季度的预算折旧费。表 4-12 中每个季度的间接制造费用应扣除 540 美元的折旧费。销售及管理费用每季度应扣除 150 美元。扣除后的净额列示在现金预算中。

表 4-19 所列示的现金预算强调了将预算分解为短期预算的重要性。该年度的现金预算给人的印象是：企业有充足的营业现金来购置新设备。而季度预算资料则表明，由于购置新设备和公司现金流转的时机问题，公司需要短期借款（1 000 美元）。大多数公司按月编制现金预算，有的甚至编制周预算和日预算。

Texas Rex 公司的现金预算还反映出另外一项重要信息。到第三季度末，企业持有现金额（3 762 美元）将多于营业所需现金。公司管理当局应该考虑将这些多余的现金投资于生息的科目。一旦确定了多余现金的使用计划，就应当相应对现金预算作出修订。预算编制是一个动态的过程，在预算编制的过程中会出现新的信息，这样就可以作出更合理的计划。

2. 预计损益表

预计损益表编制完产品销售成本预算表及销售和管理费用预算表之后，Texas Rex 公司就拥有了编制营业收益估算值所需的所有经营预算。表 4-21 列示了该公司的预计损益表。前面已编好的八张预算表，加上预计损益表，就构成了 Texas Rex 公司的经营预算。

表 4-21　　2008 年度 Texas Rex 公司预计损益表　　单位：美元

项目	金额
销售额（表 4-15）	57 000
减：产品销售成本（表 4-14）	(39 617)
毛利	17 383
减：销售和管理费用（表 4-15）	(8 650)
营业收益	8 733

续表

减：利息费用（表4－20）	(60)
税前利润	8 673
减：所得税	(2 550)
净利润	6 123

一个企业的营业收益不等于净利润。要算出净利润，需要将利息费用和税金从营业收益中扣除。利息费用的扣除额来自于表4－19列示的现金预算，而应纳税额取决于现行的税收政策。

3. 预计资产负债表

预计资产负债表是根据当期资产负债表和总预算中的其他预算所提供的资料来编制的。2008年12月31日的预计资产负债表如表4－23所示。2007年12月31日的资产负债表如表4－22所示。预算数字的解释列示于预算表下方。

表4－22　　Texas Rex公司资产负债表

2007年12月31日　　单位：美元

资产		
流动资产：		
现金	5 200	
应收账款	1 350	
材料存货	250	
产成品存货	1 251	
流动资产合计		8 053
固定资产：		
土地	1 100	
建筑物和设备	30 000	
累计折旧	(5 000)	
固定资产合计		26 100
资产合计		34 153
负债及所有者权益		
流动负债：		
应付账款		1 000
所有者权益：		
留存收益	33 153	
所有者权益合计		33 153
负债及所有者权益合计		34 153

表 4-23 **Texas Rex 公司预计资产负债表**

2008 年 12 月 31 日 单位：美元

资产		
流动资产：		
现金	7 503[a]	
应收账款	1 500[b]	
材料存货	424[c]	
产成品存货	1 309[d]	
流动资产合计		10 817
固定资产：		
土地	1 100[e]	
建筑物和设备	36 500[f]	
累计折旧	(7 760)[g]	
固定资产合计		29 840
资产合计		40 657
负债及所有者权益		
流动负债：		
应付账款		1 381[h]
所有者权益：		
留存收益	39 276[i]	
所有者权益合计		39 276
负债及所有者权益合计		40 657

说明：

[a]来自表 4-18 的期末余额。

[b]第四季度赊销金额(0.75 × 20 000)的 10%——见表 4-8 和表 4-18。

[c]来自表 4-10[(106 × 3) + (530 × 0.20)]。

[d]来自表 4-13。

[e]来自 2007 年 12 月 31 日的资产负债表。

[f]2007 年 12 月 31 日余额（30 000 美元）加上新设备的购置成本 6 500 美元（见 2007 年期末资产负债表和表 4-18）。

[g]来自 2007 年 12 月 31 日资产负债表、表 4-12 和表 4-15(5000 + 2 160 + 600)。

[h]第四季度购货款的 20%(0.20 × 6 904)见表 4-10 和表 4-18。

[i]33 153 + 6 123（2007 年 12 月 31 日余额加表 4-20 中的净利润）。

三、基于业务流程的预算编制模式

基于业务流程的预算实质为企业所制定的基于业务流程的目标内容及逻辑关系的具体呈现，它由经过赢利性决策后保留的客户订单驱动，包括客户收入预算（含订单价格预算、订单规模和批次预算）、销售与产量预算、客户订单成本预算、非订单成本预算、资源预算、客户利润预算、战略资本预算以及现金预算、预计损益表、预计资产负债表、预计现金流量表等与传统的全面预算相同的预算报表。

（一）客户收入预算

客户收入预算是基于业务流程的预算编制模式的起点，在该模式下，客户收入预算除关注订单价格、规模、赊销比例等因素外，更加关注批次因素的影响。这是因为总体销售规模既定的情况下，批次的多少会引起后续作业成本的显著不同，一般而言，小批量交货比大批量交货的流程与作业成本要高。因此，为便于计算客户盈利水平，客户收入预算应当分订单、分批别编制。示例见表 4 – 24。

表 4 – 24　　某公司某类客户收入预算式样

产品 A									产品 B	……
批次	价格	数量	税率	收入	交货日期	收款日期	现销金额	赊销金额	……	……
									……	……
									……	……
合计					–	–		……	……	

（二）销量与产量预算

销量与产量预算不仅涉及预期售出的产品和服务，也包括预期的购买者（或购买类型）；不仅包括全部产品的产量和销量，也包括产销订货过程中的各个细节，比如，该预算应当包括各产品的产量、客户订单量、运货方式，等等（见表 4 – 25）。

表 4 – 25　　销量与产量预算式样

产品名称	产品系列	订单数量	订单批次
产品 A	产品 A – 1	400 单位	4 批次
	产品 A – 2	300 单位	1 批次
	产品 A – 3	700 单位	10 批次
产品 B	产品 B – 1	300 单位	5 批次
	产品 B – 2	200 单位	2 批次
	产品 B – 3	800 单位	6 批次
产品 C	产品 C – 1	900 单位	12 批次
	产品 C – 2	450 单位	5 批次
	产品 C – 3	300 单位	7 批次
	产品 C – 4	250 单位	2 批次

（三）客户订单成本预算

客户订单成本预算是基于业务流程的预算编制模式的关键环节，也是与传统编制模式的主要差异所在，它改变了传统模式下制造费用、营销费用、管理费用、财务费用等间接费用的分配方式，制造费用不再采用单一标准统一分配的模式，营销费用、管理费用、财务费用也将按照订单进行归集，而非部门等分配标准。

客户订单成本预算的编制具体包括三个步骤：

第一：编制直接材料与直接人工预算；

第二：编制间接成本预算，包括间接制造费用预算与其他费用预算；

第三：编制订单全成本预算。

1. 编制直接材料与直接人工预算

关于直接材料与直接人工预算与传统的全面预算编制内容与程序相同，在此不再赘述。

2. 编制间接成本预算

传统的间接成本预算只包括制造费用的预算编制，而在基于业务流程的预算编制模式中，间接成本不只是包括制造费用，而应当将由客户订单所引起的、除直接材料、直接人工之外的所有间接成本全部在预算中予以体现，这些间接费用除包括在期间费用中列示的销售佣金、研发设计费、广告费、业务招待费、运输仓储费、坏账等项目外，还包括应收账款、存货、专有资产投资费等机会成本。而且，间接成本的编制将按照订单所引起的作业的相关动因进行分配，由于动因的复杂多样性，将改变按照机器工时、人工工时等统一的单一标准进行分配的传统方式。关于间接成本预算的编制示例如表 4-26 所示。

表 4-26　　间接成本预算式样

流程	作业	作业动因	作业次数	间接成本
客户管理流程	客户洽谈	洽谈小时		
	接收客户订单	订单数量		
	订单批次	批次数量		
	发出账单	账单次数		
	应收账款资金垫付	赊销期		
	收款	收款次数		
	坏账	坏账金额		
产品/服务开发流程	引进新产品	引进新产品数量		
	改变产品性能	工艺变更单		
订单履约流程	计划生产任务	生产运行次数		
	运转机器设备	机时		
	质量控制	检验小时		
	存储	存储面积		
	存货资金垫付	占用期		
	物流运输	运输公里		
	交付	交付次数		
	产品安装服务	安装小时		

续表

流程	作业	作业动因	作业次数	间接成本
供应商管理流程	向供应商下订单	订单数量		
	接收原材料	原材料接收次数		
	接收货款账单	账单次数		
	应付账款	赊购期		
	支付货款	支付次数		

3. 编制订单全成本预算

直接材料费用、直接人工费用与间接成本编制完成之后，便可以形成订单的全成本预算，相关示例见表 4－27。

表 4－27　　订单全成本预算式样

项目	订单×	订单×	订单×	订单×	订单×	订单×	订单×	合计
直接材料								
直接人工								
间接成本								
订单全成本								

（四）编制客户订单利润预算

客户订单利润预算的相关数据来源于客户收入预算表、订单全成本预算表，通过客户订单利润预算的编制，将形成企业现有客户及潜在客户的赢利状况预算，为企业的市场保持与开拓提供方向性的指引。相关示例见表 4－28。

表 4－28　　客户订单利润预算式样

项目	客户×		客户×		客户×		合计
	订单×	订单×	订单×	订单×	订单×	订单×	
订单收入							
折扣、退货和上架费用							
净销售收入							
直接材料							
直接人工							
间接成本							
订单全成本							
订单税前利润							

（五）编制非订单成本预算

企业一定期间内发生的成本不一定都是客户订单引起的，诸如审计、税收等费用等，如果将这些费用归集到客户订单上，则会扭曲该客户或订单对企业的真实贡献。因此，企业在编制预算时，应当将这些费用单独编制预算，以便在执行过程中有效的监管。

（六）编制资源预算

资源预算包括两个层面的内容，即编制资源需求量与资源供给量。资源需求量预算又包括三个层面的内容，如图4－8所示，即客户订单资源需求预算、非客户订单资源需求预算以及战略资源需求预算。

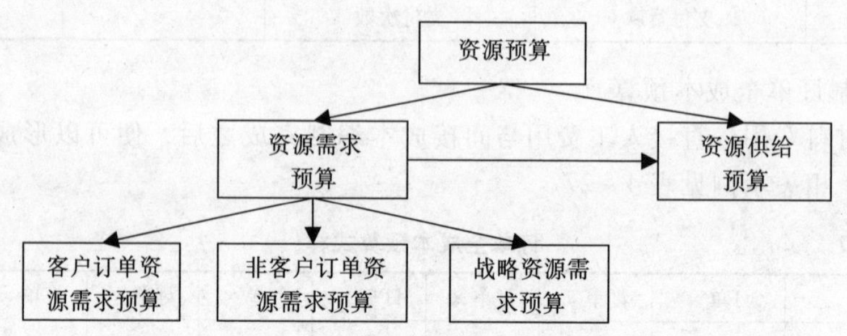

图4－8 编制资源预算的层次与内容

客户订单的资源预算由于订单的大量性、多样性、所用资源的重复性等特点，在资源预算编制中最为复杂。非客户订单所需资源与其他资源本身并不存在过多的关联，可以单独编制汇总。战略资源对企业的长期发展至关重要，需要单独编制，形成长期的资源预算。

1. 编制客户订单资源需求预算

（1）编制客户订单资源需求预算的路径。

虽然企业运营所需要的资源最终都体现为货币资金的需求，但是货币资金本身并不能直接体现与各项流程、作业之间的关系，与流程、作业直接相关的资源是员工、场地、机器设备等，如果仅仅编制现金预算，无法直观、全面地反映企业各项流程与作业的资源需求。因此，客户订单资源预算的编制是一个较为复杂的过程，需要对各项流程与作业所产生的机器设备、场地、员工、原料、信息系统支持等资源的需求作出预算，而这将成为后续现金预算编制的基础，在具体编制时可以借助ERP系统等先进的企业集成信息管理系统获得相应的数据与逻辑支持。如图4－9所示。

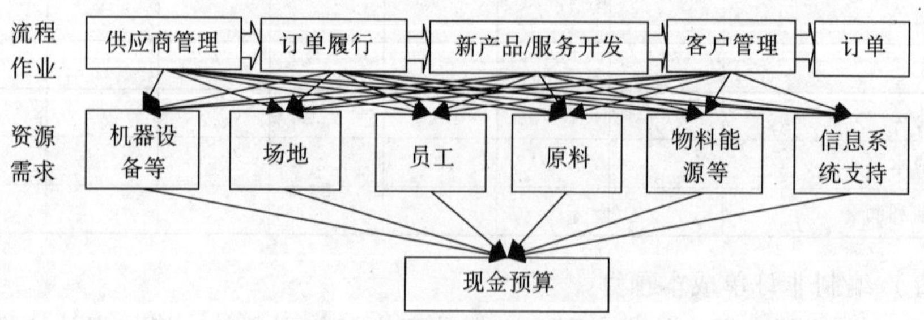

图4－9 资源预算的编制路径与内容

（2）编制客户订单资源需求预算的考虑因素。

在具体编制时应当首先事先对资源的类型与效率作出具体的分析。

①考虑资源类型。资源预算的编制需要理解资源的类型，不同类型的资源其对各项业务流程与作业的支持方式是不同的，一般情况下，资源可以分为弹性资源与约束性资源，弹性资源可以根据客户订单以及非客户订单业务的需求状况变动进行相应的调整，而约束性资源则不然，比如签订了劳动合同的正式员工在劳动合同期内一般为约束性资源，即使客户订单大幅度缩减，也不能解聘，这将形成众多的冗余资源浪费；而临时工数量则可以根据淡旺季节进行相应的调整，在很大程度上属于弹性资源，这两者在编制预算时应当分别编制，以便后续分类管理，而不能像传统的预算编制那样统一编入人工类预算。

②考虑资源效率。除了资源类型，资源效率也是需要考虑的重要因素，同类的资源在效率方面是千差万别的，这受企业资源布局、考核机制等因素的影响，在编制预算时应当在考虑未来效率改进的基础上进行。

比如一个简单的例子，某项需要员工单独加工完成的产品的生产计划显示，需要有2 400单位的产量，而生产每一单位平均需要40分钟，则我们必须提供1 600小时的机器设备和人力资源，每个员工每天可提供8小时，在当前20%的无效工作时间假设下，每一个员工将提供6.4个小时，订单必须在5天内完成，那么则需要50名员工，但考虑到考核机制的改善等因素，员工将只有10%的无效工作时间，那么则需要45名员工(1 600÷5÷7.2≈44.44)。节省的5名员工每小时工资是20元，那么该订单将预计节省成本4 000元（不考虑保险等），预计现金支出也将减少4 000元。

（3）客户订单资源需求预算的编制式样。

①订单资源需求预算的编制式样。经过路径与影响因素的分析之后，就可以编制每一个订单所需要的资源预算，式样见表4－29所示。

表4－29　　订单资源预算式样

订单名称	流程	作业	资源名称	资源类型*	资源数量	资源效率	单位资源金额	资源总金额
合　计								

* 资源类型包括弹性资源、约束性资源与约束性阶梯资源三类。

②订单资源预算的汇总。一般情况下，非客户订单引起的资源往往与其他资源并不存在太多的联系，经过简单的汇总相加即可。而客户订单引起资源需求在很多情况下不能简单汇总，比如场地资源等都是重复使用的，简单加总显然不合适，这就需要企业采取合理的方法对资源作出相应的调节之后再汇总预算。

2. 编制非客户订单与战略资源需求预算

非客户订单所需资源发生的频率和规模往往较小，包括审计费、企业可以单独编制，经过简单汇总即可。

战略资源预算与传统的全面预算中的长期资本预算类似，也需要单独编制。但在编制时应当特别注意，战略资源必须在短期经营中得到使用才能体现战略的恰当性，在具体编制时应当注意与其他两个层面的重叠，对重叠的部分予以抵销。

3. 编制资源供给预算

编制完成各类资源需求预算之后，便需要编制资源供给预算，由于很多资源并不是随订单业务量变化而变化的，比如某企业预计货运量是 32 000 个标准包裹量，单位运输能力是 25 次，每次货运单位则是 1 280 个标准包裹量，而每辆车的最大载货量是 800 个标准包裹量，那么对卡车的需求量则是 1.6 辆，然而卡车供给量必然是整数，即 2 辆，这将形成资源供给与需求之间的差异。再比如上文所说的签订劳动合同且不能随便解聘的员工，如果没有达到订单业务量预期，这也将造成员工供给与需求之间的差异，资源需求与供给之间的差额管理是资源供给预算的重要考虑内容，式样如表 4－30 所示。

表 4－30　资源供给预算表式样

资源名称	资源类型	需求方	需求量	供给量	差 额	所需资金
员工						
	合 计					
场地						
	合 计					
客户支持						
	合 计					
			合 计			

（七）编制现金预算、预计利润表、预计资产负债表与预计现金流量表

现金预算、预计利润表、预计资产负债表与预计现金流量表的编制与传统的全

面预算编制基本相同，因为它们都受会计准则的约束，在此不再赘述。但应当注意的是，在编制具体的客户订单成本等预算时，考虑了存货、应收账款、专用资产投资费等机会成本，而这些内容按照会计准则的要求并不是已经发生的成本，在编制预计利润表、预计资产负债表等时需要作出一定的调整。

案例解析

编制预算的方法主要有两种：

1. 传统的全面预算编制模式：总预算可以分为经营预算、投资预算与财务预算。经营预算反映一个企业创造收益的各项活动：销售、生产和产成品存货，最终结果是预编损益表或预计损益表。财务预算详细描述现金的流入和流出以及整体的财务状况。计划的现金流入和流出体现在现金预算中。预算期末的预期财务状况反映在预计资产负债表中。

2. 基于业务流程的预算实质为企业所制定的基于业务流程的目标内容及逻辑关系的具体呈现，它由经过赢利性决策后保留的客户订单驱动，包括客户收入预算（含订单价格预算、订单规模和批次预算）、销售与产量预算、客户订单成本预算、非订单成本预算、资源预算、客户利润预算、战略资本预算以及现金预算、预计损益表、预计资产负债表、预计现金流量表等与传统的全面预算相同的预算报表。

项目回顾

1. 企业预算与绩效目标设定后，需要通过一系列的与目标相关的协同活动包括行动方案、组织资源、流程改进、资金分配等，以将目标真正地落实到各级经营单元与人员身上，使其能够完全明晰自身的责任与权利。

2. 目标与行动的协同包括选择战略性行动方案、提供战略性资金、建立责任制等三个步骤，企业在选择行动方案时，应当遵循协同性、关联性、非单一性等选择要求，首先进行协同性检验，并按照战略匹配度与收益、资源需求、组织能力和风险等因素进行优先等级排序，以使短期的行动计划与战略性、跨职能的优先任务相联系。然后为这些行动方案制订专用的资金使用方案，最后建立与其相关的责任人或责任团队。

3. 协同组织单元和员工对于成功的战略执行非常关键。预算与绩效管理系统必须能够整合这些分散的单元，在纵向上协同企业总部与业务单元，在横向上协同业务单元和支持单元。在协同组织单元的同时，这一系统也必须能够协同员工。因为只有所有的员工理解战略并且有动力去执行，战略目标才有可能达成。在大多数时候，组织协同往往伴随流程的改进再造，以使企业的治理流程及运营管理流程与资源能力规划等持续衔接。

4. 企业完成一系列协同活动之后，需要编制预算。预算的编制存在两种基本模式，一种是国内大多数企业所使用的传统的全面预算编制模式，它主要包括经营预算、投资预算与财务预算三大主要部分，在实际编制过程采用职能式分权编制模式，例如销售预算由营销部门编制，生产预算由生产部门编制，供应预算由采购部门编制等。还有一种模式是基于业务流程的预算模式，它改变了传统的职能式分权编制模式，它的经营预算包括与客户订单相关的资源预算以及与客户订单不相关的资源预算，投资预算也升级为战略资源预算，最终经营预算与战略资源预算将形成现金预算、预计财务报表等内容，与企业对外财务报告系统对接。

专业技能训练

1. 在实践中，众多企业由于战略性资本支出预算的不谨慎性，导致资金周转出现重大困难，根据任务一与任务三预算编制相关内容的学习，请思考企业在实际运营过程中如何平衡短期经营收支与战略性资本收支的关系？

2. 流程的改进能够降低非增值作业的占用时间与资源，能够将目标与运营执行有效地衔接起来，请根据任务二中相关内容的学习，思考如何通过流程的改进降低企业的库存占用？

3. 假设大明公司只生产和销售一种标准混凝土块，其有关资料如下：

资料 1：2009 年末资产负债表如表 4 - 31 列示。

表 4 - 31　资产负债表

2009 年 12 月 31 日　　单位：万元

流动资产		流动负债	
现金	120	应付账款	100
应收账款	300	流动负债合计	100
存货	103		
原材料	50	股东权益	
产成品	53	普通股	600
流动资产合计	523	留存收益	6 823
固定资产		股东权益合计	7 423
厂房设备	11 500		
减：累计折旧	4 500		
固定资产合计	7 000		
资产总额	7 523	负债及股东权益总额	7 523

资料 2：2010 年各季度的预计销售量和销售单价资料如表 4 - 32 所示。

表 4 - 32　2010 年各季度的预计销售量和销售单价

项目	季度				
	一	二	三	四	全年
预计销售量（万块）	2 000	6 000	6 000	2 000	16 000
单价（元/块）	0.70	0.70	0.80	0.80	0.75

一半的销售以现金结算，另一半是赊销，其中 70% 的赊销款在销售当季收讫，余下的 30% 在下季度收讫。2009 年第四季度的销售额为 2 000 万元。

资料 3：设该公司政策要求在第一、第四季度应保持 100 万块混凝土块的期初存货，在第二、第三季度的期初则应保持 500 万块，第四季度末的存货数量应保持 100 万块。

资料 4：设生产一块标准混凝土块需水泥、沙子、砾石、页岩和水，为方便起见，将所有原材料当成一个整体，假定每一混凝土块需要 2.6 千克原材料，每千克原材料 0.1 元。该公司存货政策要求第三、第四季度末原材料存货 500 万千克，第一、第二季度末为 800 万千克，第一季度初为 500 万千克。购料款中，80% 以现金结算，20% 赊购，其购料款在下一季度支付。2009 年第四季度购料款为 500 万元。

资料 5：设生产每件产品需要 0.015 直接人工小时，每小时直接人工成本为 10 元。

资料 6：假定该公司变动制造费用分配率是 8 元/人工小时，固定性制造费用的预算全年为 1 280 万元（每季度 320 万元，其中折旧 200 万元）。

资料 7：设单位变动性销售及管理费用为 0.05 元/块，固定性销售及管理费用预算第一、二、四季度为 65 万元，第三季度为 80 万元，其中包括每季度折旧 15 万元。

资料 8：有关现金预算其他资料：（1）2010 年的资本预算表明，公司计划在西北建一座分厂所需的现金支出 600 万元将于第一季度发生。购买设备的资金来源将主要依靠营业现金，必要时将借入短期借款。（2）公司所得税全年约为 360 万元，都在第四季度末支付。最低现金余额为 100 万元。（3）假定借款发生在季初，还款发生在季末，年利率为 6%。

要求：根据上述资料编制全面预算。

教学设计与实践

1. 根据教学计划，针对任务一与任务二内容，进行教学设计，编写教案，制作多媒体课件等演示资源，合理组织教学过程，开展实践教学。

2. 根据项目各任务导入案例的思考要求，合理运用案例讨论方法与工具，开展讨论式教学实践。

项目五

预算与绩效监控

【专业能力目标】

1. 掌握预算与绩效监控系统的运行流程。
2. 理解对预算与绩效计划执行的监控方法。
3. 掌握运营回顾会议与战略回顾会议的召开方式。
4. 掌握绩效辅导风格、时机与方式的选择。
5. 理解绩效沟通的原则、内容、方式与技巧。

【职教能力目标】

1. 根据本项目的内容与设计流程，合理进行教学设计与组织教学过程。

2. 掌握教案编写，多媒体课件与动画视频制作，教学素材搜索与整理的方法。

3. 灵活掌握案例讨论、演示讲授、角色扮演等教学方法，合理运用提问、讨论等教学手段，并在本项目教学中实施。

【项目简介】

预算与绩效监控是预算与绩效管理的第二个环节，是连接预算与绩效管理目标系统和预算与绩效结果评价的中间环节，它与预算与绩效计划目标一脉相承，是对计划实施情况的全面监控，其监控、内容及重点与绩效计划保持一致。同时，监控也必须面向绩效评价，评价指标便是监控的晴雨表和指挥棒，评价内容就是监控的重点。

预算与绩效监控是一个持续的沟通过程，起始于预算计划与绩效协议的签字确认，终止于预算与绩效的结果评价。预算计划与绩效协议签订后，管理者就需要与下属进行全程的绩效沟通，对预算与绩效计划执行情况进行监控。然而，执行过程中必然会出现与计划目标的执行偏差，应当采取合适的方法和措施进行分析与干预，如书面报告、走动访谈或者定期的回顾会议等方式，并对存在的问题提供必要的辅导，最后对监控和辅导过程中收集的相关信息进行汇总，为最后的报告编制及评价提供准确有效的结果与过程信息，如图 5－1 所示。

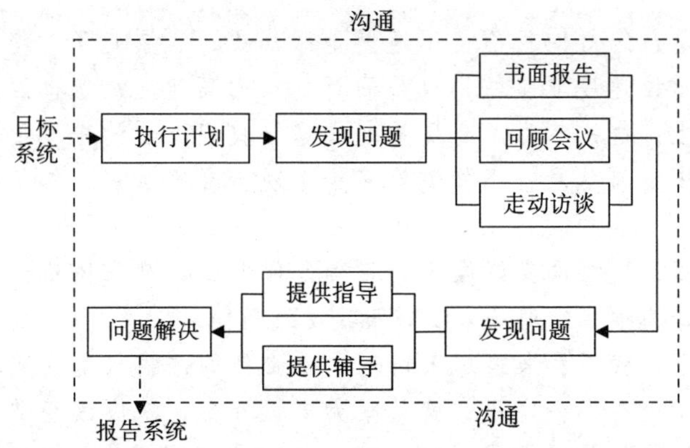

图 5－1　预算与绩效计划执行与监控流程

在预算与绩效监控过程中，管理者可以通过抓住监控中的关键问题来提升监控的效率和改善监控的效果。这些问题主要包括：第一，依据是否有利于组织战略的实现和预算与绩效目标的达成，进行持续的双向沟通，保障绩效计划实施过程中能及时发现问题，并提出解决方案。第二，针对监控中发现的问题，进行及时的绩效辅导，为下属实现绩效提升提供支持，并修正工作任务实际完成情况与目标之间的偏差。第三，需要正确理解绩效沟通和绩效辅导的关系。两者的目的都是为了帮助下属达成绩效目标，但绩效沟通贯穿于整个过程，绩效辅导仅仅在下属绩效计划执行中出现问题时才需要；绩效沟通是管理者和下属之间绩效信息的双向沟通，绩效辅导则是指管理者通过沟通的形式帮助下属达成绩效目标的行为。

【项目分解】

根据预算与绩效监控的流程与内容，本项目可分解为如下任务：

任务一：监控预算与绩效计划的执行。

任务二：绩效辅导与沟通。

任务一　监控预算与绩效计划的执行

任务目标

1. 理解监控预算与绩效计划的方法与内容；
2. 掌握运营回顾会议与战略回顾会议的实施要点。

案例导入

小王是一家水电工程承建公司的项目经理，在公司里一直干得不错，几天前却突然把一封辞职信递交给总经理于总。

小王：于总，您好！我不得不遗憾地跟您说，我要走了。您知道，去年一年我们的网络建设速度非常快，也是同行公认的高速度，您也因此获得了公司的嘉奖。实际上，这一年为了高质量完成您给我们下达的进度要求，我们不知道有多少个周末没有休息，不知道有多少个晚上通宵加班，您从来没有考虑过我们的困难！

于总：小王，这样说我好像不大正确，任何工作都有困难，有困难了应当及时沟通，你作为项目经理从来没有跟我说过啊！

小王：于总，我不是来跟您来讨论这个责任的，我只是在辞职之前给您提醒以下！您除了坐在办公室里，就是跟大老板开会，您应该经常到项目上走动一下，也要对下属的沟通要求及时作出回应！您记得我半年前给您连续发了3封邮件吗，您一直没有回复，我不想再继续等下去了，很抱歉在公司这么忙的时候离开。

案例思考：于总在工程项目过程中的监控措施是否到位？

任务解构

预算与绩效计划的监控是指在预算与绩效计划实施过程中，管理者与下属通过持续的绩效沟通，采取有效的监控方式对下属的行为及预算与绩效目标的实施情况进行监控，并提供必要的工作指导与工作支持的过程。这一过程涉及管理学原理的组织、领导、控制等基本职能，其目的是确保组织、部门及个人绩效目标的达成。

一、监控预算与绩效计划的方法

选择合适的监控方式对预算与绩效的实施过程进行全面监控，确保组织战略目标的顺利实现已经达成管理者的共识。管理者需要了解每一种监控方法的优缺点，并能针对具体情况选择一种或多种监控方法，从而确保各层次预算与绩效目标和组织战略地顺利达成。目前，最常用的监控方法有书面报告、正式会议和走动式管理三种。

（一）书面报告

书面报告是最常用的监控方法，主要指下级以文字或图表的形式向上级报告工作进展的情况。书面报告可以分为两种类型：一类是定期的书面报告，比如工作日志、周报、月报、季报、年报等；另一类是不定期的书面报告，主要是对监控过程中对预算与绩效影响重大的工作所作的各种专项报告，可以根据工作进展的情况作具体的安排。

在具体使用这种方法时，需要注意以下三点：首先，汇报内容需要做到重点突出；其次，尽量通过预算与绩效信息平台做到信息的共享；第三，与其他方法组合使用，确保信息的双向沟通并避免汇报内容的形式化。

（二）走动式管理

走动式管理是指高层管理者为了实现卓越绩效，经常抽空前往各个办公室走动，以获得更丰富、更直接的员工工作问题，并及时了解下属员工工作困境的一种策略。走动式管理不是说管理者到各部门随便走走，而是通过非正式的沟通和实地观察，尽量收集第一手预算与绩效信息，发现问题或潜在危机，并配合情境作出最佳判断。同时，走动式管理也是对下属汇报的预算与绩效信息的再核查的过程，带着问题到工作实践中去分析原因和排除障碍。

为了达到走动式管理的目的，管理者需要注意以下几点：第一，需要走进基层和一线，接触工作实际，通过现场的观察和沟通来了解下属的工作进度，实际困难和潜在能力，并获得他们的信任与尊重，通过对下属的全面观察和沟通，敏锐地捕捉重要的预算与绩效信息。第二，并不是每一次走动都能获得重要信息，但是管理者应当经常走动，能够对重大的预算与绩效事故的防范有很大的帮助。第三，走动式管理不仅是一种有效的监控方法，还是一种情感管理、现场管理方法。在使用走动式管理的时候，管理者需要思考如何实现管理方法和领导艺术的有效融合，有效提升组织绩效，从而使组织获得持续的竞争优势。

（三）回顾会议

正式会议是指管理者和下属就重要的预算与绩效问题通过召开会议的形式进行正式沟通的监控方法。召开正式会议的目的主要包括以下几个方面：对绩效实施情况进行例行检查；对工作中暴露的问题和障碍进行分析和讨论，并提出必要的措施；对重大的变化进行协调或通报；临时布置新任务。

一般而言，根据回顾内容的战略等级，可以将其分为运营回顾会议与战略回顾会议。而且在会议过程中，管理层应当尽量营造平等和谐的氛围，给予下属充分的表达机会，充分挖掘下属的积极性，保证会议目的具体、明确，不开无所谓和冗长的会议等。

二、回顾会议

回顾会议是企业核心的监控和指导机制，它主要是用来回顾企业的运营和战略，并根据需要调整和改变战略，这些会议代表了管理体系中的反馈和控制阶段。

根据回顾会议的目的，可以将回顾会议分为运营回顾会议与战略回顾会议。运营回顾会议重点在于检验近期的部门、职能和财务绩效，提出并讨论需要马上解决的问题，其典型便是对实际的月度财务绩效和预测的季度财务绩效进行的回顾。而战略回顾会议重点则在于检验各个单元平衡计分卡的指标和行动方案完成情况评估战略实施的进展情况，存在哪些阻碍和风险（见表5－1）。

表5－1　　执行与监控过程中的回顾会议

反馈和学习流程	目标	阻碍	代表活动
1. 运营回顾会议 我们的运营是否可控	监控和管理短期财务和运营绩效	管理者回顾的关键绩效指标和仪表盘不是以战略为中心	驱动因素模型；差异分析；回顾关键绩效指标和仪表盘；团队解决问题；后续项目

续表

反馈和学习流程	目标	阻碍	代表活动
2. 战略回顾会议 我们的战略执行得如何	监控和管理战略绩效指标与行动方案	管理会议上讨论战略实施的时间不充分 没有根据结果来监控或管理战略性的、跨业务的行动方案	主题监控；行动方案监控；主题团队；日程管理

两种不同的会议有不同的频率，不同的参加人员，当然还有不同的主题。有时，因为经理们工作时间安排表的不同，有两种会议可能在同一天或相邻两天里召开。然而，不同类型的会议应该彼此分开，采用不同的会议日程，也许有不同的领导和不同的时间表，这样可以集中讨论每种会议的特定主题。

（一）运营回顾会议

企业召开运营会议的目的是为了回顾短期绩效，并讨论那些最近出现的、需要马上关注的问题。例如，销售人员开会（常常通过电话会议或网络会议）来讨论进行中的销售、近来完成的销售、可能的销售机会和客户抱怨的问题。市场人员则讨论近期广告和促销活动的计划或成果，运营人员讨论的是产品问题、维护和修理计划、设备故障和停工时间、近期生产计划、快速发货、供应商关系和配送，采购人员讨论的是交货时间、质量、供应商的表现和关键零售商的合同进展情况，财务人员讨论的是短期现金流问题，包括应收账款的回收、供应商的逾期付款、财务运营以及和银行的关系。

运营回顾会议的召开频率由企业根据自身情况自主决定，很多企业运营回顾会是每月开一次，这与企业财务结账的频率相一致，这样使财务回顾成了会议的主题。但有些企业每周、每半月、甚至每天都要开会回顾运营数据，并解决近期发生的问题，诸如重要客户的投诉、逾期交付、产品缺陷、机器故障、关键员工的长期匮乏或新的销售机会等问题。总之，运营回顾会的频率取决于部门和业务的运营周期，以及经理们希望响应财务、销售和运营数据的速度。

参加运营回顾会的人一般都来自同一个部门、职能或流程小组。从相同部门来的人可以共享他们的专业知识、经验和文化，并迅速应用到运营问题的分析和解决。那些需要跨部门或部门之间协同的问题，一般都在战略管理回顾会上进行讨论。而且，理想的运营会议时间短、主题集中并且能制定具体的行动措施。全部与会人员在会议前就被告知会议议程，享有平等的发言权，经理们也必须能够积极主动地参与最紧迫问题的解决方案的讨论。

【例5－1】3B化工厂（3B Chemical Plant）已经建立了团队合作、绩效管理和统计质量控制三位一体的系统以及高度自动化的信息系统，可以不断统计使用的原料的数量、生产的产品的数量和其他副产品的数量，并且通过半成品的杂质发生率来评估产品的质量。在此基础上，化学工程部门为3B裂化处理单元的运营人员开发了一种日损益报表，其结构相当简单（见表5－2），可以实现对每类原料的成本和每类产品价值的估算，并且通过对因为使用资产而必须支付给公司的每日抵押付款的估算实现对资本成本的监控。

表 5-2　　　　3B 化工厂日损益表

销售收入			美元/天
蒸汽	+600 号	87 938 磅/小时	8 416
	+160 号	11 972 磅/小时	1 068
	一苯三酚	24 516 磅/小时	2 368
	-30 号	11 624 磅/小时	1 037
	净销售	63 770	6 079
乙烯	高级	776 042 磅/天	124 167
	中级	0 磅/天	0
	废品	0 磅/天	0
	总计	776 042	124 167
丙烯	高级	358 280 磅/天	68 073
	中级	32 429 磅/天	3 081（8.3%）
	废品	0 磅/天	
	总计	390 708	71 154
氢	产能	7 条生产线	57 708
甲烷	产能	9 条生产线	5 058
Heavies			1 732
总销售收入			265 898
成本			
给料	乙烷	227 865 磅	6 471
	丙烷	1 595 066 磅	108 305
	总计	1 822 930 磅	114 776
维修费（1987 年平均水平）			4168
设备：			
	电	1 234 安培	8 359
	冷却水	4.8 条线	4 109
	天然气	3.1 条线	3 442
	其他		607
		总设备	16 517
其他成本			45 714
已售商品总成本			181 175
偿还贷款			0
抵押			54 946
总成本			234 122
毛利			29 776
税 35%			10 422
净利润			19 354

在实行日损益表制度的同时，部门经理制定了相应的惩罚制度，规定如果产品在统计质量控制的范围之内，员工将获得 100% 的工资，如果超出了控制范围但还

在规定的规格之内，则要扣除产品价格的50%作为罚金，如果产品不能使用，则扣罚产品价格的100%。同时，经理们给每个员工配送认股权，使他们切实关注日损益表的变化，若能达到季度目标，将获得丰厚的奖励。

日损益报表制度受到员工的广泛欢迎，员工每天都召开一次运营回顾会议，查看前一天的损益报表，确定产量或质量低于标准的原因，并制定一些流程和运营上的改进措施，从而解决这些问题，团队很快在生产能力和质量上取得突破并赢得了他们的奖励。

（二）战略回顾会议

战略回顾会聚焦在战略执行是否沿着正确的轨道进行，成功执行战略有哪些风险，战略实施存在哪些问题，为什么会出现这些问题，要采取哪些行动来解决问题，并安排专人来确保计划得以实施。一般情况下，除非是特别重要的并且是跨部门的运营问题，战略回顾会议不应当回顾运营问题。

该类会议的参与人员应当为企业执行委员会的成员，包括负责企业整体管理的高层领导，以及各主要业务、财务团队的负责人等，还可以根据会议需要，挑选对战略有全面理解或者对某一领域有深入研究的人员参加。战略回顾会议的频率一般都是每月一次，但由于战略是长期的，比如开发新的劳动力、重新规划品牌、开发新产品和新的客户关系及重新调整关键业务流程等，都需要一个月以上才能产生可衡量的结果，因此很多时候季度会议或许也足够了，而且能够节省旅行时间和费用。但是，季度会议之间时间跨度较长，往往会导致经理们被短期思维主导，将战略抛之脑后，因此企业必须尽力争取安排一些时间，要求忙碌的管理团队思考一些长远的战略管理问题。

和运营回顾会一样，战略委员会的时间不应该花在听演示报告上，而应该讨论问题、解决问题并提出行动方案。如图5－2所示，在战略回顾会议召开前，应当告知其相关运营数据，让经理们在会议之前仔细研究运营数据，找出业绩不佳的潜在原因。等到经理们参加会议的时候，他们已经熟悉了要讨论的数据，思考过如何解释近期的绩效，确定了成功实施战略的风险，并针对已暴露的问题想好了解决方案。

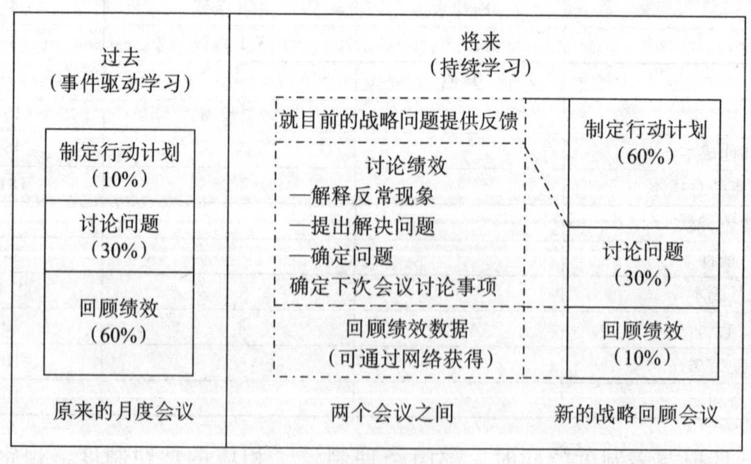

图5－2　战略回顾会的安排

【例5－2】汇丰集团火车租赁公司，主要业务为英国和其他国家的铁路系统购买、租赁和维护火车。该公司每个季度举行三次战略回顾会，每次会议上战略委员会可以深入讨论两个战略主题，这样可以保证每个季度对每个战略主题都能进行讨论。每个主题的报告包括主题责任人对绩效差距的评估和评价，并提出改进方案。会议成员包括CEO皮特、财务总监戴夫、客户关系管理总监罗伯特、运营总监威廉、学习与成长总监尼克和来自财务部门的战略管理官（SMO）保罗。

会议的主要流程为，首先，会议前战略管理官（SMO）负责协调在会议之前收集和汇报每个战略主题的目标、指标和行动方案的数据，这些数据会包含到月度报告中；其次，各个主题负责人对主题进行阐述，包括该主题的战略地图、战略目标、目标值和行动方案，并且每一个都有颜色标注。其中，绿灯代表达标，但这并不意味着该目标仅仅是“步入正机”。主题责任人必须有充分的理由来证明该目标为绿色；黄灯代表尚未达标，但进展良好或在控制之下，这可能说明战略目标进展顺利，但目标值还没有达到，或者战略目标稍有偏差，但不是关键性的，暂时不需要管理层的关注；红灯代表未达标，且与目标偏离较大，需要管理层重点关注一些与该目标相关的关键事项；灰灯代表该战略目标还没有被评估。会议的主要流程如表5－3所示。

表5－3　战略回顾议程

时间	事项	详细情况	持续时间	责任人
10:10	行动日志	回顾整体情况	5分钟	保罗（SMO）
	概要回顾	回顾战略地图	10分钟	皮特（CEO）
		标出关键问题		
		回顾行动方案		
		回顾衡量指标		
10:25	主题评估	资本效率	60分钟	戴夫（CFO）
11:20	休息		10分钟	
11:30	主题摘要	学习与成长	5分钟	尼克（学习与成长总监）
11:35	主题摘要	客户关系管理	5分钟	罗伯特（客户关系管理总监）
11:40	主题摘要	优异运营	5分钟	威廉（运营总监）
11:45	热点话题	资源挑战	30分钟	皮特（CEO）
12:15	会议回顾	沟通摘要	10分钟	彼得（CEO）
12:25	会议回顾	反馈	5分钟	彼得（CEO）
12:30	行动日志	新事项的回顾	5分钟	保罗（SMO）
12:35	其他事项和会议结束			
		下次会议	主题评估：客户关系管理	

表5－3显示了以资本效率战略主题为重点的会议议程。首先，战略管理官就上

次会议制订的行动方案的进展情况开始讨论；其次，CEO 快速浏览了有红绿灯标识的战略地图，并给出他的观点；再次是就各个主题进行讨论，最后对回顾会议并确定下次会议的时间。

在 CEO 完成战略地图回顾后，高层团队成员从他们的角度各自发表了自己的看法，并提出一些关键问题进行后续讨论。然后由 CFO“资本效率”战略主题的责任人引导会议对资本效率这一主题进行深入讨论。

在讨论资本效率主题时，与会人员会提出一些具有挑战性的问题，比如“这个战略目标非常重要，我们需要跟踪什么、做些什么，来确保最终达到结果”，又如对于有些问题，主题责任人谈到，运营指标进展良好，但是平衡计分卡的相应指标却没有进展。委员会成员经过讨论提出了一些建议和解决方案，由战略管理官记录下来，并负责后续的跟进和实施。60 分钟的讨论结束后，在休息之前，CEO 会列出一些他希望在下次会议上财务运营回顾小组要讨论的问题。

休息之后，其他三个主题责任人对他们的主题情况分别进行了 5 分钟的概要介绍，说明为什么有些战略目标亮红灯，他们正在做什么来改善，并对亮黄灯的目标进行了简短讨论。这三个战略主题一共只用了 15 分钟。

接下来，战略委员会转向对“热点话题”的讨论，这个问题之前已经提出来，但是委员会希望在这次会议上进行深入讨论。对于这次会议来说，这个热点话题将对公司的市场环境产生大的变化。CEO 在白板上画出了一些他所看到的公司面临的关键问题。委员会成员积极参与讨论，并确定需要做哪些工作以及如何获得必要的财务和人力资源支持来实施这一资源重构计划。热点话题的讨论为公司的高管团队提供了一次难得的机会，让他们可以就公司在政策法规和竞争环境方面的变化及时作出回应。

会议最后讨论了几个短期事项。委员会讨论了将把会议上产生的哪些内容沟通给员工，如会议结果、行动计划、新讨论或决定的行动方案等，以及以什么方式沟通给员工。这些可以确保战略的结果和更新信息能持续地传达给员工。

然后是 CEO 征求委员会成员对这次会议的反馈。哪些做法比较好？哪些他们不喜欢？如何提高会议的效果？通过这种方式，改变了以前会议 CEO 是唯一主角的情况，CEO 除了能得到重要的反馈外，他自己也承认，引导这种新的战略回顾会对他来说也是一次学习的经历。委员们也认为这种会议结构和月度会议的方式比过去有了很大进步。最后，战略管理宫总结了新的行动项目。会议准时结束。

案例解析

不到位。作为项目的管理者，应在预算与绩效计划实施过程中，与下属通过持续的绩效沟通，采取有效的监控方式对下属的行为及预算与绩效目标的实施情况进行监控，并提供必要的工作指导与工作支持，从而确保组织、部门及个人绩效目标的达成。这个过程涉及管理学原理的组织、领导、控制等基本职能。

任务二　绩效辅导与沟通

任务目标

1. 理解绩效辅导的内涵。
2. 掌握绩效辅导的风格的确定与流程。
3. 理解绩效沟通的内涵。
4. 掌握绩效沟通的方式、原则与技巧。

案例导入

A君是K公司的老员工，大学毕业即加入K公司，从普通的员工做到如今的高级销售经理。K公司在年初制订了销售计划，较上年度提高了近100%，同时改变了绩效考核办法，由原来的按季度考核改为按月考核，并且实行了负激励。尽管员工反对声音挺大，但新办法还是从1月开始实施了。然而一季度过后，公司业绩距离目标甚远，员工的绩效奖金也较去年大幅减少。A君认为是公司制订的计划不切实际，考核目标太高无法完成，而公司则认为是员工们的干劲不足。在数次沟通无效后，A君愤而离职，并带走了部分同事和部分客户资源。

A君的离职缘于无效的绩效沟通。成功的绩效沟通是一个系统工程，不仅要将沟通贯穿绩效考核的始终，还要注意沟通的方式、方法。

（资料来源：绩效管理案例：让“绩效沟通”深入人心，http：//blog. sina. com. cn/s/blog_ 5db0e42d0100bjgt. html）

案例思考：企业应当如何通过有效的沟通避免A君离职现象？

任务解构

一、绩效辅导

（一）绩效辅导的内涵

所谓绩效辅导，是指管理者采取恰当的领导风格，在进行充分的绩效沟通的基础上，根据绩效计划，针对下属工作进展中存在的问题和潜在的障碍，激励和指导下属，以帮助其实现绩效目标，并确保其工作不偏离组织战略目标的持续过程。绩效辅导包含以下几个方面的内容：

第一，管理者提供帮助是绩效辅导的关键。下属在执行绩效计划的过程中遇到困难或障碍需要帮助时管理者需要及时提供各种必要的帮助和支持。

第二，激励下属是绩效辅导的重要职能。在绩效辅导中，管理者需要注重培养下属对绩效的主人翁意识和责任感，促使其为了实现绩效目标而不断自我超越。

第三，领导风格对绩效辅导效果有重要影响。绩效辅导由管理者具体执行，并且领导风格和管理者的特征对绩效辅导有较大的影响。

第四，根据绩效计划的执行情况，及时与下属沟通是绩效辅导成功的基本保障，这要求管理者全面收集绩效计划执行的各种信息，作出正确的辅导决策。

（二）绩效辅导风格的确定

只有管理者知道如何有效地领导员工，员工的绩效才有可能最大限度地提高。当今的管理工作越来越要求管理者能够在适当的时候采取适当的管理风格。

1. 依据下属成熟程度选择绩效辅导风格

管理者不可能也不需要随时对下属进行绩效辅导。管理者只需在下属需要辅导时，及时提供辅导与支持即可。对管理者来说，准确判断下属在什么情况下需要绩效辅导就成为一个技术性问题。为了提高绩效辅导的有效性，管理者需要对不同的下属采取不同的方式，使绩效辅导更有针对性。

保罗·赫西（Paul Hersey）和肯·布兰查德（Ken Blanchard）在1969年提出的领导情境理论，又称作领导生命周期理论，为管理者作出正确的判断，选择正确的绩效辅导风格提供了理论指导（见图5-3）。该理论将领导划分为任务行为和关系行为两个维度，并根据两个维度组合成指示、推销、参与和授权等四种不同的领导风格。

S1 指示：高任务—低关系领导风格；

S2 推销：高任务—高关系领导风格；

S3 参与：低任务—高关系领导风格；

S4 授权：低任务—低关系领导风格。

该理论还比较重视下属的成熟度，这实际上隐含了一个假设：领导者的领导力大小实际上取决于下属的接纳程度和能力水平的高低。而根据下属的成熟度，也就是下属完成任务的能力和意愿程度，可以将下属分成四种类型：

R1：下属既无能力又不愿意完成某项任务，这时是低度成熟阶段；

R2：下属缺乏完成某项任务的能力，但是愿意从事这项任务；

R3：下属有能力但不愿意从事某项任务；

R4：下属既有能力又愿意完成某项任务，这时是高度成熟阶段。

保罗·赫西和肯·布兰查德的领导情境理论的具体模型如图5-3所示。领导情境理论的核心就是将四种基本的领导风格与下属的四种成熟度相匹配，管理者根据下属的不同绩效表现作出适当回应并提供相应的帮助。随着下属成熟度的提高，领导者不但可以减少对工作任务的控制，而且可以减少关系行为。具体来讲，在R1阶段，采用给予下属明确指导的指示型风格；在R2阶段，领导者需要高任务—高关系的推销型风格；到了R3阶段，参与型风格的领导最有效；而当下属的成熟度达到R4阶段时，领导者无须再做太多的事情，只需授权即可。

2. 依据环境和下属的权变因素选择绩效辅导风格

管理者在帮助员工实现其绩效目标的过程中，需要充分考虑下属自身的特点和环境的限制因素，然后提供有针对性的绩效辅导。罗伯特·豪斯（Robert House）

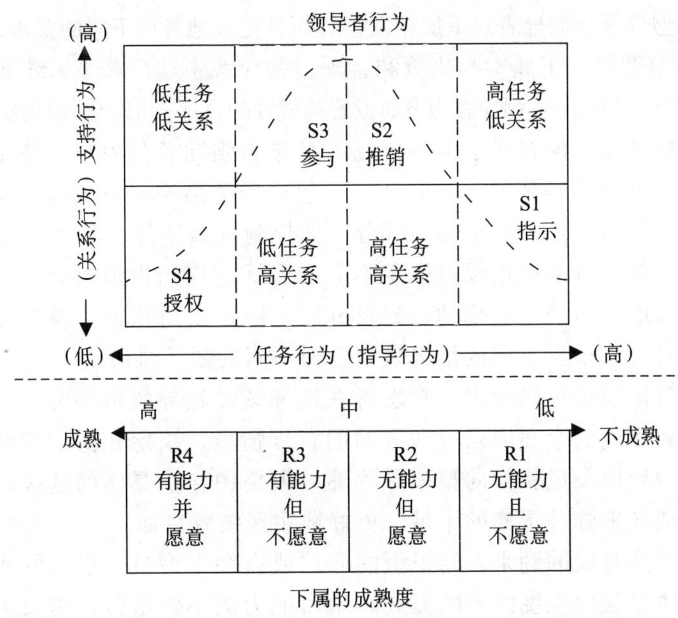

图 5-3　领导情境理论

提出的路径—目标理论为管理者提供了相关的理论指导（见图 5-4）。

该理论认为，如果领导者能够弥补下属或工作环境方面的不足，则会提升下属的工作绩效和满意度。有效的领导者通过明确指出实现工作目标的途径来帮助下属，并为下属消除在实现目标过程中出现的重大障碍。有效的领导是以能够激励下属达到组织目标以及下属在工作中得到的满足程度来衡量的。如图 5-4 所示，豪斯提出了四种领导风格：

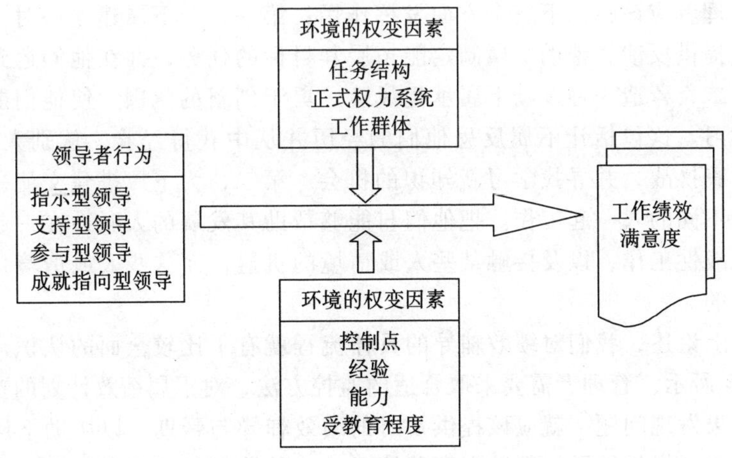

图 5-4　路径—目标理论模型

（1）指示型领导：领导者发出指示，下属不参加决策。

（2）支持型领导；领导者对下属很友善，而且更多地考虑下属的要求，关心下属。

（3）参与型领导：下属参与决策和管理，领导者主动征求并采纳下属意见。

（4）成就指向型领导：领导者为下属设置挑战性的目标，相信下属能达到这些目标。

路径—目标理论同时提出了两种权变因素作为领导者行为与业绩结果之间的中间变量。一种是下属控制范围之外的环境，包括任务结构、正式权力系统、工作群体等。另一种是下属个性特点中的一部分，如控制点、经验、能力、受教育程度等。

豪斯指出，领导者的选用没有固定不变的公式，应当根据领导方式与权变因素的恰当配合来考虑。但是与菲德勒（Fiedler）不同，豪斯认为，领导者是弹性灵活的，同一领导者可以根据不同的情境因素选择不同的领导风格。

从路径—目标理论可以看出，管理者在选择绩效辅导风格的时候，需要根据下属的全部因素和环境的全面因素等两方面的管理情境，决定在指示型领导、支持型领导、参与型领导以及成就指向型领导等辅导风格中作出具体的选择，从而确保通过有效的绩效辅导来弥补下属的不足，更好地实现绩效目标。

随着知识经济时代的到来，知识型的职位或由知识型员工担任的职位所占比重不断增加。下属受教育程度的不断提高、学习能力的不断增强、物质生活水平的提高和需求层次的不断提升，导致下属更多地追求成就感，需要自我控制，因此在这些知识型的职位或由知识型员工担任的职位上，管理者更应当采用一种合作、参与、授权的领导风格。

（三）绩效辅导的实施

就具体工作而言，管理者并不见得比下属有更深入、更全面的了解，但是这并不妨碍其成为一名合格的辅导者。在绩效辅导的实施过程中，关键是建立一种绩效辅导机制，确保管理者能全面监控绩效计划执行的情况，及时发现下属存在的问题和困难，并提供必要的帮助。

优秀管理者应该在以下三个方面发挥作用：第一，与下属建立一对一的密切联系，向他们提供反馈，帮助下属制定能拓展其目标的任务，并在他们遇到困难时提供支持。第二，营造一种鼓励下属承担风险、勇于创新的氛围，使他们能够从过去的经验中学习。这包括让下属反思他们的经历并从中获得经验，从别人身上学习，不断进行自我挑战，并寻找学习新知识的机会。第三，为下属搭建交流平台，使他们有机会与不同的人一起工作。把他们与能够帮助其发展的人联系在一起，为他们提供新的挑战性工作，以及接触某些人或情境的机遇，而这些人或情境是员工自己很难接触到的。

基于以上论述，我们对绩效辅导的具体流程就有了比较全面的认识，其具体流程如图 5 - 5 所示。管理者需要采取合适的监控方法，对下属绩效计划的执行情况进行监督，如果发现问题，就应该提供及时的绩效辅导与帮助，以协助下属解决存在的问题。管理者提供辅导与帮助有两种情况：一种情况是管理者只需要直接提供指导和协助就能解决问题；另一种情况是管理者不能提供直接的帮助，就需要为下属提供培训机会，以帮助其达到绩效目标。另外，绩效辅导时机和辅导方式的选择对绩效辅导的效果有比较大的影响，管理者需要予以特别关注。

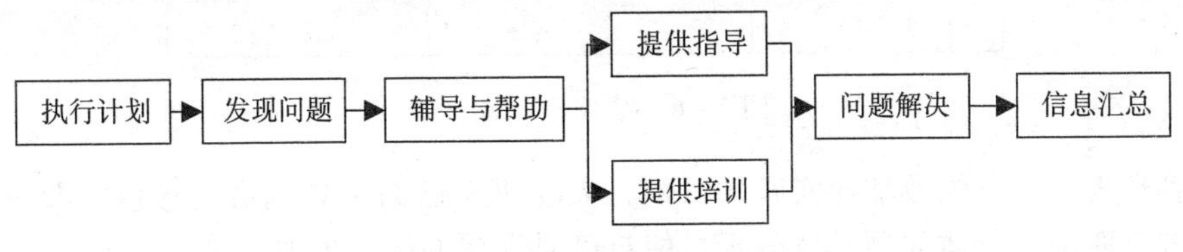

图 5-5 绩效辅导的流程

1. 绩效辅导的时机

为了对下属进行有效的指导，帮助下属发现问题、解决问题，更好地实现绩效目标，管理者必须掌握进行指导的时机，确保及时、有效地对下属进行指导。一般来说，在以下时间进行指导会获得较好的效果。

（1）正在学习新技能时。

（2）正在从事一项任务，而你认为如果他们采取其他方法能够更加有效地完成任务时。

（3）被安排参与一项大的或非同寻常的项目时。

（4）面临新的职业发展机会时。

（5）未能按照标准完成任务时。

（6）弄不清工作的重要性时。

（7）刚结束培训学习时。

对下属进行指导时，管理者需要获得关于下属绩效的信息。持续的监督有助于管理者获得反映下属绩效所必需的信息。绩效辅导不是一种被动行为或一项临时性活动，而是通过使用一种（或几种）特定的方法收集所需数据，如关键事件记录法等，使管理者获得关于下属的足够信息，确保管理者的指导有的放矢。

2. 绩效辅导方式

绩效辅导方式受管理者的指导风格的影响非常大，而管理者的指导风格是一个从教学型指导者到学习型指导者的连续性过程，如图 5-6 所示。其中一端是“教学型”指导者，这种类型的指导者喜欢直接告诉下属该如何去做。他们都具有某一方面的专长，并希望通过向下属传授这些专长使其能够完成一项具体的工作。他们凭借自身的经验向下属传授完成工作所必需的技能和知识。这种指导对于那些需要依据某种恰当方法反复操作的任务是合适的。这对于在一线工作的员工特别有帮助，这些员工在提供产品或服务时需要取得连续性的、可预见的结果。另一端则是“学习型”指导者。这种风格的指导者更加喜欢提问和倾听，而不是直接告诉下属如何做，这种指导者传授的是他们广博的专业知识，而不是实际的技术经验。这种指导在一个问题存在多种解决方案，而不是只有唯一解决途径的时候非常有效，尤其对那些承担新责任、从事全新的或非常规项目的下属来说，这种指导非常有帮助。

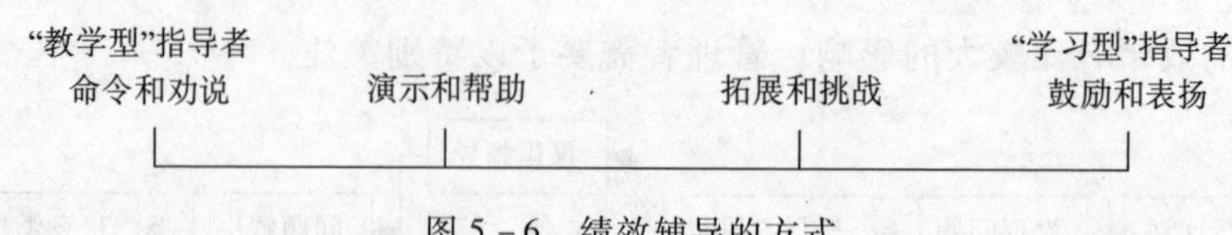

图 5-6　绩效辅导的方式

管理者在进行绩效辅导实践的时候，需要将自己的指导风格与环境以及下属的情况进行匹配，具体问题具体分析，使自己对下属的指导更加有效。

二、绩效沟通

在整个绩效管理过程中，管理者和下属之间都需要进行有效的绩效沟通。绩效沟通的效果在一定程度上决定着绩效管理的成败，绩效监控也是绩效沟通最集中的阶段，本部分将系统、全面地介绍绩效沟通。

（一）绩效沟通的概念

绩效沟通是管理者和下属为了实现绩效目标而开展的建设性、平等、双向和持续的信息分享和思想交流。其中，绩效沟通中的信息包括有关工作进展情况的信息、下属工作中的潜在障碍和问题的信息及各种可能的解决措施等。对绩效监控过程中的绩效沟通概念的理解，需要特别注意以下几个方面：

（1）绩效沟通是一种建设性的沟通。绩效沟通是以解决问题为目的的沟通，是在不损害人际关系的前提下进行的。

（2）绩效沟通是一种平等的沟通。沟通最本质的目的就是思想的传递，为了让对方真正了解自己的想法，信息发出者应该通过了解听者的需要和可能的反应，决定自己要使用的沟通手段和方式。思想顺利传递的基础就是沟通主体在心理上的平等地位。

（3）绩效沟通是一种有效的沟通。绩效沟通是一个封闭的环路，管理者必须准确知道计划执行的情况，下属要及时将绩效计划执行的情况向上级反映，并且传递的信息应能被双方充分理解。双向沟通的重要性我们可以从沟通过程模型中看出，在这个模型中，任何一个环节出问题，都可能导致沟通的失败。

（4）绩效沟通是一种持续的沟通。绩效沟通贯穿于整个战略性绩效管理的四个环节，在绩效监控中持续时间最长，却最容易受到忽视。

（二）绩效沟通的内容

对于管理者和下属来说，绩效沟通的主要目的通常都是提高下属的工作绩效，但是双方通过绩效沟通所要了解的信息内容却是不同的。

对管理者而言，他们需要得到有关下属工作情况的各种信息，以帮助他们更好地协调下属的工作。当下属在工作中出现问题的时候，管理者应该及时掌握情况，以避免不必要的麻烦和浪费。另外，他们还需要了解工作的进展情况，以便在必要的时候向上级汇报。在某些情况下，管理者还应该有意地收集绩效评价和绩效反馈时需要的信息。

对下属而言，他们也需要信息。通过与管理者之间的绩效沟通，了解到自己的表现获得了怎样的评价，以便保持工作积极性，更好地改进工作。另外，下属还需要通过这种沟通了解管理者是否知道自己在工作中遇到的各种问题，从中获得如何解决问题的信息。当工作发生变化时，下属能够通过绩效沟通了解自己下一步应该做什么，或者应该主要做什么。

因此，我们可以简单地认为，绩效沟通的目的就是保证在任何时候，每个人都能够获得改善工作绩效所需要的各类信息。为了进行有效的绩效沟通，管理者首先要确定双方沟通的具体内容。我们可以通过回答以下两个问题来确定沟通的具体内容：

（1）作为管理者，为了更好地履行职责，我必须从下属那里获得什么信息？

（2）作为下属，为了更好地完成工作职责，我需要哪些信息？

通过对这两个问题的回答，管理者能够更好地明确绩效沟通的内容，这是确定绩效沟通内容的一个非常实用的思路。通过绩效沟通，管理者和下属还应该能够回答以下问题：

（1）工作进展情况如何？

（2）绩效目标和计划是否需要修正？如果需要，如何进行修正？

（3）工作中有哪些方面进展顺利？为什么？

（4）工作中出现了哪些问题？为什么？

（5）下属遇到了哪些困难？管理者应如何帮助他们克服困难？等等。

以上问题只是给我们提供了一个思路。在实际工作中，还要充分考虑种种变化。值得注意的是，甚至双方之间应就什么问题进行沟通，也应该成为双方沟通的话题。

（三）绩效沟通的方式

绩效沟通可以分为正式的绩效沟通和非正式的绩效沟通。正式的绩效沟通是组织管理制度规定的各种定期进行的沟通。非正式的绩效沟通则是管理者和员工除正式规章制度和正式组织程序以外所进行的有关绩效信息的沟通形式。

1. 正式的绩效沟通

通常，正式的沟通方式主要包括正式的书面报告和管理者与下属之间的定期会面两种形式，其中，管理者与下属之间的定期会面又包括管理者与下属之间一对一的会面和有管理者参加的团队会谈。

（1）正式的书面报告。

很多管理者都要求下属定期上交工作汇报，以了解下属的工作情况和遇到的各种问题，并要求下属提出建设性意见。书面报告最大的优点就是简单易行，而且能够提供文字记录，避免进行额外的文字工作。另外，书面报告的形式在很大程度上还要取决于下属的文化水平；对不同文化程度的下属，工作报告的要求往往也不同。

但是，在很多情况下员工不欢迎书面报告，他们将这项工作视为额外的负担只是应付了事。大多数情况下，他们只是浪费大量的时间，仅提供一大堆毫无意义的信息。

（2）定期会面。

书面报告毕竟不能代替管理者与下属之间面对面的口头沟通。面对面的会谈不仅是信息交流的最佳机会，而且有助于在管理者与下属之间建立一种亲近感。

①一对一会谈。定期会面最常见的形式就是管理者与下属之间一对一的会面。在每次会面的开始，管理者应该让下属了解这次面谈的目的和重点。由于是一对一的会谈，管理者应该将会谈集中在解决下属个人面临的问题上，以使会谈更具实效。

②团队会议。一对一会谈和书面报告都不能实现沟通的目的。这时，就需要采用一种新的方式——有管理者参加的团队会议。有管理者参加的团队会议应该精心设计交流内容，避免不恰当的内容造成无效沟通而浪费时间和在团队成员之间造成不必要的摩擦或矛盾。团队会议更要注意明确会议重点，控制会议的进程。管理者可以要求每个人都介绍一下工作的进展和遇到的困难，以及需要管理者提供什么帮助，以有利于工作更好完成等。

需要注意的是，涉及个人绩效方面的严重问题不应轻易成为团队会议的话题。任何人都有犯错的时候，这种公开的讨论是最严厉的惩罚。不同的文化背景决定了人们对这种情况的承受能力和接受能力。通常情况下，这种针对个人的绩效警告应该在私下进行。

与一对一的面谈相同，团队会议也应该做好书面的会议记录。参会成员可以轮流做这项工作，并及时向参会人员反馈书面记录的整理材料。

为了有效利用以上两种定期会面的绩效沟通形式，应当特别注意以下两个方面的问题：

第一，不管是一对一的面谈还是团队会议，最大的问题就是容易造成时间的无谓耗费。如果管理者缺乏足够的组织沟通能力，也可能变成人们相互扯皮、推卸责任的场所。

第二，沟通频率是管理者需要考虑的另一个重要问题。从事不同的工作可能需要不同的沟通频率，甚至从事同一种工作需要的交流次数也不尽相同。管理者更应该充分考虑所有团队成员或参会人员的工作安排。

2. 非正式的绩效沟通

管理者与下属之间的绩效沟通并不仅仅局限于采取正式会面或书面报告的形式。事实上，管理者和下属在工作过程中或工作之余的各种非正式会面为他们提供了非常好的沟通机会。

非正式绩效沟通的最大优点在于它的及时性。当下属在工作中发生问题时，管理者可以与之进行简短的交谈，从而促使问题得到及时解决。对于各种亟待解决的问题，必须采取更加灵活的沟通方式——非正式绩效沟通。非正式绩效沟通没有固定的模式。有的管理者喜欢每天都花一些时间在工作现场或公司食堂等公共场所与下属交谈。

虽然有些管理者非常愿意通过这样的沟通促进团队或部门的工作业绩，但是下属好像都不愿意把那些管理者希望了解的情况告诉管理者。这时，管理者应该注意检讨一下自己的态度。在大多数情况下，问题出在管理者一方。管理者应该注意学习各种各样的沟通技巧，成为一个合格的倾听者。

（四）绩效沟通的原则

实现高效的绩效沟通并不是一件简单的事情，管理者和下属都需要为绩效沟通做好充分的准备，既要掌握基本的沟通技巧，又要遵循基本的沟通原则。以下三项基本的绩效沟通原则对规范沟通行为、提高沟通效果具有重要作用。

1. 对事不对人原则

绩效沟通的对事不对人的原则要求沟通双方针对问题本身提出看法，充分维护他人的自尊，不要轻易对人下结论，从解决问题的目的出发进行沟通。

2. 责任导向原则

所谓责任导向，就是在绩效沟通中引导对方承担责任的沟通模式。与责任导向相关的沟通方式有两种——自我显性的沟通与自我隐性的沟通。典型的自我显性的沟通使用第一人称的表达方式；而自我隐性的沟通则采用第三人称或第一人称复数，如“我们都认为”等。自我隐性的沟通通过使用第三者或群体作为主体，避免对信息承担责任，从而逃避其自身的情况进行真正的交流。如果不能引导对方从自我隐性转向自我显性的沟通方式，就不能实现责任导向的沟通方式，不利于实际问题的解决。

3. 事实导向原则

事实导向的定位原则在沟通中表现为以描述事实为主要内容的沟通方式。在这种方式中，人们通过对事实的描述避免对人身的直接攻击，从而避免对双方的关系产生破坏作用。特别是在管理者向下属指出其缺点和错误的时候，更应该严格遵守该原则。在可能的情况下用事实根据来代替主观的判断，能够最大限度地避免对方的不信任感和抵御心理。以事实为导向的定位原则能够帮助我们更加顺利地进行建设性沟通。

（五）绩效沟通的技巧

绩效沟通是技术要求相对较高的一种沟通，在具体的沟通实践中，管理者需要运用各种各样的沟通技巧和方法。

1. 积极倾听的技巧

沟通是一个双向的过程。从表面上看，这种双向性表现在沟通双方不仅要通过沟通的过程向对方传递信息乃至想法，而且需要通过沟通过程得到所需的信息。双向性沟通的更深层次的含义在于，信息发出者并不是单向地发出信息，还需要根据接收者的反应接收到相应的反馈，从而调整沟通的内容和方式。

积极的倾听能够帮助我们获取信息，整理思路，从而更好地解决问题。管理者常常面临这样的情况：当他们发现工作中存在的问题时，往往会形成自己的看法。这种先验意识阻碍了他们与下属之间进行有效的沟通，因为先验意识使管理者难以接受与自己观点相左的看法，从而无法进行积极的倾听。

2. 非语言沟通的技巧

沟通并不是一个简单的语言传递的过程。在沟通的过程中，沟通双方往往需要通过非语言的信息传递各自的想法。沟通双方能否很好地运用非语言沟通技巧，是影响建设性沟通成败的一个重要因素。

需要注意的是，当肢体语言脱离了具体的沟通环境时，这些肢体语言往往是空洞的、没有意义的。为了真正理解肢体语言所表达的内容，我们必须结合沟通发生的环境、双方的关系和沟通的内容等进行综合的判断。但是了解一些常见肢体语言的一般含义能够帮助我们更敏锐地观察和理解沟通对象的想法，并从中学会更好地控制自己的行为，从好的方向上影响沟通的进程。

3. 绩效沟通中组织信息的技巧

在沟通过程中，由于沟通双方的生活背景、经历以及个人观点和地位方面的不同，信息接收者和发出者会对相同信息符号产生不同的理解。因此，如何组织沟通信息，便于沟通双方准确理解，就成了保障沟通质量的重要决定性因素。在组织信息过程中，管理者和下属需要保障绩效信息的完整性和准确性。

（1）信息的完整性。

信息的完整性是指在沟通中信息发出者需要尽量提供完整和全面的信息。具体来说，要求信息发出者注意以下几个方面：沟通中是否提供了全部的必要信息；是否根据听者的反馈回答了全部问题；是否为了实现沟通的目的，提供了必要的额外信息。信息提供是否完整，需要沟通双方在沟通实践中经过信息的编码和解码全过程来确认。很多时候，我们以为已经把需要告诉对方的信息都表达了，但实际上，这往往只是自己的一厢情愿。

（2）信息的准确性。

信息的准确性是指提供的信息对沟通双方来说应该是准确、对称的。信息完整性是要求信息发出者提供全部的必要信息，而信息的准确性则强调信息发出者提供的信息是准确的。沟通信息的准确性要求根据环境和对象的不同采用相应的表达方式，从而帮助对方精确领会全部的信息。

许多关于人际沟通的研究工作关注信息的准确性。这些研究普遍强调，应该使信息在整个传送过程（编码和解码）中基本不改变或偏离原意，并将之视为有效沟通的基本特征。

案例解析

1. 实现高效的绩效沟通并不是一件简单的事情，管理者和下属都需要为绩效沟通做好充分的准备，既要掌握基本的沟通技巧，又要遵循基本的沟通原则，主要包括以下三种：对事不对人原则、责任导向原则、事实导向原则。

2. 绩效沟通是技术要求相对较高的一种沟通，在具体的沟通实践中，管理者需要运用各种各样的沟通技巧和方法。

（1）积极倾听技巧，沟通是一个双向的过程。从表面上看，这种双向性表现在沟通双方不仅要通过沟通的过程向对方传递信息乃至想法，而且需要通过沟通过程得到所需的信息。

（2）非语言沟通技巧，了解一些常见肢体语言的一般含义能够帮助我们更敏锐地观察和理解沟通对象的想法，并从中学会更好地控制自己的行为，从好的方向上影响沟通的进程。

（3）绩效沟通中组织信息的技巧，在组织信息过程中，管理者和下属需要保障绩效信息的完整性和准确性。

项目回顾

1. 预算与绩效监控是一个持续的沟通过程，起始于预算计划与绩效协议的签字确认，终止于预算与绩效的结果评价。预算计划与绩效协议签订后，管理者就需要与下属进行全程的绩效沟通，对预算与绩效计划执行情况进行监控。然而，执行过程中必然会出现与计划目标的执行偏差，应当采取合适的方法和措施进行分析与干预，如书面报告、走动访谈或者定期的回顾会议等方式，并对存在的问题提供必要的辅导，最后对监控和辅导过程中收集的相关信息进行汇总，为最后的评价提供准确有效的结果与过程信息。

2. 回顾会议是重要的监控方法，可以帮助企业回顾运营和战略执行过程中偏离原先目标和行动方案的问题，并有针对性地提出解决方案。其中，运营回顾会议需要根据企业的管理需求、回顾内容、目标和指标要求等因素确定召开频率，一般由同一部门或岗位的全部人员参加，可以保证更加充分的沟通和知识共享。战略回顾会议一般需要定期召开，召开频率较低，但在会议召开前应当事先告知参加人员相关信息，提前做好准备，以保证在会议按照预定目标有序进行。

3. 绩效辅导是指管理层对员工执行计划的过程中的不恰当行为的指导和帮助，管理者在辅导时应当根据员工的特点和所处环境选择合适的辅导时机和方式，重点帮助其发现问题和解决问题。

4. 绩效沟通是一个贯穿预算与绩效管理全部环节的平等的、建设性、持续的过程。在沟通过程中，可以根据管理需要，采取正式的或非正式的沟通，但必须以责任为导向，对事不对人，选择合适的沟通技巧。

专业技能训练

1. 在预算与绩效管理中，企业一般可以采用哪些方法监控预算与绩效计划的执行？这些方法又存在怎样的联系与区别？这些方法在使用时，难免会遭遇一些阻碍或抵抗，监管者又应当采用何种方式化解这些问题？

2. 你是公司行政部的经理，年初刚刚上任。刘红是你上任前半年调到你的部门的，目前负责 A 项目的行政支持和服务。你的前任告诉你，刘红是公司最早的员工之一，人缘极好，大家都喜欢她。刘红上年度的业绩判定是良好。

你接手的这几个月中，发现刘红的确人很好，为人热心，且积极参加组织各种员工活动，如郊游、慰问希望小学等。她几乎认识公司的每一个人，有时别人办不了的事情她都能办。

你同时也发现刘红的专业技能很差，外语和计算机都远不能达到她现在的工作要求，甚至她的有些报告需要别人帮忙来做。她对业务的了解也非常肤浅，基本不能向你汇报项目的状况。

最重要的是她好像并未意识到这些问题，仍花费大量时间在其他事情上。你决定提前就她的业务表现与她谈谈，她 5 分钟后就会到你的办公室。

请思考：(1) 你要讨论的关键点是什么？

(2) 你希望达到的目的是什么？

3. 你是公司销售部经理。黄刚是你部门负责东北地区的销售员，三年前由一个小公司加入你们部门。前两年黄刚都未能完成销售任务，同时只是把精力用于发展客户关系，对客户的业务需求了解很肤浅，对产品的了解也很有限。根据这些表现，你给黄刚的业绩评定连续两年都是及格。

今年，东北地区突然决定做项目A，你和技术部经理立即组织力量投标，最终拿到了合同。作为销售工程师的黄刚，在项目期间工作很努力，以建立各种关系为重点，成为项目组的骨干。由于项目A的成功，黄刚的销售业绩达到了130%。

但同时，你注意到黄刚在与技术工程师合作时，关系处理得非常紧张。工程师们抱怨海黄刚不能准确提供用户需求，没有计划，也不与大家沟通，造成几次方案重新设计。大家都不愿与他合作。另外，黄刚没有在事先预报项目A，目前订货、交货期都有问题。

综合以上考虑，你计划给黄刚良好的业绩考核成绩。今天你约了黄刚作本年度的业绩考核。

请思考：(1) 你要讨论的关键点是什么？

(2) 你希望达到的目的是什么？

4. 均和公司每月月末进行绩效考评，月末由被考评者的上级填写每月其相关信息，然后上交人事部，人事部汇总后作出相应的考评，并判定被考评者当月的绩效工资。但是，每次考评完之后，公司有相当一部分的员工都会大发牢骚，直到某一次午餐时间，刚入职不足一年的财务部审单员小张与财务部部长刘部长就考评结果大吵起来，公司人事部部长王部长这才意识到出了大问题。

请思考：(1) 如果你是王部长，怎么看待这一问题？

(2) 如何从根本上改善上下级这种关系？

教学设计与实践

1. 根据教学计划，针对任务一与任务二内容，进行教学设计，编写教案，制作多媒体课件等演示资源，合理组织教学过程，开展实践教学。

2. 根据项目各任务导入案例的思考要求，合理运用案例讨论方法与工具，开展讨论式教学实践。

3. 根据项目实训要求，以角色扮演的情景模拟方式开展绩效辅导与沟通的教学实践。

项目六

报告预算与绩效结果

【专业能力目标】

1. 了解搜集预算与绩效计划的运行信息的意义。
2. 理解预算与绩效计划的运行信息的内容。
3. 掌握集成化的预算与绩效管理信息反馈系统的设计过程。
4. 理解预算与绩效计划执行结果报告的设计原则。
5. 理解传统的预算与绩效结果报告的编制过程。
6. 掌握基于业务流程的预算与绩效结果报告的编制过程。

【职教能力目标】

1. 根据本项目的内容与设计流程，合理进行教学设计与组织教学过程。
2. 掌握教案编写、多媒体课件制作、教学素材搜索与整理的方法。
3. 灵活掌握案例讨论、演示讲授、参观调研等教学方法，合理运用提问、讨论等教学手段与工具，并在本项目教学中实施。

【项目简介】

预算与绩效结果报告是预算与绩效管理的重要环节，它将提供企业一定时间内预算与绩效计划执行的最终结果报告，将与计划目标形成对比，为后续的差异分析及评价奠定信息基础。

在编制结果报告之前，首先应当借助集成化的预算与绩效管理信息系统记录企业所有部门和员工在整个预算与绩效管理周期内的价值创造努力，一系列的原始文档将记录这些价值创造的痕迹，这些原始文档包括订单信息、库存信息、应收账款管理账单、应付账款管理账单、运输费用单据、广告费用单据、生产成本记录、采购订单、仓储账簿等。企业需要设计一套集成化的信息反馈系统，运用大数据技术，提取这些原始文档中的价值信息，形成各个责任部门收入/成本、各个细分收入/成本信息以及企业整体财务报告信息。

关于如何编制报告，不同规模、类型的企业存在不同的方式，但大体包括两种类型，即传统的按照职能分权的组织架构的编制形式与按照业务流程的横向的编制形式两种类型。按照职能分权的组织架构进行编制需要从员工层级层层汇总至企业整体层级，这种编制模式在很多情况下破坏了企业价值创造的过程；而按照业务流程的横向编制模式，则以客户订单赢利为核心，能够反映客户、企业、供应商整条价值链的价值创造状况。如图 6－1 所示。

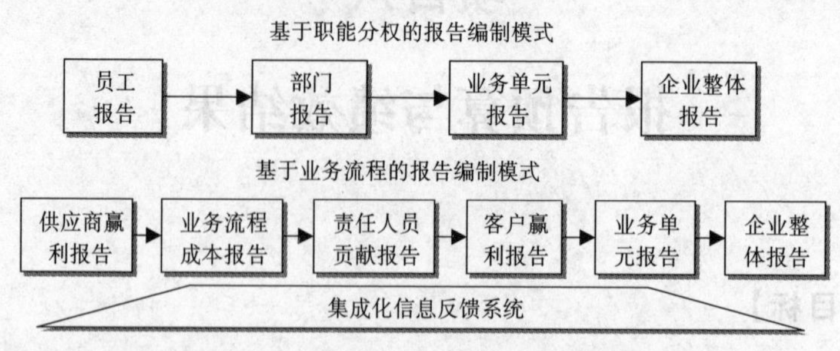

图 6－1 预算与绩效结果报告编制系统

【项目分解】

根据本项目的流程与内容要点，具体可分解为如下任务：

任务一：搜集预算与绩效计划的运行信息。

任务二：编制结果报告。

任务一 搜集预算与绩效计划的运行信息

任务目标

1. 了解预算与绩效计划运行信息的重要意义；
2. 掌握预算与绩效计划运行信息的内容；
3. 理解预算与绩效计划运行信息系统的构建程序。

案例导入

李某是桂林伐木装饰公司销售部门主管，该部门有 10 多名员工，其中既有销售人员又有管理人员。该部门采用的考评方法是排队法，每年对员工考评一次。具体做法是：每个员工有一张综合评分表，根据员工的实际表现给其工作能力、学习能力、沟通等方面进行打分，每个员工最高分为 100 分，上级打分占比 30%，同事打分占比 70%。在考评时，多个人互相打分，以此确定员工的位置。李某平时很少与员工就工作中的问题进行交流，只是到了年度奖金分配时，才对所属员工进行打分排序。

（案例来源：成功企业的绩效管理案例，http：//www. docin. com）

案例思考：案例中绩效信息搜集的方法是否恰当？若不恰当应如何根据该部门的实际情况进行改进？

任务解构

当管理层有能力将实际成本和预先的标准或预算进行对比时，可以节约一定的费用，然而，更多的利润改进机会存在于决策的制定过程。如果管理者想要作出明智的决定，那么他们必须拥有准确的数据。增减区域、销售人员、产品或客户时，管理层需要知道现有细分客户的运作情况如何；对区域等不同细分方式进行考量时，管理层需要知道利润和成本将如何变化。企业需要一个数据库，当客户是按顾客、销售人员、产品、销售区域或配送渠道等不同方式进行细分时，该数据库能够提供每个细分客户的日常运营信息。该系统必须能以固定成分和可变成分的形式存储数据，便于识别与决策战略有关的成本和利润变化。

一、预算与绩效计划运行信息的意义

充分、及时的信息是任何一种管理行为取得预期效果的基础。在预算与绩效管理过程中，预算与绩效计划的编制、执行与监控、计划调整、考核、分析评价都有赖于建立能全面、及时反映实施过程和结果的信息。赫伯特·西蒙认为："决策过程中至关重要的因素是信息联系，信息是合理决策的生命线"，全面准确和客观公正的绩效信息是作出预算与绩效管理相关决策的基础，信息的质量在一定程度上决定了预算与绩效管理的成败。在预算与绩效管理过程中，管理者需要持续地收集和积累大量准确有效的信息，为绩效管理的监控和评价工作提供翔实的信息基础，这也是预算与绩效管理成功的基础和关键之一。

（一）计划运行信息是监控决策的基础

通过对计划执行信息的收集和分析，可以发现执行中存在的问题。这有利于管理者对计划总体情况的通盘掌控，在下属需要帮助的时候提供及时有效的帮助和支持，更重要的是在重大事故出现之前就作出正确的预判，从而尽量避免重大绩效事故的发生。同时，也可以通过关键事件树立典型标杆，有利于员工在计划执行过程中的自我改进和调整；在员工需要绩效辅导时，能基于现有信息作出正确的辅导措施，以帮助员工达成绩效目标。

（二）计划运行信息是编制结果报告与差异分析的前提

每一预算与绩效管理周期期末，企业需要编制运行结果报告，并对照原先的计划和目标进行差异分析，而这离不开结果报告信息系统的支持，只有在充分足够的信息前提下，结果报告及差异分析才能全面准确地反映出企业的真实运营状况。

（三）计划运行信息是评价决策的依据

评价的权威性、科学性和公平性是保障预算与绩效管理系统有效性的重要方面。评价需要建立在准确翔实的相关信息基础上，同时避免评价的主观随意性或根据回忆来进行评价。因此，结果报告信息系统为评价环节提供全面的信息基础，具有重要的意义和价值。

（四）计划运行信息是绩效改进决策的依据和保障

在计划运行信息的支持下，梳理和挖掘出绩效优秀的原因，并发现影响绩效提升或导致绩效低下的各种问题，为组织绩效的持续提升作信息资源保障。

二、计划运行信息的收集内容

任何信息的收集行为都需要占用企业的资源，而几乎所有企业的资源都是有限的。预算与绩效信息收集的主要是与绩效目标达成密切相关的关键信息，而不是对信息的全面记录，而且信息收集要求既重结果又重过程，要求对重要的过程信息和结果信息进行全面完整的记录。

（一）绩效目标决定绩效信息收集的范围

所有与实现各层次预算与绩效管理目标相关的重要绩效信息都需要收集、记录和保存下来，其中，与企业战略目标相关的信息是相关工作需要特别关注的领域。

（二）信息收集的内容需要面向评价

评价与监控的信息在内容上是一致的，评价需要的信息就是监控的重要内容。在绩效监控过程中，需要对预算与绩效计划的执行信息进行全面的收集和整理，为评价工作提供有力的佐证，从而确保评价的公正性和准确性，并保障员工对评价结果的认可。

（三）信息一般分为关键事件、业绩信息和第三方信息三种类型

关键事件是指一些比较极端或比较有代表性的行为或具体事件。当这类事件发生时，要及时客观地作记录，不应当加入任何主观的判断和修饰。记录的内容主要是全面描述事件，包括事件具体发生的时间、当时的情况、员工具体的行为以及最后的结果等，总之应尽可能客观具体地列出当时的重要的关键事件或结果信息。

业绩信息是指完成计划或工作任务时的各种业务记录，特别需要注意收集绩效突出和有绩效问题的相关信息。业绩信息收集的过程也是对相关的数据、观察结果、沟通结果和决策情况等的记录过程，主要确定需要做什么、为谁做、什么时候做，从而帮助员工创造好的绩效。员工是绩效的主要责任者，让员工参与收集信息同时也是使员工参与绩效管理过程的好方法。通过收集信息，员工不再将预算与绩效管理看成监督和检查的工具，而是把其看成发现和解决问题的工具。

第三方信息是指让客户等帮助收集的信息。内部记录的绩效信息不可能涉及绩效评价的方方面面，管理者也不可能了解员工的每个工作细节，比如，管理者不可能总是盯着电话是不是在响了十几声之后才被接听，也不可能总是观察员工接听电话的内容和态度，所以有必要借助第三方来收集信息。

三、构建集成化的预算与绩效管理信息反馈系统

预算与绩效计划运行信息的搜集是一项耗费巨大的工作，随着信息技术的发展，尤其大数据技术的应用，这一工作变得容易起来。企业从原始交易文档信息到最终财务报告的整个信息处理过程，都可以借助集成化的信息反馈系统来完成，企业各级管理人员与员工可以从信息系统中获取自身所需的信息。

在这一集成化的信息系统中，预算与绩效计划运行信息的反馈主要包括的内容或程序如图 6－2 所示：

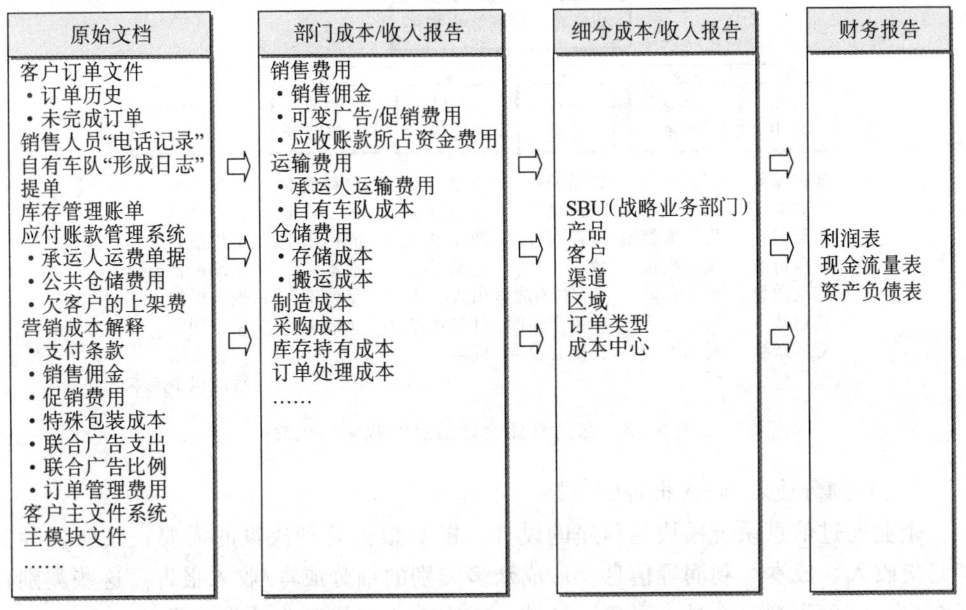

图 6－2　预算与绩效结果报告信息系统的构建流程

（一）原始文档信息的反馈

一个客户订单的响应过程会发生多种交易往来，每次交易都会产生一系列的原始文档，包括客户订单、运输提单、开给客户的销售发票，以及供应商/卖方出具的发票。此外，许多内部交易和活动也有存档（如记录公司运输队活动的“旅途日志”和销售人员的“电话记录”）。其他成本可以从标准成本系统、工序时长研究或统计估算（如多元回归分析法）中得到确定。

不论哪种情况，所得的原始资料文档都必须存入计算机中。输入的数据必须按部门、顾客、销售区域、产品、销售成本、分销渠道、运输方式、承运人、收入及费用等细节进行编码。系统必须能够自动将大量数据生成文档，能够为决策制定和外部报告提供快速的汇总和各种信息模块检索。与标准作业成本相结合，数据库要既能够生成各部门的成本报告，也能够生成细分客户的贡献报告。系统能够向责任部门收取实际发生的成本，并将该成本与预算成本进行对比。按客户或产品的细分收入计入销售收入一栏，并按细分收取标准成本和可变成本。

（二）部门责任会计信息的反馈

数据库应能收集每笔交易的利润和成本，并能够按照部门活动加以汇总（例如，销售、广告/促销、制造、运输、库存及订单处理）。该技术常被称为责任会计，主要用来按企业活动主要类别和次要类别，生成一定期间内的预算表和差异报告，其中，主要类别包括生产、研发、市场/销售和物流等。成本数据必须在交易发生时被记录存档，并确保包括了固定部分和可变部分，以及直接成分和间接成分等足够详细的信息（见图 6－3）。

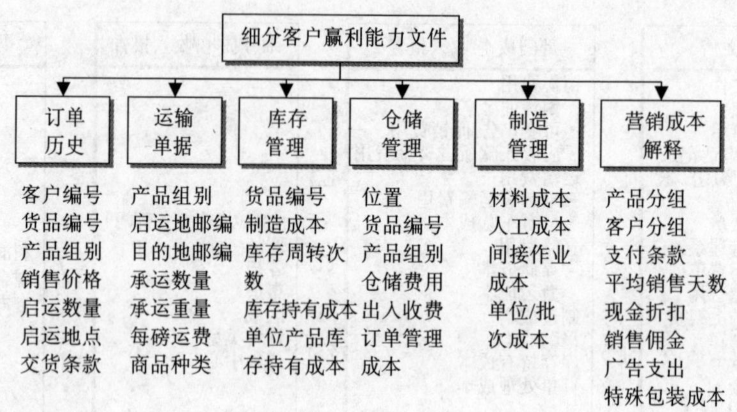

图 6－3　部门责任会计信息的收集与汇总

（三）细分成本/收入报告的反馈

企业通过信息系统模块与程序的设计，能够根据管理决策的需要，按照各种类别归集收入、成本、利润等信息，形成众多类别的细分成本/收入报告。这些类别包括客户、订单类型、产品、渠道、区域、成本中心、战略业务单元等。

（四）财务报告的反馈

企业预算与绩效计划运行信息系统最终将生成企业的对外财务报告，包括利润表、现金流量表与资产负债表，反映一定时期内企业运营的总体结果。通过这一过程，将实现企业内部决策信息与对外披露财务信息的有效对接，便于股东作出合理的决策。

案例解析

考核周期太长，质量是一个过程的输出，没有过程的监督和及时的纠偏，结果无从保证。考核只是绩效管理的一个评价环节，无法代替系统的绩效管理。部门主管平时没有沟通交流，对员工没有辅导，对员工情况不熟悉，考评缺乏依据，考评结果很难让人信服；搜索考核的目的是为了反馈改善绩效，不单纯是为了作为奖金分配的依据，考核目的不正确。权重设置不合理，上级打分的权重偏低，同事打分权重偏高；根据平时表现，这样的指标全是定性的，没有量化，很难做到公平，人为的影响会导致考核结果的偏离。根据上述问题李某建立月评或季评的考核体制，日常有记录、有考核、有督促，这样年终考核才有依据；考核体制最好采用考核与民主测评相结合；考核结果主要用来分析员工绩效改进的方法，要向员工灌输这种正确的绩效管理意识，奖金是高绩效的结果，不是产生高绩效的原因。

任务二　编制结果报告

任务目标

1. 理解预算与绩效结果报告系统的设计原则。
2. 掌握基于职能分权的预算与绩效结果报告系统的编制程序与方法。
3. 掌握基于业务流程的预算与绩效结果报告系统的编制程序与方法。

案例导入

海尔集团积极推动业务流程再造，并在行业内率先开发并应用人单合一模式，为每个员工设计了三张表：损益表、日清表、人单酬表。

例如，王德勤是海尔冰箱青岛工贸的一名产品代表，他负责经营青岛所辖的即墨市、莱西市两个区域市场，3 月份在总数上虽然完成了预算目标的 110%，但损益表上显示的“损失项”却很大。为什么？因为海尔员工的损益表与一般企业的损益表不同。传统财务报表的损益表是收入减成本、减费用，等于利润，而海尔的损益表中，“收入”项相同，“益”（收益）则是指通过做自主经营体、为用户创造价值而获得的收入，而前面两者的差就是“损”（损失）。就是说，只要是通过做自主经营体而获得的收入都不能算数，因为这些数不一定为用户创造了价值。王德勤之所以拿不到 110% 的收入，因为他每周的订单很不均衡，4 家主要客户只有 1 家做到了每周都提货，是有效的“收益”，而其他 3 家没有做到，被视为不可持续的收入，也就是“损失”。

损益表中的“损”为王德勤指出了当前工作的差距，为了消弭差距，就有了第二张表：日清表。海尔通过创新平台、创新流程、创新机制，帮助员工形成每天的预算进行“日清”。如王德勤就针对 3 家未做到每周提货的客户，制订了每天的沟通计划，与客户一起分析差距、做预算，发现差距出在乡镇网络上，他马上与客户跑到即墨乡镇开拓新的网点。同时，设置人单酬表。每个人根据自己创造的订单的价值，获得自己的薪酬。不仅是王德勤这样的销售人员，企划、研发、物流等各职能部门员工，作为自主经营体中的一员也都有各自的“人单酬账户”。有了这个账户，很多事情完全可以让员工自主。比如费用问题，一般企业都是按照职务决定享受的待遇，海尔则是根据销售来决定开销。对自主经营体的要求是：缴足公司利润，挣够市场费用，自负盈亏、超利分成。这样员工不会成天来审批应该乘坐什么样的交通工具、住什么样的宾馆，自己都会算。

（资料来源：我的老东家—海尔流程再造，http：//club. ebusinessreview. cn）

案例思考： 海尔集团的员工损益表与传统的损益表有什么不同？海尔集团这种特别的设计方式对企业发展有什么意义？

任务解构

填报预算与绩效计划的执行结果报告是企业预算与绩效管理的重要环节，根据报告结果，企业管理人员将可以非常清晰地知悉最终结果与原先所制定的目标和预算之间的差异，这些差异将成为企业对各级部门和员工进行奖惩以及经营战略和计划调整的依据。

关于如何设计结果报告并不存在统一的标准与形式，企业应当在遵循共同性原则的基础之上，根据自身组织架构、管理需求等因素设计适合自身管理需求的报告标准与形式。一般而言，企业结果报告的编制主要存在两种模式，第一种是基于职能式分权组织架构编制的传统结果报告，第二种是基于业务流程编制的新型传统结果报告。

一、预算与绩效计划执行结果报告的设计原则

预算与绩效计划执行结果报告的设计应当遵循共同性的原则，包括真实性、及时性、系统性、有用性、多样性等原则。

（一）真实性

预算与绩效结果报告是企业各个预算与绩效管理执行过程和执行结果的总结，是企业各级领导进行决策管理的重要依据，必须做到真实、准确；否则，报告就失去了其最基本、最重要的作用，就会给企业带来一系列的决策和控制失误。

（二）及时性

报告是实施监控和经营决策的重要依据，为了有助于决策，必须在决策前得到相关报告；为了有助于控制，则必须在采取控制行动之前得到相关报告。因此，及时性是企业有效控制和决策的前提，包括对报告期间和报告日期两方面的及时性要求。

传统的财务报告是按月进行编报的，这显然不能满足预算与绩效系统监控的要求。因此，为了适应预算与绩效管理的需要，报告期间应该尽可能缩短，例如提供日损益表和日现金收支表，有关产品产量及产品销售实现的相关报告应该按周编报等。在报告的编报日期上，应尽可能迅速，要尽量减少中间的传递环节和时间延误。另外，报告期间应视情况而定，当发生非常事件时，报告日期则不应受期间和时间规定的限制，必须随时报告。

（三）系统性

在各个预算与绩效执行部门中，不同层次的责任部门与人员具有不同的责任目标，因而需要编制不同的报告。报告的详尽程度应根据不同的管理需要而定，但其系统性和完整性的要求是一致的，即报告应该覆盖整个责任中心，并突出其责任预算与绩效计划的执行情况。一般而言，系统、完整的报告系统应是预算与绩效计划下达的逆运行系统，因此，预算与绩效结果报告多是以最基层为起点，逐级汇总上报，直至企业最高决策层，以形成完整的全面的预算与绩效管理结果报告系统。

（四）有用性

所谓有用的信息首先必须具有相关性，与决策无关、对控制无用的信息再准确、

再及时也只能浪费报告编制者和使用者的时间。因此，为了使报告的资料与企业决策及控制需要相关，报告既要反映各责任中心所能控制的内容，又要反映各级领导及管理层进行决策和控制所需的数据资料。另外，报告的重点除了揭示预算执行的差异外，更重要的是分析和揭示产生预算差异的原因，并提出改进的意见和建议。

（五）多样性

定期编制的报告可以用报表、数据分析、文字说明等多种形式，也可以采取当面汇报、电话汇报、短信汇报等更具灵活性的方式。同时，可以根据管理需求和报告使用者的不同层次和要求，提供不同形式的报告。例如，给总经理提供的预算报告就要把简捷明了放在第一位，原因是总经理工作非常繁忙，不能让数字将其淹没了。

二、基于职能分权的预算与绩效结果报告的编制

（一）基于职能分权的预算与绩效结果报告的编制流程

与传统的基于职能分权的预算与绩效目标与预算相匹配，基于职能分权的预算与绩效目标与预算的编制是自上而下的过程，而基于职能分权的预算与绩效结果报告编制程序则是自下而上的过程（如图 6 - 4 所示），是各级业务单元、各级部门与员工预算与绩效计划执行结果的汇总过程，其编制程序如下：

第一步，编制各个责任部门内部各个员工的预算与绩效结果报告；

第二步，汇总各个责任部门所有员工的结果信息，形成各个责任部门的结果报告，这也是责任部门负责人的结果报告；

第二步，汇总各个业务单元所属全部部门的结果信息，形成各个业务单元的结果报告，这也是各个业务单元负责人的结果报告；

第四步，汇总全部业务单元的结果信息，形成企业整体的结果报告，这也是企业一定时间内的财务结果，企业总经理（或总裁等）对这一结果负责。

（二）员工层次的结果报告编制

员工的创造能力构成企业价值创造的基础，企业预算与绩效结果的报告始于员工层次的结果报告的编制，由于员工在部门、岗位与职位等方面存在较大的差异，员工层次结果报告的编制便具有多样性特征。本书仅以销售人员、生产人员、采购人员为例进行说明。传统的职能式分权报告编制系统如图 6 - 4 所示。

1. 编制销售人员的结果报告

销售人员处于企业与市场衔接的最前沿，销售人员的计划目标完成情况是很多企业期末结果报告编制的重点，在企业实践中，根据是否具有销售价格决策权，销售可以分为两类，即自身可决定销售价格的销售人员与自身无法决定销售价格的销售人员，销售人员若不能自由确定销售价格，他的结果报告只需要报告销售数量和结构就可以了，如果他能够自由确定销售价格，那么他的结果报告就需要增加单价、收入、毛利等内容，如表 6 - 1 所示。

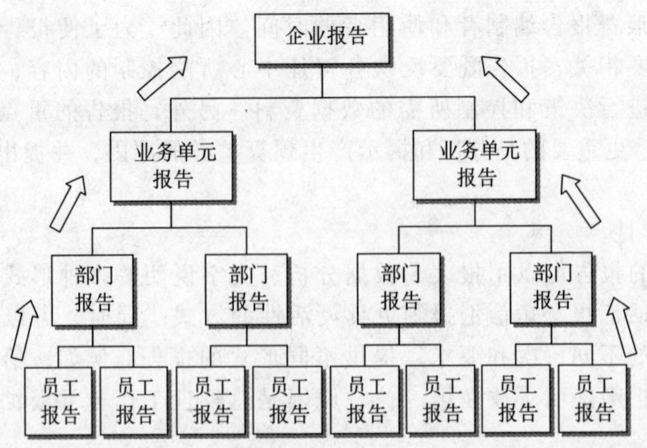

图 6－4 传统的职能式分权报告编制系统

表 6－1 **销售人员的结果报告**

销售人员：张三 销售部门：销售一部 报告期间：2015 年 07 月

产品系列/名称		预 算	实 际
收入：			
A 产品	单价	18	17.5
	销 量	100	105
	收入	1 800	1 837.50
	毛利	200	157.50
B 产品	单价	25	24
	销 量	200	220
	收入	5 000	5 280
	毛利	2 000	1 980
C 产品	单价	15	16
	销 量	180	170
	收入	2 700	2 720
	毛利	900	1 020
毛利合计：		3 100	3 157.50
费用：			
	招待费	120	150
	通讯费	50	43
	差旅费	200	180
	餐补费	150	150
	费用合计	570	523

2. 编制生产人员的结果报告

在传统的预算与绩效管理模式下，生产部门的主要责任在于降低单位产品成本，以及产品质量一致性的保持上。主要的考核指标也是单位成本降低额（率）、残次率等，而如何降低单位成本对于生产人员个人来讲则主要是在保证质量的基础上提高效率、降低耗材，在同规模材料与人工费用的前提下，尽可能地增加产量，通过成本平摊的方式降低单位成本。这决定了生产人员的考核重点，相应的生产人员的结果也主要集中于单位成本与次品率的降低上，如表 6－2 所示。

表 6－2　　生产人员的结果报告

生产人员：赵四　　生产部门：生产一部　　报告期间：2015 年 07 月

产品系列/名称	生产工时（小时）		所耗材料（公斤）		生产数量（件）		残次品数量（件）	
	预算	实际	预算	实际	预算	实际	预算	实际
A 产品	5	4.5	23	20	40	46	1	0
B 产品	3	2.8	21	22	65	71	2	1
C 产品	3.5	4	15	15	58	51	2	3
D 产品	2	2.1	25	24	95	93	3	2
合计	13.5	13.4	84	81	258	261	8	6

3. 编制采购人员的结果报告

采购部门对接生产部门，根据生产计划进行原材料、物料等的采购，并主要以采购成本（主要指与供应商谈妥的采购价格）的降低程度作为采购人员的考核标准，相应的采购人员的结果报告也主要围绕采购成本的降低进行编制，如表 6－3 所示。

表 6－3　　采购人员的结果报告

采购人员：王五　　采购部门：采购一部　　报告期间：2015 年 07 月

材料系列/名称	采购单价（元/千克）		采购数量（千克）		采购金额（元）		采购损耗（千克）	
	预算	实际	预算	实际	预算	实际	预算	实际
甲材料	40	38	100	100	4 000	3 800	2	1.6
乙材料	55	56	200	210	11 000	11 760	5	3
丙材料	35	34	180	175	6 300	5 950	3	3
合计	130	128	480	485	21 300	21 510	10	7.6

（三）部门层次的结果报告编制

部门层次的预算与绩效结果是员工层次的预算与绩效结果的汇总，当然每个部门可能有些成本项目是员工个人不可控的，诸如办公场所租金、水电费等费用项目，可能无法分配到员工层面，这时就需要按照部门来归集。因此，部门层次的预算与绩效结果是所属员工结果之和与员工不可控部门成本的汇总。

1. 销售部门结果报告

销售部门是典型的收入中心，对它的报告重点报告产品毛利、开展销售业务所发生的费用等内容。当然，在具体编制时，它由所有销售人员所实现的绩效结果与须按照整个部门归集管理、员工不可控的费用发生结果组成。如表 6－4 所示。

表 6－4 销售部门结果报告

销售部门：一部　　　　报告期间：2015 年 07 月

产品	内容（项目）	预算数	实际数	差异	
				绝对额	相对率
A	销售数量/件	157 000	146 000	11 000	7.01%
	销售单价	18	18	0	0.00%
	销售收入/元	2 826 000	2 628 000	198 000	7.01%
	毛利润	785 000	438 000	347 000	44.20%
B	销售数量/件	160 000	176 000	－16 000	－10.00%
	销售单价	25	28	－3	－12.00%
	销售收入/元	4 000 000	4 928 000	－928 000	－23.20%
	毛利润	800 000	1 232 000	－432 000	－54.00%
C	销售数量/件	175 000	167 000	8 000	4.57%
	销售单价	21	19	2	9.52%
	销售收入/元	3 675 000	3 173 000	502 000	13.66%
	毛利润	1 050 000	501 000	549 000	52.29%
D	销售数量/件	180 000	188 000	－8 000	－4.44%
	销售单价	16	16	0	0.00%
	销售收入/元	2 880 000	3 008 000	－128 000	－4.44%
	毛利润	720 000	564 000	156 000	21.67%
销售收入合计		13 381 000	13 737 000	－356 000	－2.66%
销售人员工资		164 000	170 000	－6 000	－3.66%
差旅费		6 000	7 800	－1 800	－30.00%
办公室租金		40 000	40 000	0	0.00%
销售管理人员工资		180 000	180 000	0	0.00%
办公室一般性耗费		4 000	3 500	500	12.50%
培训费		20 000	18 700	1 300	6.50%
通讯费		4 000	5 600	－1 600	－40.00%
费用合计		418 000	425 600	－7 600	－54.66%

2. 生产部门结果报告

生产部门是典型的成本中心，其预算报告应重点突出产品生产过程中变动成本及固定成本，以供考核和进行成本分析。相关示例如表 6－5 所示。

表 6－5　　生产部门结果报告

生产部门：组装部　　报告期间：2015 年 07 月

产品	项目	预算数	实际数	差异	
				绝对额	相对率
A	直接材料	30 000	29 500	－500	－1.67%
	直接人工	25 000	20 000	－5 000	－20.00%
	变动制造费用	18 000	18 500	500	2.78%
	固定制造费用	10 000	11 000	1 000	10.00%
B	直接材料	50 000	51 200	1 200	2.40%
	直接人工	40 000	38 000	－2 000	－5.00%
	变动制造费用	20 000	20 500	500	2.50%
	固定制造费用	16 000	16 800	800	5.00%
……					
合计	直接材料	300 000	285 000	－15 000	－5.00%
	直接人工	280 000	290 000	10 000	3.57%
	变动制造费用	160 000	168 000	8 000	5.00%
	固定制造费用	100 000	109 000	9 000	9.00%
	总成本合计	840 000	852 000	12 000	1.43%

3. 采购部门结果报告

传统视角下，采购部门也是典型费用中心，其结果报告应体现采购过程中单价数量以及发生的各项费用。相关示例如表 6－6 所示。

表 6－6　　采购部门结果报告

采购部门：采购一部　　报告期间：2015 年 07 月

材料	项目	预算数	实际数	差异	
				绝对额	相对率
A	采购单价	18	19	1	5.56%
	采购数量	10 000	10 500	500	5.00%
	采购金额	180 000	199 500	19 500	10.83%
	运输费用	9 000	8 500	－500	－5.56%
	合理损耗	2 500	2 100	－400	－16.00%
B	采购单价	16	17	1	6.25%
	采购数量	9 800	10 000	200	2.04%
	采购金额	156 800	170 000	13 200	8.42%
	运输费用	5 800	4 900	－900	－15.52%
	合理损耗	1 800	1 560	－240	－13.33%

续表

材料	项目	预算数	实际数	差异	
				绝对额	相对率
合计	采购单价	34	36	2	5.88%
	采购数量	19 800	20 500	700	3.54%
	采购金额	336 800	369 500	32 700	9.71%
	运输费用	14 800	13 400	-1 400	-9.46%
	合理损耗	4 300	3 660	-640	-14.88%
办公费		21 000	20 800	-200	-0.95%
差旅费		18 000	19 000	1 000	5.56%
职工工资		130 000	12 500	-117 500	-90.38%
电话费		2 400	2 876	476	19.83%
总成本合计		883 200	828 296	-54 904	-6.22%

（四）业务单元层次的结果报告编制

企业的业务单元不仅对该单位的收入与利润负责，而且对投资效益负责，其结果报告除提供收入、成本等信息外，还应当提供投资报酬率、剩余收益、经济增加值等投资效率的信息，相关示例如表 6-7 所示。

表 6-7　　业务单元层次的结果报告　　单位：万元

项目	预算数	实际数	差异额	差异率/%
销售收入	31 200	31 300	100F	0.15
减：变动成本				
变动生产成本	5 200	5 100	100F	1.92
变动销售费用	1 560	1 600	40U	2.56
变动管理费用	1 040	1 000	40F	3.84
变动成本合计	7 800	7 700	100F	1.28
边际贡献	23 400	23 600	200F	0.85
减：固定费用				
固定制造费用	10 400	10 000	400F	3.84
固定销售费用	6 500	6 600	100U	1.54
固定管理费用	3 900	3 800	100F	2.56
固定费用合计	20 800	20 400	400F	1.92
经营利润	2 600	3 200	600F	23.10
经营资产平均占用	20 000	20 500	500U	
资产周转率	1.56	1.53	0.03U	0.19
销售利润率/%	8.3	10.22	1.92F	
投资报酬率/%	13	15.6	2.6F	
剩余收益	600	1 150	550F	91.7F
经济增加值	650	1 170	520F	80F

注：本表采用贡献式报表格式，U 代表有利差异，F 代表不利差异。

（五）企业整体的结果报告编制

企业整体结果报告是指利润表、现金流量表、资产负债表等对外披露的财务报告。通过利润表、现金流量表、资产负债表的编制，企业将能够为股东作出合理决策提供信息依据，该环节是企业内部预算、绩效管理与投资者利益诉求对接的重要环节。

企业整体结果报告是在业务单元报告的基础上编制而成，由于企业内部对业务单元报告的编制可能采用贡献式报告模式，与对外财务报告模式存在一定的差异，在汇总过程中需要企业根据会计准则要求进行一定的调整。另外，企业总部发生的一些成本费用可能无法按照合理的标准分摊到下属业务单元上，企业编制整体结果报告时应当予以单独考虑并加总。

三、基于业务流程的预算与绩效结果报告的编制

（一）基于业务流程的预算与绩效结果报告的编制流程

基于业务流程的预算与绩效管理不再按照分权式的业务职能部门作为管理维度，而是按照客户订单流程作为管理维度，推倒原先的部门边界，以客户订单为驱动，整合与客户订单相关的所有业务流程所需要的资源，重点关注客户的整体赢利能力。与此相适应，预算与绩效结果报告的编制也不再采用职能分权式的层层汇总模式，而是按照客户订单进行编制，客户的赢利报告也将成为编制系统的核心内容，围绕客户维度形成各个业务流程以至各个责任人员的贡献报告，而客户报告的汇总将形成业务单元的结果报告，直至企业整体结果报告。基于业务流程的预算与绩效结果报告系统如图 6 – 5 所示。

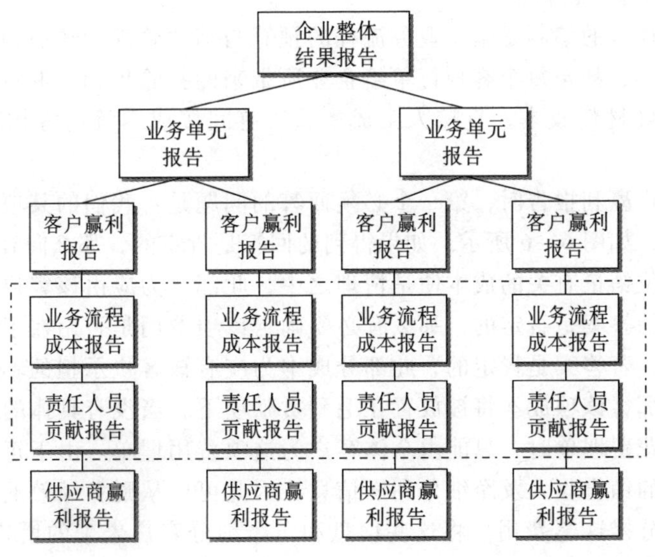

图 6 – 5　基于业务流程的预算与绩效结果报告系统

基于以上分析，基于业务流程的预算与绩效结果报告的编制程序如下：

第一步：编制客户赢利报告。客户赢利报告包括客户各种产品订单的收入（扣除折扣、退货收入等）、客户订单全成本等内容，而客户订单全成本包括直接材料成本、直接人工成本、间接成本等。

第二步：编制业务流程成本报告与责任人员贡献报告。每一个客户订单都有客户管理流程、产品设计与研发流程、订单履约流程、供应商管理流程及相应的支持流程与作业上的员工团队共同完成，责任人员的贡献报告实际是客户赢利结果报告的分解，而责任人员的贡献报告则包含业务流程成本这些内容。

第三步：编制供应商赢利报告。当前激烈的市场竞争需要企业加强与供应商的协作，实现价值链整体竞争能力的提升，供应商是否赢利、赢利大小直接关系企业的长期价值创造能力，供应商赢利报告的编制将为双方的利益协同与价值链长期发展搭建起良好的平台。

第四步：编制业务单元报告。业务单元报告主要由客户订单报告汇总而成，除此之外还有部分由非客户订单事项引起的损益项目及资本投资项目，它们共同组成业务单元报告。

第五步：编制企业整体结果报告。企业整体结果报告主要有业务单元报告组成，除此之外，还包括一些业务单元不可控的损益、资本项目。

基于业务流程的预算与绩效结果报告系统不仅能直观反映每类、乃至每个客户对企业的赢利能力，而且可以将各个部门和员工的注意力吸引到各个业务流程的整合对接上，不再受制于自身狭隘利益的局限，通过各方的合作协商机制，实现客户赢利能力提升的共同目标。

（二）编制客户赢利报告

客户赢利报告的编制是基于业务流程的预算与绩效管理的核心内容与步骤，报告内容包括每类、甚至每个客户订单给企业所带来的扣除折扣、退货等因素之后的净收入、由直接材料成本、直接人工成本、所有间接成本等内容构成的订单全成本等。

在编制客户赢利报告时，第一个必须回答的问题是：我们的某项成本是否与该客户订单有关，如图6-6所示。如果得到的回答是肯定的，那么向客户和细分客户收取该项与单位销量有关的成本便是情理之中，此部分为应由该客户承担的可变成本。如果得到的答案是否定的，那么有必要确定该项费用是否用在了某一组特定的细分客户身上，若答案是肯定的，此部分成本为应有该客户承担的不变成本，如果还是否定的，那么该项成本将被放置在毛利贡献项下。当没有具体的客户必须对一些特定数目的花费埋单时，只能由全体客户为这项费用埋单。由于每个客户和细分客户都有相应的销售收入及净细分利润信息，因此可以从财务绩效的角度，根据细分利润按比例分摊这笔费用。将这些信息和每个细分客户未来的增长潜力相结合，能够使管理层制定出利润最大化的战略。编制客户赢利报告的最高原则，就是报告中只体现那些随着销售的消失而消失的成本，以及可避免成本。

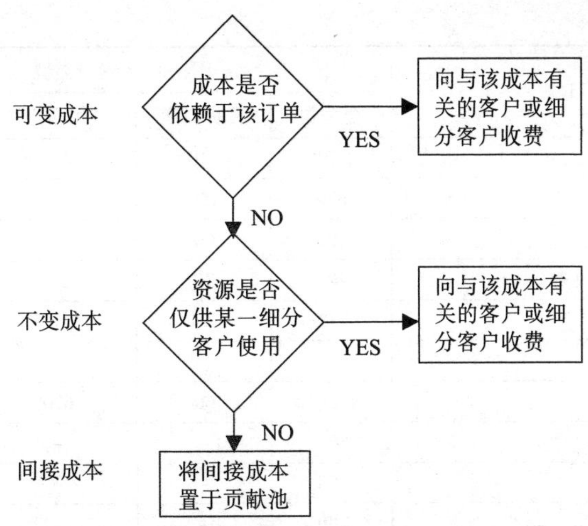

图 6－6 为客户或细分客户分配成本

现在，我们来看一个例子，一家由多个部门组成的、年销售额为 4 250 万元的公司中的一个部门。传统的会计数据显示，这个部门净盈利能力为税前 250 万元。当管理层觉得这个盈利能力有待进一步提高时，从传统会计记账方式中很难发现提高赢利能力的线索。由于缺乏事实依据，导致这个部门中不同职能的管理者提出的各项建议之间相互矛盾。例如，营销经理希望通过提升广告预算来增加销售量。财务的代表会反驳说，与合理的广告费用相比，公司已经在广告方面花费了两倍的投入。市场和销售代表也许还想增加更多的产品种类，但是制造和物流的经理们会指出，已经有了太多的标准库存单位，以至于无法实现必要的运营效率。销售人员想要降低价格，但财务经理会指出价格已经太低，相反，如果价格提升 5%，利润就能提高 200 万元。每个人都会根据他/她们自己的经验，提出提高利润的建议，每个人都确信只有他/她的提议才是正确的。如果没有好的信息，将很难甚至是不可能确定哪些提议是能够产生最佳结果的行动方案。但是，按客户订单计算的贡献毛利分析方法能够具体确定哪一部分的绩效需要改进（见表 6－8）。

表 6－8　　不同类型客户的赢利能力　　单位：千元

项　目	客户类型				
	全公司	百货商店	日用品连锁	杂货店	折扣店
销售收入	42 500	6 250	10 500	19 750	6 000
扣除折扣、退货和上架费用	2 500	250	500	1 750	
净销售收入	40 000	6 000	10 000	18 000	6 000
商品售出成本（可变制造成本）	20 000	2 500	4 800	9 200	3 500
制造贡献	20 000	3 500	5 200	8 800	2 500
可变销售和配送成本：					
销售佣金	800	120	200	360	120

续表

项　　目	客户类型				
	全公司	百货商店	日用品连锁	杂货店	折扣店
运输成本	2 500	310	225	1 795	170
仓储搬运	600	150	–	450	–
订单处理成本	400	60	35	280	25
应收账款占有资金收费	700	20	50	615	15
贡献毛利	15 000	2 840	4 690	5 300	2 170
可分摊不变成本：					
促销和上架费用	1 250	60	620	400	170
广告	500	–	–	500	–
坏账	300	–	–	300	–
展品架	200	–	–	200	–
库存持有成本	1 250	150	200	800	100
细分可控利润	11 500	2 630	3 870	3 100	1 900
细分可控利润对销售额比率	27.1%	42.1%	36.9%	15.7%	31.7%

在这个例子中，杂货店类细分客户的销售收入是四种客户类型中最大的部分，占净销售额的45%，但是这组细分客户的可控制毛利与销售收入的比率却是最低的，为15.7%。这个数字比赢利能力排在第二位的折扣店类细分客户（31.7%）的一半还低，仅占赢利能力最强的百货公司类细分客户（42.1%）的37%左右。然而，这组细分客户的310万元可控制毛利还是相当可观的。显然，停止对杂货店类细分客户的销售不是明智的决定。按细分客户来分析产品的赢利能力表明，产品组合不是问题的根源。然而，并非所有杂货店类客户都是一样的。杂货店类的客户由全国性连锁店、地区性连锁店和独立时杂货店等类型组成。进一步把杂货店类客户细分为上述三种类型后表明，全国性杂货店连锁的可控制毛利率对销售的比率为34.9%，几乎和日用品连锁店类细分客户的盈利能力相媲美（36.9%），比折扣商店类细分客户的（31.7%）还要好。地区性的杂货连锁店（30.9%）几乎和折扣商店（31.7%）具有一样的赢利能力，只有小型独立的杂货店类细分客户每年使公司亏损85 000元（见表6－9）。

表6－9　　　　杂货店类型细分客户的赢利能力　　　　单位：千元

项　　目	客户类型			
	杂货店渠道	全国性杂货店连锁	区域性杂货店连锁	独立杂货店
销售收入	19 750	4 250	5 500	10 000
扣除折扣、退货和上架费用	1 750	250	500	1 000
净销售收入	18 000	4 000	5 000	9 000
商品售出成本（可变制造成本）	9 200	2 100	2 600	4 500

续表

项 目	客户类型			
	杂货店渠道	全国性杂货店连锁	区域性杂货店连锁	独立杂货店
制造贡献	8 800	1 900	2 400	4 500
可变销售和配送成本：				
销售佣金	360	80	100	180
运输成本	1 795	120	200	1 495
仓储搬运	450	–	100	350
订单处理成本	280	25	55	200
应收账款占有资金收费	615	20	35	560
贡献毛利	5 300	1 655	1 910	1 735
可分摊不变成本（本期专项细分成本）：				
促销和上架费用	400	90	110	200
广告	500	–	–	500
坏账	300	–	–	300
展品架	200	–	–	200
库存持有成本	800	80	100	620
细分可控利润	3 100	1 485	1 700	–85
细分可控利润对销售额比率	15.7%	34.9%	30.9%	–

每年对小型独立的杂货店类细分客户的销售使公司亏损85 000元，这是由以下因素所导致的：隔夜包裹投递服务造成的成本、第三方仓储成本、库存持有成本、小额订单造成的成本、延缓支付和坏账率高。这些信息能够帮助管理层评估、调整管理措施对公司赢利能力产生的影响，如将直接向独立的杂货店供货改为通过杂货批发商向他们供货，或者是采取其他可能会取得较好成效的降低成本措施，如内部销售和定期交货。通常，应当选择长期赢利效果最好的方法。在这个案例中，最后选择的方案是将对小型独立杂货店类客户的销售业务外包给批发商。

（三）业务流程成本报告与责任人员贡献报告

基于业务流程的预算与绩效管理通过内部市场链机制将客户订单所创造的目标价值有序地分配到了各个业务流程上，各个业务流程上的责任部门和人员的贡献衡量将取决于订单所创造的收入（含内部收入）与所发生的成本费用之间的差额。这样，责任人员贡献报告的编制实际已经包含了各个业务流程的成本费用内容，所有业务流程上的部门和人员所发生的成本费用汇总将构成该订单的业务成本，因此，企业可以在编制责任人员贡献报告的同时要体现业务流程的成本费用内容，也就无需再单独编制业务流程成本报告。在此也主要以营销部门、生产部门、采购部门为例加以说明（见图6－7），员工个人及其他部门的贡献报告编制也遵从这一编制原理。

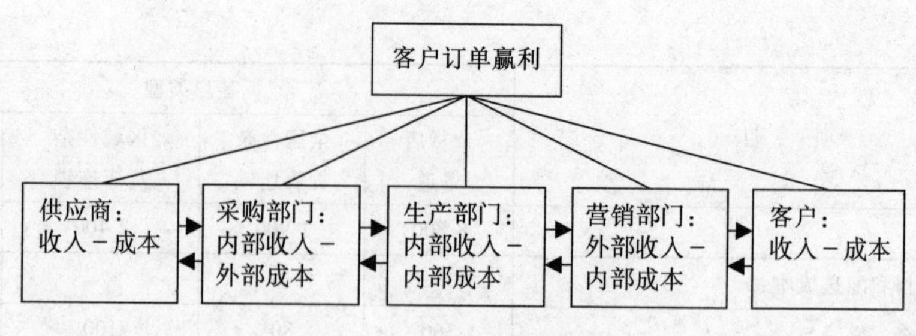

图 6－7 责任贡献的划分

1. 销售部门贡献报告的编制

获得外部客户订单，同时按照事先确定好的采购价格向内部的生产或其他部门发出生产和服务的采购订单，在此过程中会发生运输、订单管理费用等可直接分配给订单的可变成本以及办公室租金等需间接分配给订单的不变成本，贡献报告中要综合反应业务流程中销售部门发生的成本和收入，并体现其工作的效率。相关示例如表 6－10 所示。

表 6－10 销售部门结果报告

销售部门：销售一部　　报告期间：2015 年 07 月　　单位：元

项 目	金 额
外部订单销售收入	200 000
销售单价	25
销售数量	8 000
内部采购金额	176 000
采购单价	22
采购数量	8 000
订单毛利	24 000
可变成本：	
订单管理	2 000
运输	1 000
仓储	500
电话费	200
差旅费	500
订单贡献	19 800
可分摊的不变成本：	
办公室租金	800
销售管理人员工资	1 200
办公室一般性耗费	200
培训费	150
商业信用利用	100
订单净利	17 350
订单处理时间	10
单位时间产出	1 735 元/天

2. 生产部门贡献报告的编制

生产部门接受销售部门的订单，并将产成品以事先确定好的内部销售价格销售给销售部门，结果报告要记录生产部门为完成该订单所发生的直接材料、直接人工、间接制造费用等相应的订单成本，也要记录该订单所承担的一些固定成本，以及完成该订单的所耗时间，以反映该订单的价值创造效果（以订单净利衡量）和效率（以单位时间产出衡量）。相关示例如表 6 - 11 所示。

表 6 - 11　　生产部门结果报告（体现作业成本）

生产部门：生产一部　　报告期间：2015 年 07 月　　单位：元

项　　目	金　　额
内部订单销售收入	50 000
销售单价	20
销售数量	2 500
变动成本	
直接材料	20 000
直接人工	15 000
变动制造费用	10 000
成本单价	14
订单毛利	5 000
可分摊的不变成本：	
办公费	800
职工工资	1 000
在产品占用资金成本	100
订单净利	3 100
订单处理时间	2 天
单位时间产出	1 550 元/天

3. 采购部门贡献报告的编制

采购部门根据内部生产、销售等其他部门提出的请购单对外采购，并事先确定的内部售价出售给订购部门，在此过程中赚取一定的差价作为自己的部门贡献，在此内部业务流程中，采购部门会发生订单管理、运输费用等可直接分配给订单的可变成本，还会发生办公费、职工工资等需间接分配给订单的固定成本，结果报告需综合反映这些成本，并以订单净利反映采购部门在企业业务流程中的增值能力，以单位时间产出反映采购部门的获利效率。相关示例如表 6 - 12 所示。

表 6 - 12　　采购部门结果报告

采购部门：采购一部　　报告期间：2015 年 7 月　　单位：元

项　　目	金　　额
内部订单销售收入	42 500
销售单价	50
销售数量	850

续表

项　　目	金　额
订单外部采购金额	38 250
采购单价	45
采购数量	850
订单毛利	4 000
可变成本：	
订单管理	200
运输	180
仓储	120
电话费	50
差旅费	800
订单贡献	2 650
可分摊的不变成本：	
办公费	110
职工工资	500
存货占用资金成本	50
供应商信用利用	-35
订单净利	2 025
订单处理时间	1.5 天
单位时间产出	1 350 元/天

（四）供应商赢利报告

供应商赢利报告能够反映企业与供应商之间的商业关系对成本和收入所带来的影响。具体的技术过程如下：

首先，产品售出成本将从净销售额中扣除，得到毛利；

其次，通过对收入进行调整得到净利润，如必须将折扣和补助、市场开发基金、上架折扣及合作广告补助等从毛利中扣除；

其次，扣除可变营销成本和物流成本，可计算出可控利润；

最后，减掉可分配的不变成本，如工资、广告和库存持有成本与应付账款相关的费用，得到该供应商的细分可控利润。

相关示例如表 6－13 所示。

表 6－13　　供应商赢利报告

	供应商甲	供应商乙	供应商丙	供应商丁
销售额	1 195 400	1 547 200	2 450 000	2 135 140
产品售出成本	948 500	1 092 000	2 030 000	1 643 000
毛利	246 900	455 200	420 000	492 140
减去：折扣和补贴	20 000	75 000	24 000	70 000

续表

	供应商甲	供应商乙	供应商丙	供应商丁
市场开发基金	19 000	20 000	18 000	25 000
上架折扣	5 000	5 000	8 400	10 000
广告合作	6 000	34 000	26 000	53 000
纯利	196 900	321 200	343 600	334 140
可变营销和物流成本	30 000	34 500	36 000	40 000
运输	5 400	5 000	7 600	8 000
接货	5 000	4 800	7 000	7 400
订单处理	1 800	3 500	2 900	3 000
其他成本（依情况而定）	4 500	6 000	6 200	7 300
可控利润	150 200	267 400	283 900	268 440
可分配的不变成本	18 000	52 000	37 000	42 000
工资	21 000	30 000	45 000	44 700
广告	1 600	6 700	3 500	2 000
减去：库存持有成本	1 200	1 650	1 500	1 620
应付款的费用（-）	6 800	8 750	9 260	15 800
其他成本（依情况而定）	4 200	3 900	6 100	4 760
细分可控利润	111 000	181 900	200 060	189 160

（五）业务单元报告与企业整体报告的编制

业务单元报告是企业所有类型的客户赢利报告信息、非客户订单所产生的收入、成本等信息、所占用的资产等所有信息的汇总，企业整体报告则是业务单元报告信息以及总部成本、费用与占用资产等信息的汇总，其编制过程与传统情况下结果报告的编制类似，在此不再赘述。

案例解析

人单合一双赢模式带来的改变是：从原来的接受指令者变成了主动的创造市场价值者。三张表体现了从“资本管理”到“人本管理”的思路。传统的财务报表是以资本为中心，追求股东利益至上；海尔的三张表是以员工为中心，追求员工利益至上，即以人单合一的机制激发员工的创新力，达到用户、企业、员工的共赢，并实现员工的高效率、高增值、高薪酬。互联网不断发展，企业管理也应向新时代进军，从以企业为中心提供产品，变成以用户为中心提供服务。

项目回顾

1. 获得预算与绩效计划执行的相关信息是编制结果报告的前提，信息的搜集一项耗时、耗费巨大的过程，企业需要构建集成化的信息系统来记录企业所有部门和员工在整个预算与绩效管理周期内的价值创造努力，一系列的原始文档将记录这些价值创造的痕迹，这些原始文档包括订单信息、库存信息、应收账款管理账单、应付账款管理账单、运输费用单据、广告费用单据、生产成本记录、采购订单、仓储账簿等。企业可以运用大数据技术，提取这些原始文档中的价值信息，形成各个责任部门收入/成本、各个细分收入/成本信息以及企业整体财务报告信息。

2. 一般而言，企业在设计预算与绩效结果报告时，应当遵循真实性、及时性、系统性、有用性、多用性等原则。关于编制结果报告的方式，不同规模、类型的企业具有不同的编制模式，但大体包括两种类型，即传统的按照职能分权的组织架构的编制形式与按照业务流程的横向的编制形式两种类型。按照职能分权的组织架构进行编制需要从员工层级层层汇总至企业整体层级，这种编制模式在很多情况下破坏了企业价值创造的过程；而按照业务流程的横向编制模式，则以客户订单赢利为核心，能够反映客户、企业、供应商整条价值链的价值创造状况。

专业技能训练

1. 按照职能分权的组织结构编制的预算与绩效结果报告将企业价值创造的链条人为分割了，而与按照业务流程编制预算与结果报告则能够完整地报告整个价值链所有责任部门和人员的贡献结果，请思考怎样将这些不同责任部门和人员的贡献报告有机链接起来？

2. 某皮革制品工公司生产女士钱包和男士钱包。去年该公司的部分数据如表6-14所示。

表 6-14　皮革制品工公司女士钱包和男士钱包运营数据

项　目	女式钱包	男式钱包
产量（单位）	100 000	200 000
销量（单位）	90 000	210 000
售价（元）	5.50	4.50
直接人工工时	50 000	80 000
生产成本：		
直接材料（元）	75 000	100 000
直接人工（元）	250 000	400 000
变动间接制造费用（元）	20 000	24 000
固定间接制造费用（元）		
直接	50 000	40 000
共同[a]	20 000	20 000
非生产成本：		
变动销售费用（元）	30 000	60 000
直接固定销售费用（元）	35 000	40 000
共同固定销售费用[b]（元）	25 000	25 000

[a] 共同间接制造费用总计为40 000美元，在两个产品中平均分摊。

[b] 共同固定销售费用总计为50 000美元，在两个产品中平均分摊。

要求：将产品看成分部，采用变动成本法，编制一份分部贡献利润表。

3. 某公司某营业部去年赚取的营业利润如表 6－15 所示。

表 6－15 **某公司某营业部营业利润** 单位：元

项 目	金 额
销售收入	480 000
产品销售成本	222 000
毛利	258 000
销售和管理费用	210 000
营业利润	48 000

要求：所得税税率 33%，总的资本使用额为 300 000 元，实际资本成本率为 10%，要求，计算该业务单元去年的 EVA 。

教学设计与实践

1. 根据教学计划，针对任务二的内容，进行教学设计，编写教案，制作多媒体课件等演示资源，合理组织教学过程，开展实践教学。

2. 根据项目各任务导入案例的思考要求，合理运用案例讨论方法与工具，开展讨论式教学实践。

3. 根据项目实训要求，学习海尔集团战略损益表、日清表、人单表的编制，进行参观调研的相关教学实践。

项目七

预算与绩效结果评价与应用

【专业能力目标】

1. 理解差异的内涵与种类。
2. 掌握差异分析的方法、步骤与内容。
3. 理解差异分析的应用。
4. 理解预算与绩效结果反馈的要点。
5. 了解预算与绩效结果的应用途径。
6. 掌握绩效薪酬体系的设计。
7. 理解战略检验与调整的基本流程与工具。

【职教能力目标】

1. 根据本项目的内容与设计流程，合理进行教学设计与教学过程组织。
2. 掌握教案编写、多媒体课件制作与动画视频制作的方法。
3. 灵活掌握案例启发、演示讲授、结构化研讨等教学方法，合理运用提问、讨论等教学手段与工具，并在本项目教学中实施。

【项目简介】

评价是预算与绩效管理的最后环节，该环节需要对期末的运行结果与期初所确定的计划目标之间的差异进行分析。为全面反映企业所有部门和员工的价值创造努力程度，企业需要构建系统化的差异分析体系，将价值差距层层落实到每个每个部门和员工身上，将差异分析与股东价值创造的根本目标挂钩，使每一个部门和员工认识到自身的工作对价值创造的影响程度，并帮助其发现自身工作结果偏离目标的原因，为以后的绩效改进提供建议。

差异分析的结果将被用于多种用途，包括招聘与甄选、职位变动、培训与开发、薪酬，这些对员工来讲都是非常重要的。其中，在当下商业环境中，薪酬尤为重要。企业在设计绩效薪酬时，应保证薪酬结果的价值创造相关性、战略一致性、系统完整性与适当的灵活性，对生产工人、管理人员等采取不同的薪酬机制，构建导向股东价值创造的差异化薪酬体系。

以上工作是在原先战略所依据的假设有效的前提下进行的，如果预算与绩效管理系统所依从的战略在制定时所依据的假设本身就缺乏有效性，那么企业无论怎么努力都会走向失败。因此，在每一周期结束时，有必要对当初的战略有效性进行检验，以决定是否进行战略调整。通过对预算与绩效管理系统所依据的战略的假设有效性的检验，实现运营对战略的反向链接，从而形成预算与绩效管理的闭环系统。预算与绩效结果评价及应用的具体流程如图 7－1 所示。

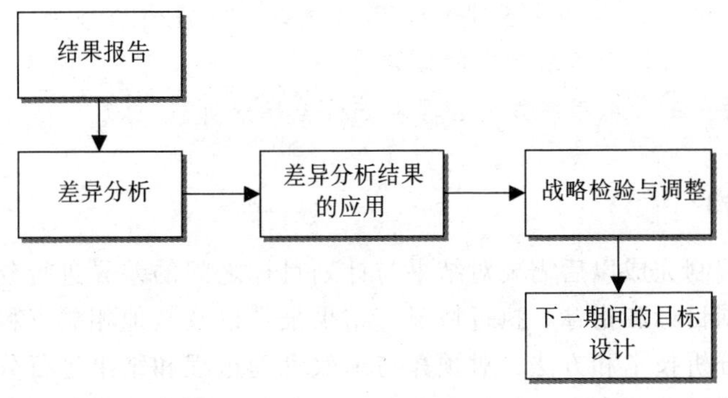

图 7－1　预算与绩效结果评价与应用

【项目分解】

根据本项目的流程与内容，具体可分解为如下任务：

任务一：差异分析。

任务二：差异分析结果的应用。

任务三：战略检验与调整。

任务一　差异分析

任务目标

1. 了解差异的种类。
2. 掌握差异分析的方法。
3. 理解差异分析的步骤与内容。
4. 掌握差异分析的应用。

案例导入

A 公司是一家以煤炭生产销售、煤化工、发电、棉纺织、铝制品加工为一体的集团化企业，一体化水平在业内处于领先水平。集团在各个业务板块之间建立了市场化的内部价格制度，2013 年公司发电板块为集团产生巨大的利润与现金流，大大超过了年初的预算目标，但是煤炭板块仍然巨亏，棉纺织、铝制品板块在行业低迷的情况下仍然保持盈利，这些业务单元并没有达到预算目标。公司年度根据业绩水平对各个业务单元进行考核，但是部分业务单元总经理非常不满，甚至在部分业务部门出现了骨干成员大范围离职的现象。集团董事长非常苦恼，决定聘请专业咨询机构对其业绩考核机制进行分析。咨询机构经过审慎的调研和分析，发现集团进行业绩考核时，并没有合理地进行差异分析，没有剔除一些不可控因素所带来的差异。

案例思考：A 公司年终如何合理地进行差异分析？

任务解构

结果报告编制完成以后需要对结果与计划目标之间的差异进行分析，所谓差异分析是指以计划目标和指标、执行情况、结果报告以及其他相关资料为依据，采用一系列专门的分析技术和方法，对预算与绩效管理过程和结果进行分析、确认的综合管理活动。差异分析有广义和狭义之分，广义的差异分析是指对预算与绩效管理全过程的分析，包括事前、事中和事后分析，而狭义的差异分析只包括事后分析，即是指对预算与绩效计划执行结果的分析，其目的是确定预执行结果与计划标准之间的差异，找出产生差异的原因，并确定其责任归属。

一、差异的种类

预算与绩效计划执行过程中产生的差异有很多种，根据不同的标准可以将预差异分为不同的种类（见表 7－1）。分清差异的种类，对于分析差异原因、落实差异责任具有非常重要的意义。

表 7－1　　预算差异种类一览表

分类标准	预算类别	含义解释	举　　例
差异产生的原因	价格差异	价格变动而产生的执行结果与计划标准之间的差额	材料采购价格提高所导致的采购成本上升；产品销售价格降低所导致的销售额降低等
	数量差异	数量变动而产生的执行结果与计划标准之间的差额	材料消耗降低所导致的产品制造成本降低；销售数量增加所导致的销售额提高
	结构差异	组成结构变动产生的执行结果与计划标准间的差额	销售利润率高的产品占销售总额的比例提高所导致的销售利润提高
差异对执行及结果的影响	有利差异	执行结果与计划标准之间的差额有利于预算与绩效计划的执行及结果	由于实际现金收入超过预算现金收入而产生的现金差额对整个预算与绩效计划执行及结果是有利的因素
	不利差异	实际执行结果与计划标准之间的差额不利于预算与绩效计划的执行及结果	由于实际现金收入低于预算现金收入而产生的现金差额对整个预算执行及结果是不利的因素

续表

分类标准	预算类别	含义解释	举　例
差异产生的性质	主观差异	执行部门内在因素造成的执行结果与计划标准之间的差额	操作工效率不高、工作不负责任而导致的产品质量降低、消耗增加、成本提高
	客观差异	外部因素或执行部门不可控因素造成的执行结果与计划标准之间的差额	国家提高汽油价格而导致炼油厂的利润高于预算标准的差额

二、差异分析的方法

差异分析方法由定量分析方法和定性分析方法两大类组成。定量分析方法是最基本的分析方法，定性分析方法是辅助分析方法（见表7－2）。没有定量分析，就不能获得科学的分析数据；只有通过定量分析，才能计算出各项预算指标的变动大小和变动幅度，才能据以分清责任，抓住主要矛盾，解决关键问题。因此，定量分析方法和定性分析方法有机结合，构成了完整、系统、科学的预算分析方法体系。

表7－2　　主要差异分析的方法

基本方法	具体方法	含　义　解　释
定量分析方法	比较分析法	通过某项经济指标与性质相同的指标评价标准进行对比，揭示企业经济状况和经营成果的一种分析方法。常用标准包括公认标准、行业标准、目标标准、历史标准
	比率分析法	通过计算和对比各种比率指标来确定经济活功变动程度的分析方法，常用的比率指标有构成比率、效率比率和相关比率三类
	因素分析法	依据分析指标与其影响因素的关系，从数量上确定各因素对分析指标影响方向和影响程度的一种定量分析方法，包括连环替代法和差额分析法
定性分析方法	运用归纳和演绎、分析与综合，以及抽象与概括等方法，对企业各项经济指标变动的合法性、合理性、可行性、有效性进行思维加工并说明。具体包括实地观察法、经验判断法、会议分析法、类比分析法等方法	

三、差异分析的步骤和内容

差异分析应当遵循一定的步骤进行，通常包括下列基本步骤和内容（见图7－2）：

（一）确定分析对象、明确目的

在进行差异分析之前，首先要确定分析的对象及范围，明确分析的目的，熟悉与分析有关的资料，以保证有的放矢地开展分析工作。

（二）收集资料、掌握情况

进行差异分析时，必须广泛收集内容真实、数字正确的资料。这些资料包括内部资料和外部资料两个方面。

内部资料主要是有关预算与绩效计划标准及其执行情况的资料，有关预算与绩

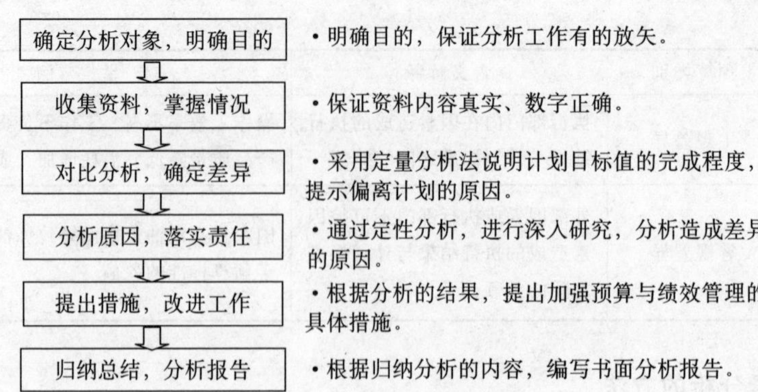

图 7-2　差异分析的步骤与内容

效计划标准的资料可以从预算与绩效计划文件中获取；执行情况的资料则有赖于监控与报告系统的完备。

外部资料包括影响预算与绩效计划执行结果的有关外部因素的变动信息和相应外部市场的可比信息。例如，原材料市场价格的变动情况、各种能源供给及其价格的变动情况、企业经营产品市场总容量的变化、同行业竞争对手的销售及盈利状况、相关技术指标的变动等。

（三）对比分析、确定差异

通过执行结果与计划标准的对比，可以得到两者之间的差额，然后，采用比率分析法、因素分析法等定量分析法说明计划目标值的完成程度，提示偏离计划的原因，为进一步的定性分析指明方向。

（四）分析原因、落实责任

通过定量分析，一般只能看出数量和现象上的差异，还不能说明差异的实质。因此，必须通过定性分析，进行深入研究，分析造成差异的原因，抓住主要矛盾。（见图 7-3 所示）。

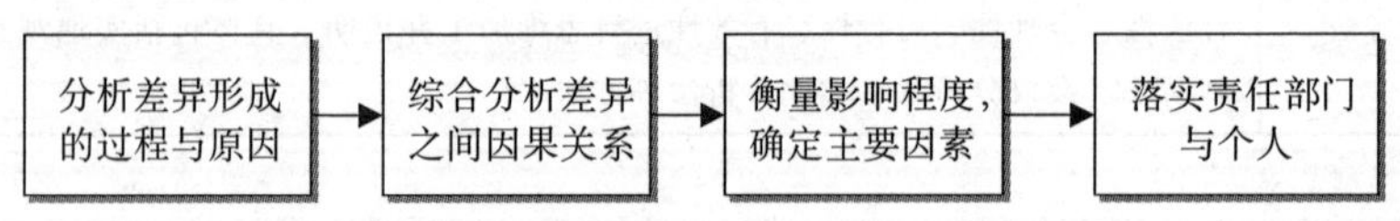

图 7-3　原因分析与责任落实的具体步骤

（五）提出措施、改进工作

确定差异、分析原因、落实责任是为了解决预算与绩效执行中存在的不足和问题。因此，当存在的问题找准、找出后，就应根据分析的结果，提出加强预算与绩效管理的具体措施，以提高企业的经营管理水平。

（六）归纳总结、分析报告

归纳总结是指依据对各项预算与绩效计划执行情况的分析结果进行综合概括，并根据归纳分析的内容，编写高质量的书面分析报告，其特征如表 7-3 所示。

表 7-3　　高质量书面报告特征

特征	具体要求
数据确凿	报告中所引用的数据必须确凿无误，防止差之毫厘，谬以千里
观点鲜明	报告要有理有据、是非分明，杜绝不着边际、模棱两可的结论
语言简朴	报告要用数据说明问题，用事实摆明道理，切忌把分析报告写成空话连篇的八股文

四、差异分析的应用

差异分析作为一种基本的分析方法，其应用非常广泛，不仅在传统的基于职能分权组织架构的预算与绩效管理中被广泛使用，而且在基于业务流程的预算与绩效管理中也有广泛的用武之地。在实际工作中，可以根据结果报告的层级关系，建立差异分析层级图，图 7-4 呈现了利润预算差异分析的层级图。本书在此主要以产品成本为例对差异分析的应用进行说明。

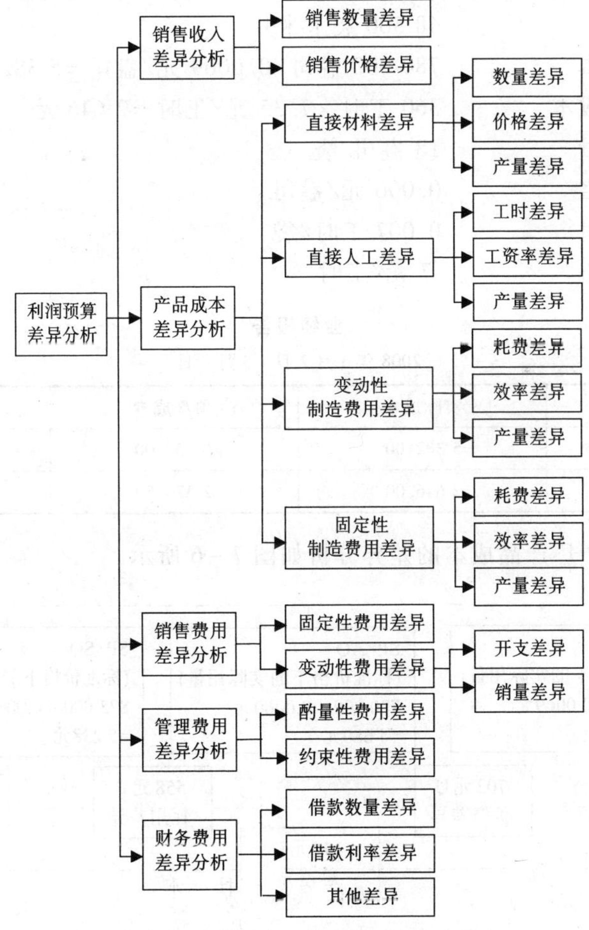

图 7-4　利润预算差异分析层次图

（一）差异分析：材料

1. 材料差异的计算步骤（见图 7－5）

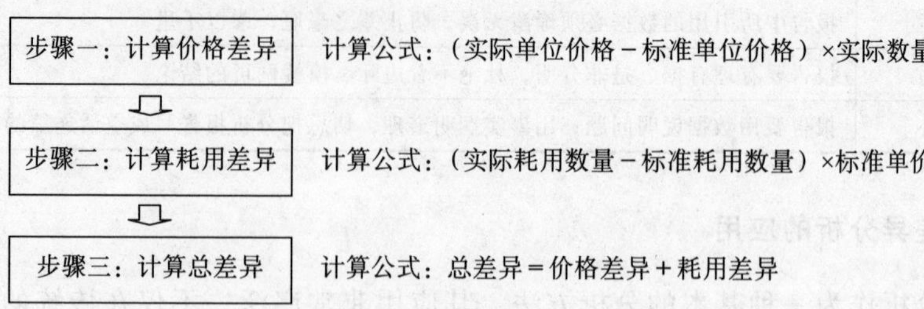

图 7－5　材料差异的计算步骤

2. 材料差异计算的应用

【例 7－1】下面是某公司玉米片生产厂第一周的部分数据，业绩报告如表 7－4 所示。

实际产量　48 500 袋玉米片

玉米实际成本　780 000 盎司 x0.0069 元/盎司＝5 382 元

检验员实际成本　360 工时 ×7.35 元/工时＝2 646 元

玉米标准用量　18 盎司/袋

玉米标准价格　0.006 元/盎司

人工标准工时　0.007 工时/袋

人工标准价格　7 元/工时

表 7－4　业绩报告

2008 年 3 月 2 日 ~3 月 8 日

单位：元

	实际成本	预算成本	总差异
玉米	5 382.00	5 238.00	144.00U
检查人工	2 646.00	2 376.50	269.50U

该玉米片生产厂产品成本的差异分析如图 7－6 所示。

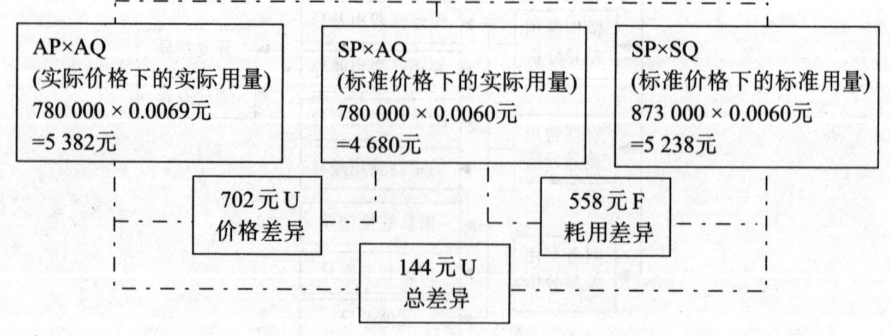

图 7－6　玉米片生产厂材料差异图

3. 材料差异的分析

（1）材料价格差异的分析。

差异分析的第一步是判断差异是否重大。如果差异不大，就不需要采取进一步的措施。如果差异重大，就需要分析原因，确定未来采取的改进措施。假定上述玉米片生产702元的材料价格逆差异被认为是重大差异（占标准成本的15%），经过调查发现是由于通常使用的等级的玉米市场短缺所致，公司被迫采购了更高质量的玉米。但公司不需要采取改进措施，因为公司无法控制供货短缺，只能等待直至市场状况改善。

关于材料价格差异的责任通常由采购人员来承担，但是在很多情况下材料价格在很大程度上超出采购人员的控制范围，但是价格差异会受到诸如质量、数量折扣和与供货方距离等因素的影响，而这些因素通常是采购人员不可以控制的，强调达到标准或好于标准可能会导致一些负面的后果。例如，如果采购人员感到压力很大，要力求实现顺差异，他就可能购买质量不理想的材料，或为取得数量折扣而采购过多导致大量存货。

（2）材料耗用差异的分析。

上述玉米片生产厂材料耗用的顺差异是由于采购部门购买更高质量的玉米引起的。在这种情况下，顺差异基本上可归因于采购。由于材料耗用差异是顺差异——但是它小于价格逆差异——所以采购变化的总结果是逆差异。将来，管理层应该尽量恢复采购常规质量的玉米。

如果总差异是顺差异，就会产生不同的反应。如果希望顺差异持续下去，就应经常采购高质量的玉米，而价格标准和数量标准也应作出相应的修订以对此作出反应。这一可能性告诉我们，标准不是固定不变的。随着生产的改进、条件的变化，标准也可能需要修订，以反映新的经营环境。

通常，生产经理需对材料的耗用负责。通过将废料、浪费和返工降到最小化，经理人员可以确保标准的实现。和价格差异一样，使用耗用差异来评价业绩也会导致负面行为的发生。例如，如果生产经理面临实现顺差异的压力，就可能会允许有缺陷的产品转入产成品库。尽管这种做法避免了材料的浪费，但是可能会损害客户与厂家的关系。

（二）差异分析：直接人工

1. 直接人工差异计算的步骤（见图7-7）

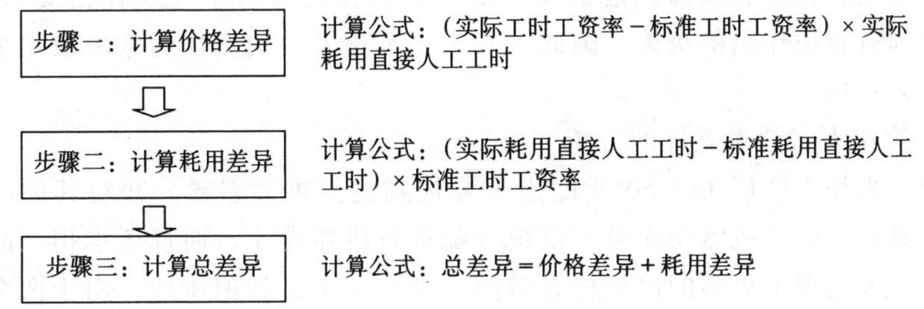

图7-7　直接人工差异的计算步骤

2. 直接人工差异计算的应用

【例7-2】 承【例7-1】，直接人工价格（工资率）差异与耗用差异的计算过程如图7-8所示。

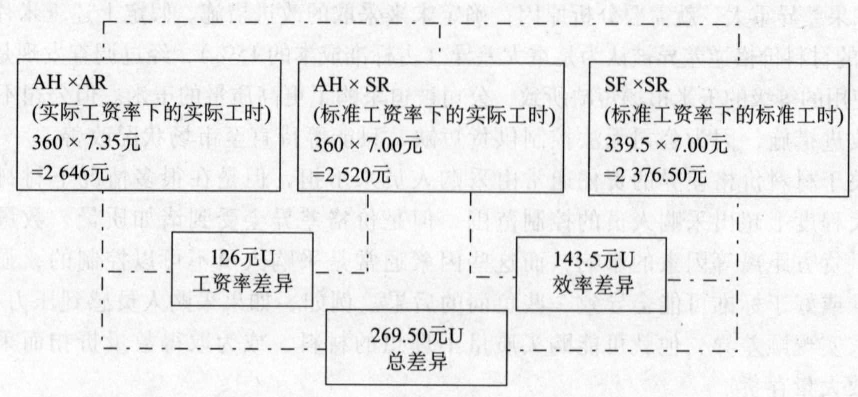

图7-8 玉米片生产厂直接人工差异图

3. 直接人工差异分析

（1）人工价格（工资率）差异的分析。

经过分析，玉米片生产厂价格差异是两个检验员突然辞职，因而企业被迫使用报酬较高、技术更熟练的机器操作员来担任检验员。改进措施为雇用并培训两个新的检验人员。

人工工资率在很大程度上是由劳动力市场和工会合同等外部因素决定的。实际的工资率几乎很少偏离标准工资率。如果出现人工工资率差异，通常是因为将平均工资率作为工资率标准，并且由具有技能更高、报酬更高的工人来完成技能要求较低的工作而造成的。预计之外的加班也可能导致人工工资率差异。

一项特定人工作业的工资率也会因工人年资的不同而在工人中存在差别。企业通常并不选取反映不同工龄水平的人工工资率标准，而选择一个平均工资率。如果工人的年资结构改变，平均工资率也会改变，这将导致人工工资率差异。由于此种原因引起的工资率差异，这种可控性的责任是无法分配的。然而，生产经理可以控制人工的使用，让具有较高技能的工人从事较低技能的工作（或者相反），这往往是生产经理有意识作出的决策。因此，人工工资率差异的责任通常由决定如何使用人工的个人承担。

（2）直接人工效率差异的分析。

假定玉米片生产厂143.50元的逆差异被判定为重大差异，并对其原因实施调查。调查显示，由于机器操作员不仅被分配进行机器操作，而且还承担产品检验任务，生产过程出现了更多的停机检查时间（回顾一下，如前所述，由于两个检验员意外辞职，有必要重新进行分工）。而且，由于机器操作员缺乏次品分拣工作的经验，所以他们在检验工作中无法完成每工时的标准产出。解决该问题的改进措施与逆工资率差异的解决办法相同——雇用并培训两个新的检验员。

一般来说，生产经理负责直接人工的生产耗用。然而，和其他差异一样，一旦发现了原因，责任就可能由其他人员承担。例如，机器频繁发生故障，就可能导致生产中断和人工的非生产性使用。但故障可能是由于设备维修不到位造成的。此种情况下，维修经理应该承担人工效率逆差异的责任。但是，如果过分强调人工效率差异，可能导致生产经理采取失调行为。例如，为了避免可能的返工而造成的时间浪费和额外加班，生产经理就可能故意将次品转入产成品库。

（三）差异分析：变动间接制造费用

1. 变动间接制造费用差异的计算步骤（见图 7－9）

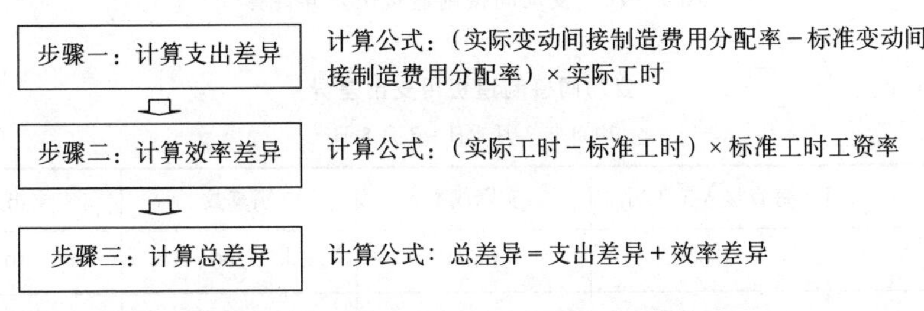

图 7－9　变动间接制造费用差异的计算步骤

2. 变动间接制造费用差异的计算应用

【例 7－3】 为了说明变动间接制造费用差异，我们将考察玉米片生产厂一周（3月第一周）的作业。此期间内的资料如表 7－5 所示，计算结果如图 7－10 所示。

表 7－5　　变动间接制造费用相关资料

项　目	金　额
变动间接制造费用分配率（标准）	3.85 元/直接人工工时
实际变动间接制造费用	1 600 元
实际工时（加工和检验）	400
生产的玉米片袋数	48 500
生产所允许的工时	378.3[a]
已分配的变动间接制造费用	1 456[b]元

[a] 0.0078 × 48 500

[b] 3.85 × 378.3（四舍五入到元，间接制造费用使用标准成本制度下的工时进行分配）。

3. 变动间接制造费用差异的分析

（1）变动间接制造费用支出差异的分析。

变动间接制造费用的控制需要逐行分析每一具体项目。表 7－6 列示了 60 元逆差异的基本形成来源。

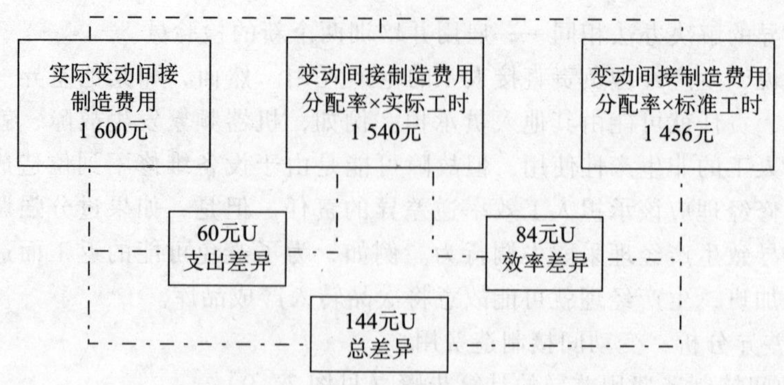

图 7－10　变动间接制造费用差异计算

表 7－6　　变动间接制造费用支出差异

2008 年 3 月 2 日 ~3 月 8 日　　单位：元

	每直接人工工时	实际成本	预算数	支出差异
煤气	3.00	1 190	1 200	10 F
电	0.78	385	312	73 U
水	0.07	25	28	3 F
总成本	3.85	1 600	1 540	60 U

从表 7－6 中我们可以清楚地了解到，公司的三个项目中有两个不存在控制问题。只有电力一项存在逆差异，实际上，它是产生变动制造费用支出的总体差异的原因。如果该差异是重大差异，就要批准进行调查。此调查可能表明电力公司提高了电价。如果是这样，差异的原因就超出了公司的控制。改进措施是修订预算公式，以反映电力成本的上涨。但是，如果电价没有变动，就是耗电量超过了预计水平。例如，公司可能发现，机器设备的启动和关闭次数超过了正常水平，这导致了耗电量的增加。

许多变动间接制造费用项目受到若干责任中心的影响。可控性是责任归属的一个先决条件。变动间接制造费用项目的价格变动基本超出了监管人员的控制范围，如果价格变化幅度很小（通常都是如此），支出差异主要是生产中间接制造费用的使用效率问题，这对于生产管理人员而言是可控的。相应地，变动间接制造费用支出差异的责任通常归属于生产部门。

（2）变动间接制造费用效率差异的分析。

表 7－7 的业绩报告对所有的变动间接制造费用项目都进行了这样的比较。从表 7－7 中可知，煤气成本主要受到人工耗用的低效率的影响。原因是尽管烹饪过程已经因随后的分拣工序而放慢速度，但是仍需要对烹饪油持续加热（假定使用煤气来烹饪）。

表 7 -7　　**变动间接制造费用效率差异**

2008 年 3 月 2 日 ~3 月 8 日　　单位：元

	成本公式	实际成本	实际工时预算成本	支出差异	标准工时预算成本	效率差异
煤气	3.00	1 190	1 200	10 F	1 135	65 U
电	0.78	385	312	73 U	295	17 U
水	0.07	25	28	3 F	26	2 U
总计	3.85	1 600	1 540	60 U	1 456	84 U

变动间接制造费用效率差异与直接人工效率或用量差异直接相关。如果变动间接制造费用确实与直接人工耗费成比例，那么与人工用量差异一样，变动间接制造费用效率差异也是由于直接人工使用的高效（或低效）引起的。如果实际耗用的直接人工工时要多于（或少于）标准数，那么变动间接制造费用的总成本将上升（或下降）。该计量手段的好坏取决于变动间接制造费用和直接人工工时之间的关系。换言之，变动间接制造费用是否确实与直接人工工时成比例变动？如果是，则负责直接人工使用的人，即生产经理应当对变动间接制造费用效率差异承担责任。

变动间接制造费用效率差异分析引起变动间接制造费用效率逆差异的原因与引起人工耗用逆差异的原因是相同的。由于检验员的停机时间过多，并且担当检验员的机器操作员缺乏分拣次品的经验，导致人工工时的实际耗用超过标准耗用。通过逐个分析变动间接制造费用的各个项目，可以得到有关人工用量对于变动间接制造费用影响的更多信息。这可以通过将每一项目实际耗用工时的预算限额与标准工时的预算限额进行比较来实现。

（四）差异分析：固定间接制造费用

1. 固定间接制造费用差异的计算步骤（见图 7 - 11）

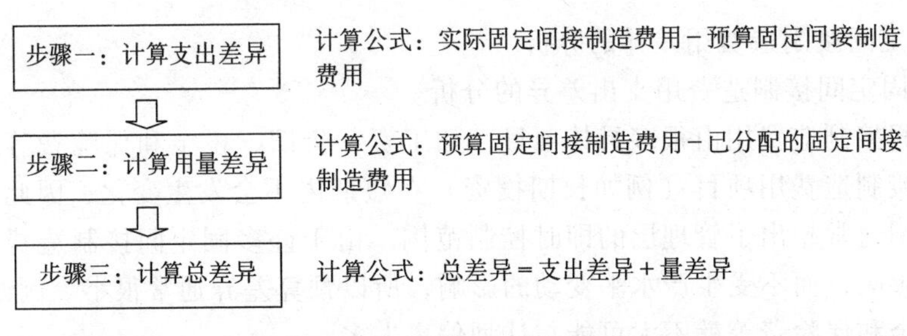

图 7 - 11　固定间接制造费用差异的计算步骤

2. 固定间接制造费用差异计算的应用

【例 7 -4】我们将再次用玉米片生产厂的例子来说明固定间接制造费用差异的计算。此例需要的全年数据如表 7 - 8 所示。

表 7－8　　玉米片生产厂固定间接制造费用资料

预算或计划项目	
预算固定间接制造费用	749 970 元
实际作业	23 400 直接人工工时[a]
标准固定间接制造费用分配率	32.05[b]元

[a]生产 3 000 000 袋玉米片的标准工时：0.0078 ×3 000 0000。
[b]749 970/23 400。

实际结果	
实际产量	2 750 000 袋玉米片
实际固定间接制造费用	749 000 元
实际产量所允许的标准工时	21 450 *

* 0.0078 × 2 750 000

固定间接制造费用支出差异和固定间接制造费用量差异的计算如图 7－12 所示。

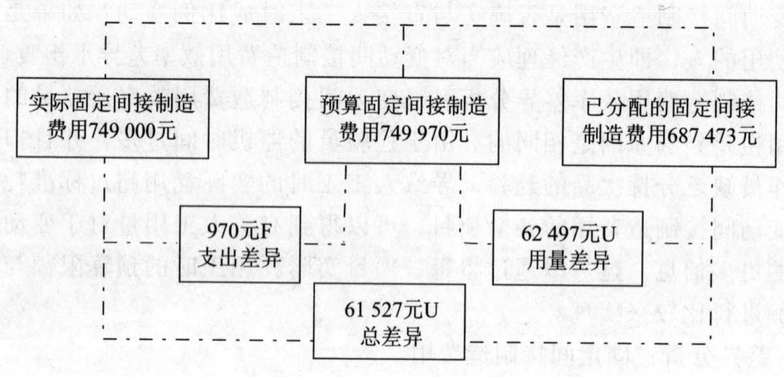

图 7－12　固定间接制造费用差异计算

3. 固定间接制造费用差异的分析

(1) 固定间接制造费用支出差异的分析。

固定间接制造费用由很多具体项目，如工资、折旧、税金和保险费等组成。许多固定间接制造费用项目（例如长期投资）在短期内不会发生变化；因此，固定间接制造费用通常超出了管理层的即时控制范围。由于许多固定间接制造费用只受长期决策的影响，而不受生产水平变动的影响，所以预算差异通常很小。例如，折旧、工资、税金和保险费等就不太可能与计划偏离太多。

表 7－9 提供了这样一份报告。此报告表明，固定间接制造费用支出差异基本上与预计的相同。固定间接制造费用支出差异，无论逐项去看，还是从总和来看，都相对较小。

表 7-9　　业绩报告——固定间接制造费用

2007 年 3 月 8 日 ~2008 年 3 月 8 日　　单位：元

固定间接制造费用项目	实际成本	预计成本	差异
折旧	530 000	530 000	0
工资	159 370	159 970	600 F
税金	50 500	50 000	500 U
保险费	9 130	10 000	870 F
固定间接制造费用合计	749 000	749 970	970 F

（2）固定间接制造费用量差异的分析。

固定间接制造费用量差异计量的是实际产出的影响，而该实际产出不同于年初计算预定的标准固定间接制造费用分配率时使用的产出。如果把计算固定间接制造费用分配率使用的产出看做获得的作业能力，而把实际产出看做耗用的作业能力，那么用量差异就类同于闲置作业能力的成本。当我们使用实际作业能力来计算固定间接制造费用分配率时，完全可以继续利用这种类比。所有的固定间接制造费用都是用于在使用前获得生产能力所支出的资源。

例如，在年初，生产厂拥有耗用直接人工工时 23 400 工时，生产 3 000 000 袋玉米片的能力，而实际产量只有 2 750 000 袋。因此，实际产量低于预计量，在实际产量下只耗用了 21 450 人工工时。实际使用的生产能力少于购得的生产能力，这些闲置生产能力的成本由分配率与预期能力和实际能力的差额相乘得到（以工时计量）。

用量差异 = 32. 05 ×（23 400 - 21 450）

= （32. 05 × 23 400）-（32. 05 × 21 450）

= 749 970 - 687 473

= 预算固定间接制造费用 - 已分配的固定间接制造费用

= 62 497（元）

因此，我们可以把量差异看做对生产能力利用程度的一种计量因子。

固定间接制造费用量差异的责任假定量差异计量生产能力的利用程度，这意味着差异的总体责任应该归属于生产部门。然而，有时对于重大的量差异产生原因的调查可能会表明，差异是由于生产部门无法控制的因素造成的。在这种情况下，这种特定责任应归属于其他部门。例如，如果采购部购买了低于正常质量的原材料，就可能产生大量的返工，从而导致产量的下降和逆量差异的产生。这种情况下，差异原因归属于采购部门而不是生产部门。

案例解析

首先，对结果与预算之间的差异进行分类，是有利差异还是不利差异，是主观差异还是客观差异，是价格差异、数量差异还是结构差异；之后，对于不同的差异种类选择不同的分析方法；最后根据不同的差异分析对象，广泛收集资料，从定性与定量分析两方面对差异造成的原因进行深入研究，抓住主要矛盾，根据分析结果提出加强预算与绩效管理的具体措施，提高企业的经营管理水平，并形成高质量的书面分析报告。

任务二 差异分析结果的应用

任务目标

1. 了解预算与绩效评价结果的应用。
2. 理解绩效薪酬的内涵。
3. 理解绩效薪酬设计的基本指导原则。
4. 还掌握绩效薪酬的基本应用。

案例导入

李小姐在 2009 年进入上海某公司担任研发经理，月薪合同工资为 6 000 元，其中基本工资 3 000 元，绩效工资为 3 000 元。在 2010 年 3 月份由于该公司新换总经理，新总经理来之后发现李小姐在以前的研发项目中存在很多不令人满意的地方。总经理在 3 月份根据公司的绩效管理制度扣除了李小姐的绩效工资 1 500 元。李小姐不满，4 月中旬主动提出离职，并将该公司诉至劳动仲裁委员会。要求企业补发 3 月份的绩效工资 1 500 元，并且按照劳动合同法第 85 条支付经济赔偿金的 50%。在庭审过程中，单位拿出李小姐在做研发项目中的相关资料，证明李小姐给单位造成了直接经济损失。但是该公司对与绩效考核的标准太笼统。没有规定扣除绩效工资的 50% 的标准在哪里。最后劳动仲裁支持了李小姐的请求，但是不支付 50% 的经济赔偿金，因为单位和个人对工资有异议。

（资料来源：案例分析：绩效工资设置不好惹得祸。http：//yingyu. 100xuexi. com）

案例思考：企业绩效工资应当如何设置以避免上述问题的发生？

任务解构

一、差异分析结果的应用

企业经过差异分析，明确价值创造差距及原因后，必须落实相应的责任以及以后的改进措施，否则，预算与绩效管理就会流于形式，产生绩效管理“空转”现象。久而久之，员工认为预算与绩效管理只是例行公事，对自身无实质性的影响，预算与绩效管理将失去其应有的作用。

一般来讲，差异分析的结果除了运用在绩效诊断与绩效改进之外，还应该运用于人力资源管理其他系统，如招聘与甄选、职位变动、培训与开发、薪酬等。

其中，最重要的应用是将其应用于薪酬决策。差异分析结果的应用如表 7－10 所示。

表 7－10　差异分析结果的应用

应用途径	应 用 说 明
检验招募与甄选的预测效度	招募与甄选是指企业通过运用一定的手段和工具，对求职者进行鉴别和考察，区分他们的人格特点与知识技能水平，预测他们的未来工作绩效，从而最终挑选出企业所需要的、适当的职位空缺填补者的过程。在研究招募与甄选的效度（即有效性）时，通常都选用结果差异作为员工实际绩效水平的替代，在人员招募与甄选的过程中担当重要的效标
职位变动的决策	职位变动不仅包括纵向的晋升或降职，还包括横向的工作轮换。如果差异结果及分析表明某些人员无法胜任现有的工作岗位，就需要查明原因并果断地进行职位调换。同时，通过差异分析还可以发现优秀的、有发展潜力的人员、需要积极的培养和大胆的提拔
确定培训与开发的内容	差异结果及原因分析会发现员工在个人知识、技能等方面存在的导致不能完全胜任工作的缺点和不足，进而有针对性地进行培训。另外，企业也有可能对未来的变化进行考虑，当评价结果显示成员不具备未来所需要的技能或知识时，对其进行开发是常见的选择，同时评价结果也可以作为培训的效标
薪酬的分配和调整	一般而言，为了强调薪酬的公平性并发挥薪酬的激励作用，企业员工的薪酬中都会有一部分与绩效挂钩，当然因职位不同，与绩效挂钩的薪酬在总薪酬中所占的比例也会有所不同
绩效改进	差异结果及原因分析对企业而言最重要的是找出与预期之间的差距，并进行公平的评价与充分的反馈沟通，制定并实施相应的干预措施来缩小差距，改进各部门、员工的行为和态度，从而提升个人、部门和企业绩效水平，保障战略目标的实现

二、绩效薪酬

只有将预算与绩效评价的结果与薪酬相联系，才能使绩效评价发挥应有的行为引导作用，绩效薪酬也要与其他绩效管理手段相结合，才能最大的发挥预算与绩效管理目标的作用。一般而言，绩效薪酬应与组织的战略目标、绩效目标和个人需求紧密结合，有组织、有目的地进行统筹计划和实施。

（一）绩效薪酬的内涵与特征

所谓绩效薪酬，是将个人的收入与绩效水平相挂钩的薪酬制度，是与预算与绩效管理密切相关的薪酬体系，绩效薪酬通过将员工地薪酬水平与绩效水平挂钩的做法，鼓励员工像考虑个人利益一样考虑企业的战略目标，促进企业战略目标的实现。绩效薪酬具有一定的独特特征，如表 7－11 所示。

表 7－11 绩效薪酬的特征

特 征	解 释
价值创造相关性	企业的根本目标是为股东价值创造价值，薪酬必须与价值创造贡献挂钩，才能促使全体员工为价值创造贡献努力
战略一致性	薪酬制度应当支撑战略的实现，使企业成员的行为与其所倡导的战略保持一致
系统的完整性	各类绩效计划具有不同特点，综合使用各种薪酬计划能够增强组织的综合实力，绩效突出的组织通常能够很好地利用各种薪酬计划的特点让它们为特定的目的服务，使各种薪酬计划构成一个完整的体系
制度灵活性	世界上没有完美的薪酬制度，任何组织都应该根据自身的特点设计适合的薪酬制度，而且企业面临的情况也在不断地变化，只有具有一定的灵活性，才能持续地根据现有状况对薪酬制度进行恰当的调整

（二）绩效薪酬机制的设计

绩效薪酬的形式多种多样，通常，在实践中使用的都是各种薪酬方案的综合形式。企业在设计自身的绩效薪酬机制时，应当使激励措施的设置支持经营战略，与价值创造挂钩，表 7－12 列示了薪酬设计的基本指导原则。

表 7－12 薪酬设计的基本指导原则

薪酬原则	直接应用
·鼓励有关业务和薪资支付的创新思想和做法 ·奖励贡献，而不是头衔或资历 ·注重团队/个人 ·鼓励基于团队的行为 ·基于价值的测度 ·建立杠杆支付制度 ·在企业上下树立主人翁意识 ·开发一个具有信誉和信息的全面计划	·非传统的支付方法 ·灵活的体制（适应变化） ·支付个人，而不是工作 ·非等级的薪资结构 ·业绩驱动支付矩阵 ·以最恰当的水平建立/分配激励的灵活性（企业、经营团队/国家、经营单位的业务、工作团队、个体） ·公平奖励贡献者 ·驱动企业价值的业务衡量 ·注重浮动薪资部分 ·特别的绩效，特别的报酬 ·浮动薪资在整个企业中的拓展 ·大胆利用权益 ·简单易懂 ·公开沟通 ·具有客观性

（三）绩效薪酬的主要应用

为了更好地理解绩效薪酬的运作形式，我们粗略地列出一些常见的设计类型并作出比较和分析。

1. 适用于生产工人的绩效薪酬制度

（1）原理概述。

绩效薪酬能够将个人的工作绩效与工作收入相挂钩，生产工人的工作绩效可以直接反映在工作数量和质量上，通常情况下可以用产量系数和品质系数表示生产工人在工作数量和质量方面的绩效表现情况。这两种系数都是通过将实际的生产情况与生产标准相比较，得出用于衡量实际生产情况的指数。生产工人的绩效薪酬如表7－13所示。

表7－13　　生产工人的绩效薪酬

计算步骤	计算过程解释
第一步：计算产量系数	①通用计算公式： 产量系数＝实际产量/标准产量 当工作时间一定时： ②效率系数＝生产单位产品的标准时间/生产单位产品的实际投入时间
第二步：计算品质系数	标准品质系数×(1＋标准废品率提升率×品质系数提高率)
第三步：计算绩效收入	绩效收入＝产量系数×品质系数×计算基数

（2）适用于生产工人的常见绩效薪酬制度。

①计件工资制与标准工时制。计件工资制（piece－rate system），指的是企业通过确定每件产品的计件工资率，将生产工人的收入与产量直接挂钩。计件工资制适用于那些生产的产品品质单纯、易于控制、变化少的生产工人。计件工资制的主要形式如表7－14所示。

表7－14　　计件工资制的主要形式

类别	明细种类	解　释
计件工资制	直线计件工资制	收入＝产量×计件工资率
	泰勒式的计件工资制	①当产量低于标准产量时 收入＝产量×较低的计件工资率 ②当产量高于标准产量时 收入＝产量×较高的计件工资率
	有保障的计件工资制	收入＝基本工资＋产量×计件工资率
	美瑞克计件工资制	强调鼓励新工人尽快提高产量水平，对于新工人产量增加的部分给予不同的计件工资率
标准工时制	—	与计件工资制类似，计件工资制依据产品的计件工资率确定工人的报酬，而标准工时制依据工人生产效率高于标准水平的百分比付给工人同等比例的报酬

【例7－5】某工人所在职位的基本工资是每小时6元。每日的标准工资收入为

48元。又假设该职位的产量标准是每小时生产10单位的产品，即生产每单位产品需要6分钟的工作时间。如果该员工一天（8小时）生产了100单位的产品，该员工的绩效薪酬计算如下：

该员工单位产品所需要时间 $=8\times60\div100=4.8$（分钟）

该员工的生产效率 $=6\div4.8=1.25$

该员工当天收入 $=48\times1.25=60$（元）

②班组激励计划。班组激励计划是对计件工资制和标准工时制的改造形式。在该种制度中，用于计算生产工人绩效收入的依据由前面两种制度中使用的个人工作业绩转变为班组的团队业绩。班组激励计划中用于衡量团队业绩的指标可以是产量系数，也可以是效率系数。一般存在以下三种形式的班组激励计划，班组激励计划如表7－15所示。

表7－15 班组激励计划

种类	解释
单独确定每个员工绩效薪酬	按照产量或效率最高的员工的绩效水平衡量每个成员的绩效收入； 按照产量或效率最低的员工的绩效水平衡量每个员工的绩效收入； 按照团队的平均绩效水平衡量每个员工的绩效收入
先确定整体工作标准，再确定	根据团队的整体业绩水平确定一个整体的工作标准，每位员工再根据各自的实际工作情况和既定的计件工资率计算应得的绩效收入
确定团队整体绩效薪酬	不需要确定团队或员工的工作标准，而是依据某个团队能够控制的绩效指标的变化情况，确定团队能够共同获得的绩效奖金

班组激励计划能够有效地提高班组成员的团队意识，能够增强成员的团队工作能力，提高团队地工作业绩。但由于不是根据本人的绩效确定他的水平，成员无法明确地看到个人努力能够带来的收益，并且很容易产生“搭便车”行为。

2. 适用于管理人员的绩效工资

（1）管理人员绩效工资的计算方法。

绩效工资能够广泛应用于组织中的各类成员及管理者。在实施绩效工资的组织中，年工资的增长通常与绩效评价等级联系在一起，工资的增长一般取决于两个方面的因素：一是由个人绩效结果等级决定的绩效评价系数，二是由职位等级决定的计算基数。其中，计算基数的确定各个组织有所差异，有的组织根据岗位级别确定，有的组织依据现有基本工资所处的等级确定。

【例7－6】某公司绩效评价等级及系数表与基本工资标准如表7－16和表7－17所示。某部门的一名业务主管的基本工资位于10级，基数为1 041元，本期他的绩效评价等级为A等。

本期应得绩效工资 = 基本工资额 × 个人绩效评价等级 $=1\,041\times1.5$

$=1\,561.5$（元）

表 7-16　　　　个人绩效评价等级及绩效评价系数表

绩效结果等级	S	A	B	C	D
绩效结果系数	2	1.5	1	0.5	0.2

表 7-17　　　　个人基本工资标准一览表

工资等级	职位等级	纵向级差	基本工资基数（元）
1			600
2			630
3	办事员		662
4		纵向级差5%	695
5	业务助理		729
6			766
7			804
8	业务主办		876
9			955
10			1 041
11	业务主管	纵向级差9%	1 135
12	部门副经理		1 237
13			1 348
14	部门经理		1 470
15			1 691
16			1 944
17	副总经理	纵向级差15%	2 236
18			2 571
19			2 957
20	总经理		3 400

一些企业在确定绩效评价系数时，不仅考虑了个人的绩效评价结果，同时还考虑了企业的绩效评价结果，此时绩效评价系数就等于个人绩效评价结果与其所占权数的乘积以及组织绩效评价结果与其所占权数的乘积相加的结果。

（2）绩效工资总额的控制。

在实践中，考虑到企业的支付能力，绩效工资制度中总是包含各种用来控制绩效工资总额的手段，避免突破绩效工资总额的方法一般有指导性或强制性分布法与平均系数分配法两种。

①指导性或强制性分布法。该种方法对有多大比例的员工落入某一个绩效评价等级提供了一个指导性规定，如位于“S”或者“杰出”类评价等级的员工比例为

35%等。

②平均系数分配法。指导性或强制性分步法在很大程度上是为了拉开员工之间绩效评价的差距，避免评价中的主观倾向，这种方法往往不能准确地将绩效工资总额控制在预定的范围内。而平均系数分配法则能够较好地客服该缺点，它的工作思路如下：

第一步，企业季度绩效工资总额的确定；

企业要从季度财务状况出发，平衡成本控制和有效激励的关系，设定一个合适的比例，确定用来发放绩效工资的总额。

第二步，部门季度绩效工资总额的确定；

企业季度绩效工资首先在各部门之间分配，分配依据是各部门的季度绩效评价结果，具体计算公式如下：

$$\text{部门间季度绩效工资平均系数} = \frac{\text{组织季度绩效工资总额}}{\sum(\text{部门绩效工资基数总额} \times \text{部门季度绩效评价系数})}$$

$$\text{各部门季度应发绩效工资总额} = \text{部门季度绩效工资总额} \times \text{本部门季度绩效评价系数} \times \text{部门间季度绩效工资平均系数}$$

第三步，个人绩效工资总额的确定。

$$\text{部门内季度应发绩效工资平均系数} = \frac{\text{部门季度绩效工资总额}}{\sum(\text{个人季度绩效工资基数} \times \text{个人绩效评价系数})}$$

3. 绩效调薪

调薪是对基本工资的调整，一般分为普遍调薪和绩效调薪。与普遍调薪不同，绩效调薪是指企业根据个人的年度绩效评价等级，每年分别确定不同的调薪比例。

【例7－7】某企业的对于绩效调薪的比例作出如表7－18所示的规定。

表7－18　　绩效调薪比例（%）

绩效评价等级	S	A	B	C	D
部长级	8	4	2	0	－10
主管级	9	5	3	0	－10
普通员工级	10	6	4	0	－10

由于绩效调薪将对基本工资产生长期的重要影响，绩效调薪的力度就格外引人注目。调薪的范围就是每个职位等级对应的工资浮动范围。在实践中，还有一种绩效调薪的方法，即依据现有工资水平与目标工资水平之间的比率，确定相应评价等级下的调薪比例。也就是说，绩效调薪比例取决于两个因素：第一个因素是个人的绩效评价等级；第二个因素则是现有工资水平与目标工资水平之间的比率。

在劳动力市场比较健全的国家，通常会有专门的权威机构或咨询调查机构进行定期的市场工资水平调查，在这种情况下，现有工资在工资浮动范围内的位置则用个人实际工资与市场工资之间的比较比率来表示（见表7－19）。

表 7-19　　默克有限公司绩效加薪水平表

绩效评价等级	绩效加薪比例（%）			
	比较比率 80.00~95.00	比较比率 95.01~110.00	比较比率 110.01~120.00	比较比率 121.00~125.00
EX（绩效超常）	13~15	12~14	9~11	达到浮动上限
WD（绩效优秀）	9~11	8~10	7~9	—
HS（绩效良好）	7~9	6~8	—	—
RI（尚有改善余地）	5~7	—	—	—
NA（绩效不佳）	—	—	—	—

说明：比较比率 = 个人实际工资/市场工资 ×100%

资料来源：[美] 雷蒙德·A. 诺伊等：《人力资源管理——赢得竞争优势（第三版）》，中国人民大学出版社 2001 年版。

4. 个人长期激励计划

前面讲到的激励工资是个人短期的激励报酬，长期激励计划把目光放在成员多年努力的成果上，也就是说，长期激励计划关注的是超过一年的绩效周期的员工绩效，并对这个长期的绩效进行考核和奖励。最常见的长期激励计划是员工持股计划。除了员工持股计划外，还有很多长期激励形式，诸如溢价股票期权、长期股权、指数化股权、外部标准的长期激励、职业津贴等。

员工持股计划是资本持有者、知识所有者等全体员工分享企业所有权和未来收益权的一种制度安排。员工持股计划基于自愿行为，企业所有者自愿有计划地将企业的部分所有权和未来收益权转让给员工，员工也自愿认购或受赠企业的股权。企业通过员工持股计划实现知识资本化，使劳动、知识以及经营者的管理和风险的累积贡献得到体现和回报，从而使企业竞争优势的经验曲线不断得到延伸。从现在企业管理的角度看，员工持股计划是企业在由传统的简单契约到复杂契约转变的过程中，为了解决各资本（资金、土地、劳动、技术、知识产权等）所有方的权利与利益分配问题，在各资本所有者之间建立利益共同体的具体措施。

5. 团队激励计划

团队正在日益成为人们关注的焦点。团队可以实现个体无法实现的任务，很多时候合作比个人单枪匹马所产生的效果更好。要保证团队地协调与合作，就有必要制订团队激励计划。

团队报酬主要有两种形式：利润分享和收益分享。在利润分享计划中，支付薪酬的依据是组织绩效在利润指标上的表现，收益分享计划是让员工得到对企业收益进行分享的权利。

（1）利润分享计划。

作为一种团队激励计划，利润分享计划能够让员工像企业所有者一样去思考企业的经营问题，从而有效降低代理成本，增强员工的合作精神。

但是在利润分享计划下，员工所获得的利润分享收入的多寡并不能体现他们的工作绩效。并不是所有的员工都能够控制企业利润的多寡，对于普通员工来说，影响企业的利润水平更是一件遥不可及的事情。由于一般员工无法通过自己的行为控制组织的绩效，期望值很低，甚至为零，因此，利润分享计划更适用于企业的高层管理者（或者一部分中层管理者）。

（2）收益分享计划。

收益分享计划最初由约瑟夫·斯坎伦设计开发，因此又被称为斯坎伦计划，即通常所说的基于劳动力成本节省的分享计划，该计划的目的是在不影响员工积极性的前提下降低公司的劳动力成本。

斯坎伦计划规定，如果工厂的劳动力成本占产品销售额的比例低于某一特定的标准，员工（和组织）将获得货币奖励。假设标准劳动力成本为 24 万元，而实际劳动力成本为 21 万元，则节约了 3 万元。工厂将获得成本节约的 50%，而员工获得成本节约的 50%，但员工份额的 25% 将被储备起来，以预防下个月出现实际劳动力成本超出标准劳动力成本的情况。

案例解析

本案例的焦点是一起绩效工资的扣除标准太笼统而引起的劳动争议。该企业败诉的原因是对绩效没有明确的考核指标，另外绩效标准没有对应相应的薪酬管理体系。这也是当前很多企业对绩效管理的认识不够。对绩效考核制度指定的不严密，要么太书面化，无法进行操作。因此，绩效考核管理制度一定要有明确的考核标准，另外对应相应的薪酬体系，指标和薪酬体系一定要进行定量化，不能随随便便进行操作。另外，既然是制度就必须跟所有的制度一样，都要内容合法、程序合法，经过民主协商讨论，最后经过用人单位决定，再进行公示。

任务三 战略检验与调整

任务目标

1. 理解战略检验与调整的基本流程。
2. 理解运营回顾会、战略回顾会与战略检验与调整会的联系与区别。
2. 通过案例，掌握作业成本管理与统计检验等基本的分析工具。
3. 理解战略检验与调整会议的关键点。

案例导入

某地区商业银行一直致力于客户群的扩大，以吸引更多的存款。该社区银行在努力扩大自有银行分支机构的客户群的同时，积极推动兼并收购。但是，该社区银行在于当地一家竞争对手合并经验地发现，它们原先尽可能多地争取和保留客户的策略并没有带来收益的显著增加，这引起了银行高层的格外关注。经过大量的数据统计分析，它们发现其实很多客户存款带来的收益并不能抵消管理该客户存款等发生的成本，这些成本包括人工薪酬、营销费用、办公费用、账户交易管理费用等各种成本，于是公司决定改变竞争策略，转为只争取和保留大客户和赢利客户，允许结束与小客户、不赢利客户的业务。其行政总监评价战略修正的益处时说：“它为我们减少了几百万元的存款，但却增加了每年大约2 000万～3 000万美元的收益。”

案例思考：公司怎样检验原有的战略并作出新的战略决策？

任务解构

企业根据对可获得的所有信息，包括外部环境和竞争环境、市场细分、客户喜好以及成功执行战略所需的因果关系等的综合评估，制定出战略，进而通过行动方案的选择和合理化、资源分配、沟通、协同、个人绩效管理、报告、责任制以及运营和战略回顾会议等一系列运营活动来实施战略。但是，运营一段时间后，会发现原先用来指定战略的推测和假设本身就不完全恰当，尤其是当宏观经济、竞争、法规和技术环境等发生巨大变化的时候，此时，如果继续执行这样一个有缺陷的战略将会使企业更快走向失败。因此，对战略假设有效性的定期检验和调整就成为企业预算与绩效管理的一项固有任务。

一、战略检验与调整的流程

战略的检验与调整必须定期进行，可以每年进行一次，如果行业竞争、科技和消费者动向变化的速度较快，可以适当缩减期间，例如每半年或每季度。同时，应当遵循一定的程序（见图7－13）。

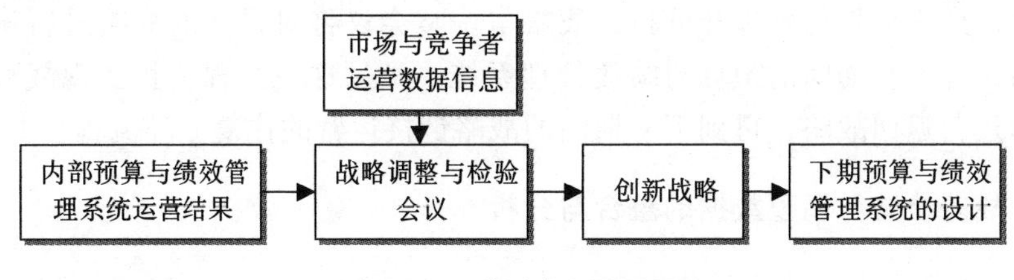

图7－13 战略与调整流程

战略检验与调整的核心环节是召开战略调整与检验会议，该会议与项目五所介绍的任务一所讲的运营回顾会议与战略回顾会议有所不同，前两者是在原先战略假设有效的前提下进行的，主要目的在于保证原先战略和行动方案的切实履行，而战略检验与调整会议的目的则是检验原先战略的合理与否。三种会议的区别如表7－20所示。

表 7－20　三种会议的区别

项目	运营回顾会议	战略回顾会议	战略检验和调整会议
信息要求	关键绩效指标的仪表盘，周和月财务汇总	战略地图和积分卡报告	战略地图和计分卡报告，作业成本盈利报告，战略假设的分析研究，外部和竞争分析，创新战略
频率	每天、每周两次、每周或每月，视业务周期而定	每月	每年（快速发展的行业可能为每季度）
与会者	部门和职能相关人员，负责财务回顾的高层管理者	高层管理团队，战略主体责任人，战略管理办公室	高层管理团队，战略主题责任人，职能和规划专家，业务单元负责人
关注焦点	找出并解决运营问题（销售下滑、交付延迟、设备停机、供应商问题）	战略执行中的问题，战略性行动方案的进展情况	根据因果关系分析，产品线和渠道的赢利性，变化的外部环境，出现的新战略以及新的技术发展等审视和调整战略
目标	响应短期问题，促进持续改进	微调战略，做期中调整	微调战略或战略转型，制订战略和运营计划，设定战略目标值，审批战略性行动方案的投入和主要的不确定性费用

资料来源：［美］罗伯特·S. 卡普兰、戴维·P. 诺顿：《平衡计分卡战略实施》，中国人民大学出版社 2009 年版。

而在召开战略与调整会议之前，应当首先获得相应的内外部数据，这是战略与调整会议能否作出正确决策的关键。在整理内部数据时，应当获得更加详细的数据，例如各个细分市场或产品线，甚至单个产品、客户和设备的详细绩效信息；外部数据则需要持续跟踪政治、经济、社会、科技、环境和法规条件等宏观环境的变化，诸如利率、汇率、通胀率、物价指数、特定国家或地区的增长率等信息。

通过内外部数据的整理和分析，战略与调整会议将对目前的战略进行调整与创新，继而设计下一期间的预算与绩效管理系统。经过这一过程，将实现战略链接运营，继而运营返回战略，再到下一期间的战略链接运营的往复循环流程。

二、战略检验与调整数据的整合与分析

（一）内部数据的整合与分析

战略的检验与调整需要企业当前绩效的详细数据，管理层不能仅凭利润表、资产负债表和现金流量表上显示的高度概括的财务数据评估战略的质量。财务报告数据虽然显示了整体或者平均的绩效水平，但不能体现更加具体的内容，如各个细分市场或产品线的绩效，当然更不会体现单个产品、客户和设备设施的绩效情况。

企业必须获得详细的时点性盈亏数据，通过对这些细微数据的分析，可以看出公司领先指标（人员、信息、流程和客户价值定位的绩效指标）与滞后指标（客户和财务结果指标）间相关性，能够深入了解当前绩效的优势和劣势。详细运营数据

的获取需要借助一些工具或模型完成，本书主要讲述两种工具，即作业成本管理与盈利模式分析以及统计检验。

1. 作业成本管理与盈利模式分析

作业成本法可以追溯到20世纪70年代的战略咨询公司。当时，战略顾问普遍发现他们客户的成本会计系统在产品和客户赢利性上造成了失真，顾问通过与运营、仓储、分销、市场营销等人员的访谈，得出了大概但比原先精确得多的产品和客户的成本分布，然后顾问们将每个产品和客户的成本与它们的销售额联系起来，由此研究哪些产品线和细分客户是高赢利的，哪些是亏损的。有了这些信息，顾问提出的战略建议当然会更浅显易，企业会生产更多可以赢利的产品，卖给能赢利的客户，减少不赢利产品的产量，降低对不赢利客户的销量。

作业成本模型将战略咨询公司所用的那些流程变得规范，并使企业可以常规地、精确地制订运营和销售的经济损益图。企业无需再请战略顾问来解决如何修改其战略以提升赢利性的问题。企业可以针对高成本流程中某些具体的流程采取运营方面的措施来改进，也可以引入完全不同的定价策略，改变它们与当前无利润的客户或者客户群的工作方式，甚至舍弃一些赢利无望、费时、成本高的细分客户群或者渠道。企业也能发现小的，但是高利润的细分产品和客户群，从而集中更多的资源将其培养成主要的利润来源。

【例7-8】某城市银行有一条赢利的产品线，即定期和活期存款。它启动了一项主要客户保留行动方案以保留存款余额在25 000元以上的客户。如表7-21所示，现有的赢利衡量体系显示只要存款余额高于25 000美元就能给公司带来盈利。

表7-21　银行存款额大于25 000元的客户档案

存款余额等级（千元）	户头数	税前收益（元）	总余额（元）
25～50	116 835	2 419 918	4 157 734 498
50～75	57 470	2 023 068	3 509 623 133
57～100	34 588	1 874 109	2 999 458 338
100～200	34 680	3 379 299	4 522 312 875
200～300	5 467	1 221 739	1 300 445 137
300～400	1 613	579 844	550 756 999
400～500	642	3 047 482	284 588 268
500～1 000	758	552 239	489 149 727
1 000～1 500	126	171 737	150 248 037
1 500～2 000	40	80 980	69 196 207
>2 000	47	475 642	235 241 062
合计	252 266	15 826 057	18 268 754 281

然后该银行开展了　项更加具体的作业成本分析，计算每个高额存款账户的服务成本和赢利性（见表7-22）。结果发现作为保留目标的群体中有35%是不赢利

的，累积的损失超过200万元。各类账户余额等级中都有不赢利的客户存在。

表7-22　　银行存款额大于25 000元的客户中有35%不盈利

存款余额等级（千元）	户头数	净税前收益（元）	总余额（元）
25～50	47 555	（1 163 707）	1 697 728 391
50～75	22 742	（553 457）	1 378 703 079
57～100	9 813	（272 351）	844 449 799
100～200	6 808	（269 338）	860 603 493
200～300	484	（37 549）	112 654 354
300～400	70	（11 155）	23 438 342
400～500	30	（7 436）	12 987 906
500～1 000	17	（10 050）	9 979 015
1 000～1 500	1	（69）	1 000 000
1 500～2 000	0	0	0
>2 000	0	0	0
合计	87 520	（2 325 112）	4 941 544 379

起初，经理们不相信高额存款客户会不赢利。但进一步的分析发现，这些不带来赢利的客户在各分行中进行了大量的交易，这种交易方式是银行服务中最昂贵的一种方式。这些客户将大部分存款放在账户中，这只能给银行带来很低的利润。幸运的是，该银行在启动保留不赢利客户的行动方案之前发现了这个战略错误。

【例7-9】某大型药品分销公司为了满足客户的特殊需求——频繁递送小订单，加急隔夜递送，而产生了高昂的成本。客户非常感激企业愿意递送大量小订单以满足他们的急需。客户满意度和忠诚度一直都很高，但是分销公司在建立了针对服务成本的作业成本模型后发现，因为提供这种个性化的服务，公司损失了大量的利润，尤其是在一些大客户上。

公司决定引入一个全新的定价策略。它用菜单式定价方式取代了传统的基于平均利润高于采购成本的定价方案，让客户为他们要求的特别服务付费，比如加急的递送、散包装的订单和直接递送，而订购了标准数量、标准产品，使用标准递送方式的客户将会得到折扣。每一个特色服务通过与其相关联的成本加上一定的溢价来制定价格，需要特色服务的客户可以按照这种价格来获得各种特色服务。大多数客户自愿地转向了更透明的定价模式。这个分销商的利润和市场份额增加了，并且很快战略向着客户价值链一体化的方向发展，为客户提供整合的采购和分销流程管理。

上述两个案例的经验并不是孤立或罕见的，许多行业的很多公司应用作业成本法后，发现二八原则并不适用于产品和客户的赢利性。20%的产品和20%的客户也许能产生80%的销售额，但不是利润。利润是从收入中减去相当大一部分支出后所得的余额，它并不遵循二八原则。赢利性最好的20%的产品和客户通常能创造利润总额的150%～300%（见图7-14）。

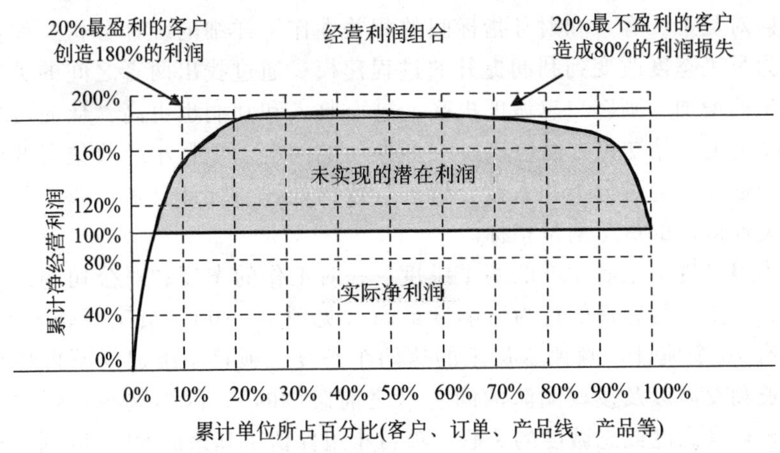

图7－14　累计利润与客户：20－180原则

检验战略有效性的标准是看它是否能为企业带来更多的赢利。但是，与其仅仅依靠高度汇总的损益表来判定一个公司是否赢利，还不如计算一下单个产品、客户、细分市场、渠道和地区的损益情况。作业成本模型提供了精确的、成本很低的单项盈亏情况分析，并推动了战略回顾。这些数据使企业目标明确地修正战略，它把目标锁定在那些最需要提高利润和最可能实现利润的地方。

2. 统计模型

对公司价值定位和成本结构是否能带来赢利的客户关系的评价是检验战略的有效方式。另一种检验方式，作为作业成本法的补充，是以统计的方法检验平衡计分卡指标改善之间的相关性。

【例7－10】 西尔斯百货（Sears）在20世纪中期依据服务利润链理论，开发了一项以员工和客户为中心的新战略，通过员工的满意度和投入感的提高来提升客户满意度，从而增加企业利润。公司要让西尔斯成为一个“工作、购物和投资的乐土”，并将这一美好愿景转化成了有形的、行动导向的目标，得出了图7－15所示的目标和指标。

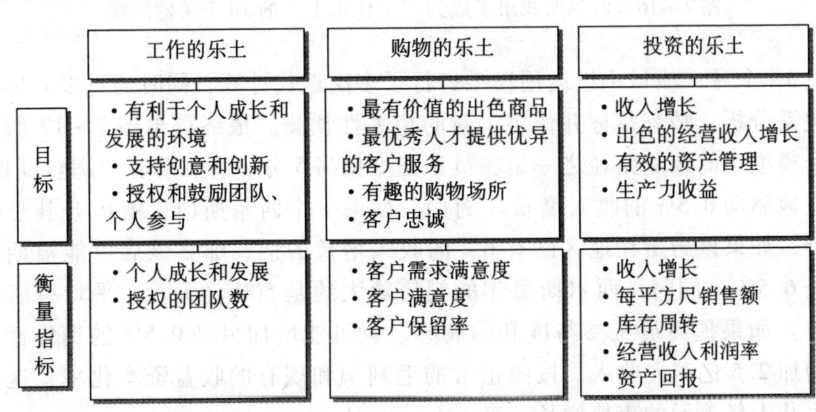

图7－15　西尔斯的初始模型：目标和衡量指标

西尔斯对员工、客户和财务指标间的相关性作了详细的统计分析。他们设定一个目标，为员工态度改变到利润提升的过程建模。通过找出两者之间的关系，如员工产品知识的增加，则客户忠诚度提高，进而收入和利润也更高，从而可以回答诸如“在提高员工产品知识方面应该投入多少”的问题。项目小组收集了800个门店两个季度的数据并通过分类和系数分析进行数据处理与统计分析，找出与客户和财务结果相关性最高的员工衡量指标。

项目小组发现员工满意度的两个维度——对工作的态度和对公司的态度，对员工忠诚度和员工对待客户的行为影响度最高（见图7－16）。员工调查表上有10个问题（共有70个项目）测评了员工的这两个态度。项目小组建议不再继续设置衡量个人成长和发展以及授权团队的问题（之前假设的），因为这些问题的答案不能反映其与客户满意度或忠诚度的关联。项目小组保留了其余的60个问题，这些问题有助于预测或驱动员工对上述10个关于态度的问题的反应。这些内容使各门店经理可以洞察到他们在日常工作中应该掌控的地方，以改善他们的员工对待工作、客户和公司的态度。

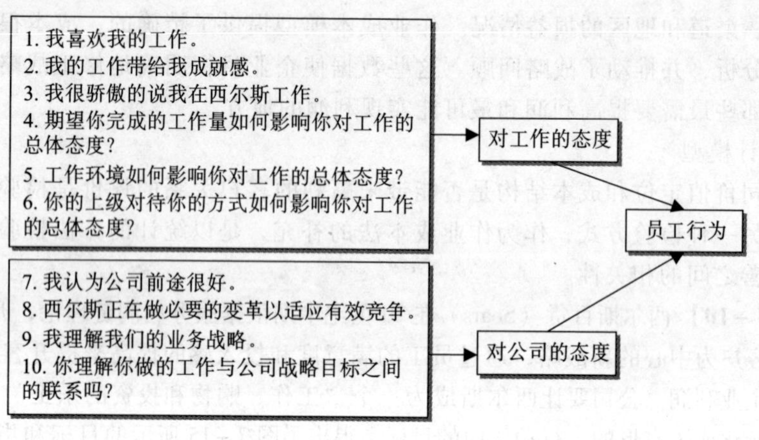

图7－16 西尔斯找出了成为“工作乐土”的10个关键问题

经过18个月，项目小组运用模型进行了多次迭代计算，同时通过多元回归分析和因果关系分析，精炼指标并作出了新的相关性预测。最终得出图7－17所示的模型。这个模型中的预测路径之一是：员工态度提高5分，将驱动客户满意度提高1.3分，相应地驱动0.5%的收入增长。例如，如果一个西尔斯门店能提升其总体员工态度5分，如果该店所在地区已有6%的收入增长的话，那么该店可能被期望其销售额增长6.5%。同时，西尔斯每年的销售额大约是500亿美元，平均单店年增长4%～5%。如果提高员工参与度和归属感，就可能增加另外0.5%的销售额，也就是每年增加2.5亿美元收入。按照正常的毛利率和现有的收益资本化率，这些收入将会产生几十亿美元的市值增长。

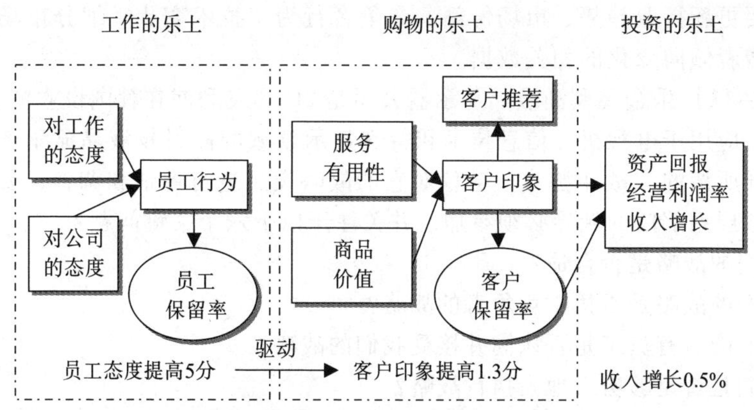

图 7－17　西尔斯修改后的员工—客户—利润链模型

统计分析还揭示了大部分财务收益都是在员工态度改善后两个季度才表现出来的。因此这个工具还可以使基于员工现有指标变化后的销售预测更加准确。

客户满意度和忠诚度的最佳衡量指标最终体现为店里客户对其购买体验的评分为 10 分的人数比例，评分区间为 1～10 分。之前，客户满意度的计算方式是所有接受调查的客户评分的平均分，评分区间也是 1～10 分。该统计分析还显示，购买体验为 9 分的客户与 10 分的客户相比，其重复购买和对收入增长的影响是大幅下降的。这一发现对行为有很大影响，因为要把一个已经满意的客户变为绝对满意相对于把一个中立的客户变为满意要困难得多。

项目小组还发现，员工态度改善和客户忠诚度引起的反应因不同的产品而异。例如，购买体验为 10 分的客户比例提高 1 个点，女性贴身内衣的销售增长为 7.4%，而男士和儿童内衣的销售增长是 14.2%。总的来说，西尔斯的每一条业务线（如手表、家电、汽车用品、硬件等）都有不同的权重，甚至在其员工—客户—利润关系链中有不同的预测模型。在西尔斯的硬件销售商店，客户期望其员工具备相关知识，能理解客户所买的硬件的技术要求。而在百货商店，客户需要的是友好和速度，不需要技术知识。

应当注意的是，企业需要具备有效、可信的统计分析能力。统计数据很容易被误用或曲解，企业若用相关数据来准确地检验战略假设，就应该组建内部工作小组，或聘请外部咨询专家来进行该项工作，因为只有他们才能非常有经验地设计、预测和检验统计分析模型。

（二）外部数据的整合与分析

企业除运用内部数据——关于产品、客户的作业成本和利润率报告以及平衡计分卡数据来回顾、检验和调整战略外，还需要将外部数据和信息引入战略检验和调整讨论中去。企业需要将政治、经济、社会、科技、环境和法规条件等数据整合到一起，持续更新以反映上一次战略调整会议后，政治和外部宏观经济条件的变化，例如利率、汇率、通胀率、物价指数、法规、国家和特定地区的增长率等。战略规划部门还要更新行业趋势、市场份额、竞争者行为、技术变化、细分市场成长率以及任何消费者倾向变化的相关数据。

【例7－11】乐金飞利浦液晶显示器公司是LG和飞利浦在韩国设立的合资公司，设计和生产应用于电视机、信息技术和特殊显示领域的高科技液晶显示产品。公司每季度召开所谓的“战斗游戏”会议对它的战略设想进行评估和调整，要求高层和各职能领域规划部门的领导必须参加，并关注于以下六个关键问题：

1. 我们的战略是否合适？
2. 我们的战略是否优于竞争者的战略？
3. 我们的所有员工是否认同并接受我们的战略？
4. 我们是否足够努力地去执行战略？
5. 执行该战略隐含的风险是什么？我们应该如何处理？
6. 在执行战略时，我们是否进行了战略预演？

在开会之前，乐金飞利浦规划团队选择战斗游戏的相关情景，该场景可能是进入一个新的地区市场，应对现有市场上的直接竞争者或针对原有或潜在客户引入一种新的战略，比如成为下一代产品的首选供应商等。

参与的各团队共享相关背景信息，包括竞争对手的战略和能力、主要客户、宏观经济形势和市场状况等，需要深入研究公司的战略以及竞争对手、客户可能会采取的行动和反应。从这些可能性中，公司会选择其中两三个可能的预案，然后为每一种情况预测可能的市场份额、收入和现金流。最终，管理层会根据战斗游戏中反映的市场动态和可能的结果选择一套行动计划。如果认为战略确实有必要进行调整，公司会修改它的战略并相应修改执行新战略的行动计划，然后在月度高层管理会议上对新的战略方向进行讨论，最后才能在公司范围内宣布。

战斗游戏演练使所有管理团队成员积极参与进来，汇聚了公司在市场、统计、经济学和模拟等各个领域的专业人士，他们运用最新的外部和内部信息来制定战略。管理层在考虑广泛的信息及竞争者、客户反应的情况下，就特定的行动计划达成了共识。乐金飞利浦的卓越收益如表7－23所示。

表7－23　　乐金飞利浦液晶显示器公司的执行的收益

· 从2001～2007年，公司的收入从18亿元增长到155亿美元，增长超过8倍。
· 公司在过去5年内行业排名始终保持第一或第二的位置。
· 公司通常是业内最先实现新一代液晶显示器批量生产的公司。目前在建的第八代技术工厂将在2009年上半年投入批量生产。
· 公司经常获得行业内调研机构颁发的客户满意度奖项

三、战略调整与检验会议与战略创新

通过对内外部数据的整合分析，企业需要召开专门的战略调整与检验会议，对现有战略的恰当性进行分析。

战略检验和调整会议可以从经济统计模型中获益，这些经济统计模型为当前的战略假设提供了量化的反映。统计分析就可以检验某项被认为对客户或财务结果有强相关的变动因素实际可能与战略结果指标零相关或负相关。这样的发现会给管理层提供一个信号，即某些战略臆测的逻辑可能不正确。这就提醒项目小组要收集数据进行进一步的求证和理解，找出为什么想象中的因果关系不成立。这样的分析让管理层有所准备，放弃战略中原有的一些内容，用新的价值定位取代它，使驱动因素与预期的客户和财务结果之间的联系更加紧密。

通过正式的经济统计模型，当财务和客户角度出现令人失望的结果时，经理们可以区分出来是战略执行的失误还是战略本身的缺陷，统计数据也揭示了企业管理没有正视的员工能力和战略执行之间的意外联系。

当然，与会者必须在检验、评估企业当前战略时，考虑外部环境的变化，需要考虑这些变化是否要求在一些重要方面废除或者修改战略。同时，需要详细考虑一下竞争者近期的行动，并尝试思考未来可能出现的情况和竞争动态的相应结果。

另外，战略检验和调整会议也给高层管理团队提供了一个理想的时机来倾听来自于组织内部关于战略修订和行动方案的想法。他们可以从最贴近客户和流程的员工那里获得很多关于新战略的想法。企业应该积极征求和评估新战略的选择，这样他们可以从公司所有员工的战略意识中受益，同时也激励员工努力去实现战略。

会议的最终结果可能是对现有战略的肯定，这种情况下管理层只需要对目标值进行调整，重新排出战略行动方案的优先等级，并将新的期望向下传达到各业务单元和职能部门；也有可能对现有战略作微调式改变，改变一个或几个战略目标，用一些新的衡量指标代替原有指标，修正战略的目标值和行动方案；偶尔，企业可能会发现他们的战略有重大的失误，或者随着外部环境、竞争对手、法规、技术等变化而过时了，此时就需要制订新的战略，进而设计全新的预算与绩效管理系统。不论哪种情况，将推动战略的创新，进一步推动下一期间预算与绩效管理系统的变革。

案例解析

战略的检验与调整必须定期进行，可以每年进行一次，如果行业竞争、科技和消费者动向辩护的速度较快，可以适当缩减期间，同时应当遵循一定的程序。根据内部预算与绩效管理系统运营结果，并结合市场与竞争者运营数据信息，召开战略调整预检验会议以检验原先战略的合理与否。而在召开战略与调整会议之前，应当首先获得相应的内外部数据，这是战略与调整会议能否作出正确决策的关键。在整理内部数据时，应当获得更加详细的数据，例如各个细分市场或产品线，甚至单个产品、客户和设备的详细绩效信息；外部数据则需要持续跟踪政治、经济、社会、科技、环境和法规条件等宏观环境的变化。通过内外部数据的整理和分析，战略与调整会议将对目前的战略进行调整与创新，继而设计下一期间的预算与绩效管理系统。经过这一过程，将实现战略链接运营，继而运营返回战略，再到下一期间的战略链接运营的往复循环流程。

项目回顾

1. 差异分析是预算与绩效结果报告系统至关重要的环节，具体包括定量分析方法和定性分析方法两大类方法，其中，定量分析方法包括比较分析法、比率分析法与因素分析法三大类，而因素分析法又包括连环替代法与差额分析法两类；定性分析方法则包括实地观察法、经验判断法、会议分析法、类比分析法等方法。在实施差异分析时，通常遵循确定分析对象与明确分析目的、收集资料与掌握情况、对比分析与确定差异、分析原因与落实责任、提出措施与改进工作、归纳总结与分析报告六个步骤。

2. 差异分析的结果将被企业用于检验招募系统的有效性、用于员工培训开发、职位和岗位变动、薪酬激励以及绩效改进，尤其是薪酬激励系统的设计，应当根据差异分析结果，与价值创造目标对接，实现按劳分配、按贡献分配，防止“搭便车”现象的发生。

3. 一般而言，预算与绩效管理系统是在其所依据的战略的假设有效性的前提下进行的，但是，如果经过一段时间运行之后，系统发现战略所依据的假设本身就存在有效性问题，即便企业再努力，最终也会走向失败。因此，对战略假设有效性的检验是评价系统的重要内容乃至核心内容，借助作业成本分析和统计模型等工具，通过对内外部数据的分析，企业可能发现战略无须作出变更，或者某些方面需要微调，或者需要大幅度革新。不论哪种情况，将为下一周期预算与绩效管理系统设计和执行指明方向，形成预算与绩效管理的闭环系统。

专业技能训练

1. Sunny 果汁公司生产果汁，出售单位为加仑。目前，公司每加仑蔓越橘果汁采用的标准如下，计划第一周生产 50 000 加仑，工时 1 900：

直接材料（128 盎司 ×0.046 美元）	5.888 美元
直接人工（0.038 工时 ×12 美元）	0.456 美元
标准的主要成本（即材料成本与人工成本之和）	6.344 美元

在生产的第一周，公司的实际经营结果如下：

（1）产量 52 000 加仑。

（2）材料采购数量 6 420 000 盎司，0.047 美元/盎司。

（3）原材料无期初或期末存货。

（4）直接人工：2 000 工时，12.5 美元/工时

要求：

（1）计算直接材料价格差异和直接材料耗用差异。

（2）计算直接人工工资率差异和效率差异。

2. chalmet 公司为 70 多家餐馆提供送货服务。公司拥有一个车队，并且投资建立了一个复杂的计算机化的沟通系统来协调送货服务。该公司去年的经营数据如下：

送货次数：73 000 次。

直接人工：52 000 工时，8 美元/工时。

实际固定间接制造费用：710 000 美元。

实际变动变动制造费用：160 000 美元。

该公司采用标准成本计算系统。在本年中使用了下列的分配率：标准固定间接制造费用分配率，14 美元/工时；标准变动间接制造费用分配率，3 美元/工时。每送货一次需标准人工 0.75 工时（这些分配率根据正常标准数量 50 000 工时计算）。

要求：

（1）计算变动间接制造费用支出差异和效率差异；

（2）计算固定间接制造费用支出差异和量差异。

3. 某玻璃制品公司下属各生产自去年推行累进综合工资制以来，取得了十分明显的经济效益，产品质量直线上升。工资核算标准如表 7－24（1）、（2）栏所示，同时，为了提高优质品质量，在核算员工工资额时，增加了优质品比例调整系数，如表 7－24（3）、（4）栏所示。技工王建平在 10 月份共完成 2 250 件合格品，其中，优质品 270 件。请计算该技工 10 月份工资。

表 7－24　　玻璃制品公司累进综合计件工资制表

产品产量（件）	计件单价（元/件）	优质品产量比例	计件工资总额调整系数
0～500	1.00	10%及以下	1.05
501～1 000	1.50	10%～20%	1.10
1 001～1 500	2.00	20%～30%	1.15
1 501～2 000	2.50	30%～40%	1.20
2 000 以上	3.00	40%以上	1.25

4. 林某是一家高科技企业的年轻客户经理，有着双学位的学历背景和较好的客户资源，但是个性较强的林某，常常是公司各种规章制度的“钉子户”，果不其然，在公司新的绩效考核方法推行的过程中，林某又一次“撞到枪口上”。

林某所在公司所推行新的考核办法是根据每个员工本月工作的工时和工作完成度对其工作进行考核，考核结果与工资中的岗位工资和绩效工资挂钩，效益工资和员工创造出的相关效益挂钩。因为该公司有良好的信息化基础，工时是根据员工每日在信息化系统上填写的工作安排和其直接上级对员工工作安排工时的核定来累计的，员工的工作完成度也是上级领导对员工本月任务完成情况的客观反映。上月月末，该公司绩效考核专员根据信息化系统所提供的数据，发现林某上月的工时离标准工时差距很大，而且林某的工作完成度也偏低，经过相关工资计算公式的演算，林某这个月的工资中的岗位工资和绩效工资要扣掉几百元钱。

拿到工资后的林某，面对工资数额的减少，非常激动，提出了如下几点质疑：（1）工作安排不写不是他的错，因为上级朱某没有及时下达任务；（2）没有完成相关的经济目标责任也不应该全由他承担，因为这和整个公司的团队实力有关；（3）和他同一岗位的同事相比，他认为自己的成绩比别人好，而拿到手上的工资却比同事低的多，这太不公平。

带着一身的怨气，林某走进了一向以严明著称的公司董事长赵某的办公室。

林某：考核不公正。林某对于考核不公正的看法产生于对于考核过程的责任归属有异议，对于考核结果横向比较的内部公平性感到不满。

朱某：考核真无奈。朱某对于林某一向抱有“惜才”的心理，对于林某平时的一些表现，也仅仅是“点到为止”。对于根据系统计算出的考核结果，朱某也非常吃惊，并且面对这样的结果朱某感到很大的压力。

赵某：考核本应公正严明。面对考核结果，应该公正严明处理，不能因为任何一个个体而违反考核的原则，考核的意义是让员工更好的工作，考核的关键是考核的过程而不是考核的结果。

针对以上案例：（1）谈谈如何较好地解决以上问题。

（2）说明其中体现的绩效管理相关理论。

教学设计与实践

1. 根据教学计划，针对三个任务的具体内容，进行教学设计，编写教案，制作多媒体课件等演示资源，合理组织教学过程，开展实践教学。

2. 根据项目各任务导入案例的思考要求，合理运用案例讨论方法与工具，开展讨论式教学实践。

3. 根据项目实训要求，结合新常态下的社会经济形势与企业管理诉求，以结构化研讨方式开展新常态下的企业绩效薪酬体系设计的教学实践。

主要参考文献

[1] 运转:《企业全面预算管理》,机械工业出版社 2007 年版。

[2] 张友棠等:《财务预算与绩效管理制度设计》,中国财政经济出版社 2008 年版。

[3] 方振邦等:《战略性绩效管理》,中国人民大学出版社 2014 年版。

[4] 瑞夫·劳编、杨继良译、周学园校:《管理会计师协会教学案例(第 3 辑)》,经济科学出版社 2012 年版。

[5] 吴井红等:《财务预算与分析》,上海财经大学出版社 2010 年版。

[6] 陈龙章:《全面预算管理信息化案例分析》,经济管理出版社 2012 年版。

[7] 美国管理会计师协会主编、舒新国、程秋芬译:《财务规划、绩效与控制》,经济科学出版社 2012 年版。

[8] 胡玉明:《高级管理会计》,厦门大学出版社 2009 年版。

[9] 章显中:《企业预算控制》,中国人民大学出版社 2009 年版。

[10] 刘俊勇:《全面预算管理:战略的观点》,中国税务出版社 2005 年版。

[11] 尼尔斯·H. 莱斯缪森,克里斯托弗·J. 艾可恩,考利·S. 巴拉克,托比·普利斯著,高光夫译:《预算流程改进指导》,经济科学出版社 2005 年版。

[12] 林秀香:《预算管理》,东北财经大学出版社 2013 年版。

[13] 李明:《全面预算管理》,中信出版社 2011 年版。

[14] 詹姆斯·A. 奈特著:《基于价值的经营》,云南人民出版社 2002 年版。

[15] 宋献中、胡玉明:《管理会计:战略与价值链分析》,北京大学出版社 2006 年版。

[16] 张长胜:《企业全面预算管理教程》,北京大学出版社 2012 年版。

[17] 罗伯特·卡普兰,大卫·诺顿著,刘俊勇、孙薇译:《战略地图——化无形资产为有形成果》,广东经济出版社 2005 年版。

[18] 稻盛和夫著,陈忠译:《阿米巴经营》,中国大百科全书出版社 2009 年版。

[19] 张彦宁、谷其亮:《平衡计分卡预算管理的构造与运行》,中国石化出版社 2012 年版。

[20] 杨建平、李国旗：《价值链预算管理的构造与运行》，中国石化出版社 2012 年版。

[21] 张庆祥、王新强：《作业预算管理的构造与运行》，中国石化出版社 2012 年版。

[22] 罗伯特·卡普兰，大卫·诺顿著，上海博意门咨询有限公司译：《战略中心型组织——平衡计分卡的致胜方略》，中国人民大学出版社 2008 年版。

[23] 罗伯特·卡普兰，大卫·诺顿著，上海博意门咨询有限公司译：《平衡计分卡战略实践》，中国人民大学出版社 2008 年版。

[24] 瑞夫·劳编，杨继良译，周学园校：《管理会计师协会教学案例（第 1 辑）》，经济科学出版社 2012 年版。

[25] 刘俊勇：《公司业绩评价与激励机制》，中国人民大学出版社 2009 年版。

[26] 唐·R. 汉森，玛丽安娜·M. 莫温著，陈良华、杨敏译：《管理会计》，北京大学出版社 2010 年版。

[27] 道格拉斯·M. 兰伯特著，王平译：《供应链管理：流程、伙伴和业绩》，电子工业出版社 2012 年版。

[28] 罗伯特·S. 卡普兰，史蒂文·R. 安德森著，陈宇学、黎来芳译：《估时作业成本法——简单有效的获利方法》，商务印书馆 2010 年版。

[29] 罗伯特·卡普兰，大卫·诺顿著，刘俊勇、孙薇译：《平衡计分卡——化战略为行动》，广东经济出版社 2013 年版。

[30] 罗伯特·卡普兰，戴维·诺顿著，博意门咨询有限公司译：《组织协同》，商务印书馆 2010 年版。

[31] 罗伯特·S. 卡普兰，罗宾·库珀著，刘俊勇等译：《成本与效益》，中国人民大学出版社 2014 年版。

[32] 李·克拉耶夫斯基，拉里·里茨曼著，刘晋、向佐春译：《运营管理——流程与价值链》，人民邮电出版社 2007 年版。

[33] 温兆文：《全面预算管理》，机械工业出版社 2015 年版。

[34] 谢志华：《企业预算管理：从预算整合到整合预算》，经济科学出版社 2015 年版。

[35] 孙世敏、赵希男：《经营者业绩评价与激励模式——基于价值创造和生命周期视角的研究》，经济科学出版社 2010 年版。

[36] 冯巧根：《全面预算管理》，中国人民大学出版社 2015 年版。